근대성의 충격들

흔 적
TRACES 총서 3

근대성의
충격들

IMPACTS OF MODERNITIES

편집   토마스 라마르   강내희

문화과학사

흔적
TRACES

발행인 겸 편집인: 강내희
한국어판 편집위원: 강내희, 김소영, 김은실, 심광현, 이진경, 최정운
transics@chol.com
http://www.jinbo.net/~moonkwa

근대성의 충격들

엮은이 | 강내희 · 토마스 라마르

초판인쇄 | 2008년 7월 10일
초판발행 | 2008년 7월 15일
발행처 | 문화과학사
출판등록 | 제1-1902 (1995. 6. 12)
주소 | 120-831 서대문구 연희동 421-43호
전화 | 335-0461
팩스 | 3141-0466
이메일 | transics@chol.com
홈페이지 | http://www.jinbo.net/~moonkwa

값 18,000원
ISBN 978-89-86598-83-4   93300

흔적 총서를 펴내며

『흔적』은 다언어로 발간되는 문화이론 및 번역 총서로서 특정 지역에서 생산된 이론적 지식에 깃들은 광범위한 흔적들에 세심한 주의를 기울이고 이론들 자체가 어떻게 다양한 현장의 실천적 사회적 관계들 속에서 구성되며 그것들에 의해 변형되는지 살피는 비교론적 문화이론을 추구하려 한다. 우리는 지난 수세기의 식민주의 및 유사식민주의의 여파로 북미 혹은 서유럽 '이론'에 대한 혼종 관계 속에서 나타나곤 했던 비판적 작업을 포함한, 다양한 곳들에서 생산된 이론을 발굴하고자 한다. 우리는 문화연구, 페미니즘 및 퀴어 연구, 비판적 인종 이론 또는 탈식민지 연구와 같은 횡단학문적 영역들 이외에도 기존의 사회과학 및 인문학 분야들에 관심을 가진 다언어 독자들을 대상으로 하는 연구조사, 의견교환, 논평 등을 출판할 것이다. 또한 『흔적』은 세계의 지적 대화 및 토론의 새로운 유통, 이론과 경험 자료의 새로운 지정학적 질서, 이론 자체에 대한 새로운 생각을 시도하고자 한다.

『흔적』에 실리는 모든 글은 이 총서를 발간하는 모든 언어로 읽을 수 있다. 각 필자는 이에 따라 이질적이며 다언어적인 독자층을 위해 글을 쓴다는 점을 숙지할 필요가 있다. 식민지체제 하의 현지 지식인처럼 '일구이언'을 해야 하는 것이다. 『흔적』은 국제적인 총서이다. 하지만 이 총서가 생성하여 유지하며, 필자들과 독자들이 초대받는 국제적 공간은 하나의 다수자 언어에 의한 다른 소수자 언어들의 종속을 기초로 한 국제주의의 그것과는 근본적으로 다르다. 우리가 참여하여 논쟁하고 대화하는 사회적 공간은 민족 및 민족언어 공간에 도전하게 될 것이다. 번역 과정에서, 다수 언어들 및 표기들 속에서 구성되는 이 사회적 공간은 우리의 교류와 논쟁 속에서, 그리고 저자, 논평자, 번역자, 독자 간의 논쟁 속에서 실현된다.

서장:
근대성의 충격들

토마스 라마르

근대성은 특정한 종류의 변화에 관한 문제이다. 그것은 어떤 새로운 것—새로운 양식이나 양상, 어쩌면 새로운 존재 양식—의 출현을 연상시킨다. 게다가 일반적으로 그것은 새롭거나 근대적인 것에 대한 긍정적 평가를 내포한다. 서구 근대성 논의는 '신구논쟁' 즉 고대에 대한 근대의 우월성에 대한 논쟁을 자주 되풀이한다. 이 논쟁은 근대성이 아무 의미 없는 변화에 관한 것이 아님을 분명히 했다. 근대성은 새 것은 낡은 것보다 낫고, 현재는 과거보다 나으며, 잠재적으로 더 밝고, 깨끗하고, 건강하고, 자유롭고, 풍요롭다는 느낌을 수반했던 것이다. 새로운 것과 근대적인 것의 편을 드는 담론들은 과거와의 관계들을 극적으로 바꾸었고, 그 결과 근대성은 이제 진보 신화라 간주되는 것과 연계를 맺게 되었다. 과거는 더 이상 옛날의 그것, 고매한 시대, 즉 후세대가 옛 운하와 수로 보존을 위한 노력을 하면 계속 물이 흘러나와 후세대를 길러내고 씻어주는 맑기만 한 수원(水源)이 아니다. 과거는 탁하고 끈적이는 액체, 태고의 늪지가 되어 거기서 벗어나고 그것이 다가오지 못하게 하려면 지속적인 엄청난 노력이 요구된다.

다시 말해 근대성 담론들은 특정한 시간적 관계들과 역사적 가치들을 제시하는, 변화에 관한 담론들이다. 사람들이 근대적인 것을 옹호한 이들 담론을 포용하던 때가 있었다(고 통상 간주된다). 그 담론들은 새로운 것을 주장했고, 변화를 역사적 진보라며 옹호했다. 그러나 오늘은 변화에 대한 사유 자체가 크게 바뀌었다. 근대성과 관련된 시간적, 역사적 관계들을 주장하는 것이 더 이상 쉽지 않다면, 그것은 새로운 것을 긍정하는 데에는 뭔가 고유한 역설이 있기 때문이다. 새로운 것은 결정적으로 한꺼번에 오는 것 같지 않다. 그것은 정확하게 지금도 아니고 그렇다고 아직도 아니다. 이 경우 새로운 무엇은 '단지 새로운 것', 즉 더 많은 같은 것처럼 보일 뿐이다. 그 결과는 모든 것이 아무 특별한 가치도 없이 '단지 새로운' 영원한 현재이다. 이 경우 진짜 새로운 것은 결코 없다. 이것이 니체가 진단한 근대성의 신경증이다. 새로운 것이나 근대적인 것이 역사를 이해하는 지배적 가치가 되면 현재는 더 이상 과거를 계승하지 않고, 그것과의 관계를 완전히 끊어버린다. 이상하게도 그러고 나면 근대성은 영원한 재생의 문화가 되고, 무상함이나 변화 자체를 부정하게 된다. 모든 것은 끊임없이 새로워지고, 아무 것도 변하지 않는다. 근대적인 것들은 과거와 현재의 관계를 극대화하거나 극소화하는 것 사이에서 신경질적으로 요동치기 시작한다. 만약 근대적인 것들이 과거와의 관계를 최소화한다면, 그것들은 현재에 의해, 자신들의 불가피하고 급속한 노후화에 의해 소멸될 것이다. 그런 다음 그것들은 과거와의 관계를 극대화하려 할 수도 있지만 이것은 노후화를 모면하려는, 사실상 변화를 거부하는 쓸데없는 노력이다. 바꿔 말하면, 근대적인 것들이 옹호하는 역사적 관계들에는 시간적인 변칙이 있다. 결국 역사적인 변화를 거의 생각할 수도 없는 것처럼 만드는 것이 이 시간적 변칙이다.

변화는 폭력적 사건일는지도 모른다. 특히 시간적 중단이나 단절로 통하는 근대성과 관련된 변화가 그렇다. 니체가 역사적 신경증이라 본 것이 오늘은 지구적인 위기로 나타나고 있다. 혹자는 '기타 세계'는 과거와의 단절을 이루라는 요청을 받고 있는데 서구(그것이 어디든)는 신, 이성, 법 또는 로고스 전통의 지고한 영광과 신성함을 부르짖으며 자신의 노후화를 모면코자 필사적인 노력을 하고 있다고 말하리라. 이런 식으로 기타 세계는 서구의 통일성을 주장하기 위해 소환될 수도 있는데, 이는 (아이러니컬한 것인지 신경증적인 것인지는 모르나) 근대성에도 불구하고 통일성이 가능하다는 점에 대한 총체적 주장인 셈이다. 근대성이 유지되려면 시간적 중단, 역사적 단절, 지구적 위기는 계속 자연화되고 부인되어야 한다. 이것은 시간적 역설이 역사적 신경증이 되고, 역사적 신경증이 일상적 공포의 정치가 된 것이다. 즉 모든 것은 깨지고, 아무것도 변하지 않으며, 모두가 위기이다.

이제 근대성에 대한 비판적 논의들은 한 가지 점, 즉 근대성의 문제는 어떤 점에서는 총체화의 문제라는 점에 동의하는 듯하다. 이것은 논자들이 근대성 문제를 (산업화, 제국주의 팽창, 제도의 근대화 등) 주로 형이하학적인 문제로 정리하든, (합리화 양식, 주체형성, 정체성의 본질화 등) 좀 더 형이상학적인 문제로 정리하든, 아니면 둘 다인 것으로 정리하든 사실로 보인다. 근대성 문제—말하자면 그것의 충격—와 직면하는 것은 총체화하는 힘들, 과정들, 구조들, 구성체들 혹은 논리들—자원들, 교환들, 제도들, 그리고 사람들의 끊임없는 조직화, 균질화, 통일, 표준화 그리고 세계화—과 직면하는 일이다. 근대성 비판들이 이 점에 대해 '같은 의견'이라고 말하는 것은 과장일 듯하다. 의견일치란 어떤 수렴이나 공통의 출발점을 의미한다. 반면에 총체화 문제는 공유된 출발이나 논쟁 지점으로보다는 논의가 불가피하게 뒤엉키게 되는 해결 불가능한 분규로서 계속 생긴다. 어쨌거나 근대성 문제는 총체화, 즉 근대화의 문제이기도 하다.

그러나 근대성과 근대화의 관계에서 몇몇 문제들이 발생한다. 근대성(문화적 근대성)을 근대화(사회 근대화)로부터 분리해내려는 노력들이 있었다. 근대성은 근대화와는 완전히 자율적이라는 주장들은 양자 간에는 얼마간의 공모가 있는 것이 분명하기 때문에 언제나 의문스럽다. 그래도 근대성과 근대화가 같은 것은 아니다. 여기서 던질 질문은 (무엇보다 시간의 표식인) 근대성이 어떻게 근대화, 즉 총체화 힘 또는 과정들과 연계되느냐는 것이다. 답변은 시간적 단절, 역사적 단절—어떤 식으로든 총체적이며 따라서 정초(定礎)적인—이라는 통념 속에 있다. 시간 단절의 논리는 총체화 과정들에 작용할 수 있고 심지어 그것들을 정초할 수도 있다. 니체가 주목한 대로 새로운 것에 대한 강조는 무엇이든 영원한 현재 속에 총체화하는, 더 많은 같은 것에 대한 욕망, 총체성에 대한 욕망이 되기 쉬우며, 그가 보기에는 여기서 새로운 비-정초적 가치들에 대한 필요성이 생겨난다.

둘째로, 특정한 종류의 시간 관계(근대성)가 어떻게 지정학적 관계들의 특정한 배치(서구 대 기타 세계)를 내포하게 되었느냐고 묻는 질문이 있다. 분명한 것은 근대성과 그 '전례들'(고대, 전통, 전근대, 고전, 고풍)의 관계가 서구와 그 지정학적 타자들의 차이(동양, 동방, 제3세계, 남반구 혹은 단순히 기타 세계를 만들어내는)를 나타내기 위해 끊임없이 동원되어 왔다는 사실이다. 근대성은 서구와 기타간의 지울 수 없을 것 같은 구분을 알리고 끊임없이 근대화와 서구화를 혼합한다. 시간적 관계로서의 근대성이 지정학적 총체화(즉, 서구화)와 자주 연관된다면, 그것은 근대성 작용을 총체적 단절로 치환하는 것에 기반을 둔다. 간단히 말해 시간적 단절은 공간화하고, 이것은 단절의 폭력을 치환하고 자연화한다. 단절은 더 이상 내부에 있지 않고 외부에, 말하자면 치환되어 있다.

마지막으로 총체화하지 않는, 근대화하거나 서구화하지 않는 공간적 시간적 관계들을 다루는 방식이 오늘 있느냐는 문제가 있다. 이것은 총체화하는 양식들, 논리들, 구성체들을 효과적으로 우회하거나 대적할 수 있을지 여부의, 혹은 어떻게 그렇게 하는가의 문제이다. 이는 탈근대성과 탈근대 논의들에서 줄기차게 제기된 문제인데, 이 논의들은 '탈'(post)자 속에 들어있는 그것들 자체의 총체화 제스처—근대성과의 역사적 단절 선언—로 인해 신용을 잃는 일이 많았다. 그러나 근대와 탈근대의 관계를 고려하는 데에는 역사적 단절과는 다른 방식—예컨대 근대성 속의 어떤 계기의 강화로서, 혹은 어쩌면 무-양상들(a-modalities)의 견지에서 그것을 생각하는—이 있는지도 모른다.

그럼에도 불구하고 총체화 문제는 근대성에 대한 논의들 속에 존속하며, 실제로 그것들에 근본적인 듯하다. 근대성 논의들이 종종 대항-총체화 전략들, 전략적 대안 총체화들 또는 비-총체화 변별 체계들의 다양한 가능성들에 주목하는 경우가 많다는 것은 놀라운 일이 아니다. 근대적 총체화를 뒤흔들거나 뒤집거나 부수거나 어떻게든 결말을 지으려는 모든 비판적 노력들에서 중요한 것은 그런 노력들이 단순히 탈총체화하는 것은 아님을 보여주는 것이다. (아니면 그것들은 적어도 탈총체화가 지닌 문제점에 대한 일말의 인식을 보여줘야만 한다.) 왜냐하면 탈총체화—근대성의 시간 및 공간의 단순한 양적 분열 혹은 복수화—는 차이를 더 많은 동일한 것으로 만들어 내고, 스스로 재총체화—비교 가능한 국가들 또는 소비 가능한 지역들로 이루어진 초근대성 혹은 지구화—로만 나아가는 경향이 있기 때문이다. 핵심은 그렇다면 간단하지 않은 단절들과 수량화되지 않는 관계들을 상상하는 것이다. '근대성들의 충격들'이라고 복수형으로 말하는 것이 그 자체로 근대의 총체화 문제에 대한 해결책은 아니겠으나 근대성들의 그런 증식은 결국 그렇게 간단한 것도 아니고 수량적인 것도 아닌지 모른다. 근대성이 더 이상 서구에만 있지 않고, 서구의 것만도 아니라면 그것은 어떻게 될까? 아마 이제는 변화를 새로 생각할 시점인지 모른다.

그러나 오늘 근대성 논의의 일반적 경향은 다소 어둡고 처량하다. 많은 비평이 적절하고 설득력도 있지만 근대성과 근대화에 내재한 위기와 체계적 실패를 말하며 꾸물대는 편이다. 근대성에는 별 희망이 없다는 것인 것 같은데 이것이 근대성에서 제일 좋은 점이다.

_비교주의와 공간 및 장소의 생산

이 책의 첫 번째 글에서 해리 하루투니언은 근대의 시간성 문제를 다룬다. 「유령

같은 비교들」의 주요 관심은 근대성 분석들에 나타나는 공간의 특권화에 이의를 제기하는 것이다. 그는 서구에서 나온 근대적 시간과 공간에 관한 지식을 언급하며 시작한 뒤 점차 자신의 비판을 확장하여 동아시아의 지식생산을 다룬다. 그는 서구와 기타 사이에 선을 긋지 않는다. 반대로 그는 근대성 분석이 어떻게 공간을 특권화했는지 강조함으로써 근대성에 관한 담론들이 일반적으로 어떻게 특권적 공간들과 핵심적 장소들—무엇보다 국가들과 국민적 정체성들, 하지만 또한 동이나 서와 같은 지정학적 추상 개념들—을 구축했는가의 문제를 비판적으로 다루고 싶어 한다. 그의 목적은 그래서 민족이나 서양과 같은 공간적 추상들이나 총체화들에 빠지지 않는 근대성에 대한 새로운 접근법을 찾는 것이다.

특히 중요한 것이 공간의 특권화는 시간성을 제대로 다루는 것을 망설이는 태도를 수반한다는 그의 논증이다. 그의 설명에서 공간화는 단순히 망설임이나 무능이 아닌, 방법론의 문제이다. 처음부터 그는 이런 체계적 시간 취급 거부를 그 기본적 방법론이 비교론적이며 따라서 공간 중심인 지역연구라는 특정한 학문분야와 연결시킨다. 그는 요한네스 파비안의 작업에 의거하여 비교론적 방법론들의 효과와 그것들의 기본 과제는 다른 사회들의 동시대성을 부정하는 것이라고 주장한다. 관찰자는 다른 사회를 마치 다른 시대에 속하는 것처럼 바라보지만 그 다른 시대는 그가 인간 발전 혹은 사회 진화의 다른 단계나 시기로 위치시키기 때문에, 사실 그것을 멀리 떼어 두고 공간화하기 때문에 그에게 이해가 가능하고 접근이 가능하다. 말할 필요도 없이 파비안의 설명에서 관찰자는 다른 사회들의 시간성 평가와 분류를 위한 규범적 표준으로 서구를 내세우는 서구 인류학자이다.

근대화 이론, 특히 미국의 전략적 이익을 악착같이 보편화한 그것의 미국판은 비교론적 구도의 한 변형으로 간주될 수 있을 것이다. 그것은 미국을 근대적 발전의 정점으로 내세우는 변형으로서, 다른 사회들은 그 규범적 표준과의 거리에 따라 위치가 주어진다. 서구 내부의 역사적 단절은 서구와 기타간의 단절로 자연화되고 부인된다. 근대화 이론에서는 오직 하나의 길과 하나의 목표만 있고, 다른 사회들은 그 길을 추구하고 할 수 있으면 따라잡아야 한다. (그 사회들은 물론 그렇게 할 수 없다. 그리고 '거품 시기' 일본의 경제적 성공으로 벌어진 민족적, 역사적 소동들—북미와 유럽에서의 일본공격과 프랑시스 후쿠야마의 '역사의 종말' 선언과 같은—은 근대화 이론이 얼마나 취약하고 불확실한지, 그리고 그 반응들이 얼마나 극단적일 수 있는지 보여준다.) 그렇지 않고 비서구 사회들이 '충분히' 근대화될 수 없다면, 최소한 그 사회들은 얼마간의 미국화나 세계화에 순응할 정도는 순종적이어야 한다.

하루투니언은 공간을 특권화하거나 '공간화하는' 근대성 논의는 불가피하게 근대화 편을 든다고 주장한다. 관계들의 공간화를 주장하는 한, 근대화에 반대하는 논의들조차 어쩔 수 없이 근대화를 재생산한다는 것이다. 사실 하루투니언은 같은 식으로 작동하는 공간화는 근대화라고 보고 있다. 그것은 탈총체화하지만(동등한 약수들로 나뉘지만) 재총체화할 뿐이다(서구, 근대성, 혹은 단일한 지구적 시간 또는 체계가 되고 만다). 물론 그는 지식생산(근대성 담론들)에 주목하기 때문에 이 탈총체화 및 재총체화 경향을 분과학문 형성과 연관시킨다. 한편으로 그는 '인류학화하는' 제스처라 할 수 있는 것을 찾아낸다. 인류학화하는 제스처는 지역적 정체성들을 부각시킴으로써 근대화의 총체화하는 세력들을 극복할 것을 약속한다. 인류학화하는 제스처는 장소들에 기반을 둔 지역적 정체성 확립에 의존한다. 그것은 특정 장소들을 통일성과 정체성의 현장으로 만든다. 그러나 하루투니언은 공간 또는 장소와 연결된 지역적 정체성 생산은 재총체화를 가능케 하기 위해 세계를 탈총체화하는—말 그대로 재영토화하기 위해 탈영토화하는—데 지나지 않을 위험이 있다고 말한다. 그의 설명에서 강조점은 장소-정체성으로서의 민족/국민이다. 하지만 그는 지역 정체성들을 파편화하고 복수화하여 민족/국민의 통일성 및 정체성을 해체하고자 하는 문화이론의 현재 경향들에도 똑같은 논리가 들어있다고 주장한다. 사실 그는 지구적이니 지역적이니 하는 식으로 말하는 최근의 동향은 보편과 특수 논리(근대성과 국민, 혹은 서구와 기타)와 동일한 공간화 논리에 들어 있기 때문에 후자의 단순 강화일지도 모른다고 주장한다.

그의 설명에서 이런 끊임없는 재총체화와 재영토화는 매우 위험한데, 그것은 인류학화하는 제스처가 고의는 아닐지라도 (다른 한편으로는) '동시화하는' 태도라 할 수 있는 것에 의존하기 때문이다. 이 태도는 비교 연구들에서 가장 명확해진다. 정체성이 정체성으로 (즉 자기-동일하게) 남으려면 공간적 분리에 의한 차이를 지녀야만 한다. 그러나 우리는 그 정체성들을 비교할 때 어떤 근원적인 혹은 모든 것을 가로지르는 동시성 또는 공시성 즉 이 모든 상이한 정체성들이 어떻게든 동등하고 균질하게 함께 존재하는 하나의 시간 틀을 전제해야 한다. 사실 동시성에 의지하는 것은 상이한 정체성들을 동일한 것으로, 근대화 혹은 세계화 과정들에 균등하게 영향을 받도록 만든다. 동시성은 동일한 차이들을 만들어낸다. 달리 말하면, 공간을 특권화하는 담론들의 주된 문제는 '사회들 속의 차이'보다 '사회들 간의 차이'를 특권화한다는 것이다. 하루투니언이 공간화에 반대하기 위해서 시간성의 문제에 관심을 돌린다면, 그것은 바로 사회들 내부의 불균등성에 관심을 끌기 위함이다. 이 불균등은 '비동시적 동시성'의 일상적 경험 속에서 특히 명백해진다. 그는 '자신들의 자원을 자본주의 근대화의 변혁에 바친 장소들과 공간들'의 일상생활로 경험되고 실현되는 시간적 분리와 불협화음에 관심을 돌린다. 그는 이처럼 일상이 근대성에 대한 새로운 비교의 틀, 근대화하는 사회들 내부에서, 그리고 그것들을 가로지르는 차이의 생산과 재생산에 민감한 틀, 근대성의 시간성 재고에 기초한 틀을 제공할지도 모른다고 주장한다.

서구 근대성에 대해 일본이 지닌 문제를 다루기 위해 1942년 일본에서 열린 '근대의 초극' 심포지엄은 그에게 공간적으로 근대성을 생각하는 데 깃들은 장소 본질화의 최상의 예를 제공한다. '근대 초극'의 근본 문제는 하루투니언이 보기엔 일본 지식인들이 근대성과 장소 단위(근대성 장소로서의 서양, 특히 미국)를 같다고 본 데 있었다. 이것은 지식인들로 하여금 근대성을 그 모델의 모방이나 재생산이란 측면에서만 이해하도록 강요했으나, 당연히 그것은 불가능했다. 지식인들은 그래서 그 불가능성을 자기 식으로 해석한다. 미국 모델에 맞지 않는 일본의 모든 것은 상실한 통일성, 진정한 전통 및 원 고향의 잔여, 환기로 간주한 것이다. 하루투니언은 잃어버린 영원한 진정성의 장소에 대한 이 특권화에서 '근대주의' 담론과 파시즘 이데올로기의 공모를 간파한다.

'근대의 초극'과 그에 대한 이후의 반응들은 쑨거가 쓴 글의 관심사이기도 하다. 쑨거의 주된 초점은 지식인들과 그녀가 '공식 이데올로기' 또는 '국가 이데올로기'라 부르는 것 간의 공모관계이다. 그녀도 마찬가지로 근대성 담론들(모더니즘)과 전체주의(파시즘) 관계에 대해 문제를 제기한다. 그러나 그녀는 지식인들과 공식 이데올로기 간의 공모를 살펴볼 때에도 '근대의 초극'이라는 문제설정 자체에 깃들은 차이와 저항의 가능성들에 계속 관심을 기울인다.

한편으로 쑨거는 '근대 초극'에 대한 후대의 논평자들은 대체로 그것을 폄하해왔음을 강조한다. 그들은 그 담론이 전체주의 이데올로기와 공모할 뿐만 아니라 연속되어 있다고 본다. 대부분의 논평자들에게 그 심포지엄―'근대 초극'이란 개념 자체도―은 총력전 이데올로기의 지적 정당화였을 뿐이다. 쑨 자신도 이런 견해에 동의하듯 독자들에게 계속 토론회에 대한 역사적 계기, 즉 태평양전쟁의 발발이 일본의 아시아 전쟁에 대한 일본 지식인들의 반대 의견을 모두 침묵시켰음을 상기시킨다. 지식인들은 진주만 공격 이후 하나같이 서구에 반대하며 서구에의 대항이 동양의 해방이라는 생각에 도전하기보다는 그것을 수용하게 되었다.

다른 한편 쑨은 후세의 논평자들이 저항은 쓸모없었다고 하고서는 그래서 저항은 전혀 없었다고 주장하는 것이 무슨 의미가 있는지 계속 묻는다. 그녀는 특히 '근대 초극'에 대한 '초월적 입장'을 채택하고 일본 혹은 비서구 근대성이란 생각에 깃들은 난점들을 피하기 위해 초극을 단순한 공모로 축소해버리는 논평자들을 지목한다. 처음부터 그녀는 회의를 조직한 작가들, 문학비평가들과 그들이 초대한 학자들 철학자들 사이에 일말의 균열이 있었다고 말한다. 작가들은 그들이 볼 때는 미국화한 대중 문화에 대항하여 등장한 1930년대의 순수문학 부흥과 연계되는 전형적으로 일본 미학적인 것—전통 예술과 문학에 구현된 세계에 대한 감각적 구체적 접근—이 지닌 정화작용을 통해 일본은 이미 서구 근대성을 극복했다고 주장한 편이었다. 쑨거의 설명에 의하면 학자들은 서구 근대성을 이미 극복했다는 이런 주장들의 난점들에 대해 좀 더 많은 문제의식을 드러냈다. 쑨은 이 틈새 속에서 상대적인 것과 절대적인 것 간의 유희를 보는데, 여기서 학자들은 일본을 하나의 절대자로 상정하고 다른 사회구성체들은 상대자로 놓는 것은 서구 근대성의 극복이 아니라 반복을 의미한다는 더 큰 자각을 드러낸다. 하지만 이런 학자들의 통찰도 일상과 반복 속의 차이에 대한 진지한 설명을 배제하고 만다. 학자들은 거의 자동적으로 일본이 미래의 (아시아) 절대자이고 그에 비하면 동아시아의 다른 문화적 지정학적 구성체들은 상대적일 뿐이라는 관념을 인정한 것이다.

쑨은 이처럼 '근대의 초극' 핵심에 있는 일종의 '이중의식'을 건드린다. 심포지엄이 어떻게 서구와 공모하면서 그것에 저항하는지 보여주기 때문이다. 게다가 그녀는 설사 지식인들의 저항이 무력했다 할지라도 그들의 이중의식 문제를 무시하거나 부인하는 후대 논평자들은 저항을 완전히 일본 외부에 (그래서 역사 바깥에) 위치시키며 배제해버린다고 주장한다. 특히 흥미를 끄는 것이 '근대의 초극' 심포지엄 내부나 그 주변에서 근본적 문제는 관계적으로보다는 상대적 절대적 견지에서 생각하려는 경향이었다는 쑨의 주장이다. 그녀는 다음과 같이 말한다. "그런 차이들은 관계 속에서, 그것들을 서술하는 과정에서 만들어지고, 일본과 서구의 차이들이 (물화되면서도) 사라지는 것은 그런 관계 및 서술 효과들에 대한 의식이 무너질 때뿐이다." 서구 근대성을 하나의 절대자로 확정한다는 것은 언제나 반복이 유사성을 수반하는 상황을 설정하는 것이다. 무슨 말인고 하니, 근대적이 되는(근대화하는) 것은 서구처럼 되는 것이고, 서구를 닮는 것이며, 서구화하는 것이다. 일본은 절대로 근대성의 현장이 아니라 그것의 부정('근대 초극'의 작가들처럼) 아니면 그것의 상대화(학자들) 지점일 뿐이다. 그들의 문제는 본질적으로, 차이 없는 반복의 문제였다. '근대 초극'이란 생각 자체는 상대적인 것과 절대적인 것 간의 유희를 만들어냈는데 그 속에서 반복은 차이가 아닌 유사성일 뿐이다. 반복의 차이는 이미 서구에 대한 유사성 안에 포획되었기 때문이다.

쑨거의 '근대 초극' 재사유에 핵심적인 것은 타케우치 요시미의 사상이다. 그녀에 의하면 그의 중요성은 근대 초극 문제에 불확정성을 도입한 것이다. 그녀는 타케우치에게서 전체주의 속에서 전체주의에의 저항을 찾으려는 의도와 헤게모니 속에서 차이를 사고하려는 집요함을 본다. 이런 저항이나 '내부의 차이'는 근대성과 일본에 대한 또 다른 이해를 가능케 할 수 있다. 근대성은 외부로부터의 충격으로 다가오지만 일본(과 마찬가지로 동아시아) 내부로부터의 충격으로, 계속 되풀이될 수밖에 없는 충격으로 다가옴이 틀림없다. 그렇지 않으면 일본의 근대성은 서구화로서의 근대화, 점차적인 서구 닮아가기 과정에 지나지 않는다. 그러나 이 충격 경험은 단일한, 말하자면 한 번으로 끝나는 '근대적 의식'은 아니다. 그것은 충격적으로 거의 외상처럼 유사성(그리고 따라서 자아와 동일성)에 대한 모든 장악력을 잃을 정도로 반복이 차이로 경험되는 일종의 '이중의식'이다. 쑨거의 타케우치는 이 자아 상실 결과가 일본 되기, 즉 진정으로 근대적인 국민 주체성 획득인 것처럼 말한다(누구든 자아를 획득하려면 자아를 상실해야 한다). 그러나 이 주체성, 이 일본은 '국가'나 '장소'는 아니며, '고국'은 더욱 아니다. 쑨에게 근대적 주체성은 진정 비판적인 주체성으로서, 계속되는 관계 맺기 과정 즉 저항이나 '내부 차이' 서술하기 과정을 수반한다.

여기에는 데리다의 해체와 비슷한 측면이 있다. 로윙상은 자신의 에세이에서 그것을 "종결의 개념 안에 든 이중적 독해"로, "독해가 어떻게 텍스트를 단순히 반복하지 않고 텍스트에 내재하며 텍스트성의 범위 안에 남아있을 수 있는지 알아내는" 문제로 규정한다. 근대성이 총체화(근대화)의 문제로 제시되는 점이 많다는 점을 고려하면 해체주의 전술이 근대성 비판에 아주 생산적이었다는 것은 놀랄 일이 아니다. 해체는 총체화 경향들을 극복하고, 뛰어넘거나 초월하는 태도를 취하지 않기 때문이다. 그것은 텍스트에 대한 논평 방식으로 그것들과 동조하거나 그것들을 반복하지도 않는다. 로윙상의 말대로 "해체적 독해의 의미 구조는 로고스중심주의 혹은 형이상학과 그 타자 사이의 이중적 운동을 절합하는 경첩에서 찾아야 한다. 동시에 해체적 독해는 우리로 하여금 개념적 총체성의 궤도를 넘어서게 할 수 있어야 한다. 해체의 목적은 타자성의 지점을 로고스 중심적인 개념성 안에 두는 것이고 그 타자성의 위치에서 개념성을 해체하는 것이다."

해체주의 독해의 호소력은 일부가 어떤 근원적 총체성 문제에 대한, 그리고 그 총체성 내부로의 혹은 그 총체성에 의한 회유의 위험에 대한 조심스러움에서 나온다. 근대성(그것의 특별히 철학적이고 법률적인 측면)에 대한 대응에서 해체주의는 근대성 내부에 타자성의 지점들을 지정하려고 한다. 그것은 일부 탈근대 사상가들이 실수하여 비난을 받는 것과는 달리 근대성 종말 선언의 유혹에 빠지지 않는다. 그러나 근대성에 관한 해체 작업에는 많은 방식들이 있다. 이 서문에서 내가 분명히 하겠지만 이 책에서는 하위주체 이론과 탈식민주의 이론이 특히 '대안적 근대성들'이란 생각과 관련하여 비판의 준거점을 자주 제공한다. 그러나 차테르지, 스피박, 바바, 차크라바르티 같은 사상가들을 계속 언급하긴 해도 이들 논문은 해체의 정치, 대안적 근대성에 대한 아주 다른 이해를 가진 탓에 하위주체 이론과 탈식민주의 이론과 자신을 구분하려는 경향도 있다. 그런 차이들은 분명 장소 특수성과 특정 학문 구성체들 때문에 나오는 것이겠지만, 특수성이 어디서 발생하고 그것이 어떻게 작용하는가의 문제를 제기하는 것은 중요하다.

대안적 근대성들에 중요한 전략의 하나는 우리가 근대성을 대체하고 능가하거나 극복했다고 할 수 있는지 묻는 것이다. 하나의 전략은, 딜립 파라메쉬와르 가온카르처럼 근대성은 "'도래와 출현'을 계속한다"고 말하는 것이다. 사실 가온카르는 "'대안적 근대성'의 관점에서 생각하는 것은 근대성이 불가피함을 인정하는 것이고, 근대성의 종말에 대해 추측하는 일을 그만두는 것이다"라고 주장한다.[1]

그러나 이런 태도가 불가피한 근대성을 앞둔 손쉬운 포기, 그것의 총체화 구조에 대한 무언의 은밀한 수용이라고 결론짓는 것은 성급한 일일 것이다. (실패하는 방식들이 있고 그 다음 실패하는 방식들이 있다.) 예컨대 가온카르는 대안적 근대성들을 수렴과 확산의 변증법을 문제화하는 식으로 바라본다. 수렴의 이론들은 근대성을 사회의 근대화로 보는 것이다. 근대화된 사회들은 그들의 출발점이 상이한 것과는 무관하게 모두 동일해진다는 것이다. 확산의 이론들(주로 문화적 근대성 이론들)은 상이한 출발점들이 상이한 결과들, 크게 다른 근대성들로 이어진다고 가정한다. 가온카르에게 확산이론들의 문제점은 균질화 힘들과 총체화 논리들(근대화)을 전적으로 무시한다는 것이다. 가온카르는 총체화하는 근대화라는 개념을 유지하면서 그것을 복잡하게 하려고 한다. 그는 "대안적 근대성 관점"은 "수렴(또는 사회 근대화)의 축 위에서 장소-특수적인 '창조적 적응들'로 이루어지는 협소하지만 결정적인 일단의 변이들을 전경화함으로써 이 깔끔한 이분법을 복잡하게 만든다"고 말한다. 그러나 창조적 적응은 "근대성의 충격을 완화하기 위해 형태를 조정하거나 실천을 재코드화하는 문제만은 아니다." 가온카르는 그것을 "끝없는 현재 심문 과정, 즉 근대성의 태도"로 본다. 그는 또 "그것이 사람들이 근대적으로 만들어지는 지점"이라고 말한다.[2] 다른 말로 하면 대안적 근대성들을 논하는 것은 전체화 개념작업 내부에 타자성의 지점들('질문'의 '지점들')을 여는 것이다.

이렇게 등장하는 근대성의 이미지는 단일 서구 모델의 단순 재생이나 모방이 아니다. 오히려 근대성은 단절과 재각인 과정으로 나타난다. 대안적 근대성들은 서양 근

1 Dilip Parameshwar Gaonkar, "On Alternative Modernities," in Dilip Parameshwar Gaonkar, ed., *Alter/Native Modernities*, Volume 1 in the Millenial Quartet miniseries of *Public Culture* (1999) 11:1, 1.
2 Ibid., 16-17.

대성 내부에 타자성의 개방을 수반하며, 이 일을 서양 근대성을 반복하거나 재각인하는 바로 그 과정 속에서 한다. 이것은 근대성 자체가 해체라는 셈이다. 그것은 총체화하는 근대성을 비판적 근대성의 가능성에 개방하는 어떤 정신적 충격에서 오는, 다케우치에 관한 쑨의 논의에서 언급된 이중의식과 다르지 않다. 그러나 이때 '장소 특수성'에 대한 질문이 꼭 나오게 되어 있다. 이들 '타자성의 지점들' 또는 '의문의 지점들'과 국민의 장소나 공간의 관계는 무엇인가? 하루투니언에게 대안적 근대성 이론에서 환기된 장소 특수성은 '근대 초극'에 깃들은 문제를 재생산한다. 그는 장소 특수성에 대한 강조가 단순히 민족 정체성들을 재생산하고 물화할 뿐인 것은 아닌지 묻는다. 중국 근대성, 러시아 근대성, 일본 혹은 인도 근대성 개념은 중국, 러시아, 일본, 혹은 인도의 민족주의와 얼마나 다른가? 대안적 혹은 타(他)/생적(生的)(alter/native) 근대성들은 서구 근대성에 대한 대안적 장소로서 '내부의 타자'를 공간화할 우려가 있고, 이는 거의 문화적 특수주의, 본질주의 또는 민족주의와 같다. 로윙상도 처음부터 경고한다. "근대성의 복잡성에 대한 반응 하나는 '대안적 근대성' 분석에서 보듯 갈수록 현장 특수성을 강조하는 형태를 띤다. 그러나 그런 현장이 어떻게 형성된 것인지 따지지 않는다면 우리는 갖가지 영원한 민속, 신화적 확실성이 무비판적으로 수용되는 어떤 자연적이고 일관된 공간적 실체를 전제하는 순진한 생각에 빠지기 쉽다… 이 결과 근대성에 대한 우리의 이해는 근대성과 민족 형성의 관계라는 문제로 되돌아가야 한다."

그러나 가온카르는 이 점에 대해 신중하다. 자신의 설명에서 구체적으로 대안적 근대성들의 지점에 대해 말할 때, 그는 하루투니언에 동의하는 듯하다. 그것들은 국가라기보다는 그 자원들을 자본주의 근대화에 바친 장소들이다. 특히 그것들은 도시 장소들과 대도시 형태들이다. 가온카르는 근대성들 가운데서 '차이의 소음'을 가로질러 만보객의 스타일, 패션 분위기, 도시의 매력 등 '일련의 유사성들'을 본다. 이런 예들은 진정한 민족적 전통들과 장소들보다는 도시, 대도시의 '비-장소들'—또는 적어도 층을 이룬 혼성적 장소들—같은 것을 생각나게 한다. 그렇지만 '비-장소'나 '비-지역' 같은 것을 중국이나 인도, 상해나 폼페이 등 실제 장소와 연관시키는 것은 무슨 뜻인가? 장소 특수성을 짓누르는 것은 기원의 문제이다. 실제로 근대성은 쉽게 단일하고, 자기-동일한 기원, 최초의 모델, 서구 등 기원에 대한 담론이 된다.

가온카르는 대안적 근대성들은 "기원을 만들어낸다"—그것들은 창조적 적응들과 변형들을 수반한다—고 말하며 기원 문제를 다룬다. 그래도 기원의 문제는 지속된다. "근대성은 문화적 형식들, 사회적 실천들, 그리고 제도적 장치들의 견지에서만이 아니라 현재를 심문하는 담론의 한 형태로서 서구에서 기타 세계로 전해졌다. 자국어로든 세계 공통언어로든 오늘 모든 민족적 문화적 현장에서 일어나고 있는 현재에 대한 이 질문은 근대성에 대한 서구 담론의 유산을 벗어날 수 없다."[3] 가온카르에 의하면 기원의 문제는 서구로부터의 확산에 대한 강조, 수렴의 우위성에 대한 강조 속에 살아남아 있다. 기원은 이리하여 더 나을 수 있고 좀 더 윤리적인 세계 속이기는 하지만 잠재적인 수렴 점으로 미래에 다시 나타나려는 경향을 갖는다. 가온카르는 그래서 이들 "공통의 강도(强度)들이…언제가 지구적 근대의 윤리학을 위한 길을 열 것인지" 묻는다.[4]

가온카르가 근대성을 일종의 해체—현재에 대한 끊임없는 질문—로 규정한 것은 근대성이란 항상 근대화를 이탈하는 다른 시간성의 양식임을 시사한다. 그런 이탈은 대안적 근대성의 특징인지 모르지만 역설적으로 이미 서구 아니 코스모폴리탄 서구에서 일어난 일이다. 사실 이탈은 언제나 이미 기원에 있다. 그러나 가온카르는 시원적 이탈을 지적하는 순간 그것을 무시한다. 그의 주장은 오직 수렴의 참조만이 근대성의 충격에 대한 평가를 가능케 한다는 것이다. (그리고 그는 장차 지구적 근대성으로 수렴되는 코스모폴리탄 모더니즘들과는 일단 선을 긋는다.) 나는 수렴 속의 이탈—놀람,

3 Ibid., 13.
4 Ibid., 18.

충격, 의문들—에 대한 가온카르의 지적이 중요함을 과소평가하고 싶지 않으나 그래도 대안적 근대성들의 '창발적 활동들'은 단일 기원의 논리와 관계를 끊게 될 것인지, 그렇다면 그 방법은 무엇인지 묻고 싶다. 이 질문은 대안적 근대성들만이 아니라 근대성 분석 일반에 적용된다. 근대성 (혹은 근대성들) 담론들은 꼭 단일 기원의 문제에 직면하는 것으로 보이기 때문이다. 이 점은 그 담론들이 공간, 장소, 현장에 대한 질문을 제기할 때 특히 두드러진다.

왜 일부 사상가들이 근대적인 것, 기원들의 문제와는 끝장을 내고 싶어 하는지 이해하기는 쉽다. 예컨대 들뢰즈는 다음과 같이 쓰고 있다. "오늘의 사상에 문제가 생기면 그것은 '근대주의'란 이름으로 추상들로, 기원 문제 등으로 회귀가 일어나기 때문이다. 운동이나 벡터에 대한 분석은 모두 차단된다. 우리는 지금 매우 약한 국면, 반작용의 단계에 있다. 그래도 철학은 기원 문제와는 끝장을 냈다고 생각했다. 그것은 더 이상 시작하고 끝내고 하는 문제가 아니었다. 문제는 오히려 '사이에' 무슨 일이 일어나느냐는 것이었다."[5]

그러나 근대성 논의들에서 문제는 흔히 아마 반드시 기원들의 문제, 즉 (서구와 함께) 시작하고 때로는 (지구와 함께) 끝나는 문제이다. 대안적 근대성들에 대한 가온카르의 설명은 이탈—사이에서 일어나는 충격, 경악, 질문 그리고 창조적 변형들—에 주목시킴으로써 기원들의 문제를 복잡하게 할 잠재력을 가진다. 그는 때로는 단일한 기원과 모델이라는 관념에서 먼 듯하다. 그리고 그의 근대성은 이미 그 기원에서 닮은꼴이 생겨나고 혁신적인 듯 보인다. 이탈은 언제나 이미 있는 것이다. 그러나 궁극적으로는, 마치 근대성의 충격들은 근대성을 근대화로 환원시키는 어떤 단일한 서구를 계속 언급하지 않으면 다뤄질 수 없기라도 하듯이, 수렴에 대립하는 이탈이라는 찰스 테일러에게서 빌려온 구도가 단일한 어떤 것의 계속적 귀환을 조장하는 듯하

---

5   Gilles Deleuze, "Mediators," tr. Martin Jouhgan, in Jonathan Crary and Sanford Kwinter, eds., *Incorporations* (New York: Urzone Inc, 1992), 281.

다.6) 가온카르는 근대성과 근대화의 차이를 환기하기는 하지만 결국 양자 간의 생산적이거나 효과적인 차이는 없는 셈이다.

이 점에서 특별히 중요한 것이 스튜어트 홀이 다른 사람들과 편집한 한 책에 나오는 서구 근대성에 대한 작업이다. 이 작업은 "근대적 사회들을 전지구적 현상으로, 근대적 세계를 하나가 아닌 일련의 주요 역사적 이행들의 예기치 않은 결과로 본다."7) 다시 말해 홀은 하나의 길, 하나의 원동력(경제적 근대화)만 있다고 하는 근대성 이론이 제시하는 근대성의 이미지에 맞서서, "근대성은 그렇다면 단일 과정이 아닌, 다수의 다른 과정들과 역사들이 응축한 결과"라고 주장한다.8) 홀은 실제로 근대성의 기원들을 곱하고 변형하고 그래서 문제화한다. 그는 근대성을 단일한 공간이나 시간에 위치시키는 것이 불가능해져도 그래도 주목해야 할 '응축들'은 있는 법이라고 말한다. 하지만 홀이 지구적으로 생각하는 것은 사실이지만 그의 응축 개념은 가온카르와는 달리 어떤 식의 수렴도 암시하지 않는다. 따라서 그의 근대성 논의를 단일한 기원으로의 귀환으로 생각하는 것은 잘못일 것이다. 종착 지점을 생각하지 않기 때문이다. 오히려 그의 논의는 기원들에 대한, 출발과 시작에 대한 해체주의적 문제제기이다.

비키 커비는 "해체는 기원들에 대한, 그 기원들 나름의 혁신, 편재, 내구 능력에 대해 집착한다. 그러나 하나의 시작은 돌연변이가 일어나는 어떤 측면을 가지고 있다는 생각은 가장 근본적인 방식으로 우리의 이해력을 시험한다"고 썼다.9) 해체가 우리의 이해력을 시험한다면, 그것은 기원들이 단일하지 않다는 그 주장이 우리가 방향을 잡는 능력, 분간하고 평가하고 결정할 때 출발점이 될 좌표를 정하는 능력을 위협하기 때문이다. 기원들이 혁신 능력 때문에 지속한다면 우리는 고정된 출발 및 도착

---

6 Charles Taylor, "Two Theories of Modernity," in *Alter/ Native Modernities*, 153-74.
7 Stuart Hall, "Introduction: Formations of Modernity," in Stuart Hall et al. eds., *Modernity: An Introduction to Modern Societies* (Cambridge: Polity Press, 1995), 3.
8 Ibid., 7.
9 Vicki Kirby, "Quantum Anthropologies," in L. Simmons and H. Worth, eds., *Derrida Downunder* (Palmerston North: Dunmore Press, 2001).

지점들보다는 혁신, 변화, 운동을 다뤄야 한다. 기원이 변화하는 존재라는 것은 두 점 사이에 선을 그어 A에서 B로 이동하도록 사전에 고정된 방위 체계에 우리가 의존하는 것을 방해한다. 우리는 여기서 원인과 결과의 선형적 시간성을 전도하는 해체주의의 역설에 직면한다. "자신이 대체하는 것을 '만들어내는' 대체" 또는 "시원(始原)적 반복" 또는 "현전한 적 없는 어떤 절대 과거" 등이 그것이다. 우리의 B지점 도착이 A로부터의 출발점을 만들어낸다면 우리가 어떻게 어딘가에 갈 수 있겠는가? 우리는 언제나 출발은 하지만 도착하진 못한다.

많은 논평자들에게 기원들의 변화하는 존재양식은 그것의 시간적, 공간적 방향 감각의 상실 때문에 정치적으로 무력해 보인다. 간단히 말해 서구 근대성이 언제, 어디에 있는지 결정적으로 말하기가 어렵다. 누가 내부에 있고, 누가 외부에 있는지 단정하여 결정하는 것도 어렵다. 서구나 근대성에 관해 말하게 되면 그 사람은 자신은 밖에 있다고 주장해도 그 안에 있게 되는 역설이 생기는 것이다. 외부의 위치를 알아내거나 규정할 수도 없다. 여기서 가야트리 스피박의 유명한, '하위주체는 말할 수 있는가?'라는 질문이 나온다. 답변인즉슨 하위주체는 말하는 순간 존재하지 않게 된다는 것이다. 로윙상이 자세히 논하듯, 그런 역설은 말할 것도 없이 서구 철학 특유의 말하기와 존재에 대한 관계—근대국가의 학문 담론적 구성체 속에서 언제나 이미 세계화된—를 전제한다.

예컨대 스피박은 하위주체 연구자들에 관한 자신의 논의에서 그 집단이 어떻게 "담론 분야 교체 시도의 실패들을 추적하는지" 살펴본다. 구체적으로 그 집단은 어떻게 서구의 담론 분야들이 비서구적 맥락들에서는 한결같이 실패하게 되는지 보여주는 한편, 스피박은 어떻게 위기—근대적 위기, 식민주의의 그것—의 힘이 담론 분야에서의 기능적 치환을 일으키는지 보여준다. 그녀는 또 "해체적 접근은 그들 자신이 담론 분야들의 치환을 시도하고 있다는 사실, 그들은 자신들이 연구하는 이질적 주체들이 겪은 것과 같은 '역사적' 이유로 (일반적 의미로) '실패한다'는 사실에 초점을 맞추고자 하고, 이런 점을 고려하는 관행을 만들고자 한다"고 주장한다. 그 집단은 자신의 작업이 지닌 함의를 알지 못하여 하위주체를 대상화하고, 지식으로써 그를 통제하며, "총체성에 대한 욕망에서"[10] 자신들이 반대하는 것과 공모하게 된다는 것이다. 일부 독자는 스피박의 해체적 접근법은 성공보다는 실패를 일반화하므로 모든 저항을 사전에 부정해버린다고 할지도 모른다. 그녀는 하위주체로서 말하고, 하위주체를 위해 말하고, 또는 하위주체로 하여금 말하게 하려는 모든 시도에서 공모를 본다. "우리는 그들[하위주체 연구집단]의 실천에서 식민지 곤경과의 단절만큼이나 그것의 반복도 직시해야 한다"는 것이다. 이와 비슷하게 우리는 메트로폴리탄 서구의 기원에서도 단절만큼이나 반복을 봐야 한다. 말은 언제나 실패이니까.

그러나 역사적 이유로 상이한 말하기 실패하기 방식들이 있다. 말하자면 상이한 실패들 또는 역사들이 있는 것이다. 맥락이 중요한데, 스피박의 맥락은 분명 식민지적 곤경 또는 서구 근대성의 형이상학으로서의 보편화이다. 스피박으로 하여금 하위주체의 말하기 문제를 강조하도록 하는 것은 서구 형이상학의 보편화이다. 로윙상이 그의 글에서 말하듯이, "비-서구 세계의 사상을 연구한다는 비교철학을 포함한 서구의 철학 학문은 언제나 무엇인가에 대해 말하는 방식으로 제도화되어 있다"(나의 강조). 해체주의에게 서구 형이상학의 역사는 말이 언제나 이미 존재와 존재-신학-논리적으로 융합된 것이었다. 말은 존재의 동화하는 힘과 분리될 수 없다. 이것이 로고스중심주의이다. 로윙상을 다시 인용하면, "데리다는 대체로 존재의 생각을 극복할 수 있는 가능성, 또는 존재를 에두를 길을 찾을 가능성에 대해 회의적인데, 이는 그가 존재의 동화력(同化力)이 그런 가능성을 배제한다고 생각하기 때문이다. 데리다는 존재의 부정이 포섭당할 가능성에 대해 언제나 주의한다. 그에게는 존재의 부정 없이

---

10 Gayatri Spivak, "Subaltern Studies: Deconstructing Historiography," in Ranajit Guha, ed., *Subaltern Studies Ⅳ : Writings on South Asian History and Society* (Oxford: Oxford University Press, 1985), 336-37.

존재와 다름의 가능성을 생각하는 것은 문제일 것이다." 그러나 이 말하기 문제는 "'말하기 일반' 혹은 언어 자체로서보다는 약속과 희망을 전달하는 장소, 위치, 맥락으로서" 등장한다. 근대성의 문제는 그렇다면 서구 형이상학이나 로고스중심주의 내부 이외에는 말할 길이 없다는 것이다.

　로웡상은 비교철학의 기획은 다른 사상 전통들로 하여금 서구 형이상학의 언어를 쓰게 만드는 것임을 설득력 있게 보여준다. 장자의 사상은 그래서 한 사례에서는 '우리'(중국의) 로고스 자리로 상정되고, 다른 사례에서는 해체 이전의 해체, 상위의 해체로 간주된다. 그런 비교 노력들은 중국 사상을 서구 형이상학의 등가물로 만들 뿐 아니라 (데리다의 사상과 같은) 서구 형이상학에 대한 정치적 비판들을 문체상의 유희로 축소한다. 로웡상은 스스로 적절하게 민족 특수주의 형태의 보편주의에 대한 전적인 투항이라 규정한 이런 잘못을 피하기 위해 장자의 '말할 수 없는 것'과 데리다의 '말할 수 없는 것'의 차이를 엄밀한 철학의 방식으로 다루며 그가 임시로 '의사(擬似)-비교론적'(para-comparative) 연구라고 부르는 것을 시작한다. 그는 장자는 존재와 다르게 말하는 것이 가능한 것처럼 장자를 논한다. 이 점에서 그의 의사-비교론적 연구는 스피박의 전략적 본질주의 개념(또는 이 개념의 전술적 본질주의로의 알베르토 모레이라스의 재가공)[11]과 공명을 이룬다. 그의 목표는 장자를 서구 형이상학으로부터 구해내는 것도, 서구 형이상학 전복을 위해 장자를 이용하는 것도 아니기 때문이다. 궁극적으로 로웡상은 의사-비교론적 연구가 근대적 비교주의 외부에서 말하게 해준다(이것은 존재와는 달리 말하기에 해당할 것이다)고 가정하지 않는다. 그는 장자의 다름(철학적이 된다는 의미의 역사적 특이성)에 유념하지만 장자의 역사적, 철학적 특수성은 서구 형이상학 내부, 근대성 내부의 다름으로서만 규정될 수 있다고 본다. 바꿔 말하면, 로웡상은 의사-비교론적 연구 역시 실패함을 알고 있다. 그

---

11 Alberto Moreiras, "Hybridity and Double Consciousness," *Cultural Studies* 13(3) 1999, 373-407.

것은 민족의 장소와 근대성의 맥락을 뛰어넘지 못한다. 그래도 그의 것은 다른 방식의 실패, 다른 역사들에 대한 새로운 열망, 새로운 희망을 열 수 있는 방식이다.

로윙상이 근대성 충격 논의의 다른 전략들을 문제 삼는 것은 그것들이 근대성에 대한 사회학적 설명들을 계속 환기하기 때문이다. 한 예로 차테르지는 보편주의는 비서구 사상가들에게는 균등하게 이용될 수 없다고 주장하며 자본주의와 식민주의 외부의 장소들을 찾는다. 반면에 하루투니언은 '보편화' 또는 '총체화' 행위들이 비서구 지식인들에게 수용될 수 있도록 근대 국가가 오랫동안 보편화했다고 주장한다. 자본주의 근대성에는 외부가 없다는 것이다. 로윙상은 차테르지에 대해서는 외부를 상정한다고, 하루투니언에 대해서는 보편화에 대한 접근의 불균등성을 무시한다고 문제를 제기한다. 그는 두 입장에서 사회학적 근대성 설명의 잔재를 검출한다. 전자는 근대성의 불완전함이 외부를 허용한다고 가정한다면 후자는 근대성의 도래를 가정한다는 것이다. 이렇게 로윙상은 우리의 관심을 비교가능성에 대한 욕망에 대한 정신분석학적, 철학적 질문들로 향하게 하는데, 이들 질문의 긴 역사가 근대성 담론들, 특히 사회학적 설명에 의존하는 담론들의 윤곽과 색깔을 계속 규정하고 있다.

바꿔 말하면 로윙상은 비교주의를 고찰하며 근대성의 식민주의적 제국주의적 기원들의 변화하는 측면을 보고 이것을 존재의 동화력(서구 형이상학)과 연계시킨다. 이것은 모든 말하기는 근대성의 공간 및 장소 생산에 얽매여 있다는 의미이다. 간단히 말해 해체는 말하기를 혁신이자 동화로 보는 것이다. 말하기는 계속 새로운 장소들을 개척하고 생산하지만, 이 혁신은 기원들을 단순히 치환하는 것이기 때문에 동화이기도 하다. 근대성과 달리 말하기는 실패할 수밖에 없다. 이것은 서구 형이상학은 로고스중심주의로서 말하기가 있는 곳 어디에나 존재할 수 있다는 말이다. 그러나 이것은 근대성이 어디서나 성공한다는 말은 아니다. 오히려 그것은 실패한다. 새로운 말하기 장소들이 언제나 기저의 총체성에 동화된다 할지라도 그 총체성은 기원을 바꾸고 차이를 생산하고, 불균등을 낳으며 계속 맹렬히 펼쳐진다. 다시 한 번 근대성은 동일자로서의 차이의 끊임없는 생산이지만, 이것은 장소와 공간과 관련하여 특히 문제가 된다. 장소 특수성은 근대성과 다른 무엇을 약속하지만 결코 그것을 전달할 수가 없다.

요약하면 이 책의 첫 세 장은 비교주의, 공간, 장소들에 관련지어 근대성의 충격을 다룬다. 이들 세 장은 모두 방향상실 또는 이탈의 지점들을 다루지만 그 장소들과 공간들에 대해 아주 다르게 방향을 잡기 위해 그렇게 한다. 공간의 생산에 직면한 하루투니언은 시간성으로 방향을 바꾼다. 그의 '해법'은 근대성이 펼치는 과거들 주변에서 발생하는 시간적 기형들을 주시함으로써 근대성에서의 차이의 지점들을 찾아내는 역사적 시간성의 전술적 본질주의이다. 쑨거 역시 서구 근대성 극복을 위한 일본 지식인들의 총체화 시도 맥락에서 '내부의 차이'에 관심을 환기시킨다. 그녀의 전술은 토착 전통들과의 필요하긴 하나 불가능한—자아는 전통과의 관계 속에서 방향을 잡아야 하지만 자신의 자아를 잃지 않고 그렇게 할 수는 없다—관계라는 문제를 제기하는 것이다. 자기 비판적 관계 맺기요, 이야기하기다. 로윙상은 윤리적 관계를 강조한다. 비-형이상학적으로 말하는 것은 가능하지 않으나 경청하는 것은 가능할지 모른다는 것이다. 경청은 근대성 안의 차이의 지점들을 찾는 것이고 그 발견 속에 함축된 타자에 대한 폭력을 시인하는 것이다. 많은 점에서 서울의 식민지 근대화에 대한 홍성태의 포토에세이는 이런 문제들을 재조명한다.

단일한 근대성을 피하기 위해 홍성태는 근대화를 복수화한다. 그는 일본의 한국 침략과 합병이 야기한 폭력적 단절이 근대성의 또 다른 출발점을 만들어낸다는 생각에 이의를 제기하고자 한다. 그는 근대화가 어떻게 시작하든 그것은 여전히 같은 근대성이라는 생각에 도전한다. 그래서 그는 서울의 식민지 역사에 유념하면서 근대화들을 언급한다. 그는 세계 도처의 도시 공간들이 겉보기에는 비슷해 보일지 모르나 거기엔 근원적인 역사적 차이들이 있다고 주장한다. 일본 제국의 서울 개조—식민지 근대화—는 전통 공간들과 그 도시에 대한 역사적 감각에 대한 정교한 말살을 포함했다. 그래서 서울에 사는 오늘 한국인들에게는 그것의 과거, 그들의 과거를 상기시킬 단서들이 거의 없다. 식민지배 이전의 모습대로 도시를 재건하는 것이 하나의 해결책일 수 있겠지만 홍성태는 그렇게 단순한 방식을 취하지 않는다. 그는 일본 제국주의 역사 보존의 필요성을 본다. 그는 일본의 전통 공간 파괴뿐만 아니라 일본 제국주의 흔적 제거를 통한 김영삼의 역사바로세우기에도 문제를 제기한다. 그의 에세이에는 그래서 식민지시대 이전의 전통적 과거 복원과 식민지시대 과거 보존이라는 두 개의 모순된 역사화 충동이 공존한다. 이것은 일본제국주의 잔재들이 부정되면서 보존되어야만 한다는 말이다.

그런 기억 행위는 식민주의적 과거 파괴의 건망증적 반복과는 대조되는 애도를 통해 작용하는, 애도의 행위로 간주될 수 있을 것이다. 그러나 한국의 현재 대미관계는 그것을 불가능하게 만든다. 미군의 한국 점령을 볼 때 식민주의 역사의 부정과 보존이 어떻게 가능하겠는가? 지금 이 시점, 점령 하의 상태에서 미제국주의의 역사적 흔적들을 동시에 거부하고 보존하는 것은 가능한가? 홍성태는 식민지 근대화의 이 다른 층위를 해결할 하나의 가능성에 주목한다. 현재 미군기지에 의해 점유된 토지를 돌려받아 변형시키려는 운동이 그것이다. 그러나 궁극적으로 홍성태는 식민근대화의 반복 위험에 우리의 관심을 환기시킨다. 왜냐하면 일본 또는 미국 제국주의의 제거만이 아니라 그런 역사들을 해결하는 것이 문제이기 때문이다. 이전의 에세이들에 비추어볼 때 혹자는 홍성태가 협력자나 방관자는 없는 제국의 가해자들과 식민지 피해자들로 이루어진 역사 속에서 민족 정체성 생산을 추구하는 장소와 정체성의 본질주의(한국의 특수 경우)에 의존한다고 말할지도 모르겠다.[12) 그러나 도시 역사를 부정과

12 나는 여기서 대량학살과 관련된 언어, 특히 도미니크 라카프라의 프로이드의 애도 개념에 대한 재정의를 환기한다. 부분적인 이유이지만 나는 대량학살에 관한 양현아의 한국인 '위안부' 문제에 대한 재발언이 매우 설득력이 있음을 발견했기 때문이다. 게다가 그 언어는 홍성태 글의 논조와도 어울리는 것 같다. 더욱이 이 책에 실린 존 솔로몬이 쓴 대만에 관한 에세이는 벌거숭이 삶의 맥락 속에서 이러한 문제들에 역점을 두어 다루고 있다. 양현아의 "Revisiting the Issue of Korean 'Military Comfort Women':

보존 양자의 역사로 보는 그의 의식을 감안하면 한국의 자치권에 대한 그의 강조를 전략적 또는 전술적 본질주의로, "전략 혹은 전술은 정확하게 무엇인가"라는 질문과 함께 되돌아오는 본질주의로 보는 것도 분명 가능하다. 말과 장소의 기존 배치들이 사전에 실패할 것 같을 때 우리는 어떻게 정치적으로 스스로 방향을 잡을 것인가?

_말, 글, 그리고 제국

근대화의 성공담 하나는 표준화된 민족 언어들을 기초로 한 대중의 문해력 제고에 관한 것이다. 예컨대 사회학적으로 볼 때 문해력의 비율은 계속해서 한 사회의 문명화와 민주화의 지표가 된다. 그러나 근년에 들어와서 문해력 향상을 성공담으로 보는 이 견해는 여러 영역에서 도전을 받고 있다. 간단히 말해 표준적 민족 언어 확립에 필요한 말하기와 글쓰기의 변형이 이제는 균질화와 종속, 민족 주체의 날조와 동원, 착취 가능한 '대중' 생산을 부추긴다는 견지에서 연구된 것이다. 이것은 대중의 문해력, 표현의 자유, 시민들의 투명한 의사소통이라는 언어근대화 이야기에 등장하는 모습과는 완전히 대조적이다. 표준화된 민족 언어 생산 현장을 다시 방문하여 그것을 역사화하는 작업에서 관건은 비-자유 발생의 견지에서 근대화를 논하는 것은 아니다. 중요한 것은 어떻게 근대의 개인 만들기 기술들이 총체적 권력 구성체들과 함께 작용하는 국지적인 훈육 구성체들을 만들어냈는지 설명하는 일이다. 무슨 말이냐 하면 민족 언어로 말하고 쓰는 능력과 자유는 특별한 방식으로 말하고 쓰라는 사전 명

The Question of Truth and Positionality," *The Comfort Women: Colonialism, War, and Sex*, special issue of *positions* 5:1 (Spring 1997): 51-72를 보라. Dominick LaCapra, "The Return of the Historically Repressed," in *Representing the Holocaust: History, Memory, Trauma* (Ithaca: Cornell University Press, 1994), 169-203과 "Revisiting the Historians Debate: Mourning and Genocide," in *History and Memory after Auschwitz* (Ithaca: Cornell University Press, 1998), 43-70도 보라.

령에 의존하고, 이는 근대적 총체화 과정들에 필요한 포함과 배제의 공간들을 만든다는 것이다.

이 책의 세 글에서 특별히 흥미로운 것은 근대적 글쓰기 형식의 수립과 근대 제국의 총체화 과정들 간의 연관성을 그려내고 있다는 것이다. 민족 언어나 문학이 긍정적 효율적 방식으로 지역적 또는 민족적 자치를 가능케 한다는 확신은 거의 없다. 내 논의에서 강조하겠지만 이것은 비서구의 서구문학과의 단절 또는 그 문학의 재각인이 쉽사리 또는 자동적으로 해석되지 않는 혼성적이고 불확정적인 형태들을 어떻게 가능하게 하는지 강조하는 많은 탈식민주의적 소설 설명들과는 대조를 이룬다. 이들 논문의 중요한 함의 하나는 근대적 글쓰기의 개별화는 기술들—과 혼종성 그 자체—이 민족적 제국 또는 제국적 주체들을 생산한다는 사실이다. 차이와 이탈의 계기들이 동화의 지점으로 간주되는 셈이다.

한국의 언어적 근대성에 관한 그의 에세이에서 강내희는 오늘날은 자연스럽고, 불가피하고, 심지어 바람직해 보이는 언어적 용법들을 역사화한다. 근대 한국을 어떤 당연한 결과나 사회적 합의로 보려는 경향에 맞서서 강내희는 언어적 근대성 생산 과정의 상이한 국면들을 드러내 보인다. 그는 이들 국면을 일본과 서구의 제국주의 역사, 한국의 식민지화와 연결시킨다. 예컨대 1894년경 일본군이 제국 권력으로 남으려는 유일한 목적으로 청나라 군대를 한국에서 몰아냈을 때, 전통적인 언어와 표기의 공간에서 중대한 변화가 일어났다. 다양한 글쓰기 관행들이 '한문'과 '국문'의 이항대립 하에 포섭된 것이다. 이 대립은 전통적인 중국식 학문과 연관하여 만연하던 글쓰기 관행의 위세에 종말을 가져왔고 과거와 현재, 전통과 근대의 시간적 분할을 도입했다. 이 분리는 과거와 현재를 분리하는 총체화하는 근대화 과정들에 기반을 제공하기도 했다. 물론 그런 총체화는 결코 완성되지 않는다. 처음부터 가지각색의 혼합된 글쓰기 스타일들이 나타난 것이다. 그러나 일반적 경향은 '국문'보다 이전이거나 그 외부라고 여겨지는 것을 모두 제거함으로써 '국문'을 정화하는 쪽이었다. 이 정화에 자극을 준 것은 민족 자율에 대한 열망이었지만, 강이 가리키듯 그것은 '실패할 수밖에 없었던 자주적 근대화로의 길'이었다.

강내희는 옛 언어적 용법이 아직 사라지지 않고 새로운 용법들도 아직 세력을 떨치지 못한 일종의 역적(閾的) 국면에 대해서도 말하고 있다. 그것은 보통 사람들이 옛날로부터 전해 받은 과장된 위계적 말 걸기 방식을 사용하여 새로운 공공 광장에서 그것들을 담대하게 사용하던 풍자와 패러디의 시대이다. 그러나 그와 같은 예기치 않은 옛 것과 새 것의 혼합은 결국 동질적이고 (위계) 표시가 없는 언어적 발신과 수신 양식의 성립으로 이어진다. 제국주의적이면서 근대주의적인 애초의 단절들이 자율적 운동을 차단할 수밖에 없었던 것이다. 결정적인 계기가 1910년에 일어난 일본의 한국 합병이었는데, 강내희는 그때 이후 특히 소설과 신문에서 본질적으로 근대적인 주관성과 객관성의 형성이 지배적이 된다는 데 주목한다. 이 근대적 언어 양식의 특징을 이루는 것이 화자나 필자의 위치에 대한 '표시 없애기'였다. 이 표시 없애기는 새로운 종류의 주관성, 내면성을 만들어낸다. 그것은 또한 발화내용에 우위를 줌으로써 단순한 리얼리즘을 조장했고, 독자들은 문자로 쓴 것은 사실에 부합하고 객관적이고, 진실한 것이라 파악하고 믿게 되었다. 언어적 근대성의 특징은 또 시제와 시간적 관계들의 변형이었는데, 그 결과는 새로운 근대 주체가 숙달해야 할 관계들, (수식적, 감정적, 또는 위계적 관계들보다는) 논리적이고 분석적인 관계들을 강조한 일종의 공허하고 동질적인 언어적 공간이었다.

강의 언어적 근대화에 관한 설명에서 흥미로운 점의 하나는 언어에 의한 '표시 없는' 주체의 생산이 포함과 배제의 정치만이 아니라 동화의 정치로도 귀결된다는 사실이다. 한편으로 주체의 표시 없애기가 한국어 문법 안에서 만들어지는 한, 새로운 주체는 민족적 주체로 간주된다. 그것의 이상은 주권이 한국 민족국가의 경계로까지 평평하고 균등하게 펼쳐져서 그 안에서 모든 시민이 평등하게 한국인이 되는 것이다. 다른 한편 한국의 거주자들이 언어적 견지에서 모두 균등하게 한국인인 것은 아니다.

이것은 언어에 의한 민족 주체성의 형성은 사실상 한국을 한국이자 한국이 아닌 것으로 또는 잠재적으로 세계에서 상이한 처지에 놓인 두 가지 다른 한국으로 식민화해야 한다는 말인데 이 때문에 강내희 자신과 같은 방언 구사자들의 양면적 위치가 생겨난다. 민족적 주체성은 이미 세계주의적이고 잠재적으로 제국주의적인데, 우리는 그래서 '근대 한국어'와 같은 것은 특수한지 보편적인지 물어야만 할 것 같다. 그것은 두 방향으로 작용하니까 말이다. 근대 일본어, 그리고 근대 영어와 대(對) 형상화해보면(co-figured), 근대 한국어는 민족적 주권을 생산하면서도 세계주의적이고 제국주의적인 특권을 허용한다.

에던 나스레딘-롱고의 종족음악학에 대한 글 역시 자신이 '제국권'(imperium)이라 칭하는 것과 관련한 표시하기와 표시하지 않기 문제를 다룬다. 종족음악학에 대한 그의 비판에서 핵심은 종족음악학이 자신의 음악 표기에 대해 지닌 역설적 태도이다. 근대적 음악 표기는 서구만이 적절한 표기를 가진 것으로 간주되기 때문에 서구를 기타 세계와 구분하는 데 이용된다. 하지만 역설적으로 음악 표기법은 서구의 표시를 지우고, 서구를 일견 중립적이지만 권위적인 주체로 만들기도 한다. 이것은 근대 한국어에 대한 강내희의 설명에 나오는 언어적 근대성의 형성과 유사하다. 나스레딘-롱고는 근대성의 생산은, 소리와 표시의 관계를 가장 철저하게 합리화하기 때문에 투명하다고 여겨진 어떤 글(쓰기)의 개발을 포함했다고 주장하기 때문이다. 투명한 표기는 모든 음악적 문화들을 보이지 않게 조용히 매개할 수 있는 표 나지 않는 주체를 만들어낸다. 바꿔 말하면, 근대 서구의 음악적 표기는 나스레딘-롱고가 다양한 제국적 전유 양식들에 대한 그것의 변화무쌍한 관계를 강조하기 위해 '제국권'이라고 부르는, 작동하는 어떤 침묵—비가시적 매개 혹은 좀 더 정확히 헤게모니—을 낳는다.

나스레딘-롱고는 서구의 음악 표기법의 보이지 않는 매개가 모든 종족음악학적 지식의 기초로 통한다고 주장한다. 이리하여 서구의 종족음악학자들은 경쟁 관계에 있는 다른 표기 체계들의 자격을 깎아내려야 한다. 그러나 종족음악학자들이 서구인이 인식할 수 있는 표기체계가 없는 음악 문화들을 선호한다는 것은 놀라운 일이 아니다. 글을 결여하고 있다는 이들 음악 문화들의 무매개성과 생명력에 대한 그들의 이해는 나스레딘-롱고에게 구술성과 구술문화들에 대한 사라지지 않는 낭만적 신화를 상기시킨다. 체계적 매개가 없고 따라서 소외가 없는 문화들, 서구로의 '타락'을 기다리기라도 하듯 '바로 저기' 있는 영원한 불변의 문화들과 음악들의 신화 말이다. 종족음악학에 대한 그의 비판에서 나스레딘-롱고의 핵심 논지 하나는 이 헤게모니적 지식 구조가 인종주의로 기운다는 것이다. 이것은 그것이 서구는 표시하지 않고, 기타 세계는 표시하는 과정과 함께 시작하기 때문이다. 그러나 기타 세계가 (각자 서로 등가적이고 유사하므로) 틀이 없다면, 서구는 (자기-동일이라는) 틀을 갖추고 있다. 나스레딘-롱고는 이 패러다임은 타자들을 (통상 유색인으로) 표시하지만 (모두 똑같이 동등하게 비-백인으로 표시하며) 틀 짓지는 않는다는 이유 때문에 인종주의로 기운다고 주장한다. 요약하면 서구적 표기는 종족음악학의 자연화되고 검증되지 않은 기초가 되고, 표시 내기 관행들의 진지한 관찰에 대한 학문적 거부의 바탕이 된다. 그의 결론은 이제 우리는 서구의 표시하기 관행들은 중립성과 권위를 지닌다고 보지 않고 그 관행들을 심문하는 하나의 방안으로서 서구 자체에 표식을 남길 때가 되었다는 것이다.

나스레딘-롱고는 서구 표시하기를 언급하며 특정한 종류의 보편주의, 제국주의적 양면성(과 어쩌면 깊이)을 지닌 것에 종말을 고하는 듯하다. 그는 종족음악학에서 서구의 헤게모니는 표시와 비표시를 가지고 노는 능력에 있음을 보여준다. 서구의 헤게모니는 말하자면 유리한 싸움을 하는 셈이다. 그것은 두 입장들을 만들어내는 실질적 관행들을 숨기기 위해 표시된 것과 표시되지 않은 것을 가지고 논다. 보통 그것은 자신의 끊임없는 표시/비표시 놀이를 감추기 위해 어떤 대립(쓰기 대 쓰지 않기)을 선택한다. 이리하여 서구는 표시되기도 하고 되지 않기도 한다. 그래서 서구를 종족으로 표시하라는 요구는 서구의 이익을 증진시킬 위험을 안는다. 따라서 나스레딘-

롱고의 서구 표시 노력은 결정적 해결책이라기보다는 제국적 양면성의 움직임들을 드러내기 위한 전략으로 이해되어야 할 듯싶다.

나스레딘-롱고는 서구 외부에서의 음악적 근대성 생산(자체의 지역적인 근대적 표기법 생산을 통한 민족 자율)에 대해서는 다루지 않지만 그의 견해는 강내희와 일치하는 것 같다. 그런 시도는 실패할 운명이라는 것이다. 물론 이전의 글들에 비춰보건대 상이한 실패의 방식들이 있으며, 이는 다른 역사들일 수 있다는 점을 추가해야 하리라. 그러나 강내희와 나스레딘-롱고의 글에서 인상적인 것은, 문학과 음악은 서로 아주 다르지만 둘 다 투명한 글쓰기에 의존하여 지역화하기는 어려워도 세계화하기는 쉬운 역사를 지닌 표 나지 않는 주체를 생산한다는 주장이다. 게다가 근대적 주체형성의 문제는 오로지 혹은 주로 의미작용만의 문제는 아니다. 그것은 표시하기와 틀 짜기, 표시 없애기와 틀 없애기의 문제인 것이다. 덧붙여, 근대적 주체 형성이 헤게모니를 행사할 가능성은 그 형성의 명확함(의미, 코드, 제도의 부과)에만 있는 것이 아니라 그것의 양면성(의미, 코드, 제도가 유예된 장소들과 시간들)에도 있다.

바로 이것이 아츠코 우에다의 글의 논점이기도 하다. 그녀의 글은 1880년대 일본의 '탈아'(脫亞), 민권, 개화에 대한 정치적 담론들과 근대소설에 대한 담론들의 근본적 일치 현상을 살피고 있다. 우에다는 이들 담론이 자율적 지식인 또는 학자라는 새로운 인물을 만들어낸 데 관심을 환기시킨다. 여기서 유념할 것은 그녀가 근대 일본문학은 근대적 지식인이 형성되지 않았다면 불가능했을 것이고, 지식인의 형성은 또한 일본의 탈아시아화 담론이 없었다면 불가능했을 것이라 주장한다는 것이다.

방법론적으로 우에다는 문학 및 정치 담론들은 그 대상들에 선행하고 그것들을 생산했다고 주장한다. 이는 곧 1880년대에는 '일본' '아시아' '서구' 등의 지정학적 실체들이 '소설' '문학' 같은 것보다 더 객관적 존재는 아니었다는 말이다. 일본, 근대일본소설과 같은 대상들을 생산하기 위해 그런 담론들은 '비근대적' 대상은 물론 '비소설적' '비일본적' 대상을 만들어 냄과 동시에 그것을 억압해야만 했다. 1880년대 일본의 정치적 담론들에서 특히 중요한 것이 '아시아'라는 것의 동시적 생산과 억압이었다. 이것이 바로 탈아시아 담론들의 효과, 즉 억압되어야 할 미개한 비근대적 대상으로서의 아시아의 생산이다. 아시아의 생산 쪽에는 미개하고 자유가 없는 아시아를 상정한 개화 및 인권에 관한 사회학적 담론과 정치적 담론들이 있었다. 억압의 쪽에는 미개한 자들을 정복하고 자유가 없는 사람들을 해방시킨다는 군사작전들이 있었다. 말할 필요도 없이 아시아, 일본, 서구와 같은 지정학적 실체들의 담론적 생산에는 근본적으로 동어반복적이고, 역설적이기까지 한 점이 있다. 억압과 생산은 파괴와 해방이 그렇게 하듯이 함께 일어나는 것이다.

우에다는 그런 담론들은 원래의 역설을 봉쇄하고 자연화하기 위해 특정 현장들과 인물들이 필요했다고 주장한다. 여기서 자율적 중립적 지식인은 이해관계를 초월하여 공평하게 교환할 수 있는 무정치의 공간들에 대한 탈아시아 담론들의 강조가 나온다. 새로운 근대적 지식인들은 동시적인 아시아 생산과 억압의 화신이 되는 것이다. 그러나 그 결과는 지적 공평성이라기보다는 이중의식 또는 양면성으로서, 우에다는 이것을 근대소설에 관한 담론들에서도 찾아낸다. 이 양면성이 결국 헤게모니적으로 제국주의적으로 작용했다면, 그것은 아시아에 대한 일본의 양면적 태도가 특별한 종류의 서구와의 관계를 허용한 때문인데 우에다는 이 관계를 '흉내 내기'라고 부른다. 흉내 내기는 모방과 같지 않다. 모방은 복사본의 품질, 그것의 진정성이 원본과 비교해서 측정되는 원본과 복사본의 관계를 상정한다. 모방은 그래서 일본과 서구 간에는 어떤 지체가 있다고 암시하고, 이것이 근대화 논리를 강화한다. 일본은 영원히 서구에 부차적이고 그 뒤에 있다는 식이다. 반대로 흉내 내기는 일본으로 하여금 자신이 마치 서구인 듯 구는 식의 관계를 수반한다. 그것의 작용은 아시아의 동시적 생산 및 억압과 유사하다. 흉내 내기의 작용 논리는 일본으로 하여금 말하자면 사전에 아시아에 대해 근대 서구가 되게끔 만들었다. 흉내 내기는 신중하고 착실한 서구적 제도나 패러다임의 재생산을 추구하기보다는 사전에 행동하기 위해 서구 근대성의 핵심에 있는 시간적 변칙을 포착한다. 그것은 말하자면 움직임 포착이다.

우에다는 1880년대 일본의 '사전에 하는' 행동 능력이 때 이르거나 뒤늦었거나 불완전하거나 다른 왜곡된 근대성을 가리키는 것은 아니라고 말한다. 흉내 내기는 완전히 근대적인 양식인 것이다. 인상적인 것은 비서구 지식인들과 흉내 내기에 대한 그녀의 설명이 호미 바바의 그것과는 근본적으로 아주 다르다는 것이다. 바바에게, 좀 더 일반적으로 탈식민주의 소설 논의에서 흉내 내기는 원본과 복사의 논리를 변형시키고 따라서 전복하는 어떤 재각인 과정을 가리킨다. 바바는 민족주의나 문학에 대한 모방 모델에 맞서서 흉내 내기 개념을 불러낸다. 그는 비서구 소설은 서구 소설의 모방, 민족문학 제도를 재생산할 수밖에 없는 모방이라는 생각에 반대한다. 모방 논리는 비서구 소설을 이중적 실패의 장소로 만들기 때문이다. [이때] 비서구 소설은 서구 소설을 제대로 재생산하지도 못할 뿐더러 이 실패는 비서구 소설을 전적으로 종족 혹은 민족 정체성 형성에만 복무하도록 한다. 비서구 소설은 서구적 기준에 비춰 보면 언제나 뒤떨어지고 불완전한 민족/국민임의 표현일 뿐이다.

바바는 소설과 신문(인쇄자본주의)의 발생에서 근대적 민족/국민임을 허용하는 텅 빈 동질적 시간의 형성을 보는 베네딕트 앤더슨의 설명에 이의를 제기한다. 민족/국민임은 주권이 국가의 경계들까지 완전하고 평평하고 균등하게 퍼져 있다고 하는 민족 주권의 이념에 대응하는 주체성의 형태이다. 바바는 첫째, 표절 가능한 서구적 모델로서의 민족과 둘째, 근대성 및 근대적 민족임의 생산 장소로서의 소설이라고 하는, 앤더슨의 설명에 깔려있는 근대성에 관한 두 가지 사회학적 가정들에 반대하여 흉내 내기를 말한다. 바바는 근대화 모델을 통한 근대성 생산과 연계되면 소설은 보편과 특수의 논리에 빠져버린다는 것을 알고 있다. 소설은 민족을 희생시키며 서구에 봉사하거나 서구에 반대하여 민족을 지지할 수밖에 없다. 바바는 양면성에, 즉 탈식민주의 소설이 서구와 민족 사이에서 배회하는 방식들에 관심을 돌린다. 그것은 둘 다이면서 어느 것도 아니다. 이런 점에서 흉내 내기는 모방 이전의 불확정적 혼종성을 모방과 근대화의 불가능성 조건으로 제시한다. 양면성은 보편과 특수의 작용들에 앞서는 것으로 나타난다.

바바는 흉내 내기가 이처럼 보편과 특수의 논리, 서구 근대성과 그것의 민족 구성체의 논리를 전복한다는 점을 강조한다. 반대로 우에다는 흉내 내기를 일본의 제국 생산과 연관시킨다. 바바도 세계주의적 탈식민주의 지식인들의 양면성에서 전복의 가능성을 발견하지만 우에다는 양면성을 보편적 지식인의 발생과 관련시킨다. 여기서 쟁점은 누구의 양면성, 흉내 내기 관점이 정확하냐는 것이 아니다. 바바와 우에다의 맥락과 관심사는 분명히 다르다. 두 사람은 하나의 포괄적 비교주의의 틀로 환원될 필요가 없는 상이한 역사들, 상이한 근대성들을 다루고 있다. 그래도 맥락의 중요성을 강조하고 양면성, 흉내 내기, 이중의식과 같은 비유들이 반드시 또는 자동적으로 해방적이거나 전복적이지는 않음을 보여주기 때문에 양자의 차이는 눈여겨볼 점이 있다. 사실 이 세 논문에서 확인되는 경향은 양면성을 자율의 지대보다는, 제국적 근대성을 확장하는 표 나지 않는 공간들의 생산과 연관시키는 것이다. 세 논문 모두에서 양면성은 비서구적 자율의 실패를 가리킨다. 비서구적 공적 공간의 생산은 유사-민족 주체들과 제국 구성체들이 만나는 지점인 듯하다. 이 점에서 세 글은 비판적 역사 및 행로를 함께 공유하는 듯하다.

세 글은 모두 문해력의 형성은 해방이 아니면 민주화라는 생각에 이의를 제기한다. 공적 공간과 보편적 소통이라는 문해력의 목표 자체는 실패한다. 종족성과 지역적 이해관계를 초월한다는 주장으로 이루어지는 표시 없는 공간의 생산은 총체화하는 구성체들과 연계되고 만다. 표시 없는 이들 공간은 보편적 투명성의 이데올로기와 환상을 지닐 뿐만 아니라 민족적이고 따라서 세계적 구성체들에 종속하는 지역적 주체 생산도 수반한다. 문해력은 지역적이고 민족적 구성체만이 아니라 지구적이고 제국적인 구성체들에 개인들을 종속시킨다는 논지가 중요하다. 보편 구성체와 특수 구성체는 언제나 이미 교통하고 있다. 지역적 민족적 구성체들은 지구적 국제적 구성체들과 대립하지 않는다. 이처럼 보편과 특수의 공모에 대한 인식은 보편에 저항하는 특수는 일반적으로 실패함을 알려준다.

방식과 정도는 다르지만 세 논문은 특수의 실패에 대한 이런 느낌을 공유하고 있다. 모두 총체화하는 구성체들에서 작용하는 어떤 생산적 불확정성을 발견하기 때문이다. 세 글은 문해력의 문자적, 담론적 구성체들을 살피며 근대성의 기조를 이루는 어떤 총체성, 종속시키는 총체성을 본다. 그러나 종속은 탈영토화하지 않고, 근대 민족 언어, 소설 또는 음악 표기법의 그것들과 같은 표시 없는 공간들을 펼치지 않고서는 작용하지 않는다. 이는 마치 탈영토화가 보편과 특수를 더욱 긴밀하게 묶기 위해서만 보편과 특수의 논리를 유예하거나 전복하는 듯하다. 결과적으로 생기는 상은 언제나 제국이 되려는 민족주의 그것이다. 근대 문학과 음악의 발생이 민족들의 역사뿐만 아니라 그 속에서 소통의 투명성이 모든 특수들을 세계화의 공시적 '실시간'에 펼쳐 보이기 시작하는 지구적 근대성의 구성체들에도 기입될 것이라는 암시가 여기에 있다.

_주권과 종속을 넘어

근대성의 핵심 서사들 가운데 또 다른 하나는 사회적 정치적 질서 구축에서 인간 주체와 주권의 중요성 증가에 관한 서사이다. 이 이야기는 정치적 근대성의 출현과 함께 사회적 질서의 종교적 기원에 대한 믿음이 입법자로서의 인간이라는 개념으로 전환된다고 말하곤 한다. 사람들이 사회는 신격이나 군주가 아닌 인간 개별자들의 산물이라고 보게 된 것이다. 이런 서사에서 중요한 것이 사람들이 군주를 타도하고 자연 질서(그의 죽음이 다가오는 이제는 멀리 있는 어떤 신에 의해 움직여지는)에 대해 책임을 지고 그에 대한 통제권을 획득하는 혁명이다. 인간 주권이 인간의 자연 정복 능력에서 그 정당화를 추구하는 일이 많았다면 천부적 권리 및 민중 주권 이론들은 다양한 제도나 기술이 인간을 분리하기 이전의 사람들이 평화 계약 속에서 함께 살던 전(前)-사회적 상태를 상정하는 경향을 보였다. 다시 말해, 주권적 개인이 본래 합리적이고 평등한 자신의 질서를 구현하기 위해 자연을 정복해야 하는 난처한 입장에 놓이게 된 것이다. 정치적 근대성은 이리하여 통상 인간과 자연의 목적론적 분리, 자연의 합리화 또는 자연의 변증법적 극복으로 말해진다. 어쨌든 인간의 힘과 자유가 자연보다 우위에서 그와 맞서 확립되는 셈이다.

이런 주권적 개인 개념에 대한 많은 도전들 가운데 미셸 푸코의 그것이 마이클 고다르와 존 솔로몬의 글에서 출발점을 제공하고 있다. 단순하게 말하면 푸코는 우리가 개인을 자연스럽고 주어진 것으로, 주권자로 간주하는 한 정치적 역사적 분석에서 주권자의 머리를 잘라내지 못한 셈이라고 했다. 어떤 점에서 그는 니체처럼 하나의 주권자(신)의 죽음이 다른 주권자(인간)를 낳았으며, 이제는 이것을 물러나게 할 필요가 있다고 본 것인데, 초기 푸코 저작의 두드러진 반-인간주의는 여기서 나온다. 푸코가 개인적 주권 개념에 도전한 방식의 하나는 '인간'의 형상을 철저히 역사화하고 그것의 고귀하고 천부적이며 준(準) 신적 기원에 의문을 갖는 것이다. 인간의 형상은 이리하여 담론에 의한 구축물, 역사-특수적인 권력 및 지식 구성체—주권적(즉 군주) 사회들을 이은 규율 사회들—의 결과에 불과한 것이 되었다. "푸코는 규율 사회를 18세기, 19세기와 관련시켰다. 그 사회는 20세기 초에 정점에 도달한다. 그것들은 주요한 감금 장소들을 조직하며 작동한다. 개인들은 각자 고유한 법칙을 지닌 하나의 폐쇄된 현장에서 다른 현장으로 언제나 이동한다."[13] 감옥이 감금 장소의 본보기를 제공하고, 가둠이 규율사회 특유의 담론 구성물의 하나이다.

들뢰즈가 지적한 것처럼 푸코는 이 모델이 얼마나 단명한 것인지 알았다. "규율은 그것대로 새로운 힘들이 천천히 자리를 잡다가 2차 세계대전 이후 급속하게 발전함

13 Gilles Deleuze, "Postscript on Control Societies," *Negotiations* (New York: Columbia University Press, 1995), 177.

에 따라 해체하기 시작한다. 우리는 더 이상 규율사회에 살지 않고, 우리는 그것들을 뒤로하고 있다."14) 그래도 푸코가 우리에게는 아직 주권자의 머리를 베어야 할 일이 남았다고 느낀다면, 그것은 인간의 형상이 정치적 저항에 대한 우리의 사유를 대항운동과 혁명적 행위의 견지에서만, 즉 주권을 제거했으나 여전히 그것을 계속하는 개인을 바탕으로 계속 조직하기 때문이다. 저항에 대한 이런 상상은 계속 특수를 보편에 대립시키지만 이는 보편을 위함일 뿐이다. 규율사회 발생에 대한 푸코의 분석은 반대로 개인들이 '복종'을 통해 생겼음을 효과적으로 보여줬다. 규율사회는 자기 통치의 주체들을 만들고, 이들의 특별한 내면성은 사전에 그들을 각 갇힌 공간의 법칙들에 종속시킨다. 이것이 마이클 고다르의 글이 시작하는 지점이다. 그것은 종속 모델과는 다른 방식으로 저항을 생각하려는 푸코의 시도와 함께 하는, 보편과 특수의 틀을 넘어선다. 고다르는 들뢰즈의 '주체화' 개념—이것을 그는 푸코, 바로크 양식, 영화에 대한 들뢰즈의 저작을 가로질러 읽는다—이 어떻게 종속모델로부터 벗어나려는 푸코의 전통을 이어받고 있는지 보여준다.

많은 사람들이 담론 구성의 측면에서 푸코를 읽는 것과는 달리 들뢰즈는 담론 구성체의 해체 방식에 대한 푸코의 관심을 강조한다. 중요한 것은 말하기와 보기, 진술된 것과 보이는 것 사이의 긴장이다. 권력과 지식의 체제들은 관찰과 재현 양식들을 안정화하기 위해 말하기와 보기를 연결하고 고정시키고 심지어 융합하려 한다. 그러나 말하기와 보기의 모든 관련 맺기 이전에 있는 것은 비-관계이다. 둘의 관계의 연결, 고정 또는 융합을 분쇄하는 것은 외부의 힘이다. 고다르는 내면성이 아닌, 외부의 내부가 있다고 말한다. 주체는 실체가 아니라 과정이며, 외부에 개방되어 있다. 이것은 주체가 자신의 내면성보다 '더 깊은', 외부에서 오는 내부가 있다는 의미이다. 푸코도 들뢰즈도 권력과 지식의 역사 및 체제의 영향에서 벗어난 절대적 외부를 구성

14 Ibid., 178.

하는 비-관계를 주장하지는 않지만, 들뢰즈의 경우는 특히 비-관계가 개입하고, 분열시키고, 분리하는 방식들을 강조한다.

고다르의 글은 들뢰즈의 경우 말하기와 보기의 근본적 비-관계를 '더 깊은' 존재론적 차원으로 가져감으로써 재가공할 수 있다고 말한다. 그는 육체와 정신의 (비)관계와 주체화 과정을 재고하기 위해 말해진 것과 보이는 것 사이의 비-관계를 물질과 빛(또는 물질과 에너지 혹은 정신)의 문제로 바꾼다. 라이프니츠의 모나드—주름의 주름—가 최초의 모델이 된다. 들뢰즈는 연속적이면서 동시에 연속적이지 않은 주름으로서의 물질로 시작한다. 이것은 각 주름이 불연속 안의 연속 지점으로서 하나의 시점을 내포함을 의미한다. 고다르의 설명대로 주체는 하나의 시점 안에 남아있는 것이다. 그것은 한 주름의 주름, 혹은 공-주름(co-fold)이다. 이것은 주체나 의식이 물질을 주체화하는 이원론적 철학과 다르다. 물질의 주름들은 주체들을 함께 접는 시점들을 엉키게 한다. 의식은 공존하기 때문에 이것은 차이에 근거한 (즉 존재 발생적) 존재론으로 향한다.

라이프니츠에서 각 모나드 혹은 주름을 지닌 각 주름은 다른 것들과 다소 구분되는 일부 지대를 가지고 있다 하더라도 하나의 세계 전체를 가지는바, 여기서 상이한 모나드적 시점들에 기반을 둔 '불공가능' 세계라는 관념이 나온다. 그러나 들뢰즈는 다른 모든 것들을 포함하는 하나의 시점(신 또는 총체성)이 존재하느냐는 문제와 관련하여 라이프니츠와는 다른 입장이다. 고다르는 들뢰즈가 세계를 총체성보다는 무한한 잠재성으로 보고 있다고 설명한다. 다른 모든 것들을 포함하는 신과 같은 관점은 없다는 것이다. 오히려 세계들 간의 불공가능성이 이 세계 안에, 각 세계 안에 잠재적으로 있다. 고다르는 이것이 들뢰즈로 하여금 진리 개념을 시간에 개방할 수 있게 한다고 말한다. "[라이프니츠의] 불공가능성 개념은 특정한 사건이 일어나거나 일어나지 않는 상이한 세계들을 상정함으로써 진리 개념을 구하려는 시도이다. 한 세계에서는 전쟁이 벌어지는데 다른 세계에서는 벌어지지 않아서 결정 불가능한 시간적 대안들이 생기는 일이 해결되는 것이다. 사건이 일어나느냐 일어나지 않느냐에 따라서 당신이 어느 불공가능한 세계에 있느냐만 알면 된다. 그러나 현대 미학에서 결정 불가능한 선택들 또는 다기한 계열들은 하나의 동일한 세계에 속하여 사건은 동일한 세계에서 일어나고 일어나지 않는다."

주름에 대한 들뢰즈의 재작업이 어떻게 근대성에 대한 새로운 사유를 일으키는가? 이 점을 보는 데에는 (최소한) 두 방식이 있다. 한편으로 그의 바로크 재창안을 대안적 근대성, 좀 더 정확하게 대안적 근대주의로 생각할 수 있을 것이다. 바로크는 들뢰즈로 하여금 낭만주의와 헤겔을 우회하여 변화와 역사적 운동에 대한 다른 이론에 도달하게 해주는 다른 계보학에서 작업할 수 있게 한다. 고다르는 들뢰즈의 바로크는 이 점에서 근대성의 또 다른 사상가로서, 바로크의 알레고리에서 파편이 총체성에서 해방되는 것을 본 벤야민의 바로크와 비교된다고 말한다. 하지만 벤야민이 역사 운동의 파괴라는 시각에서 이 분열을 봤다면 들뢰즈는 그 안에서 거짓의 창조적 힘 즉 구상능력을 본다. 들뢰즈에게 역사의 운동은 다양한 계열들을 만들어내는 무한한 복잡화 과정이다(이는 역사의 운동을 나락으로의 무한한 퇴행으로 보는 데리다의 인식과 함께 생각할 만하다). 결국 무한한 불공가능한 근대성들이 있고, 우리의 근대성 견지에서 생각할 것을 누가 고집하더라도 이들 근대성들의 차이는 여전히 우리의 근대성 안에 포함되어 있는 것이다. 그래서 들뢰즈는 현재 속에서 과거들과 미래들을 증식시키는 근대주의적 습속들로 눈길을 돌린다. 하지만 그의 접근법이 근대주의적이라 해도 그 계통은 흔히 받아들이는 근대주의 관념들과는 다르다. 특히 중요한 것이 '위해 있음'과 '함께 있음'에 대한 들뢰즈의 강조인데, 이것들은 공시성 혹은 세계적 동시성의 전망과는 완전히 다르다.

다른 한편, 근대성이나 근대주의 문제가 이 맥락에서 정말로 중요한지 묻는 것이 가능하다. 고다르는 그래서 중요한 질문이 더 이상 "우리는 어느 시대에 살고 있느냐"가 아니라 "우리는 어떤 습속에 참여하고 있는가, 그 습속은 어떻게 주체화 양식들을 구성하는가?"가 될 수 있다는 더 발본적인 가능성을 제시하며 글을 맺는다. 이 것은 우리가 어떻게 새로운 양식들, 양상들을 만들 것인지 물으며 근대성의 기본 질 문을 새로 만드는 일이다.

들뢰즈와 푸코가 서구 외부의 근대성 사유에 큰 영향을 끼쳤다면 그들의 이야기는 어느 정도로 유럽 이야기로 남게 되는지에 대한 질문들이 종종 제기된다. 푸코의 저 작에 관한 탈식민주의 비판의 일부를 검토하는 티모시 미첼이 한 예이다. 그는 푸코 의 담론 분석들은 공간화 경향이 있어서 근대성 이야기에서 비서구의 간섭을 허용하 지 않는 동질적 시공간을 상정하고 있다는 결론을 내린다.[15] 고다르의 설명은 주체 화 과정들로 관심을 돌리면서 푸코는 초기 저작의 공간화 경향들에서 탈피하기 시작 했다는 것이다. 하지만 후기 저작에서 선(禪), 동양을 언급할 때 푸코가 일본과 중국 을 완전히 서구의 공간들 외부에 있고, 심지어 그것들과는 비교할 수도 없는 공간으 로 상정하고 있다는 것은 분명하다. 사실 이것이 존 솔로몬의 주권(및 푸코) 비판이 시작되는 지점이다. 그는 서구 팽창 및 제국주의 정복의 세기와는 달리 서구의 외부 가 더 이상 식별될 수 없는 시점에 자신의 비판을 위치시키기 때문이다.

전 세계에 걸친 국제적 국가연합으로의 정치적 주권 확장이 2차 세계대전 이후의 탈식민화 과정들과 함께 나타난 최근의 현상이다. 하지만 솔로몬은 그 결과는 (윌슨 의 모델에 따른) 민족 자결이나 (푸코의 모델에 따른) 개인 자치가 아니었다고 주장한 다. 사실 주권 모델은 이제 새로운 권력 구성체인 주권적 경찰을 은폐하는 데 복무할 뿐이다. 거칠게 말하자면, 주권의 이전은 신에서 군주에게로 인간에게로 향한 것은 아니었다. 주권은 시민들이 아닌 경찰력 속에 지속된다. 근대의 문제는 분리된 활동 공간과 영역들의 법칙들(감옥을 모델로 한 공간의 생산)을 내면화하도록 주체들을 규 율하는 자치적 개인과 대의정치의 그것이 아니다. 오히려 그것은 국가 경계들을 해체

---

15 Timothy Mitchell, "The Stage of Modernity," in Timothy Mitchell, ed., *Questions of Modernity* (Minneapolis: University of Minnesota, 2000), 1-34.

하고 개인들을 무자격의 삶 또는 '벌거벗은 삶'으로 전락시키는 일이다. 사실 솔로몬은 비록 자신의 생명 보호라는 수상쩍은 형태이기는 하지만 종속을 수용한 사람들에게 주권을 제공한 푸코가 말하는 포함/배제의 생체정치의 완전한 해체를 본다. 주권의 경찰로의 이전은 복지의 여지를 주지 않는다. 새로운 생체정치는 완벽한 인구 동원을 보장하는 정치이다.

솔로몬은 아감벤에 의거하여 푸코가 다른 많은 사람들처럼 이 다른 생체정치를 보지 못했다면, 그것은 지정학적 역사적 이유 때문이라고 말한다. 푸코가 살핀 것은 20세기 초에 정점에 도달한 훈육사회들이다. 솔로몬은 당시에는 서구와 기타세계의 공간적 분리를 상상하고, 따라서 근대성을 관계의 견지에서 공간적으로, 재현의 문제로 사고하는 것이 아직 가능했다고 말한다. 여기에는 탈식민주의 이론의 푸코 비판에 대한 약간의 동조가 있지만, 솔로몬은 근대성의 생산을 서구 안에 있다는 그것의 중심에서 중심/주변 혹은 서구/기타세계 관계들로 이전시키지는 않는다. 그는 중심과 주변의 견지에서 생각하지 않는 것이다. 진짜 문제는 정치 이론에서 계속 비-관계를 사유하지 못하는 우리의 무능이라는 것이 그의 주장이다. 이 때문에 그는 포함적 배제를 사유할 것을 제안한다. 주권은 친구와 적 간의(즉 보편에 접근하기 위해 그들 사이에 투쟁하는 개별자들 간의) 관계 문제가 아니라 외부에 있는 (말하자면, 보편 또는 특수라기보다는 일반적인) 자들의 문제이다. 혹자는 이 외부가 해체주의적으로 관계들에 선행한다고 보고 체계의 가능성 및 불가능성의 조건이 되는 보족물로 간주할 수도 있을 것이다. 그러나 솔로몬은 체계를 그 내부적 타자의 지점들에 기반을 두고 해체하지 않고 그 지점들은 체계가 지닌 동화력(同化力)의 지점이라고 주장한다.

솔로몬은 미국과 중국 사이에 놓여 지구적인 민족적 개인적 주권 생산에 항구적 예외로 있는 대만의 위상을 바라본다. 많은 점에서 대만은 동아시아에서 나타나는 근대적 주권(의 실패)의 모델이 된다. 치외법권의 원칙은 국가들이 시민 보호 모델보다는 식민 통치자에 대한 폭력 예방을 위한 토착인구 단속 모델에 따라 주권을 생각하려 했다는 것을 의미했다. 솔로몬은 토착인구를 주권의 비-관계의 지점으로, 정치적으로 시민으로도 표상되지 않고 외부인으로도 취급되지도 않는 것으로 본다. 그들은 국가 주권의 내부에도 외부에도 없는 것이다. 대만의 경우 이런 상황이 더 분명해진다. 국가 주권의 항구적 예외 상태에 놓여 있는 타이완은 허구적인 신자유주의 국가로서 그 주민은 미국 계엄령의 변형 아래, 항구적 위기 상태에 놓여 있으며 조약들은 적절하게 '대만인'이라고 하지 않고 '대만 거주인들'이라는 표현을 사용한다. 그러나 대만의 항구적 위기는 규정에 대한 예외가 아니다. 오히려 그것은 오늘 지정학의 법칙을 보여주는 항구적 예외라는 것이 솔로몬의 주장이다. 세계화 정세 속에 (일부 미국인들이 생각한 것처럼) 우리가 모두 이스라엘인은 아니며, (일부 유럽인들이 주장한 것처럼) 모두 미국인인 것은 아니다. 우리는 모두 항구적 주권 위기 상태에 있는 대만인이고 한국인이다.

고다르와 솔로몬은 상이한 방식으로 근대성을 넘어서, 즉 종속과 주권을 넘어서 사유할 것을 요구하는 새로운 조건을 지적한다. 솔로몬이 사람들을 계엄령과 초국적 자본주의 하의 벌거벗은 삶으로 전락시키는 오늘의 과정을 설명한다면, 고다르는 정태적인 공간적 감금(또는 포함/배제) 모델들—근대성과 규율사회와 연관된 모델들—을 넘어서 주체성을 사유할 수 없는 무능의 문제를 다루고 있다. 글들을 함께 읽어보면 고다르의 논의는 벌거벗은 삶(즉 들뢰즈가 '통제사회'라고 부르는 것)의 차원에서 저항을 만들어내려는 노력으로 볼 수 있을 것 같다. 저항은 더 이상 감금으로부터의 해방의 형태를 취할 수가 없다(아마 그런 적이 한 번도 없었을 것이다). 오히려 우리에게는 그가 '세계를 위해 있음', 불공가능 세계들의 공존의 견지에서 개념화하기 시작하는 새로운 형태의 저항이 필요할 것이다. 함께 읽으면 두 글은 이 비-영웅적, 비-주권적 저항의 가장 중요한 현장 일부는 이민, 일터, 고등교육, 보건, 자연일 것임을 시사한다. 그러나 이것은 분명 주권과 종속을 넘어, 그리고 어떤 의미에서는 근대성을 넘어 세계를 사유하는 방식을 먼저 요구한다.

_결어

세계화는 때로는 근대화 논리의 강화로 간주되기도 한다. 그것은 모든 것 모든 시간이 단일한 상호작용의 '실시간'에 존재하게 될 만큼 공간의 근대주의적 생산과 합리화를 강화한다. 진짜 세계화된 세계는 니체가 영원한 현재라고 칭한 것 속에서만 존재할 수 있고, 동시성 또는 공시성과 다른 시간 경험은 무엇이든 기세가 꺾여 실패할 것이다. 근대성의 시간적 파열이 지구적 위기가 되고, 근대성의 사유는 불가피하게 세계의 사유라는 것은 이런 의미이다. 근대성의 실패를 생각하는 것은 어떤 차원에서는 세계의 실패, 혹은 적어도 한 세계의 실패를 생각하는 것이다. 물론 역사적인 이유들로 실패의 방식들이 있고 또 실패의 방식들이 있다. 근대성의 실패는 그래서 복합적이고, 실패만큼이나 많은 역사들이 있다.

이 책에서 제기된 중요한 질문의 하나는 이들 실패에 대한 우리의 진단들이 (하나의 세계적 규율구성체로 드러난) 일반화된, 무조건적 실패에 집중되기 시작하는 것은 아닌가 하는 질문이다. 우리가 긍정적인 근대성 관념들로 되돌아가야만 하고, 근대성을 아직은 미완이지만 내재적으로 완수할 수 있는 것이라고만 생각해야만 한다는 말은 아니다. 당연히 근대성은 결코 올 수 없거나, 아니면 언제나 이미 여기에 있다. 오히려 문제는 어떻게 근대성(또는 근대주의나 둘 다의) 비판이 어떤 근원적 총체성—특히 인식론적으로, 존재론적으로, 역사적으로 주체에 대한 한계를 내포하는 일종의 총체화하는 예표—과 함께(그리고 그 내부에서) 움직여야 하느냐는 것이다. 이 책에서 그런 예상의 주요 지점들은 근대적 언어, 문화, 담론들, 미디어, 제도들로서 이들은 모두 불가능하지만 효력을 갖는 폐쇄들, 생산적 실패들을 수반한다. 근대성 담론들이 장소 특수성에 대한 주장과는 무관하게 마치 자신들에 저항하기라도 하듯이 수렴되는 경향이 있다면 그것은 그런 논의가 주체와 세계에 대한 어떤 감각을 공유하게 된 때문일 것이고, 아마 그래서 무조건적 실패라는 일반화된 느낌이 나올 것이다.

하지만 여기 실린 논문들에서 근대성의 실패라는 이 일반적 느낌은 제국의 다중성에 민감한, 세계와 주체들에 대한 새로운 감각으로 세계를 비판할 길을 열 것을 약속하기도 한다.

근년에 들어와서 근대성 논의들은 서구에서 발생하여 세계로 확산되는 하나의 근대성이라는 단순 확산 모델에 대해 철저하게 이의를 제기해왔다. 근대성에 대한 문화적, 언어적 그리고 역사적 연구들에서, 서구의 근대성과의 단절과 그것의 재각인 과정에 대한 면밀한 비판적 관심이 근대성이 어디서 어떻게 발생하는가에 관한 이전의 지식에 이의를 제기한 것이다. 시간적 단절로서의 근대성은 불가피하게 기원들의 문제에 관심을 돌리지만, '시원적 차이' 또는 '기원에서의 이탈'에 대한 일말의 이해가 배제된 근대성 사유는 불가능해졌다. 그래도 시원적 차이가 중심/주변 모델에 이의를 제기할 때 세계체제 모델—(월러스틴을 떠올리자면) 근대성이 그 안에서 지구 위로 퍼져있는 하나의 얇은 그물 또는 틀로서 천천히 그 속을 채우고 더 농밀해지고 더 압축되는 모델—을 복원시킬 위험이 생긴다. 이것이 지구적 제국의 이미지이다. 그리고 이 책의 논문들이 시사하듯이 그런 변동에 맞서기 위해서는 더 이상 '근대성은 하나가 아닌 복수'라고 말하는 것으로는 충분하지 않고 '근대성은 하나이자 복수'라고 해야 한다. 그러나 그렇다면 이것은 근대성을 넘어선 세계, 새로운 것보다는 변화시키는 것을 사유하는 일일 것이다.

영어번역: 강내희

Thomas Lamarre, "Introduction: The Impacts of Modernities"

흔적
TRACES

제 1 부

비교주의와 공간 및 장소의 생산

유령 같은 비교들

해리 하루투니언

근대성에 관한 논의나 근대성을 변화와 동일시하는 일은 어떤 것이든 앞선 시기와는 구분되는 근대성의 위치를 즉각 혹은 어쩌면 필연적으로 나타내는 국면, 동일한 연대기 안에 포함된 비연속적 시간이라는 특징을 드러내는 한 국면을 시간화하면서 역사적 과정을 반성적으로 해석하게 만드는 듯하다.[1] 라인하트 코젤렉은 J. G. 헤르더가 쓴 『칸트의 메타비판』을 인용하면서 "실제로, 변화하는 모든 것은 자체 내에 자신의 시간에 대한 척도를 가지고 있다. 세계의 어떤 두 사물도 동일한 시간 척도를 갖고 있지 않다. 따라서 우주의 시점 하나하나에는 수없이 많은 시간들이 있다"고 알려준다.[2] 그는 이런 통찰과 함께 이미 18세기 말의 인식방식에 역사적 사건들과 진행들을 그것들의 '내적 시간'에 초점을 맞춰 조사하는 관습이 있었다는 주장을 펼친다. 그러나 그는 내적 시간의 발견, 즉 특정 시기를 규정하는 고유한 시점(時點)의 확인은 인간과학과 사회과학의 사명을 규정한 다음 자신의 습관을 이 분야에 얽어맨 비교론

---

1 Reinhart Koselleck, *Futures Past: On the Semantics of Historical Time*, tr. Keith Tribe (Cambridge: MIT Press, 1985), 94.
2 Ibid., 247.

의 관점을 허용했다고 말할 수도 있었을 것이다(다른 데서는 그렇게 했다). 이 글에서 나는 관습에 대한 이 비교론의 구도가 만들어낸 익숙한 결과들을 열거하고, 그것이 어떻게 공간에 특권을 부여하는 전략들을 조장했는지 살펴보고자 한다.

지역연구는 여러 학문분야를 가로지르며 상이한 문화지역들을 다루는 새로운 비교론적 관점들의 발전을 장려하고 촉진한다는 명분으로 2차 대전 이후에 도입되었으나 국가안보의 이해관계, 나중에는 사기업의 이해관계에 핵심적인 정보를 공급하려는 욕망에 의해 이 비교의 소명을 저버리게 되었다. 지역연구는 상이한 학문분야들을 통합하는 진정한 학제간 의제들을 구상하기보다는 언어습득을 방법론으로 삼고 민족국가 전체를 다루는 것을 이론으로 삼는 식으로 비교의 작업을 떠맡는 시늉을 한 비교론적 방법의 표지가 되어 단순한 다학문주의 체제를 위해 안주하는 경우가 적지 않았던 것이다. 지역연구는 문화의 전체론적 연구의 한 형태를 조장한 특정 사회과학의 포로가 되는 일이 너무 많았는데, 이 전체론은 진짜 관심은 민족[국민/국가]이면서도 더 광범위한 지역을 대변하게 된다.

이 사회과학은 통상 구조적 기능주의의 변형으로서 사회 분류에서 공간적인 것의 우위와 거리두기의 효능을 주장하는 방식으로 꼭 '시간을 자연화'하려 했다.[3] 무슨 말인고 하니 비교를 하려는 당연한 충동이 지정학적 특권에 기반을 둔 기준에 따라 분류·범주화하는 전략과 합쳐졌다는 것이다. 이런 분류 원칙의 결과 사회들은 늘 산업적 기술적 우월성 성취와 동일시된 특권적 모델인 구미 나라들과의 공간적 거리에 따라 등위가 매겨진다. 이런 점에서 지역연구는 정치권력의 위계화를 반복했을 뿐이다.

그 자체로 공간적인 것의 정태적 공시성을 의미하는 이 분류 전략은 자연사의 모델을 신격화하게 되고 그 결과, 요한네스 파비안에 따르면 "모든 시간과 장소의 인간

3   Johannes Fabian, *Time and the Other: How Anthropology Makes Its Object* (New York: Columbia University Press, 1983), 16.

문화에 대한 '동등한' 취급을 가능케 하는 거대한 잡식성의 지식 기계"4)를 만든, 비교론적 의제의 과제를 규정한 진화론적 궤적의 형태를 띠게 된다. 진화론적 시간 개념에의 호소는 둘 다 인간적 시간과 긴밀한 관계를 지닌 정치학과 경제학을 변화시켜 양자를 자연의 각본에 새겨 넣었고, 이 각본은 일부는 위로 올라가게 되고 일부는 아래로 끌어내려지는 '시간의 흐름'이라 하는 시간 격자에 따라 과거의 문화와 오늘의 사회들을 조직했다. 진화, 발전, 산업화, 근대화와 같은 개념들을 불러내더라도 우리는 이들 총체화가 대개 시간적으로 표시되기보다는 공간적으로 편성되어 있고, 역사적으로 생산된 형태보다는 '자연적' 결정체들에 더 관심이 많다는 점을 주목해야 한다.

시간 운동의 측정에 쓰이는 단위들은 보통 시간의 실제 경과보다는 상태들의 질을 규정하게 된다. 몇몇 학문분야를 하나의 통일된 접근법과 잡다한 지역적 단위들로 '통합하는' 장치를 지닌 비교는 이런 식으로 사회들의 공간 내 배분에 의미를 부여하기 위해 시간 개념의 자연화와 공간화를 꾀한 논리에 의해 추동된다. 그러나 거리두기로 나타나는 공간적 배분은 시간성을 배제이자 확장으로 규정하던 옛날 관점들의 변형이다. 더 중요한 것은 자연사에 근거한 지식이론(비교론적 방법 자체를 가능하게 만든 계몽주의 프로젝트) 내부에서 만들어져야 하는 타자 인식이 현재와의 상대적 거리나 가까움을 나타내는 원호(圓弧) 위에 모든 시대의 모든 사회들을 기입해 넣는다는 점이다.

파비안은 "그것들의 유사점을 사용하여 분류법과 발전 순서를 정하기 전에 먼저 분리, 구분해야 하는 실체들과 특징들을 분류할 필요가 없다면 비교론적 방법의 존재 이유는 없을 것이다"고 말한다.5) 그러므로 관찰자의 현재 시간은 관찰행위가 관찰대상과 동시적일 수 있다 해도 피관찰자의 시간과는 구분되어야 한다. 지식의 대상은

4　Ibid., 16-17.
5　Ibid., 27.

시간적 범주에 속한 것으로 표현되어야 할지 몰라도, 지시대상은 엄밀히 말해 하나의 대상이나 한 부류의 대상들이라기보다는 하나의 관계이다. 이것은 특히 종족학적 역사학적 설명에 적용되며, 사실 지역연구처럼 서구와 기타 세계의 관계를 해명해야 하는 모든 학문분야에도 적용된다.

이 결과 비교의 지표들은 거리 및 간격 측정의 원칙 위에 사회들을 등급화하는 분류체계에 관심을 집중시킨다.[6] 덜 발전한 사회일수록 차이를 주장하기 위해 관계를 조직하는 데 사용되는 기준 패러다임과 더 구별되는 것이다. 일본, 중국, 인도와 같은 사회를 설명하기 위해 근대화 연구에서 사용되는 후발전국 개념이 그런 사례이다. 후발전국은 이 거리두기 전략에 의해 만들어졌으며, 사실상 연대기적이고 양적인 지표를 질적인 것으로 변형시켰다. 단순한 연대기가 속성이 된 것이다. 이 비교 과정에서 빠진 것이 역사임은 분명하다. 하지만 더 중요한 문제는 하나의 근대성, 즉 어디서나 나타나며 그들 간의 외관상 차이에도 불구하고 공존하는 동시대 등가물로 간주해야 하는 새로운 문화 형태들을 포함하는 근대성의 시간성 안에 습속을 내재적으로 위치시키는 시간성에 대한 인식의 부재이다. 기존의 비교론적 접근법들은 지속적으로 동시대성의 관계를 부인했고, 그것도 연구 대상으로 뽑힌 바로 그 사회들에 대해 그 관계를 부인했으며, 관찰자와 피관찰자인 우리 모두가 살고 있는 공존의 현재를 외면해왔다. 우리가 이해하려는 사회들, 문화들과 우리 사이에 시간적 특징들의 차이가 있다고 상정하고 그것들을 우리 '내부'에 대한 '외부'로 만드는 하나의 관점을 수립하기 위함이다. 이런 동시대 부정은 (동시성을 포함한) 모든 시간적 관계들이 자본주의와 시공간을 함께 하는 사회·경제·문화적으로 조직된 습속들 안에 깃들어 있다는 사실을 인정하지 않는다는 의미이다.

지역연구가 비교론적 연구를 위한 존속 가능한 의제를 만든다는 애초의 약속을 지

6   Ibid., 26.

키지 못했다면 좀 더 새로운 문화연구는 총체성들이나 본질주의들을 회피하고자 노력하며 비교가능성의 근거를 다시 생각할 방법들을 제공한 편이다. 문화연구는 옛날 접근법들을 지배한 민족국가 단위들을 넘어서는 지시대상들을 살핀다. 포스트구조주의와 포스트맑스주의는 텍스트를 너무 중층-결정한 나머지 학문들을 통일된 접근법으로 통합할 수 있는 논리를 찾는 것이 이제는 불필요한지도 모른다. 오늘은 민족국가보다 더 큰 단위들을 살펴야 한다. 권역들, 초국(超國) 현상, 세계화, 하이퍼공간 등이 그것이다. 이런 곳에서는 '구멍 뚫린' 국경으로 오인되고 있지만 실은 자본과 노동의 거대한 탈영토화 힘을 보여주는 것들을 가로질러 사람들의 이산 흐름들이 움직인다고 한다. 하지만 새로운 문화연구는 옛날의 발전론적 모델과 그 이항논리를 따라다니던 문제들의 해결을 약속하는 새로운 해석 방식들을 도입한다고 했으면서도 알게 모르게 자주 자신이 극복하려던 옛 방법론의 아포리아를 되풀이해왔다. 이 점은 특히 문화연구의 공간적 전환에서, 시간의 역할에 대한 그것의 얼버무림에서 분명히 드러난다. 시간은 프레드릭 제임슨과 같은 맑스주의자들 사이에서조차 초월이 불가능한 어떤 생산양식의 불변성에 빠진 듯하다. 생산양식은 무엇보다 시간의 범주인데 말이다. 맑스주의자들은 주관적 주의주의에 빠져들까 두려워 자기도 모르게 생산양식의 근본적 시간성을 제거하려 든다.

문화연구, 특히 그 탈식민주의 형태는 세계화, 신자유주의, 포스트포드주의에 골몰하는 수많은 프로그램들이 급속도로 만들어지는 데 대해 비판적으로 대응해왔다. 사실 문화연구는 우리 시대의 세계적 사회적 관계 재구조화가 지닌 최근의 모든 지표들과 그것들이 사회적 정체성에 미치는 영향에 대응해온 셈이다. 세계화 세력 앞에서 민족국가가 쇠퇴하고 있다는 인식이 촉발시킨 특별한 절박감 때문인지 지금은 민족국가가 한때 제공하던 옛 확실성들이 사라지는 것 같은 시대인데도 탈식민성 논의는 갈수록 정체성을 규정하고 심지어는 그것을 고정하려는 노력을 강화해왔다. 이 노력은 "메타역사의 주체와 공간 및 장소의 정치"로의 투자와 "정신분석학적 인식론적

의미의 (탈)식민지 주체형성"으로부터의 관심 이동을 수반하는 경우가 적지 않았다.[7]
여기서 푸코와 드 세르토가 추켜세워져 이전에 라캉과 데리다에게 주어졌던 특권을
얻게 되고 계보학과 장소 특수성이 주체성보다 더 중요한 정체성 형성 요인들이 된
다. 그러나 우리는 이런 움직임에서 장소의 물신화가 일어나고 시간 형태의 중요성이
감소되면서 공간이 우월적 지위를 차지함을 인식해야 한다.

시간(과 따라서 역사)에 괄호를 치는 이유를 생각해보는 것도 유익하겠지만 이것
은 분명 한 차원에서는 지구적 규모의 소비가 요구하는 주체위치들의 증식과 연계되
어 있다. 이 현상은 동시에 노동자 주체성을 약화시킨다. 탈식민주의가 공간과 장소
에 몰두하는 진짜 중요한 점은 근대성의 개념적 형상에서 근대화의 '헤게모니적 사
회-역사적 기획'이라는 측면을 특권화한다는 데 있다. 이렇게 볼 때 근대성은 특정
장소와 동일시되며, 그 장소는 세속적이고 역사적인 시간 형태로서의 근대성의 위상
보다 더 중요해진다. 하위주체 역사학자 디페쉬 차크라바르티에게 '자본', '부르주아'
등의 범주는 '유럽'의 다른 이름일 뿐이다. '근대성'에 대해서도 같은 말을 할 수 있
다.[8] 차크라바르티는 미건 모리스를 인용한다. "'근대적인 것'은 '이미 아는 역사로,
다른 데서 이미 일어났으며 기계적으로든 어떻게든 지역적 내용을 지니고 재생산되
어야 하는 것으로' 이해될 것이다."[9]

차크라바르티는 파르타 차테르지처럼 이런 형태의 근대성은 토착적 상상력을 질
식시켜 '확실한 무독창성의 기획'을 되살릴까봐 우려한다.[10] 그런 프로그램은 근대

---

7 Lazarus, "Hating Tradition Properly," *Nationalism and Cultural Practice in the Postcolonial World* (Cambridge: Cambridge University Press, 1999), 28.
8 Dipesh Chakrabarty, "Postcoloniality and the Artiface of History," in Ranajit Guha, ed., *A Subaltern Studies Reader, 1986-1995* (Minneapolis: Univ. of Minnesota Press, 1997), 276; Chakrabarty, *Provincializing Europe* (Princeton: Princeton University Press, 2000)도 볼 것.
9 Meaghan Morris, "Metamorphoses at Sydney Tower," *New Formations* 11 (Summer 1990), 10; Morris, *Too Soon, Too Late: History in Popular Culture* (Bloomington and Indianapolis: Indiana University Press, 1998), 16. Dipesh Chakrabarty, "Postcoloniality and the Artiface of History," 283에서도 인용됨.

적인 것—새로운 것—을 잘못 전하는 전략이다. 그것은 자본축적의 재생산, 자본과 노동의 탈영토화 경향에 대한 이데올로기적 오인을 내포하는 것이다. 하지만 이 과정은 장소와 관계된 고정된 공간화한 정체성을 지닌 만큼 분명히 시간화의—시간 속에 일어나는—과정이다. 탈식민 담론은 근대성이 그 자체로 제국주의와 완전히 양립 가능하다고 올바르게 주장한다. 하지만 그것은 자본주의(때로는 또 다른 서구적 메타서사로 매도되는)의 힘을 지역적 확실성들을 교란시킬 수는 있어도 꼭 제국주의적으로 기계적으로 자신의 원래 사회적 존재조건들을 재생산하지는 않는 시간 운동으로 격하시키곤 한다.

탈식민 담론은 '서구'나 심지어 '유럽'이란 통일체를 근대성의 장소로 실체화함으로써 제국주의적으로 세계의 나머지를, 다른 모든 것들을 창백한 모조품으로 만드는 첫 번째 항에 대한 두 번째 항의 지위로 전락시킨 이항대립 자체의 가장 나쁜 특징들을 자기도 모르게 복원시키고 말았다. 역설적으로 이 전술은 그 주창자로 하여금 '대안적' 근대성이라는 것을 상상하게 해주는 질적 차이의 보증으로서 후발전이란 관념을 만들어낸다. 이 대안적 근대성을 특징짓는 것은 그것의 공간적 위치, 유럽-아메리카가 아닌 장소, 따라서 독특하게 다른 어떤 정체성에 대한 그것의 주장이다. 일단 이 문이 열리면 외부에서 강요된 탈영토화—프란츠 파농이 선견지명으로 말한 것처럼 이것은 모든 참조 문화들을 파괴하는 과정이다—의 영향을 받지 않을 수 있었던 모든 형태의 토착적 내면성을 상상하는 것이 가능하다. 근대화에 의해 교란되지 않은 문화자원들이 있다는 그런 주장—파농이 다시 말한 대로 지킬 가치가 없는 민속적 허구—은 참다운 차이의 자율성을 보존할 수 있는 정체성을 구성하는 확고부동한 진정성의 근거라는 보증을 제공하기 위해 만들어진다.

환상적인 이 진정한 근거에 대한 호소는 일본인들이 양차 대전 사이에 오인한 것

---

10 Ibid. 나는 여기서 Partha Chatterjee의 *The Nation and Its Fragments* (Princeton: Princeton University Press, 1993)를 생각하고 있다.

처럼 서구에서 만든 근대성에 대한 대안을 형성할, 그들의 표현에 따르면 '근대 초극'의 전망을 제공하는 듯하다. 더구나 대안적 근대성의 가정은 이른바 원본이라는 것과 그 '대안' 사이에 시간적 차이가 있다는 느낌을 강화하기도 한다. 첫 번째 항은 언제나 선행적이고 완전하며 주요한 반면 그 뒤의 '개정판들'은 토착문화적 진정성을 가진 어떤 다른 과거와 장소에 뿌리박은 차이의 위안에만 의지할 수 있는 것처럼 말이다. 공간적으로 일어난 이런 불균형을 상쇄하기 위해 대안적 근대성의 일부 주창자들은 오염되지 않고 남은 진정한 문화자원이라는 주장에 의거한 차이의 증거라며 정체성상으로 반(反)-식민주의적인 민족주의 형태들로 눈을 돌렸다. 그러나 여기서도 우리는 시간 자체의 그림자와, 현재라는 시간 범주가 과거를 불러내는 묘한 방식을 본다.

베네딕트 앤더슨의 작업으로 촉발된 적합한 비교론적 접근법의 전망에 대한 최근의 논의는 앞선 모든 환유를 위축시키는 강력한 모듈적 환유(modular metonym)로서의 근대적인 것의 지위에 의문을 제기했다. 영향력이 큰 자신의 저서『상상의 공동체』에서 앤더슨은 인쇄자본주의에 근거한 근대 민족주의 양식이 반복된다는 주장을 내놓았다. 그러나 그의 설명은 자본주의보다는 인쇄를, 자본과 노동의 탈영토화 힘보다는 소통을 더 중시했다. 앤더슨은 중간계급의 문해력에 기반을 둔 19세기 말 유럽의 자유주의 민족주의를 제3세계로 수출된 민족주의적 근대성의 모델로 오인하고, 모델은 '표절될' 수 있다는 말로 근본적으로 문화주의적인 이 해석에 대해 수정을 가했다. 그러나 그를 비난하는 사람들은 기본 모듈에 대한 그의 생각이 토착적 상상력을 질식시키고 모든 사람을 '근대성의 소비자'로 만들었다고 비판한다. 이때 관건은 앤더슨의 유럽 중심적 모델의 철창에서 벗어날 필요가 있는 근대성에 대한, 어쩌면 신기하게도 식민지 폭력이 강요한, 다른 데서 만들어진 모듈 형태에 교란되지 않은 토착문화가 제공하는 내부 자원의 권위와 독창성이 자신에게 있다고 주장할 수 있는 '대안적' 근대성에 대한 확신인 듯하다. 그러나 대안적 근대성의 형상은 한때 근대화 이론의 광신자들이 품었던 물화된 전통 관념과 유사하다는 결론을 면하기 어렵다.

앤더슨에 대한 일부 비판은 편향된 면이 있기는 하지만, 비교에 모든 권능을 부여하는 모델을 비판하는 것은 그래도 과녁을 제대로 겨눈 셈이다.

최근에 발표한 『비교들의 유령』에서 앤더슨은 유럽의 외부이지만 그 제국주의적 확장—이것의 근대적 형태는 자본의 수출과 식민지 탈영토화를 통해 도입되었다—에 휘말려든 사회들이 살아낸 배제된 가능성 하나에 대해 관심을 환기시킨다. 그는 호세 리잘의 19세기 말 소설 『나를 건드리지 말라』(Noli me tangere)의 독해를 통해, 마닐라의 정원들은 "유럽에 있는 비슷한 정원들의 이미지에 의해 가려졌다. 그것들은 더 이상 직접 보이지 않고, 근거리이자 원거리인 한 관점으로부터만 보일 수 있다"는 점을 작가가 어떻게 이해했는지 보여주고 있다.[11] 작가는 이 겹침 현상을 '엘 데모니오 데 라스 콤파라시오네스'로, 앤더슨의 번역에 의하면 '비교의 유령'으로 부른다. 그것은 아마 귀신들리게 하는 비교일는지도 모른다. '비교의 유령'이란 말은 잘못된 혹은 까다로운 비교라는 연상(聯想), 어디로 봐야 할지 모르는 딜레마, 내가 다른 데서 문화적 복시(複視, diplopia)라고 부른 것을 지니기 때문이다.

앤더슨은 리잘의 도움으로 유령들, 즉 복제된 유럽 근대성의 허깨비들이 사는 이 '귀신 나오는' 악마적 환상의 장소로 동남아시아를 지목한다. 동남아시아를 이 모호한 광학(光學)과 비교의 어려움이 구현되는 일차적 장소로 보는 것이다. 이른바 귀신이 출몰하는 집은 언제나 근대성의 유령들이 거처로 정한 곳이고 동시에 비교의 현장이다. 하지만 앤더슨은 소설 형식 자체에서 나중의 유사 이미지들이 지닌 딜레마를 예견시키는 악마적 겹침의 징표도 마찬가지로 쉽게 볼 수 있었을 것이다. 그동안 체계적으로 배제된 동남아시아를 최근의 분석 안에 다시 위치시키고자 하는 앤더슨에게 (리잘을 읽었을 리 없는 일본 철학자 와츠지 테츠로도 전쟁 전에 주목한) 그 겹침 효과는 유럽과 그 외부를 동시에 사유할 것을 강요하고, 비교 행위가 언제나 어떤

11 Benedict Anderson, *The Spectre of Comparisons: Nationalism, Southeast Asia and the World* (London and New York: Verso, 1998), 2.

출몰, 유령적인 것과 동일시되는 비교론적 관점을 확립할 것을 요구한 듯싶다.

이런 전략을 유지하며 더 나아가 앤더슨은 거리와 배제로 추동되는 비교론적 방법을 강화하는 (맑스의 카메라 옵스큐라의 최신판인) 전도된 망원경이라는 은유를 사용한다. 그는 망원경의 큰 렌즈를 들여다보며 더 작고, 축소되고 멀 수밖에 없는 또 다른 동남아의 이미지를 발견한다. 내 생각으로 그는 자신의 망원경으로 주시하는 주체의 위치에 있기 때문에 자신이 보는 장면을 축소시키며 지위를 확대해온 듯하다. 사실 시선이 함축하는 거리두기는 빅터 세젤란 같은 전 세대 유럽인들의 이국적 프로그램 형성에 필요한 공간적 거리와 유사하다. 세젤란은 언제나 대상과는 거리가 있어야 한다고 주장했다. 이런 배치에서는 동등한 겹침이 있을 수 없다. 외관상 더 큰 원본과 더 작은 복제물, 즉 '자매' 이미지라는 것 사이에는 관계들의 위계만 있을 뿐이다. 이미지가 만들어지고 그것의 거리두기가 이루어진다는 것은 등급과 규모의 동등함을 희생해서 원본과의 외관상 차이를 확보했다는 의미일 뿐이다.

앤더슨은 자기가 '모방', '복제', '파생 담론'을 끌어들이는 것은 아니라고 하지만 전도된 망원경이란 비유의 사용은 '속박된 계열성과 속박되지 않은 계열성'에 대한 자신의 논리와 이 논리가 세운 불필요한 '허깨비' 축출이라는 목표를 상쇄하는 것 이상의 일을 한다. 물론 그가 이전의 『상상의 공동체』에서 '민족' 개념은 종종 '예견치 못한' 결과를 일으키며 상이한 사람들에 의해 계속 '표절되기' 때문에 특허권을 주장할 수 없다고 말한 적은 있다. 그러나 앤더슨은 생각보다는 자신의 비판자들에게 더 가깝다. 한편으로는 자기 모델의 이동 과정에서 후발 사회로 하여금 자본주의적 근대화와 민족 해방의 길을 걸을 수 있도록 하는 모종의 반복의 역할을 고려해야 하는 접근법을 제안하고 싶은 앤더슨이 있다. 다른 한편으로는 근대적, 민족적 정체성을 표현할 때 식민지적이고 따라서 서구적인 매개들의 부식작용으로부터 자유로운 대안적 근대성과 반-근대적 공동체주의의 대립적 명제를 제출하는 그의 비판가들이 있다. 그러나 양측은 궁극적으로 자신들이 회피하고자 하는 이항대립의 둘째 항을 복원시킬 우려가 있다. 게다가 양자는 공간적 관계들을 비교론적 연구의 기본 의식으로서 우선시하는 습성을 가지고 있다.

나는 유령적인 것을 비교론적 연구 대상으로 삼는 앤더슨의 관점을 넘어서면 유로-아메리카와 동시적이고 동연적인 하나의 근대성 형성에 깊이 연루된 사회들의 더 크고 중요한 유령적 성격을 볼 수 있다고 믿는다. 그런데 단순한 모방도 기계적 복제도 아닌 이 근대성의 차이는 다른 종류의 출몰을 연출한다. 그것은 망령의 움직임, 일상적 삶의 새로운 것들과 공존하는 지나-간-것의 유령들의 움직임이다. 창백한 환영, 모호한 실루엣에 더 가까운 앤더슨의 유령들과 달리 이들 살아있는 과거의 유령들—참고 대상인 전근대 문화—은 역사적 현재에 출몰하여 그것을 교란하기 위해, 과거와 현재, 주체와 객체, 내부와 외부의 안정된 경계들을 어지럽히기 위해 때 아닌 장소나 상이한 시간대로부터 돌아온다. 이 출몰은 시간적인 뿌리를 가진 형태들이 현재 속에서 작용하는 역할을 인정하는 비교가능성의 구조를 상상할 것을 요구한다. 그 구조는 에른스트 블로흐가 '비동시성의 동시성'이라고 언급한 것에 대해서도 유념해야 한다. 이 동시성은 (베르그송이 말한 것처럼) 그 안에서 과거와 현재가 꼭 연속적이지는 않아도 동시적으로 만들어지거나 아니면, 근대성의 이곳과 저곳이 후자가 전자 속에서 망각된다고 해도 동시대적이듯이, 불균등한 시간성들로 공존하는 '비-공시적인 동시성'으로 해석될 수도 있을 것이다.[12]

유로-아메리카와 결합된 문화적 열망을 이야기하려는 욕망 때문에 비교론적 관행이 배제한 것이 유로-아메리카의 근대성과 그 외부에 있으면서 동일한 시간성 기반과 변화 동인들을 공유해야 하는 세계의 다른 근대성들의 관계이다. 이 시간성 기반을 진지하게 다루려면 우리의 현재가 어떻게 우리에게 보이는지 살펴봐야 하고, 그 안에서 근대성의 경험을 조직해온 일상적 삶이 제공하는 최소한의 통일성을 찾아야

---

12 Ernst Bloch, "Non-contemporaneity and Obligation to the Dialectic," in *The Heritage of Our Times* (1932), tr. Neville and Stephen Plaice (Cambridge: Polity Press, 1991).

한다. 이렇게 하면 우리는 자본주의 근대성의 더 큰 내재적 구도와 그것의 끊임없는 변화들을 보게 된다. 이런 접근은 자본주의를 근대성으로 치환해버리거나 억압하기보다는 우리의 관심을 다시 자본주의가 전 세계에 걸쳐 어떤 모습을 띠고 어떤 역할을 하는지 살펴보게 하는 이점이 있다. 이런 접근은 우리로 하여금 일상성의 산 경험들과 분명 오늘의 역사적 구성체들을 만드는 주요 동인의 하나인 상품형태 체제 간의 관계에 주목하게 만든다.

이런 움직임은 또한 우리로 하여금 자본주의와 보편주의를 동일시하는 위험한 오인, 즉 지정학적 공간에 고정된 문화 특수적 맥락이 모든 후속 형태들을 대신하게 될 때나, 아니면 그 맥락이 다양한 구성체들의 역사적 차이를 드러내는 시간 내 배치를 수반하는 공간화 과정으로 대체될 때 일어나는 오인을 피하게 해준다. 요점은 피에르 빌라가 지적하듯 자본주의가 '식민화와 세계시장에 의해 탄생'했고 이어서 역사를 '보편화'했다는 것이지만 이것은 자본주의가 결국 비-자본주의적 사회들까지 포괄한 지구적 규모의 체계적인 사회적 상호의존 관계를 구축했다는 말일뿐이다. 이런 점에서 자본주의는 행위와 사건들이 그 안에서 양적으로 표시될 수 있는 단일한 연대기에 종속되는 '단일한 지구적 공존의 공간'이 만들어낸 하나의 측정기준—세계시간—을 마련한 셈이다. 그러나 상이한 사회적 문화적 관행들이 이 추상적인 척도 외부에 있는 한 자본주의가 역사를 '통합한' 것은 아니다.13)

요약하면 근대성과 더불어 자본주의 경험을 공유하며 따라서 그것과 동시대적인 하나의 문화적 형태를 일상성이 구성하고 있는 셈이다. 일상성과 근대성은 모두 자신들의 역사적 형태로부터 자신들의 더 광범위한 중요성을 도출하는 시간적 범주이기도 하다. 만약 우리가 근대성을 언제나 새로운 것으로 표상할 수 있다면 일상성은

---

13 Pierre Vilar, "Marxist History, A History in the Making: Towards a Dialogue with Althusser," *New Left Review* 80 (July/August 1973), 105. Peter Osborne, *The Politics of Time: Modernity and the Avant-Garde* (London and New York: Verso, 1995), 34도 볼 것.

지속하는 현재로서, 광대한 시간대에 걸친 경제적 문화적 불균등의 지점으로서, 끝나지는 않았으나 "자연을 지배하는 순환적인 것과 합리적이라고 하는 과정들을 지배하는 선형적인 것의 두 반복 양식의 교차로에 놓인" 지점으로서 이해되어야 한다.[14]

전전 일본의 사상가 토사카 준에게 일상성은 르페브르에게서처럼 근대적인 양식과는 다른, 하이데거가 말한 '지금'의 현재성을 반복과 결합한 시간화 양식을 나타냈다. 한 수준에서 일상성은 그래서 모든 반복들의 교차점—전통과 최근, 과거와 현재—으로 기능했고 "재발들", 즉 "노동과 여가의 제스처들, 인간적이면서 진정 기계적인 움직임들, 시간들, 날들, 주일들, 달들, 해들, 선형적이고 순환적인 반복들"의 지점을 구성했다.[15] 그것은 또한 "물질문화", 의복, 그리고 (특히 토사카에게는) 생활, 가구, 집들, 이웃들, 그리고 환경—채워진 공간의 견고성, 하이데거의 '거기'(Da), 현재의 세계—이었다. 이것이 르페브르, 토사카, 그리고 포르투갈 시인 페소아가 '가려진' 것, 일종의 은폐된 그림자 존재라고 생각했던 것이다.[16] 그것은 앤더슨의 유령들, 그가 출몰장소—비교의 장소—라고 말한 것과는 대조된다. 그것은 우리에게 진정으로 유령적인 하나의 일상, 다른 삶의 그림자들이 언제나 새로운 것, 근대적인 것에 작용하고 또 후자에 의해 작용을 받는 일상을 상상하게 해준다.

근대적인 것은 이 일상성을 직접 드러내고 일상성은 계속 새로운 것을 매개한다. 나아가서 일상, '실제로 말할 수 없는 것'이 근대적인 것을 만나게 되면 근대적인 것은 이제 끝없이 신기하고, 세속적이고, 일시적이고, 스펙터클한 것으로 나타난다. 이 중대한 조우에서 새 것, 즉 이제는 전략적으로 근대성이라 잘못 표상되는 것이 일상의 규칙적 순환들을 은폐하는 '반복적 제스처'로 기능하기 시작한다. 이리하여 일상

---

14 Tosaka Jun, "Fûzoku no kôsai" (1948), in Tosaka Jun zenshû (Tokyo: Ito shôten, 1971). Henri Lefebvre, "The Everyday and Everydayness," Yale French Studies 73 (1987), 10.

15 Henri Lefebvre, Everyday Life in the Modern World (New Brunswick, NJ: Transactions Publishers, 1994), 21-22.

16 Fernando Pessoa, The Book of Disquiet, ed. Maria Jose du Lancastre, tr. Margaret Jull Costa (London: Serpent's Tail, 1991).

성의 단조로움은 새로운 것의 충격을 봉합한다. 그러나 토사카 준이 본 것처럼 이것은 '가능성'으로 넘치는 폭발성 조우였다. 르페브르도 그런 반복들 안에서 '모든 것이 바뀌는' 장소를 알아차렸다.[17]

불균등이란 것이 일상생활 한복판에 있다면 그것은 맑스가 『그룬트리세』에서 지적한 대로 자본주의가 변별적 시점에 변별적 강도로 다양한 사회들에 개입함으로써 상이한 형태의 경제적 문화적 실천들이 공존하게 된 때문이다.[18] 우리는 20세기 자본주의는 주로 공간으로 확장해야만 함으로써, '공간의 생산'에 의해 생존해왔다고 보는 앙리 르페브르와 데이비드 하비의 견해에 동의할 수 있다. 그러나 자본주의의 성공은 그 노정에서 사회들 사이만이 아니라 그 내부에도 광대한 불균등을 구축하는 능력에 근거한 것이라는 점도 덧붙여야 한다. 다시 말해, 이 공간 운동은 시간과 공간의 관계 재편을 요구한다. 이 결과 비교론적인 구조를 구축하려는 노력은 어떤 것이든 복수의 근대성들이 나타난다는 사실을 파악할 수 있어야 한다. 사실 자본주의의 확장은 국가사회 내부에서 일어나든 해외에서 일어나든 불균등 생산과 긴밀하게 연결되어 있다. 이것은 르페브르만이 아니라 동시적 비동시성이란 개념으로 블로흐에 의해서도 설명된 바 있다.

이 새로운 재편을 사고하는 한 방식은 어떻게 동시적 비동시성이라는 블로흐의 생각 속에 전형적으로 표현되는 불균등 경험이 자본주의 근대화를 변형시키는 데 그 자원을 바쳐온 장소들과 공간들에서 구현되었는지 집중적으로 알아보는 것이 아닐까 한다. 내 말인즉슨 비동시성의 동시성이 시간의 문제를, 그리고 자본주의 국민국가에 의해 그 외양이 공간화된 사회들에서 자신이 어떤 형태로 표현되는지 생각하게 해준다는 것이다. 조화되지 않는 시간적 불균형에 대한 이 느낌은 처음에는 해외 확

---

17 Osborne, *The Politics of Time*, 196을 볼 것.
18 Karl Marx, *Grundrisse* (1859), tr. Martin Nicolas (London and New York: Penguin Books, 1973), 105-106.

장으로부터 나왔으나 나중에 일상 속에서 경험됨에 따라서 지구적 규모의 비교론적 구도, 즉 선행하는 최초 모델에 대한 '대안'으로서의 공간의 위치를 예외로 만들지 않고서도 지역적 차이들을 설명할 수 있는 비교론적 구도를 구축하는 하나의 가능한 얼개를 제공한다.[19]

지구의 지리적 개방과 이후 진행된 식민지화는 '문명화한' 유럽을 '비문명' 아시아와 아프리카보다 앞선 것으로 만들고자 일종의 공시론적 분류를 통해 그리고 나중에는 통시론적으로 배열될 수 있는 공존 문화들이 있다는 인식을 유발했다. 그러나 그런 비교들은 '발전'과 '진보'의 견지에서 어떤 가능한 세계역사의 경험을 촉발했지만 또한 차이의 생산을 조명하는 방식으로 비동시성의 동시성을 다시 고찰하고 재편하는 무대도 만들어냈다. 그 차이는 자신의 과거와 현재의 교류에 의해 야기된 불균등과 직면하면 어떤 사회라도 경험하는 것이다. 내가 볼 때 블로흐가 독일에서의 파시즘 도래와 성공을 설명할 수 있게 된 것이 바로 이런 점을 알았던 때문이 아닌가 싶다. 그의 분석이 문화적 역사적 지평을 결코 벗어나지 못할 뿐더러 심지어는 그와 같은 통찰에 더 큰 지리적 기원들이 있음을 인정하고 있기는 하지만 말이다.

블로흐에게서 논의는 독일, 프랑스, 영국 간의 비교에 빠져버리고 이 비교는 설명보다는 알리바이로 작용하게 된다. 블로흐는 독일 자본주의는 지체 발전의 볼모가 되었으며 따라서 사회적, 정치적, 경제적 영역들을 통합하는 데 실패했다고 확신했다. 통합의 결여는 옛 관습들과 심성들의 지속과 표면화—비동시성—로 이어졌는데, 맑스주의는 이것을 오해한 반면 파시즘은 성공적으로 활용했다는 것이다. 그러나 블로흐는 이 시간화의 형태를 독일에 한정함으로써 의도하지는 않았으나 독일의 근대화 경험을 예외로 만들어버려 자신이 경멸한 파시스트들의 기존 주장을 강화한다.

세계의 다른 쪽에서 토사카 준은 일본에서 스스로 '의고주의'라고 부른 유사한 현

---

19 Koselleck, *Futures Past*, 256.

상을 목격하고 있었다. 그러나 토사카는 '의고주의'가 1930년대의 산업화하는 세계 전역에 걸쳐 확인되는 더 광범위한 경험의 지역적 표현일 뿐임을 분명히 인식했다. 프레드릭 제임슨이 최근 동시적인 비동시성 개념을 부활시켜 그것을 모더니즘에 속하는 특징이라고 한 것도 눈여겨볼 필요가 있다. 그의 분석에서 모더니즘은 불균등—나중의 한 포스트모더니즘이 완전하고 균등하다는 어떤 근대성을 수립하여 제거한다는— 을 은폐하기 위해 이데올로기적으로 기능한다. 그러나 이 주장은 자본의 논리나 유로-아메리카 외부의 세계 역사를 살피는 일보다는 서구에 예외적 능력을 부여하는 데 더 관심이 있는 듯하다. (제임슨은 그리하여 끝없는 서구 통일성의 신화—통일성 개념에 의미를 주기 위해 차출된 사람들의 관점보다는 '서구 맑스주의' 관점에서 상상된—를 조장한다.) 불균등이 자본주의의 역사적 확장이 일어나는 곳이라면 어디서나 반드시 수반되는 것이라면 계속 자본주의 주요 재생산 조건들의 하나를 구성할 것이므로 우리의 분석들에서 당당한 '경험 공간'을 차지해야만 할 것이다.

일본의 민속학자 야나기타 쿠니오는 이미 1920년대에 (그가 이미 일본에서 기록하고 있던) 이 복합적 발전을 '혼합 혹은 잡종 문명'—그는 이것을 동아시아 전역에서 발견할 수 있다고 했다—이라고 불렀다.[20] 동시에 인도네시아 민족주의자인 소에토모 역시 과거와 자신의 현재의 교류에 의해 삶의 끊임없는 불균등이 만들어짐을 인정했다. 양자는 모든 곳에서 근대성과 일상생활이 서로 반응하고 대응한다는 점을 쉽게 설명할 수도 있었을 것이다. 근대성들 내부에 불균등한 시간성들이 생기는 현상에 대한 그런 관심은 쉽게 (여전히 두 번째 항이라는 지위를 숨길 수 없는) 하나의 고정된 장소가 차지하는 공간에 대한 관심으로 빠져들 수도 있지만, 그것은 또한 민족의 특이성과 그것의 독특함—지금 보면 언제나 근대성과 일상생활의 차이를 줄이려고 노력해 온 것으로 보이는—에 대한 주장으로부터 우리의 관심을 돌리게 해줄

---

20 Yanagita Kunio, *Teibon Yanagita Kunio zenshū*, vol. 25 (Tokyo: Chikuma shobō, 1965), 279.

수도 있다. 자본이나 근대성 같은 역사적 분석 범주들이 나름의 효과를 가지려면 문화적 사회적 형태들—여기서는 사람들이 어디서나 결코 완결되지 않고 계속되는, 과거의 현재로의 언제나 폭발적인 소환으로서의 역사를 살아간다—속에서 검토되어야 할 것이기 때문이다.

영어번역: 강내희

Harry Harootunian, "Ghostly Comparisons"

근대를 찾아서:

'근대의 초극'에 대한 일본인들의 사유 추적

쑨거

　태평양전쟁 발발 뒤인 1942년, 일본의 저명한 지식인 그룹이 '근대의 초극'이라는 제목의 심포지엄을 개최했다. 몇몇 개별 참가자들의 논문을 제외한다면, 그 심포지엄에서 전쟁이 직접 거론된 것은 아니다. 유럽식 근대성과 미국식 근대성으로 인해 야기된 근본적인 문제점들, 일본에서 나타난 서구식 근대성의 효과, 일본정신의 재발견 문제 등이 심포지엄의 주제였다. 심포지엄 마무리 발언에서 의장인 카와카미 테추타로는 대동아 전쟁이라는 선전 구호 아래 은폐된 정신력에 관한 인식을 널리 알리는 것이 대회의 핵심이라고 강조했다. 그는 엄청난 이데올로기의 중압을 느끼는 시대에 "자기 정신에 관해 말할 수 없다"는 생각은 감정적인 독백과 다름없다고 주장했다. '근대의 초극'은 이데올로기적인 슬로건이나 감정적인 독백으로 이뤄질 수 있는 것이 아니라, "우리가 어떻게 근대적인 일본인이 될 수 있는가?"라는 질문을 제기하는 데 있다고 역설했다.

　심포지엄은 그런 의제에 충실했지만, 그럼에도 불구하고 잔인한 현실을 외면한다. 이틀에 걸친 토론이 전쟁터에서는 멀리 떨어진 비교적 호화스러운 온천장에서 거행

되었기 때문만은 아니다. 전쟁으로부터의 물리적인 거리는 있었지만, 전쟁으로부터 담론적인 거리가 전혀 유지되지 않았다는 점이 오히려 문제였다. 공식적인 이데올로기와 그것에 대항하는 이론 사이에서, 심포지엄은 근본적으로 다른 제3의 길을 찾아내지 못했다. 게다가 진정한 대항 이데올로기가 결여되었기 때문에 독자적인 지적 작업과 공식적 이데올로기가 너무 쉽게 뒤섞여버렸다. 적어도 외관상으로 볼 때, 지적 작업은 공식 이데올로기를 암묵적으로 인정하거나 그것과 협조하는 형태를 띨 수밖에 없었다. 심포지엄에서 지적 작업과 전시(戰時) 이데올로기가 사실상 융합되어버린 것이다. 이 결과 후세의 일본 지식인들은 개인 차이는 있다고 해도 거의 이구동성으로 그 심포지엄을 당대의 파시스트 군사주의 이데올로기와의 공모—이것이 아무리 복잡하다고는 해도—관계에서 이루어진 것으로 규정하게 된다.

역설적인 것은 한 때는 모든 사람들이 치욕으로 여겼던 문제의 심포지엄이 동시대의 다른 주된 심포지엄과 비교해 보면 오히려 칭찬을 받을 만하다고 평가되면서 후세의 일본 지식인들이 끊임없이 그것을 인용하고 분석해 왔다는 점이다. 후세대가 지속적으로 새로운 분석을 내놓으려는 노력을 해왔다는 사실을 감안해볼 때, 그 심포지엄은 다음 세대들에게 해결해야 할 문제들을 상당히 많이 남기고 있는 듯하다. 후대에 분석이 이어진다는 것은 '근대의 초극'이 단지 이데올로기적인 소란 이상의 것, 즉 당대의 시공간을 초월하여 계속 말해야 할 것들을 가지고 있음을 의미한다. 아마도 심포지엄이 새로운 도전을 역설적으로 제기해왔기 때문에, 일부 논자들은 심포지엄 그 자체를 넘어서려고 노력하면서 그것을 당대의 이데올로기적 표현으로 축소해온 듯하다.

어떤 경우이든 심포지엄은 제2차 세계대전 기간 일본인의 사유와 관련해 근본적 문제점을 살펴보는 출발점이 되어왔다. 궁극적으로 '근대의 초극'은 (그 시대의 대표성을 띰과 동시에 시대의 한계로 간주되며) 특정한 상징적 기능까지 충족함으로써 그것의 실제 한계를 크게 넘어서는 역사적, 이데올로기적 내용의 무게를 갖게 되었다. 우리는 그래서 그 심포지엄에서 출발하여 전후 지식인들이 잇달아 내놓은 이후의 논평들에 이르기까지 '근대의 초극'을 일관된 하나의 사상노선으로 추적해볼 수 있을 것이다. '근대의 초극'은 이제 그 심포지엄을 둘러싸고, 또 그에 관한 이후의 논쟁들을 둘러싸고 일어나는 비교적 독립적이고 완결된 일련의 쟁점들을 가리키며, 문제의 심포지엄과 관련한 논쟁들은 근대성 문제에 관한 근대 일본 지식인들의 사유를 추적하는 데 도움이 된다.

_'근대의 초극' 심포지엄의 개요

『문학계』라는 저널과 관계하던 일군의 지식인들이 '근대의 초극'에 관한 다학제간 심포지엄[1]을 위한 회의를 소집했다. 『문학계』는 주로 문학적인 주제에 관심을 가졌으면서도 광범한 토론으로 명성을 누려왔기 때문에 이 저널이 '근대의 초극'과 같은 다학제간 행사를 개최하려고 시도했다는 것이 그다지 놀라운 일은 아니다. 이 저널과 관계를 맺고 있던 사람들 중에서 작가들은 심포지엄을 계획하고 후원하는 책임을 맡았다. 결과적으로 외관상으로는 다학제간 심포지엄이었지만, 사실상 이 심포지엄은 근본적으로 문학적인 사고틀 안에서 작동되었던 것이다. 앞으로 보게 되겠지만, 르네상스와 일상생활에 대한 강조에서 이 점은 가장 잘 드러난다.

이 심포지엄은 대단히 광범한 주제를 다룬 회의였다. 르네상스의 근대적 의미, 과학 분야에서의 근대성, 과학과 신학의 관계, 우리의 근대성, 근대적인 일본음악, 역사적 발달과 정체, 문명과 특수성의 문제, 메이지유신의 본질, 우리 안의 서구, 미국화와 근대화, 근대 일본국민의 가능성 등이 주제로 포함되어 있었다. 이 주제들을 꼼꼼히 들여다보면 심포지엄의 목적—근대의 초극—이 서구 근대성에 내재된 한계를 토

---

1   이 토론의 기록은 『문학계』, 1942년 10월 호에 '근대의 초극'이라는 제목 아래 실렸다. 1943년 7월 소겐샤가 이 기록을 같은 제목의 책으로 만들어 초판 6천부를 찍었다.

론하는 데 기초하고 있음을 알게 된다. 동시에 이 심포지엄의 특징은 일본 토착문화의 우월성을 부각시키고 강조하는 데 있다. 그렇지 않았더라면, 이런 목록의 나열이 심포지엄의 실제 내용에 관해 말해 줄 수 있는 것은 거의 없었을 것이다. 이것은 다양한 참가자들이 다양한 방식으로 다양한 주제들을 추구했기 때문만이 아니라 많은 토론들이 아예 깊이 있는 논의로부터 배제되었거나 방해받았기 때문이었다. 따라서 우리는 프로그램에 포함된 논의 종류를 넘어서서 주제가 논의된 실제 방식을 살펴봐야 한다.

또 다른 중요한 심포지엄이었던 '세계역사의 형세와 일본'과 비교해보면 '근대의 초극' 심포지엄 프로그램의 진행 방식을 살펴볼 수 있는 좋은 출발점을 얻을 수 있다. '세계역사의 형세와 일본' 심포지엄은 같은 해 교토 학파에 의해 조직되었는데, 이 또한 서구적 근대성에 대한 도전을 목적으로 하고 있었으며, 대동아공영권이라는 이데올로기와 쉽사리 혼동할 수 있는 입장을 드러냈다. 게다가 양대 심포지엄 참가자들 또한 의미심장하게 겹쳤다. 『문학계』와 연관된 사람들과 더불어 신학 자연과학 음악 등 다양한 학문을 대표하는 학자들과 두 명의 교토 학파 학자들이 '근대의 초극' 심포지엄의 중요한 참가자였다. 철학자 니시타니 케이지와 역사학자 스즈키 시게타카가 그 두 학자로서 이들은 모두 '세계역사의 형세와 일본' 심포지엄에도 참가했다. 더 중요한 것은 양대 심포지엄이 이후의 출판 및 토론에서 공동 자원이 된다는 것이다. '세계역사의 형세와 일본' 심포지엄이 처음 『추오코론』에 3회 연속으로 실렸다가 전쟁이 끝난 후 이 글들이 다시 『근대의 초극』이라는 통합 제목으로 '근대의 초극' 심포지엄과 함께 실린 것이 한 예이다.[2]

---

2 그 심포지엄은 사실상 세 가지 다른 사례가 합쳐진 것이었다. 니시타미와 스즈키 이외에도 이 심포지엄에는 철학자인 코사바 마사키와 코야마 이와우가 참여했다. 『추오코론』지는 1942년 1월호와 4월호, 그리고 1943년 1월호에 「세계역사의 형세와 일본」, 「대동아공영권의 윤리와 역사성」, 「전면전의 철학」이라는 제목 아래 이 원고들을 실었다. 추오코론 출판사는 이 사본들을 단행본으로 묶어 초판 1만 5천부를 찍었다. 학술적 업적 면에서 보자면, '세계역사의 형세와 일본'은 실제 출판본의 두께가 한 배 반이나

그와 같이 중첩되는 부분이 있음에도 불구하고, '세계역사의 형세와 일본' 심포지엄의 특징을 이룬 엄격한 논증과 완성도 높은 논의를 위한 노력은 '근대의 초극'을 둘러싼 근본적 혼란에 관심을 모으게 하는 일도 한다. 이 혼란은 '근대의 초극' 심포지엄을 성공적인 학제간 논의의 사례로 간주하기 힘들게 할 정도로 심했다. 기본적으로 '근대의 초극' 심포지엄의 문학적 사고틀에 수반된 목적들과 가정들 가운데 많은 것들이 주요 쟁점들에 관해 깊이 있는 이론적 논의를 진행하는 데 걸림돌이 되는 경향이 있었다.

예를 들어 '근대의 초극' 심포지엄의 의장이 제기했던 첫 번째 질문은 프로그램의 주요한 주제의 하나인 '르네상스의 근대적 의미'였다.[3] 위에서 거론한 교토학파 역사학자 스즈키 시게타카가 이 주제의 논평자로 지정되었다. 스즈키는 자기 글에서 문제의 주제를 다루려고 하긴 했지만 그 주제를 출발점으로 삼는 것에 대해서는 대단히 회의적임을 분명히 밝힌다. 스즈키는 역사학자로서 역사학 분야 안에서 일어나는 구체적인 학문적 문제들을 다루려고 주제의 방향을 수정하려고 한 것이다. 그래서 그는 "이것은 고도로 전문적인 지식입니다. 나는 보통사람들이 그와 같은 질문에 천착할 필요가 있는지 회의적입니다"[4]라고 강조했다.

교토학파는 공식 이데올로기를 상세히 설명하는 데 주저하지 않으면서도 공식 이데올로기에다 더 엄격한 이론을 부여하려고 했다. 보통사람들이 그들의 질문을 깊이 파고 들어갈 필요가 없게 된 것은 그와 같은 이론적 엄밀성 때문이다. 이것이 '세계역사의 형세와 일본'의 근본 전제가 되었다. 다른 한편 '근대의 초극' 심포지엄에서는 스즈키의 학문 스타일이 즉각 반발과 반대에 직면하게 되고, 그로 인해 스즈키는 지

더 되는 만큼 '근대의 초극'보다 훨씬 더 충실한 것처럼 보인다. 하지만 후세대 학자들은 '근대의 초극' 심포지엄과의 관계 속에서 조명하지 않는 한 '세계역사의 형세와 일본'을 무시하는 경향이 있었으며 따라서 '근대의 초극'이라는 제목으로 한 권 안에 포함시킨다.
3 사실상 이 주제는 처음에는 이 토론회의 부제였다. 카와타미 테수타로와 타케우치 요시미의 『근대의 초극』 6쇄(도쿄: 푸잠보 하야카 북코, 1994), 175 참조.
4 같은 책, 177-78.

나치게 딱딱하고 단순화된 결론을 내릴 수밖에 없게 된다. 스즈키는 논의를 좀 더 엄밀한 이론적 방향으로 이끌어 나가려고 애썼지만, 작가들은 그런 종류의 엄밀함에는 관심이 없음을 분명히 했다. 일반적으로 역사학자들은 프랑스 혁명과 계몽주의를 근대성과 당대성 문제를 위한 적절한 출발지점으로 잡았다. 예를 들어 카와카미 테추타로는 이후의 역사 발전과는 상관없이, 르네상스에 핵심적 지위를 부여하며 당대의 성격을 논의하는 출발점으로 설정했다. 하지만 그의 접근법은 스즈키의 접근과는 너무나 상충되어서 스즈키는 계속 논의의 방향을 계몽주의와 프랑스 혁명 쪽으로 되돌리려고 애를 써야 했다. 그는 카와카미의 입장을 부드럽게 반박하며, 르네상스를 근대성의 기원으로 정의하는 것은 부적절하다고 지적한다. 문학대표단의 방해와 반발에 둘러싸여 있었음에도 불구하고, 스즈키와 니시타니 케이키는 르네상스 논의를 중세와 근대의 관계에 관한 논의로 끌어가려고 고투했고, 역사적 시대에 관한 논의에 더 많은 연속성을 끌어들이려고 노력했다.

하지만 작가들에게는 르네상스가 근대성을 설명하는 출발점이었다. 르네상스에 대한 작가들의 선호는 그 선호가 당대의 한 주요 문학운동을 반영하는 것임을 생각하면 더 잘 이해될 수 있다. 1930년대, 특히 1933-37년 사이의 4년은 맑스주의와 프롤레타리아트 문화운동이 쇠퇴하면서, '순수문학'에 전념하는 잡지들이 출현하게 된다. 많은 작가들이 그 무렵 가장 탁월한 작품을 산출한 연유로 나중에 이 시기는 '문학의 르네상스'로 알려지게 되었다. 달리 표현하자면, '근대의 초극'을 주장하는 문학인사들에게 르네상스는 자국 예술(특히 문학)의 번영에 기초한 일본적 근대성을 약속하는 것처럼 보였던 것이다. 그러나 그것은 (서구화와 연관된) 민중문화 또는 대중문화의 해악에 맞서야 한 자국문화의 부흥이었고, 여기서 '순수문학' 개념이 생겨나게 되었다.

'세계역사의 형세와 일본'에서 스즈키 시게타카는 다른 세 명의 발표자들과 더불어 르네상스 문제에 다시 파고들었다. 하지만 이번에는 '근대의 초극' 심포지엄의 맥락이 허용한 방향과는 대단히 다른 방식이었다. 이번 토론에서는 르네상스가 독자적 논의를 할 만한 가치가 없다고 여겨졌을 뿐만 아니라 근대성 자체도 상당한 수정이 요구되었다. 간단히 말해, 르네상스는 유럽과 세계사를 아는 데 필요한 한 가지 연결 고리에 불과한 것으로 여겨지고, 근대성의 출발점으로는 간주되지 않은 것이다. 르네 상스의 위치는 독자적인 것이 아니라 다른 시기들과의 관계 속에서만 결정될 수밖에 없었다. 르네상스는 근대 유럽을 구성하는 한 요소일 뿐, 다른 역사적 시기와 무관한 절대적 가치를 지닌 것은 아니었다.

'세계역사의 형세와 일본'과의 이런 비교는 '근대의 초극' 심포지엄의 또 다른 중 요한 측면을 드러낸다. 『문학계』와 관계한 작가들은 학자들에게서 간단한 답변들, 유용한 결론을 지닌 몇 가지 간결한 설명을 원했던 것이었다. 일단 학자들이 더 복잡 한 설명을 대화에 도입하게 되고 쉽게 이해할 수 있는 결론으로부터 멀어지게 되자, 그 때부터 작가들의 역할은 그런 식의 논의를 방해하는 데 있었던 듯하다. '근대의 초극'을 둘러싼 혼란은 모두 이 기본 틀에서 도출된다. '세계역사의 형세와 일본'은 학자들이 방해받지 않고 일관된 탐색을 할 수 있도록 하고, 따라서 세계사 이론에 관해 대단히 권위적인 이론을 천명할 수 있는 포맷을 제공했다. 요약하자면, 두 심포 지엄의 전적으로 다른 구조화가 두 대회의 성취에서 근본적 차이를 만든 것이다.

마찬가지로 중요한 것이 양대 심포지엄에 참여한 참가자들이 근대성에 대해 드러 낸 태도였다. 두 심포지엄은 모두 아시아태평양전쟁이 가장 격렬하게 진행되는 동안 일본의 우월함과 대동아에서의 지도적 위치에 대한 일본의 권리를 주장하고 심지어 그에 대해 자랑스러워하면서 세계에서의 일본의 위치를 결정하고자 했다. 하지만 참 가자들은 세계에서의 일본의 위치에 대해 대단히 다른 태도를 보여주었다. '근대의 초극'에 참여한 참가자들은 개인적인 접근을 취하여 주체성에 관한 질문들을 부각시 키는 경향이 있었다. 반면에 '세계역사의 형세와 일본' 심포지엄의 연사들은 자신들 의 이론적 탐구 대상 자체에 관한 질문을 제기하려고 했다. '근대의 초극'에서 나타난

바 있고 앞서 말하기도 한 지적 노동의 분할이 그런 추세를 강화시켰을 것이다. 학자들이 심포지엄 첫 날 서구 근대성의 근본적 문제점을 설명해줄 것이라 기대되었다면, 『문학계』 소속 문학 인사들이 이튿날 일본 근대성을 토론할 예정이었다. 그들은 차츰 자신들의 경험을 강조하기 시작했다. 일본의 근대성은 개인적 경험으로 규정될 수 있다(반면 서구의 근대성은 다루기 껄끄러운 문제였다)는 뜻이었다. 게다가 경험은 학자가 다룰 영역이라기보다는 문학 고유의 영역이라는 뜻도 있었다. 이런 긴장은 코바야시 히데오(저명한 문학 비평가이자 『문학계』의 문화 평론가)가 스즈키와 니시타니와 나눈 대담에서 극명하게 드러난다. 세 사람 모두 역사주의 극복의 문제에는 뜻이 같았다. 그러나 "당신이 거론한 역사적 변화 속의 정체(停滯)를 어디서 볼 수 있는가?"라는 스즈키의 질문에 대해 코바야시는 "그것은 일상 경험의 일부이다"[5]고 대답하는 것으로 충분하다고 느꼈다.

일상의 경험은 '세계역사의 형세와 일본'에서는 차지할 자리가 없었다. 엄격한 훈련 때문인지 교토학파 학자들은 자신들의 관점을 말할 때도 꼭 텍스트의 권위에 호소했다. 그와 같은 제스처가 그들이 보여주는 입장의 객관성을 보증해주진 않았으나 그래도 그것은 일상 경험은 (적어도 개인적 경험의 형태로서는) 토론을 위한 지적 토대가 되지 못함을 확실히 했다. 스즈키는 르네상스에 관한 토론에서 "나는 보통사람이 그런 질문에 천착할 필요가 있는지 모르겠습니다" 하고 힘주어 말한다. 하지만 '근대의 초극'에 참가한 문학 인사들에게 일상적 경험은 핵심적 중요성을 지니고 있었다. 이것이 그들이 소위 보통사람과 그들의 경험을 대변한다고 주장할 수 있다는 의미는 아니겠지만, 정말로 그들은 일상 경험이 관찰과 사유에 활용되는, 근대성을 보는 한 시각을 도입한 것이다.

'근대의 초극'을 둘러싼 많은 혼란은 일상 경험에 관한 이 강조 때문이다. 하지만

---

5 Ibid., 231.

이것은 후대 평자들이 이 심포지엄을 다른 심포지엄들과 비교하며 특히 칭송하는 이유이기도 하다. 교토학파 학자들이 심포지엄 주제들을 이론적 중요성에 비추어 이해했다면, 『문학계』 소속 인사들은 다소 저널리스틱한 투로 스스로 상상한 일상생활에서 끌어낸 핵심적이라 싶은 일련의 질문들을 중심으로 심포지엄을 조직했다. 이 결과 심포지엄은 질문은 동일했을지라도 두 가지 다른 방향으로 나아간 셈이다. 한편으로 문학계 인사들은 '반-근대'를 토착적인 '순수 전통'을 긍정하는 것과 결부시킨다.[6] 반면에 학자들은 일본의 우월성에 관한 논의를 세계사 서사에 있어서의 한 구성 요소로 간주했다. 이튿날 진행된 '우리 안에 존재하는 서구'라는 주제에 관한 토론이 특징적이었다. 이런 식의 논쟁을 주고받으면서 코바야시 히데오는 니시타니 케이지와 일부 다른 참가자들이 일본인의 특징이라고 할 수 있는 육체적인 것, 신체적인 것에 대한 어떤 감각을 결여하고 있다고 비판했다. 니시타니는 "정말로 그와 같은 감수성에 탐닉할 만한 사치를 누리지 못했다"고 받아쳤다. 이것은 "일본 국민들이 학자들이 기술하고 있는 이론을 과연 이해할 수 있는가 여부의 문제와 비교하면" 그가 "서구인들이 처한 막다른 궁지를 돌파하려는 마음이 훨씬 더 화급하다"고 느꼈기 때문이다.[7]

코바야시와 니시타니에 의해 표출된 차이들의 이면에는 서구 근대성을 보는 일본 지식인들의 반응들 속에 들어있는 근본적 차이들의 흔적이 있다. 메이지유신 시대로부터 근대화에 대한 갈망과 서구 열강과 어깨를 겨루는 나라를 만들려는 욕망으로 인해, 일본 지식인들은 비록 간접적인 방식이었지만 서구를 경쟁대상으로 간주하는 경향이 있었다. 서구와 맞서는 것을 절실한 요청으로 느꼈던 니시타니의 입장은 교토학파의 활동을 지배하는 흐름이다. 교토학파 학자들에게는 작가들이 그처럼 중요시하던 토착 전통은 서구가 처한 궁지를 돌파하려는 기획에 필요한 재료에 지나지 않았다. 교토학파의 거창한 세계사 서사에서 '일본'은 근대적인 서구를 대체할 수 있는

---

6 Ibid., 244. 이 말들은 카와카미 테추타로의 것이다.
7 Ibid., 248-49.

중요한 위치를 차지해왔지만 '일본'이 토론이나 역사의 궁극적 지점으로 간주된 적은 한 번도 없다. 다시 말해 양대 심포지엄의 제목은 서구에의 저항과 관련한 방향성에서 미묘한 차이를 드러내고 있었던 것이다. 문학 대표단의 입장에서 볼 때, 저항은 육체적, 관능적 세계에 대한 일본인의 감각 속에 충분히 구현되고 있었다. 이와 대조적으로 학자들의 입장에서 볼 때, 서구에 대한 저항은 세계사의 틀 안에 자리하고 있기 때문에 감수성과 같은 것을 탐닉할 여유가 없었다.

그러나 1942년의 역사적 맥락에서 보면 외관상 서로 상반된 입장들의 저변을 이루는 연결지점이 분명해진다. 첫째, 태평양전쟁의 발발 자체가 일본의 군사적 침략과 관련하여 일정한 정도의 합의를 강요해냈다. 여기서 서구에 도전하는 자세는 동아시아 인접 나라들에 대한 이전의 침략에 대해 당시 일본의 진보적 지식인들이 공개적으로 보여온 불안과 죄의식의 은폐를 돕게 된다. 하지만 진주만의 기습공격에 뒤이어 일본 지식인들은 이구동성으로 전쟁과 대동아 공영권을 옹호하는 발언을 했다. 둘째, 서구 대처 문제를 중심으로 일정한 형태의 합의가 이루어졌다. 메이지 시대에 근대화 추동을 둘러싸고 일본 중심적인 입장과 서구 중심적인 입장 사이에서 하나의 대립(과 복잡한 혼합물)이 생겨났다. 태평양전쟁의 발발로 인해 저울추는 일본을 중심에 둔 통합된 방향으로 기울어지게 되었다. 요컨대 아시아태평양전쟁 기간의 이 중대한 시점에 일본에서 서구적 근대화로 야기된 충격과 관련된 입장 차이들을 적어도 잠시는 한 옆으로 밀쳐두는 일이 가능해진 것이다.

작가와 학자들 사이에 얻기 어려운 협력이 가능했던 것은 태평양전쟁으로 그들에게 까다로운 '문화적 정체성'이 강요된 맥락이 있었기 때문이지만, '근대의 초극'의 진짜 흥미로운 점은 일견 관심 밖에 있던 차이들이 그대로 드러난 데에 있다. 이것은 온갖 협력 권고에도 불구하고 학자들과 작가들이 함께 일하고, 비슷하게 생각할 수 없다는 데서 가장 잘 드러난다. (사실 전후에 『문학계』는 더 이상 자신들의 토론에 교토학파 학자들을 불러낼 수 없었다.) 따라서 심포지엄은 서구를 대체하고 동아시아의 맹주가 될 것이라고 집요하게 조장해온 일본의 정체성이 환상임을 보여준다. 전쟁이 심포지엄의 논의에서 (배경을 이루었을 뿐) 핵심을 이룬 적은 전혀 없었으나, 그래도 심포지엄은 다른 어떤 논의보다 전쟁의 폭력성을 분명히 보여주었으며, 그럴싸한 협력과 통일을 강제한 지식인들에게 가해진 폭력이 만들어낸 효과를 더욱 강력하게 폭로한다.

결국 이 통합은 일본 대 서구라는 이항대립은 액면 그대로 자명한 대립으로 수용되어서는 안 된다는 신호가 된다. 사실 일본과 서구, 혹은 전통과 근대성 사이에 본질적인 차이는 없다. 그런 차이들은 관계 속에서, 그것들을 서술하는 과정에서 만들어지고, 일본과 서구의 차이들이 (물화되면서도) 사라지는 것은 그런 관계 및 서술 효과들에 대한 의식이 무너질 때뿐이다. 이런 이유로 1940년대 일본 지식인들 사이에는 진정한 입장 차이가 존재하지 않고 하나의 단일한 문제설정이 지배했다. 더 크다고 추정되는 근대성의 서사에서 '일본'과 '서구'를 **어떻게 서술할 것인가**라는 문제가 그것이다. 이후의 '근대성 극복'에 관한 논쟁에 미묘한 영향을 미친 것도 어떻게 서술할 것인가에 대한 그런 근본적 차이들이었다.

_타케우치 요시미와 아라 마사히토의 '근대 초극 논쟁'

참회 또는 부인이라는 국가 전체의 입장으로 고민하던 전후시기에 '근대의 초극'에 관한 논쟁은 교토학파 소속 학자들에게는 '내밀한 고뇌'의 원천이 되었다. 이들은 자신들의 후속 저술에서 그런 논쟁을 억압하거나 무시했다. 하지만 그들의 '일본문화 포럼'은 공식 인준을 받은 것이어서 다소 보수적인 경향을 지니기는 했지만 세계사 내러티브에 관해 지속적인 관심을 보였다. 같은 교토학파 학자들 거의 모두가 이 포럼에 참여했지만 『문학계』 작가들은 이 집단과 모든 연계를 끊어버렸다. 한 때 '세계사' 대 '근대의 초극'이라는 내러티브에 기초하여 각기 다른 방향으로 나아감으로써 걸림돌이 되었던 것들이 이제는 진정한 장애물로 굳어진 것이다. 교토학파 학자들이 이전의 관심사를 부인하고 내버렸기 때문에, 심포지엄에 대한 회고는 전적으로 작가들의 몫이 되었다. 1952년 4월 판『문학계』에는 심포지엄의 채록들이 실렸고, 카와카미, 코바야시, 하야시 푸사오와 다른 사람들이 다시 한 번 '근대의 초극'에 관한 질문들을 제기했지만 어디까지나 개인적이고 사적인 관심사를 다룰 뿐이라는 고지(告知)와 더불어 이루어진 일이었다.[8] 전시 일본에 관한 전후의 비판과 반성은 이 심포지엄을 일본 지식인들이 파시즘 이데올로기와 협조하고 그것을 조장한 부정적인 사례로 취급했고, 따라서 '근대의 초극'이라는 아이디어 자체도 철저한 검열을 받았다. 하지만 점차 이 검열은 심포지엄의 근본 원리로 돌아가려는 관심을 촉발시킨다.

타케우치 요시미가 1959년 11월 '근대의 초극'에 관한 논문을 출판한 것은 이런 상황에서다.[9] 처음부터 타케우치는 지식인들이 '근대 초극'의 어구를 만들어낸 것은 지식인들을 위함이었다고 설명했다. '근대의 초극'은 대중이 단순한 이데올로기 캠페인으로 이해한 것과는 다른 개념이라는 것이다. 그럼에도 불구하고 그는 역사적 기억의 관점에서 볼 때 '근대 초극'이라는 어구는 전쟁과 파시즘의 복잡한 관계를 다룬 것인지라 대중적으로 상상된 만큼 많은 기능을 담당했음을 지적하고자 했다. 타케우치는 심포지엄 책임자들이 이데올로기 캠페인을 벌일 정도의 수단과 자금을 가지지 못한 것은 분명하지만, 내부의 이질성에도 불구하고 심포지엄이 하나의 이데올로기적 노력으로 간주되기에 이르렀다는 점에 주목한다. 이 결과 그 어구는 30세가 넘는 일본 지식인 누구에게서든 극도로 복잡한 반응을 야기했다. 타케우치의 논문은 '근대 초극'에 대한 지식인들의 반응이 지닌 복잡성에서 나온 것이라고 말할 수도 있다.

이리하여 후대의 평자들은 '근대 초극'의 이데올로기적 짐을 다루어야 한다는 의무감을 느끼게 되었고, 평가는 심포지엄의 진실을 복원하려고 애쓰거나 아니면 부정

8 「『문학계』의 20년」, 『문학계』, 1952년 봄, 108-111.
9 이 논문과 토론회 또한 『근대의 초극』, 274-342에 포함되어 있다.

하려는 서로 상반된 방향으로 전개되었다. 그러나 두 입장 모두 근본적으로는 이데올로기에 대한 비판이었기 때문에 많은 공통점을 가지고 있었다. 타케우치는 오다기리의 '근대의 초극' 비판을 좌파 지식인들의 대표 격으로 간주한다. "그 비판은 '근대 초극'의 진실을 복원하라는 요구를 설득력 있게 거부하지 못한 반면, 그런 진실을 부정할 수 있는 비판적인 힘도 갖지 못했다."[10]

이렇게 타케우치는 지적인 사실을 확보하는 것이 중요함을 역설했다. "소위 이데올로기의 사실들을 바로 잡는 것은 그 이데올로기가 어떻게 주제를 정하려고 애쓰는지, 그것이 어떻게 구체적인 사례들에서 해결책을 찾으려고 하는지, 혹은 그것이 어떻게 해결되지 못하고 남아 있는지 살펴본다는 의미이다."[11] 물론 타케우치가 뜻한 '이데올로기'는 정확하다는 이데올로기들만이 아니라 부정확하고 유해하다는 이데올로기들까지 포함한다. 이는 곧 그가 이데올로기 문제에 어느 정도의 상대성과 자율성을 도입하여, 어떤 이데올로기이든 어느 정도는 정치 질서로부터 자율적인 상대적 영향력을 지님을 보여줬다는 말이다. 사회에 대한 이데올로기의 영향은 정치 질서 바깥에서 일어났다. '근대의 초극'과 '세계역사의 형세와 일본'은 바로 그런 이데올로기들을 수반했다. 그렇다면, '근대의 초극'에서 우리가 사실적으로 접근해야 하는 이데올로기는 무엇인가?

타케우치의 설명에 따르면 양대 심포지엄은 본질적으로 태평양전쟁이 발발할 당시 일본 지식인사회의 정신적 상태를 전해주는 데 이바지했다. 그의 설명은 일본이 아시아를 침략한 지난 10년을 휩쓴 '자유주의적' 반전사상의 무기력함을 조명해주는 것은 물론이고, 그런 역사적 조건에서는 침략전쟁과 저항전쟁을 구분하는 것이 얼마나 힘든지도 보여준다. 아시아태평양전쟁 기간의 일본—청일전쟁(1894-95)이나 러일전쟁(1904-5)의 일본과는 달리—은 전 국민을 '총력전'의 형태로 동원했고, 이는

10 같은 책, 282.
11 같은 책, 283-84.

침략전쟁의 요구사항을 받아들이지 않는 어떤 반대 공간도 사실상 봉쇄해버렸다. "주관적으로 그런 신화에 저항하고 그것을 혐오한 사람들도 있었지만 바로 그런 사람들도 신화의 복잡한 층위로 인해 그것에 이끌려 들어갔다. 이런 평가는 지식인들에게도 대부분 적용될 것이다."12)

이 구절 바로 앞에서 타케우치는 태평양전쟁 발발시 『문학』지의 편집장이던 타카수기 이치로를 인용한다. 진주만 기습공격 뉴스가 나오던 날 저녁 타카수기는 모스크바에서 출판된 『국제 문학』(*International Literature*)의 영문 특별호를 집에서 봤는데, 그 내용은 독일 침략군에 대한 소비에트의 반격을 다룬 것이었다. 그는 『문학』지도 일본 국민의 전투 의지에 관한 성찰을 다루는 비슷한 특집을 마련하기로 결정한다. 다음날 그는 다양한 기고가들을 소환했고, 그의 원고 청탁을 거절한 사람은 아무도 없었다. 타케우치는 타카수기가 한편으로는 심리적으로 소비에트 연방의 편을 들었으며 나치 독일을 혐오했다고 지적한다. 다른 한편 그는 지적으로도 일본의 중국 침략을 경멸했다. 그러나 타카수기에게 지적 반발은 억압된 형태로 존재했을 따름이다. 태평양전쟁 발발로 일본이 실제로 전쟁을 선포했다고 하는 '해방감' 덕분인지 타카수기는 일말의 모순도 느끼지 않고 독일에 대한 소련의 방어공격을 미국에 대한 일본의 방어공격과 동일한 것으로 간주했다. 타케우치에 따르면 타카수기의 반응이 보여준 복잡성은 저항의 가능성에 관해 많은 것을 말해준다. 타케우치는 극히 소수의 예외를 제외하고는 방관자가 되거나 도망가는 것 이외에 전쟁 반대 입장을 취할 수 있는 현실적 가능성은 없었다고 생각했다.

바로 이런 이유로 타케우치는 '근대성 극복'을 마치며 한 카와카미 테추타로의 다음 말을 중시한다. "우리 일본인의 피, 진정으로 우리의 지적 활동을 북돋우는 힘은 이제까지는 그것에 강제된 서유럽의 지적 사고틀에 대한 상호 혐오에서 나왔고, 이

---

12 같은 책, 301.

상황으로부터 우리 지식인 개인들이 탈출하는 것은 불가능했다."[13] 타케우치는 전쟁의 선포를 통해 이런 혐오 감각이 소련에 대한 열광을 태평양전쟁에 대한 전적인 지지로 바뀌도록 조장했음을 보여준다. 태평양전쟁이 일본 지식인들을 자신들은 역사적으로 비서구인, 즉 아시아인이라는 느낌을 갖도록 통합시킨 것이다. 그것은 전쟁이 정당한지 여부를 묻는 질문을 거의 지워버렸다. 이런 특수한 상황으로 저항과 복종의 구분은 적어도 표면상으로는 불가능해졌다.

전후시기에는 세계질서의 전면 개편으로 사회주의 대 자본주의라는 새로운 대립 구도가 주축국 대 연합국이라는 전시의 대립관계는 물론 유럽과 아시아의 대립도 대체하게 되었고, 이것이 이전의 대립들에 대한 역사적 기억을 지우는 데 이바지하게 된다. 이는 '일본인의 피'가 흘러갈 새 혈관이 필요하다는 의미였다. 타케우치는 전후 일본에서 좌파의 비판이 사실상 이 근본 문제를 극복하지 못했음을 잘 알고 있었다. 좌파의 비판은 이리하여 전후시대에도 집요하게 남은 단일한 '일본인의 피'란 개념에 대처할 능력이 없었고, 이것이 (소련 대 나치 독일이 일본의 아시아 대 서구와 서로 연결되듯이) 상이한 적대 세력들이 전략적으로 서로 제휴하는 복잡한 층위들을 낳게 된다.

하지만 '일본인의 피'는 결코 동질적이지 않다. '근대 초극'에 내재한 주된 혼란의 원천이 그 순수성과 단일성이란 가정이었다. 타케우치의 주된 업적은 심포지엄의 역사적 정황이라는 구체적 상황에 천착하면서도 그에 대한 비판적 평가에 착수했다는 것이다. 그는 사람들이 군국주의자들의 명령에 순종했기 때문보다는 국민 공동체에 모든 것을 바치려 했기 때문에 전쟁에 참여했음을 보여주었다. 타케우치는 전후에 조직된 소위 '반전 세력'의 위선도 여기서 발견한다. 그는 진정한 반전 입장은 지배 이데올로기 안에서 구성될 수밖에 없음을 잘 알고 있었다. 지배 이데올로기 바깥에서

13 Ibid., 166.

는 국민 전체의 전쟁 참여라는 근본 현실에 영향력을 발휘할 수 있는 어떤 이데올로기 세력도 없었기 때문이다.

'근대의 초극'이 지배적인 담론을 활용했고 따라서 실제로 전시 이데올로기를 강화하려 했다는 점을 분명히 한 다음 타케우치는 '근대 초극'에서 반전의 계기를 찾아보려고 한다. 이 담론 공간에는 그것에 편승하면서도 내부에서부터 그것을 바꿔낼 가능성이 존재했다는 것이 그의 견해이다. 특히 흥미로운 것이 전체주의에 대한 우리의 이해에 그가 제기한 문제제기로서 이것이 그의 구체적인 분석들—2차 세계대전동안 일본의 백색 공포는 유용한 증거자료이기는 하지만—보다 더 중요하다. 타케우치에 의하면 소위 전체주의 국가에서 진정한 민주주의의 가능성은 체제 바깥에, 체제에 대한 적대의 양식으로 존재하지 않는다. 오히려 그것은 체제 안에 있다. 그것은 내부로부터의 '개혁'의 형태로 큰 난관을 뚫고서만 태어난다. 이런 이유로 지배 이데올로기의 관점에서 보면 진정으로 위협적인 것은 '반체제' 세력의 형성이 아니라 체제 자체 안의 이질성이다.

그럼에도 불구하고 타케우치가 그런 발전 가능성이 있다고 본 것은 '근대의 초극'내부는 아니었다. 그는 거기서 극도로 제한적 조건에서 지적 전통을 벼려내려는 단순한 노력, 격심한 구속으로 압살되었기 때문에 결국 실패한 노력만을 봤을 뿐이다. 심포지엄은 응축된 형태로 근대 일본 역사의 모든 주요 딜레마들을 제시했지만 그것들과 대면하는 데 실패했고 실제로 그것들을 지워버리고 '근대의 초극'을 전쟁에 대한 공식 견해에 대한 논평 이상이 되지 못하게 만들었다. 타케우치가 볼 때 이 문제는 전후시기에도 해결되지 못했다. '근대의 초극'만이 이들 딜레마와 대면하는 데 실패한 것이 아니라, 전후 지식인들 역시 비슷하게 그것들과 대면하여 문제를 해결하는 데 실패했다는 것이다. 이는 그가 전후 일본 사상의 '포복자세'라고 한 것으로 귀결된다. 실제로 1950년대 말 일본 우월성의 이론들이 다시 표면에 등장했다. '일본문화포럼'을 기반으로 다양한 발언자들이 일본을 동아시아의 지도자 나라라고 말하기 시작한 것이다. 말하자면, 일본연구자들은 '근대의 초극'과 동일한 굴레에 빠져들었고, 진보적 지식인들은 분명 이런 상황에 효과적으로 대처할 수 있는 서구의 이론 자원을 열 수 있는 방법을 찾아내지 못했다. 이 위기가 타케우치로 하여금 '근대의 초극' 문제를 다시 다루어, 일본 지성사에서 철저한 불신을 받는 이 국면 속에서 새로운 가능성들을 찾는 시도를 하도록 만든 것이다.

그의 글은 즉각 많은 반응을 불러일으켰는데, 그 가운데 츠루미 슌수케와 아라 마사토가 있다. 타케우치가 주재한 이 주제에 관한 한 토론회에서 츠루미는 적어도 메이지유신 이후 일본 어린이들은 공격적으로 행동하는 것을 꺼려하도록 양육되어 왔다는 점에 대해 강조했다. 따라서 그는 전쟁 반대 가능성이 사람들 자신들 안에 있으며, 전면전의 개념이 일본 국민의 이데올로기 안에 근본적으로 내재한다는 주장은 잘못이라는 의견이었다. 그는 이리하여 건강한 민족주의를 추구하는 것에 반대하고, 단순화의 위험을 무릅쓰더라도 전쟁에 대한 평화적 반대에 강조점이 주어져야 한다고 주장했다. 그는 자기 입장을 '계산된 평화 이론'이라고 불렀다.[14] 평상시에는 예의가 발랐지만 타케우치는 다소 무례하게 츠루미가 태평양전쟁이 발발할 때까지 미국에서 살아서 전쟁 세대의 경험에 대한 진정한 이해가 없으며, 1942년 12월 8일의 미묘한 영향과 그 사건의 정서적 충격을 이해하지 못한다고 꼬집었다. 이런 설전으로 미뤄본다면 진보적 입장의 지식인들조차 입장 차이가 있었음이 분명하다. 타케우치는 전쟁 기간 사람들이 겪은 경험을 말하고 싶어 했고, 특히 사람들의 경험은 계산될 수 없으며 논리적이고 합리적인 방식으로 요약하거나 설명될 수 없었다는 점을 지적하고 싶어 했다. 반대로 츠루미는 정확한 이론을 도출하고 적용할 수 있는 가능성을 잡아내고 싶어 했다.

아라 마사토의 경우는 『현대문학』지에 '근대의 초극'에 관한 여섯 편의 논문을 신

14 『신일본 문학』 5: 154(1960) 참조 츠루미의 논의에 관해서는 특히 135, 139쪽을 참조할 것. 사사키 소이치(공동조직위원장)와 이토 세이 또한 토론회에 참가했다.

고 타케우치가 그 심포지엄에 대해 다소 이상화한 이미지를 가지고 있고, 따라서 그에 대한 초월적인 관점을 채택하려는 경향이 있다고 지적했다. 그는 타케우치가 '근대의 초극'을 중심으로 상궤를 벗어난 분류를 하여 토론회에 실제 참석하지 않은 사람들은 포함시키면서 실제 참석한 사람들은 무시한다고 한다. 아라에 의하면 이런 방식으로는 실제 심포지엄에 대한 논의에 다가갈 수가 없다.[15] 그의 비판은 정확하기는 해도 타케우치의 근본 관심이 심포지엄 자체의 실제 내용보다는 당대 분위기에 있었다는 점을 보강해줄 뿐이었다.

아라의 타케우치 비판은 태평양전쟁으로 방향을 돌려 '제국주의 타도를 위해 제국주의에 의존할 수 없음'이라는 견해에 도전할 때 더 격렬해졌다. 이런 관점에 의하면 소련의 반파시즘 투쟁을 제대로 위치시킬 수 없다는 것이 아라의 주장이었다. 여기서 중대한 차이점이 노출되었다. 타케우치에게 소련의 반파시즘 투쟁과 같은 것은 특수한 것으로 전면에 부각시킬 만한 것이 되지 못했다. 전쟁과 근대성에 대한 그의 설명은 어떻게 동아시아가 서구 근대성의 충격에 대응해 왔는가에 집중되어 있었던 것이다. 그는 러시아를 크게 서유럽 내부의 분열이라는 견지에서 이해했고, 이것이 그의 논지에 합당하다고 봤다. 사실 타케우치의 사상에서 러시아는 언제나 맹점이었다.[16] 아울러 타케우치는 도쿄 전범재판을 핵심적인 계기로 파악하고, 이 재판이 일본과 미국의 관계가 문명 대 야만 혹은 정의 대 침략의 관계가 아니라 제국주의 대 제국주의 관계임을 보여준다고 주장했다.[17] 반대로 아라는 러시아를 늘 2차 세계대전 평가

---

15 아라 마시모토, 「근대의 초극: 제1부」, 『현대문학』, 1960년 3월, 8.
16 아시아의 초기 학자들 중에서, 러시아 사회 변혁에 참여하려고 했던 인물들이 더러 있었다. 하지만 타케우치가 아시아주의라는 문제를 다뤘을 때, 이런 요소들은 근본적으로 그의 관심사에서 벗어나 있었다. 말할 필요도 없이, 타케우치가 아시아 문제를 심사숙고하게 되었을 때, 그는 무의식적으로 러일전쟁이라는 역사적 기억을 간직했다. 그 당시 그것은 동아시아인들에게 유색인종이 백인종을 패배시킨 전쟁으로 해석되었다. 러시아는 전적으로 서구의 일원으로 간주되었다.
17 각주 14)에서 언급했다시피, 타케우치는 대단히 일찍부터 이 문제를 제기했다. 그는 중국과의 관계에서, 식민지 정복이라는 맥락으로 인해 일본의 범죄는 미국의 범죄와 관련하여 함께 논의될 수는 없지만, 그럼에도 불구하고 미국과 일본은 마찬가지로 유죄라고 주장했다(『신일본문학』 5: 154, 139). 민족주의

를 위한 출발점으로 여겨왔고, 거기서 미국은 러시아와 중국의 맹방으로서 사실상 민족통일 전쟁을 지지했으며 일본 파시즘을 물리쳤다는 주장을 도출했다. 그는 2차 세계대전을 여러 각도에서 이해할 수 있지만 파시즘과 반파시즘을 지침으로 삼아야 한다고 느낀 것이다.[18] 이를 출발점으로 삼아 아라는 자본주의 비판에 임했고, '근대의 초극'이 자본주의 비판을 제시하지 못한 한 명확하게 근대성을 극복한 것이 아니라고 지적한다.

아라가 몇몇 뛰어난 논지를 제시했지만, 이후 논의의 맹아가 된 것은 타케우치의 논문이다. 정치적 입장 때문이든 아니면 근대초극 논쟁에 대한 치밀한 분석 때문이든 어떤 이유로 인해 타케우치의 논문은 당대의 직접적 정황을 넘어서도 살아남아 일본 지성사에서 가장 많이 인용되는 논문의 하나가 되었다. 타케우치의 통찰은 당시를 풍미하던 이분법적 분류, 즉 진보적인 것은 국제주의자이고 반동적인 것은 민족주의자를 의미하게 되는 논법을 타파한 데 있다. 타케우치는 전쟁에 대한 추상적 설명은 더 미묘한 차이 지점들을 은폐하는 경향이 있기 때문에 더 유연한 이해를 위해 전시 경험과 정서적 기억에 호소했다. 올바르다고 주장하는 이론을 나중에 적용하여 그런 차이들을 지워버릴 수 있을는지는 몰라도 타케우치는 지적 전통을 만들기 위해 그때 일본인들에게 어떤 자원들이 있었는가, 그 자원들은 어떻게 일상생활과 토착적 경험에 영향을 줄 수 있었을까와 같은 질문들을 제기하는 것이 필요하다고 느꼈던 것이다.

가 중국에서는 위대한 국가 쇼비니즘, 중국 이외의 작은 나라들에서는 급진적 민족주의를 촉진시키는 것으로 볼 수 있는가라는 문제로 심포지엄의 화두가 진행되었을 때, 타케우치는 이 문제의 핵심이 서구 유럽의 근대성에 대한 평가와 맞물려 있다고 말했다. 그는 특히 일본국민들이 서구 유럽에 대한 회의와 불신의 태도를 취하는 것이 얼마나 힘든지 강조하면서도 그런 태도가 확립될 필요가 있다고 주장했다. 심지어 그는 서구 유럽에 대한 신뢰의 결여가 태평양전쟁의 정당화를 위한 토대가 되었다고 주장하기까지 했다(147). 이것은 그가 쓴 태평양전쟁 발발 당시에 「위대한 동아시아 전쟁과 우리의 결단」이라는 제목의 논문을 상기시킨다. 이 논문의 이론적 토대를 이루는 것은 서구 유럽에 대한 신뢰의 결여이다.

18 「근대의 초극: 제2부」, 『현대문학』, 1960년 4월, 3.

타케우치의 탐구노선이 점차 일본에 고유하다고 여겨지는 지적 자원을 추구하고 정화하는 운동으로 바뀜에 따라, 그는 우파 지식인보다는 좌파 지식인들로부터 더 많은 반대에 부딪히게 된다. 타케우치가 보기에 이론은 주어진 상황을 이해하는 시작과 끝이 아니었다. 이론은 상황 속에 유지될 수 있을 뿐이었다. 고정된 원칙들을 지향하는 아라와는 달리, 타케우치는 유연하고 변형되는 원칙을 추구했다. 아마도 그런 차이는 원칙의 문제일 것이다. 그리고 그것을 해소하지 못한 것이 타케우치와 아라의 대립 이면에 놓여 있었고, 이 균열은 오늘도 계속 차이들을 만들어낸다. 1970년 타케우치가 포럼에서 은퇴하겠다고 했을 때 그는 후세의 관심을 촉발시킬 수밖에 없는 많은 미해결 난제들을 남긴 셈이다.

_히로마츠 와타루의 '"근대의 초극"에 관하여'

1974-1975년에 시작하여, 좌파 철학자 히로마츠 와타루가 『류도』지에 '"근대의 초극"에 관하여'라는 제목의 논문을 여러 편 발표했다. 그의 논문들이 책 형태로 출판되었을 무렵 타케우치는 이미 고인이었다.

자기 책의 제7장에서 히로마츠는 타케우치의 문제의식이 자신의 출발점이 되지 못함을 밝히고자 타케우치 비판에 착수한다. 그의 비판은 두 가지로 요약될 수 있다. 첫째, 히로마츠는 타케우치가 전쟁과 파시즘 이데올로기를 논의에서 제외시키며 '근대 초극' 논쟁에 초점을 맞춘 점을 문제로 삼는다. 히로마츠는 심지어 교토학파의 태도가 전쟁 선포를 위한 근거를 제시한 독단적 태도에 불과했다고는 해도, 그것 자체가 교토학파를 전쟁과 파시즘의 도구로 만들기에 충분했다고 주장한다. 교토학파가 현실에 대한 이데올로기적 영향을 미칠 힘을 갖지 못했지만 이데올로기적으로 작용하기 위해 이데올로기는 그런 영향력을 필연적으로 가질 수밖에 없다는 것이다. 둘째, 히로마츠는 대동아전쟁에서 태평양전쟁으로 이끈 사건들의 기반이 된 이중성에 대한 적절한 분석을 제시하는 것이 여전히 불가능하다고 느꼈다. 그는 그래서 일본의 지식인사회는 자신의 딜레마를 자기 방식으로 다루어야만 한다고 암시한다. 이런 관점은 일부 의도적인 오독을 담고 있었다. 히로마츠는 마치 타케우치가 심포지엄의 형식만을 문제 삼은 듯이 '근대성 극복' 이면의 '딜레마'와 '이중성'에 대한 타케우치의 해석을 비판했던 것이다. 하지만 전시 이데올로기의 요구에 부응한 것은 바로 그것의 형식상 이중성과 딜레마였다.[19]

히로마츠의 비판은 아라의 타케우치 비판과 몇 가지 논점(과 문제)을 공유하고 있었다. 타케우치는 전쟁을 직접 경험했고 그 당시 대동아 공영권 개념 안에서 다른 형태의 합법성과 전개과정을 찾는 데 실패한 사람으로서 '근대의 초극' 심포지엄 내부에서 일말의 '비판적 상태'를 복원하고자 했다. 그는 또 대단히 특수한 상황 아래서 이런 비판적 상태에 필요한 조건을 바꾸고 싶어 했다. 전쟁 기간 어린아이였던지라 전쟁을 간접적으로 경험했을 뿐인 히로마츠는 과거에 대한 심판을 내리고자 했는데, 이것이야말로 타케우치가 복잡하게 만들고 싶었던 것이었다. 히로마츠는 1960년대에 지배체제에 대한 학생들의 저항에 직면했고, 자신이 일본의 신판 '근대 초극'의 요구에 직면했기 때문에 그에게는 '일본중심주의'의 최신판을 해체하는 문제가 가장 중요했다. 하지만 그는 일본에는 근대성의 문제설정에 대처할 만한 지적 자원이 있다고 느끼지 않았다. 따라서 나름대로 교토학파의 그것만큼이나 야심에 찬, 적합한 '근대의 초극' 이야기를 만들어내려는 노력에서 히로마츠는 타케우치의 논의가 지닌 가장 근본적인 통찰, 즉 누구든 역사적 대상이 지닌 갈등을 알아내려면 그 대상 안에 자신을 위치시켜야 한다는 점을 간과했다.

그의 전제는 '근대 초극'의 이데올로기적 기능에 대한 확고한 믿음이었고, 이는 지적 실험이나 개념적 분석의 사례 찾기에 대한 거부를 수반하고 있었다. 이 결과 히로

---

19 Hiromatsu Wataru, *Kinda no chōkoku ron* (Tokyo: Kōdansha, 1989), 171-72.

마츠는 일본 역사로부터 심포지엄의 이데올로기적 정화를 시도했다. 그는 '근대의 초극'과 '세계역사의 형세와 일본'을 한 덩어리로 만들어 무비판적으로 두 심포지엄의 미묘한 차이점들을 축소하여 지배이데올로기에 복무하는 도구로 만들었다. 게다가 그는 그것들의 내적 논리를 무시하고 '근대 초극'의 논의를 쇼와일본(1926-1989)의 정치적, 사회적인 역사와 관련해서만 교토학파를 비판하는 것으로 철저히 변형시켜 버렸다. 교토학파로의 이런 관심 이전은 은밀한 이론적 변화, '근대의 초극'을 쇼와시대 전체의 지성사로 확대시키는 변화를 수반했다. 이것은 히로마츠의 주된 관심사, 즉 천황제를 사회구조의 정점으로 삼은 국가독점 자본주의의 이데올로기를 밝혀내려던 의도와 부합하는 것이었다.

히로마츠는 타케우치의 '비판적 절차'가 너무 편협하다고, 문제들을 오로지 문화와 문명 이론의 영역 안에서만 다룬다고 문제 삼았다. 반면에 그는 (상반되는 증거가 있는데도) 교토학파만이 심포지엄의 기조와 궤를 함께 했다고 주장하며 교토학파의 역할에 너무 많은 의미를 부여한다. 이리하여 그는 문제의 심포지엄에 실제보다 훨씬 더 큰 사회적 역사적 중요성을 부여하며 '근대의 초극'에 대한 이데올로기적 비판에만 자신의 분석을 집중했다. 그러나 가장 뛰어난 그의 쇼와시대 사회사 분석마저도 자신이 추구한 이데올로기적 정화를 이루지 못하고 있다. '근대의 초극'을 극복하기보다는 타케우치 논지의 편협성을 반박하는 데 집중할 뿐인 것이다. 그 결과 유감스럽게도 그는 타케우치가 보여준 조심스런 절제 감각을 놓치고, 당시 지식사회에 만연한 특수한 정신적 조건에 대한 타케우치의 관심을 비롯하여 타케우치가 주목한 주요 쟁점들을 외면하고 만다. 그 대신 히로마츠는 이런 정신적 조건을 "현재에 대한 무기력으로 매개된 냉소주의"와 "서유럽 문명에 스며든 지식과 결탁한 민족적 본질의 자의식적 심미화"로 축소해버린다.[20] 종합해 보건대 히로마츠는 그 심포지엄을 단지

---

20 Ibid., 182.

당대의 기호로 작동하는 것으로 확장(그리고 축소)시킨 것이다.

히로마츠는 왜 지식인들이 일본의 태평양전쟁을 소련의 파시즘 투쟁과 유사하다고 봤는가와 같은, 타케우치가 살펴본 핵심적이고 어려운 문제들을 이처럼 성급하게 지워버린다. 코바야시와 니시타니가 제기한 '일상생활의 경험'이라는 문제가 완전히 사라진다는 것이 매우 중요하다. 히로마츠가 '격동의 현재'의 위험을 인식하는가 여부가 문제는 아니다. 문제는 그가 이 문제의식에 대응하는 피상적 태도에 놓여있다. 여러 점에서 히로마츠의 설명은 일본의 복잡한 현실을 단순화, 대체하기 위해 '외부적' '이론적' 양식을 사용한, 타케우치가 일본 맑스주의자들에게서 확인한 것과 똑같은 함정에 빠져든다. 이것은 히로마츠의 비판적 열정과 현실에 대한 책임감이 한번도 역사적 대상에 의해 도전받지 않았기 때문이다.

1994년 3월 16일자 아사히신문의 석간 문화란에 히로마츠 와타루는 '역사의 주역이 될 동아시아'라는 제목의 서평을 실었다. 그 기사는 다음과 같이 주장하고 있다.

한때는 우익이 대동아공영권을 독점했다. 일본제국주의가 취했던 진로는 이제 옆으로 밀려나고, 유럽과 미국에 대한 일본의 대립만이 주목을 받는다. 하지만 오늘날 역사단계는 이미 극적 전환을 이루었다. 동아시아에 일본-중국을 추축으로 하는 신체제를 구축하라! 그것으로 하여금 신세계질서의 토대를 제공하게 하라! 이 질서가 일본 자본주의 자체의 근본적 재점검과 결합된다면 이 자본주의가 반체제 좌파에게 슬로건을 제공할 수 있는 시간이 왔다.[21]

아사히신문의 이 짧은 글은 그 논리상 그의 '근대의 초극' 설명과 그다지 멀리 떨어져 있지 않다. 히로마츠는 문제의 상황 속으로 빠지지 않는다면, 그 상황을 바꿀

---

21 Hiromatsu Wataru, "Tôhoku Ajia ga rekishi no shuyaki ni; ôbei chûshin no sekaikan wa hôkai e" (*Asahi shinbun* Evening Edition, 1994년 3월 16일).

효율적인 지적 무기를 찾을 수 없다고 생각하기 때문이다. 하지만 환경이 급변하면 비평가들마저 검토하는 대상의 논리에 굴복할 수 있다. 사실 1996년 12월 히로마츠가 일본좌익들에게 대동아공영권 개념을 쇄신하라고 요청한 지 2년도 지나지 않아서 그것의 긍정적 평가를 요구한 또 다른 조직이 나섰다. 그 단체의 명칭은 '새로운 역사 교과서를 만드는 모임'이다. 전시 역사를 다시 기술하겠다는 그들의 요구는 스스로 '자학사관'이라 느끼는 것을 종식시키려는 욕망에서 비롯되었다. (사실 그들은 일본의 '근대 초극' 명제를 다시 제기한 '전(前)이론 마음 상태'를 단순히 채택한 것이다.) 이 주장의 요점은 2차 세계대전 기간의 범죄행위는 세계의 다른 나라들 것보다 더 악독하지는 않았다는 것이었다. 게다가 경제적 배상을 통해 묵은 계좌의 정리도 끝난 터이다. 일본국민들은 이제 자기부인과 자기연민 사이에서 오락가락하는 것을 끝내고 새로운 제3의 길, 자유주의 역사관을 구축해야 한다. 겉보기엔 이론적으로 세련된 것 같지는 않지만, 이런 지적 경향은 열광적인 반응을 야기했고 특히 신세대 일본 젊은이들의 마음을 사로잡았다. 이런 지적 추세를 비판하고자 애쓴 진보적 지식인들로서는 비판에 알맞은 연장을 찾는 것이 가장 어려운 일이었다. 분명 타케우치가 미해결로 남겨둔 문제들의 그림자가 너무 오래 드리워져 있었던 것이다.

_결론: 니시오 칸지의 일본국민의 역사

1999년 10월 '새로운 역사 교과서를 만드는 모임'의 의장인 니시오 칸지가 『일본국민의 역사』를 출판했다. 장황하지만 쉬운 문체로 쓰인 이 책은 8백 페이지에 달하는데 이미 천만부가 인쇄되었다. 니시오는 자존심을 가지고 합리적으로 행동하며 신뢰를 받을만한 일본의 그림을 그려낸다. 근대의 복잡한 국제관계 덫 안에서 일본이 지나치게 분한 일을 겪고 타방의 불만을 당해왔다는 것이다. 니시오는 서구 열강들이 세계의 국제관계 편제를 지배했기 때문에 그래서 일본은 그들이 기초한 국제조약들을 양심적으로 준수해 왔는데도 반복하여 비판과 모욕을 당해왔다고 역설했다. 한국의 합병과 중국 침략 등 일본의 침략 사례는 이웃 나라가 백인종의 식민지가 되는 수난에서 구출하려던 노력일 뿐이었다. 국제적 권력정치가 그런 결과를 만들어낸 것이다. 실제로 일본이 잘못한 것은 아무 것도 없었다.『일본국민의 역사』는 미국이 언제나 일본을 적국으로 호도해 왔다고 비난하고, 근대 국제정치와 경제관계에서 진정한 패자(覇者)는 미국 자신이라고 강조한다.

니시오는 그 다음 자신들의 패배에 대한 일본인의 침묵을 떠올리며 '침묵하는 반대'의 이미지를 만들어낸다. 그의 의견으로는 침묵하는 반대가 대다수 일본인들의 태도가 된 것은 그들이 외부의 적대감과 일본 내부 지식인들의 비판에 직면한 때문이다. 기본적으로『일본국민의 역사』는 일본을 위한 자율적 주체성, 고대에는 중국으로부터 독자적이고 현재는 서구로부터 독자적인 주체성을 구성하려고 한다. 게다가 이 책은 일본국민이 모르는 사이에 근대사의 진정한 희생자가 되었다는 이유로 역사에 관한 도덕적 판단에 종지부를 찍으라는 요구를 한다. 차라리 다시 역사를 국제적 권력정치 영역에서 '객관적으로' 접근해야 한다는 것이다.

이런 유형의 책은 근대성의 충격을 극복하려 한 일본 지식인사회의 노력에 대한 협동적 반발로서 (이런 책을 거들떠보지도 않았을) 오늘날 진보적 지식엘리트가 직면한 난점들을 부각시킨다. 이 책은 끊임없이 비판과 해체와 부딪혀온 일본인의 상상을 가장 순수한 형태로 제시하고 있다. 2차 세계대전 기간 일본인들의 외상 경험을 기본 토대로 하고 있는 이 일본적 상상은 일본국민에 관한 많은 저술의 바탕을 이루는 영웅숭배를 되살리고 있다. 이 책은 억압된 전쟁기억에 호소함으로써 오늘 일본 시민들의 일상 경험을 다시 만들고자 하는 것이다. 더구나 그것은 서구의 이론 자원에 의존하는 진보적 지식인들에게 도전할 것도 주장한다.

이것이야말로 타케우치가 '불 속에서 군밤을 건져내려는', 다시 말해 전통 발굴을 통해 전시 경험의 복잡성에 대한 감각을 지키려는 마음에서 다룬 그 상황이다. 유감스럽게도 『일본국민의 역사』와 같은 책은 일본 민족주의에 맞서더라도 추상적인 주장만 했을 때 생기는 역효과를 분명히 해줄 뿐이다. 일본적 주체성에 대한 타케우치의 탐구를 봉쇄한 것이 바로 그런 추상화이기 때문이다.

타케우치에게 '근대'는 실체적인 대상이 아니라 자기부정과 자기갱신의 계기를 의미했다. 일본 전쟁의 역사 속에 들어가서 당시 일본인들의 복잡한 정신과 심리를 경험하지 못하면 진정한 비판적 주체성은 출현할 수가 없고 그 주체성의 실질적 가능성도 나올 수 없다는 것이 타케우치의 생각이었다. 하지만 그는 동양 대 서양, 혹은 전통 대 근대성의 추상적 관점에서 이 문제에 접근하지 않았다. 그는 언제나 자신을 그 상황 속에 위치시켰다. 물론 '불 속에서 군밤을 건져내는' 모험은 정치적으로 부정확하게 드러나는 모험이며 비판적 탐구 대상의 편을 드는 듯 보이는 모험이다. 이런 모험 자체는 일본에게, 심지어 동아시아의 나머지 국가들에게도 가장 강렬한 형태의 '근대성' 충격의 사례이다. 동아시아에서 근대성의 출현과 더불어 서구의 이론적 자원은 지속적으로 혁명 사상의 구체적 요소들로 바뀌어왔기 때문이다. 이런 변형은 복잡하지만 통상 의미의 일정한 단순화와 '정치적 정확성'을 동반한다. 예를 들어 '전통 대 서구'와 같은 도식은 이런 종류의 이론적 변형의 단순화된 결과이다. 전통의 발굴도 마찬가지로 다양한 단순화를 포함한다. 서구 근대성의 충격에 대응하는 토착 문화는 서구와 대립되는 하나의 개념으로 실체화된다. 토착 자원의 발굴은 따라서 언제나 보수적인, 심지어 반동적인 경향의 일부를 이룬다. 토착 자원을 발굴하려는 사람은 자신을 보수 세력과 분명히 구별되도록 조심해야 한다. 큰 어려움은 그렇다면 직관적으로 얻어지는 실체화한 토착적 상상과 달라야 할 필요가 계속된다는 데 있다. 그리고 시대의 흐름에 뒤떨어질 위험도 있다. 사실상 서구적인 지적 자원과 토착적인 지적 자원을 결합하기 위해서는 우리는 끊임없이 시대에서 반 발자국 뒤로 물러선 자세를 취해야만 한다.

지적 전통의 형성을 놓고 중국 지식인들이 직면한 구체적 문제는 일본 지식인들의 그것과는 다르지만 '불 속에서 군밤을 건져내는' 것은 그래도 똑같이 필요한 절차이다. 이런 관점에서 볼 때 타케우치가 중요하다. 타케우치는 자신이 '역사적 중개자'라고 본 루쉰에 대한 상세한 연구를 통해서 특히 그런 어려움을 깨닫게 되었다. 그는 동아시아 나라들이 어떻게 자신이 되기 위해 자신을 상실할 위험을 감수해야 하는지 분명히 알았다. 근대 중국문학 전통에 대한 논의에서 타케우치는 이렇게 썼다. "루쉰만이 '문학혁명' 이전에 출발하여 끝까지 그것을 추구하면서 근대적인 문학전통과 더불어 살다가 죽었다. 그는 어떻게 그런 생명력을 얻게 되었던가? 루쉰은 공상가가 아니었다."22)

그 점은 타케우치도 마찬가지였다. 하지만 시간의 경과가 공상가들을 차례로 솎아내면 이들 '역사적 중개인'이 진정한 힘을 드러낸다. 예를 들어 타케우치는 특히 일본에, 그리고 아시아 전반에 낯선 원칙 하나를 천명했다. 근대화의 충격은 정치적, 경제적, 군사적 침략으로서 동아시아 외부에서부터 도래한 것이 사실이지만, 그래도 동아시아에서는 근대성의 충격이 발생해야만 했다는 것이다. 그래서 타케우치는 저항이 없는 곳에는 근대성도 없다고 말한다. 동아시아의 근대성은 그가 추구한 저항에 매개되어 '근대의 초극'과 유사한 역사적 사건들을 이해하고 설명하려는 새로운 노력 안에서 일어나지 않을까 싶다. 우익 지식인들이 저항의 계기를 제거하는 일본인의 상상을 만들어내고 있고, 지식인 좌파 진영의 남녀들이 저항의 가능성을 해소하려는 자세를 취하고 있는 것이 오늘이다. 이런 시점에서 타케우치는 '불 속에서 군밤을 건져내는' 노력을 포기할 경우 우리는 결국 우리의 근대성 자체를 상실할 것임을 상기시켜준다.

중국어를 영어로 번역: 피터 버튼
영어번역: 임옥희(『여/성이론』 편집장)

Sun Ge, "In Search of the Modern: Tracing Japanese Thought on 'Overcoming Modernity'"

22 타케우치 요시미, 「루 쉰」, 『타케우치 요시미 전집』, 1권, 9.

'우리의 로고스?'

—장자, 데리다, 레비나스 간의 말할 수 없는 윤리학을 위한 독해[*]

로윙상

_서언

최근에 들어와서 근대성에 관한 우리의 이해는 큰 도약을 이루었다. 탈구조주의, 탈식민주의 같은 지적 조류의 이름으로, 혹은 그 영향을 받은 다양한 비판들이 근대성에 대한 이해를 단선적인 진보, 즉 근대화라는 일면적 생각으로부터 벗어나게 해준 것이다. 근대성은 복잡한 역사적 현실로 구현되어 왔고, 지금도 그렇다는 인식이 근대성의 복잡한 기원들에 대한 탐구, 상이한 지점들의 근대성 형성과 재형성에 학자들의 관심이 이동하도록 촉진하였다. 근대성의 복잡성에 대한 반응 하나는 '대안적 근

---

[*] 이 논문을 돌아가신 에드워드 티 치엔 교수에게 헌정한다. 그분에게 나는 깊은 빚을 지고 있다. 내가 참석한 그가 진행한 가장 기억에 남고 지적으로 자극적인 저녁 수업에서 나는 꼼꼼한 정밀 독해가 문화를 횡단하는 인문학 연구에 실제로 어떤 차이를 만들어내는지 배웠다. 이 논문의 초고는 내가 그의 지도 아래 중국의 지성사를 공부하던 1994년에 실제 쓴 것이다. 시간의 경과로 인해 이제는 초점과 주장이 상당히 바뀌긴 했지만 말이다. 나는 또한 토마스 라마르, 스티븐 뮈케, 미건 모리스에게 격려를 해주고 귀중한 코멘트를 해준 데 대해 감사한다. 물론 실수와 과장은 모두 나의 책임이다.

대상' 분석에서 보듯 갈수록 현장 특수성을 강조하는 형태를 띤다. 그러나 그런 현장이 어떻게 형성된 것인지 따지지 않는다면 우리는 갖가지 불변의 민속들, 신화적 확실성들이 무비판적으로 수용되는 가공하지 않은 일관된 어떤 공간적 실체가 있다고 전제하는 순진한 생각에 빠지기 쉽다. 서로 다르지만 궁극적으로는 민족 중심적인 근대성을 기치로 내걸 경우 근대성에 대한 일면적 관점이 실제로 되풀이될 수 있다. 이번에는 같은 주제의 변주곡이겠지만 말이다. 이 결과 근대성에 대한 우리의 이해는 근대성과 민족 형성의 관계라는 문제로 되돌아가야 한다. 근년에 '전통의 창안'과 '상상적 공동체로서의 민족'이라는 두 견해가 민족을 원초적으로 보는 관점에 이의를 제기했다. 베네딕트 앤더슨은 『상상의 공동체』(*Imagined Communities*)라는 견해를 강력하게 제시했는데, 그는 최근에 여기서 한 분석을 『비교들의 유령』(*Spectre of Comparisons*)이라는, 비교연구의 재활성화와 새로운 비교방법론에 대한 논쟁 및 토론의 새로운 판을 촉진한 책에서 수정을 한 바 있다.[1]

물론 비교는 새로운 것이 아니다. 비교종교, 비교문화, 비교문학, 비교철학 등 비교연구에는 다양한 종류가 있고 이들 중 일부는 서구 근대성의 출현과 함께 등장했다. 이들 학문분야의 일부는 상당한 변화를 겪었고, 이들 비교연구가 기반을 두고 있는 일부 기본 신조들은 크게 비판을 받기도 했지만 일부 비-서구 사회의 경우 비교연구에 대한 관심은 계속 커지기만 했다. 지난 세기 마지막 몇 해 동안 80년대 중반의 지적 유행이던 '문화열'(文化熱)을 상기시킬 만큼 비교문화란 이름의 학술회의나 학회 수가 크게 증가한 중국이 그 예이다. 문화연구에 대한 이 열정은 앤더슨이 새 책에서 인용한 한 아이디어를 다시 확증해준다. [인도네시아 작가] 프라무디아의 소설에서 따온 이 아이디어는 '비교의 세계에는 불만스런 불안'이 있으며, 비교가 안 되는 사람들은 '그들의 협소한 운명'을 한탄해야 한다는 것이다. 펭 치아는 앤더슨이 끝없

---

1 Benedict Anderson, *The Spectre of Comparisons: Nationalism, Southeast Asia, and the World* (New York: Verso, 1998).

는 비교의 가능성을 만들어내는 소통과 기술을 강조하는 것을 요약하면서 "이들 실질적 발전들은 모든 사람에게 모든 것이 비교 가능하게 만들고 모든 사람으로 하여금 모든 것을 비교하게 하는 일상의 보편들을 만들어냈다"고 쓰고 있다.[2] 그러나 과연 모든 것이 다른 모든 것과 비교 가능한 것인가? 리디아 류는 구훙밍(Ku Hung Ming)이 국제법에 대한 절박하고 당당한 실증주의적 해석 때문에 서태후를 빅토리아 여왕에 비견할 수 있었다고 설명한다.[3] 그러나 CNN은 어떤 조건에서 웨이징성(Wei Jinseng)을 1989년 이후 중국의 넬슨 만델라라고 희화화할 수 있었던 것일까?

상상의 공동체라고 하는 혁신적 민족 개념이 (인쇄기술과 같은 근대적 소통의 지구적 확산에 입각하여) 민족적 상상력이 모든 곳에서 가능하게 되는 시나리오를 만들어낸다면, 그것은 또한 완전히 얼토당토않은 상상력은 불가능하다는 것도 암시한다. 민족은 특정한 방식으로만 자신을 상상할 수 있다. 마찬가지로 앤더슨의 새로운 이론적, 방법론적 틀에 도입된 비교라는 생각은 얼토당토않은 비교를 용인하는 것으로 해석될 수는 없다. 그러면 문제는 다음과 같다. 어떤 것이 비교 가능하고, 어떤 것이 비교 불가능한가? 비교가능성의 문제는 그래서 "상상할 무엇이 남았는가?"라는 차테르지의 질문을 넘어선다. 상상력은 열거가 가능하고 확인할 수 있는 격자 틀 안에서만 실현이 가능해지기 때문이다.[4] 이것은 '비교의 도식들'은 무엇인가라는 질문을 던지게 만든다. 그것들은 어디서 오는가? 무엇이 비교의 기준, 목적, 범위, 준거인가? 이런 비교 도식들은 어떻게 생산되고 유통되는가?

다양한 비교작업 가운데서 비교철학에는 비교 가능한 것과 그렇지 않은 것 사이에 아주 산뜻한 경계 구분을 만들어내는 역사가 있다. 비교철학은 대중적 이해나 다른 학문분야를 위해 비교의 도식들을 만들어낸다. 그것은 본질론에 입각한 문화 횡단의

---

2 Pheng Cheah, "Grounds of Comparison," *Diacritic* 29: 4 (1999), 11.
3 Lydia H. Liu, "The Desire for the Sovereign and the Logic of Reciprocity in the Family of Nations," *Diacritic* 29: 4 (1999), 150-77
4 Partha Chatterjee, "Anderson's Utopia," *Diacritic* 29: 4 (1999), 128-34.

개념들을 만들어내고, 이 개념들은 그것들대로 각 민족의 상상력으로 들어간다. 예컨대 중국철학 연구자들은 동양적, 서양적 사고방식 사이에 있다는 차이의 징표로서 '직관'과 '가정'의 구분이 얼마나 끈질긴지 안다. 찰스 무어가 퍼뜨린 이 구분은 탕추안이(Tang Chuan I)와 모춘산(Mou Chun Shan)과 같은 신유학 사상가들과 타이완, 홍콩에서 일어난 오늘날의 신유학 운동에서도 반향을 일으키고 있다. 그런 단순한 요약식의 이분법적 접근은 서구 학계에서는 이제 별로 중요성을 인정받지 못하지만 중국어 독자들은 이런 접근이 이른바 '중국인 성격'과 같은 대중적 명칭 부여에서 얼마나 광범위하게 일어나고 있는지 잘 알고 있다. 자기이해를 높이려는 일념으로 중국어로 대중적 심리학이나 철학을 읽는 독자들이 그런 관념들을 열심히 소비하고 있음이 입증되었다. 이분법적인 요약의 접근은 신문들에서도 매일 각종 문화 및 정치 분석에 이론의 외관을 제공하며 등장한다. 우리는 비교철학의 '보편주의' 단계에 해당하는 이 성과물이 만들어진 지점을 아주 정확하게 추적할 수 있다. 1939년 하와이 대학 이스트웨스트 센터에서 열린 제1회 동서양철학자대회에서 나타난 비교론적 구도가 그것이다.

인도와 중국의 사상이 다양한 동양학 연구를 통해 유럽 독자들에게 제시된 지는 오래되었으나 20세기 초반에 그것이 '철학'으로 등장할 수 있었던 것은 전지구적 통합 철학을 수립하려는 거대 프로젝트와 함께 했기 때문이다. 이 철학 프로젝트는 '인간정신의 통일성'을 찾아 '동양과 서양'의 사상과 원리를 종합하는 작업이었다. 이 야심찬 과업은 이후 지지기반을 잃었으나 J. J. 클라크가 '비교의 단계'라고 한 다음 단계로 가는 길을 닦았다.[5] 강조는 '종합 가능한' 통일성에는 덜, 개별 사상가의 특수한 개념들과 아이디어 토론에는 더 많이 주어졌다. 그러나 비교철학의 이 새 단계가 통상 수행되는 장소를 보면 '서구를 위한 비교'가 얼마나 지배적 논리였으며 지금도 그

5 J. J. Clarke, *Oriental Enlightenment. The Encounter Between Asian and Western Thought* (London: Routledge, 1997).

러한지 분명히 알 수 있다. 윌슨 오건은 비교철학의 원래 동기는 지적 호기심이었을지 모르나 "우리의 동기는 이제 **생존**"이며, "우리는 서구를 넘어서 **치유책**을 찾아야 한다"(나의 강조)고 약간은 퉁명스럽게 단언한다.6) 비교철학이 ('획책된 통일성', '대서사'와 같은) 달갑지 않은 보편주의적 전제들에서 벗어나서 '상호이해의 개선', 대화, 그리고 차이와 타자성의 존중을 향해 나아가도록 할 '새로운' 목표와 방향전환에 대한 기대는 여전히 높다. 제럴드 라슨은 "지금은 서로에게 말하는 단계에서 벗어나서 서로 **함께** 말할 때"라고 말한다(원저자 강조).7)

그러나 대화란 무엇인가? 차이는 소통될 수 있는가? 타자성은 어떻게 파악될 수 있고 존중될 수 있는가? **함께** 말한다는 것은 무엇인가? 두 사상가 중 어느 하나가 상이한 사상들의 통약은 절대 불가함을 믿는다면 둘 사이에 비교가 이루어질 수 있는가? 비교하려 들기 전에 비교가능성이 무엇인지 정확하게 밝혀야 하지 않겠는가? 비교를 가능하게 하려면 분명 그런 악순환의 해석학적 문제들을 '괄호 속에 넣을' 필요가 있을 것이다. 그러나 어떤 대가를 치르고? 이 철학적 질문들에 대해 **철학적으로** 답하기 전에 우리는 바로 그런 질문들에 대한 최근의 관심 속에 데리다와 장자가 다양한 비교 작업에 이미 서로 만난 적이 있다는 점에 주목한다.

이 글은 위에서 제기한 질문의 일부에 답을 구하고, 비교연구에 대한 최근의 새로운 관심과 관련된 몇몇 문제들을 조명하기 위해 준비한 것으로, 데리다와 장자 간의 의사(擬似)-비교론적 독해(레비나스에 대한 언급도 겸함)이며 이들에 대해 이미 이루어진 몇몇 비교론적 작업들에 대한 비판을 제시하려 한다. 데리다와 장자는 천년이 넘게 다른 시대에 살았으나 우리가 살고 있는 근대성의 성질을 상징하는 망원경 식의 비교가 그들을 함께 다룰 것을 강요하는 듯하다. 이 글은 그들의 사상에 대한 체

---

6 T. W. Organ, *Western Approaches to Eastern Philosophy* (Athens: Ohio University Press, 1975), 7.
7 G. J. Larson and E. Deutsch, eds., *Interpreting Across Boundaries: New Essays in Comparative Philosophy* (Princeton: Princeton University Press, 1998), 18.

계적 분석을 제공하지는 않지만 그들이 제시하는 역설의 특징 일부와 **말할 수 없는** 것을 다루는 각자의 방식을 살펴볼 것이다. 그것은 이들 측면들(역설과 말할 수 없는 것)이 요즘 두 사람에게 집중된 상당수의 동서 비교에 동기를 제공하기 때문이기도 하다.

리처드 로티는 이 동기가 모든 철학자들이 지닌 '금욕적 사제의 성향'에서, 즉 '완전히 다른 것과는 함께 하지 못하는 무능' 때문에 금욕적 사제들을 사람들로부터 떼어놓는, '종족의 일과는 완전히 유리된 언어'에 대한 욕망에서 오는 것이라고 비아냥거린다.[8] 그러나 여기서 제시하는 독해는 로티의 냉소주의를 지지하는 것 이상의 무엇이 있다. 먼저 이 독해는 이 저자들의 상이한 윤리적 정치적 함의들, 요즘의 일부 비교 양상에서 보면 첫째는 철학적으로, 둘째는 비교학적으로 억압을 받을 위험이 있는 함의들에 대한 논의를 전면에 내세우고자 한다. 다음으로 이 글은 두 사람의 비교가 왜 어떻게 다른 방식이 아닌 특정한 방식으로 일어나는가 하는 문제와 관련한 몇몇 쟁점을 다루면서 철학적 독해들을 역사적 맥락 속에 넣을 것이다. 이 글은 또한 베네딕트 앤더슨의 책을 둘러싼 논쟁에서 제기된 비교, 민족, 식민주의 등에 관한 좀 더 일반적인 질문과 연관하여 비교(불)가능성의 함의도 살필 것이다.

데리다와 부정의 신학

데리다의 철학은 동일성에 대한, 자아의 의식 내 자신에게의 현전에 대한 서구의 형이상학을 해체하려는 시도이다. 그는 모든 철학적 체계에는 언제나 타자에 대한 두려움이 있었으며, 그것의 목적은 다양성의 경험을 저 너머 혹은 저 뒤의 통일성으

---

8 Richard Rorty, "Philosophers, Novelists, and Intercultural Comparison: Heidegger, Kundera, and Dickens," in E. Deutsch, ed., *Culture and Modernity* (Honolulu: University of Hawaii Press, 1991), 8.

로 환원하는 것이라고 한다. 그는 해체는 철학의 총체적 실천을 영속시키려고만 하는 방법이 아니라고 주장한다. 대신 차연(différance)은 언어와 사유를 동일성의 안정성을 침식하는 '유희'로 개방하려는 움직임이다. 그것은 개념도, 기원도 아니며 존재가 취하는 형태들의 형이상학적 결정요인은 더구나 아니다. 그것은 어떤 존재-신학도 부정하는 움직임들로 특징지어지는 사유이다.

그러나 철학은 자신의 타자에게 너무 집착하기 때문에 타자 외부에 설 수 있는 철학에 대한 부정을 찾기란 참으로 어렵다. 들뢰즈나 가타리 같은 다른 탈구조주의자가 동질성이 아닌 이질성이 우선적인 대항-존재론을 제공한다면 데리다는 부정의 방식으로 총체화하는 철학의 단순 거울이미지를 만들어낼 가능성에 대해 아주 민감한 반응을 드러낸다. 그는 레비나스의 철학이 이 위험의 예증이라고 본다.

레비나스는 형이상학적 언어의 폭력구조를 예리하게 알고 있다. 언어에서 형이상학을 걷어내고 윤리학의 공간을 열기 위해 레비나스는 얼굴의 불가역적 힘에 의존한다. 그는 자신의 접근법을 실증 종교와 구분하고 자신의 사유를 흔적의 형이상학이라 부른다. 타율적 경험에 대한 범주들의 우선권을 뒤집기 위해 그는 이질성의 구조를 각인하는 가장 형식화한 설명에 의존한다. 그는 이제는 견고해진 존재 개념에 이의를 제기하며 그것을 외부성으로 재정의한다. 그의 초기 저서 『총체성과 무한성』(Totality and Infinity)은 절대적으로 다른 것의 비일관성을 만들어내는 이론적 합리성에 근거하고 있다.

한 초기 에세이 「폭력과 형이상학」에서 데리다는 레비나스가 범주들 안이 아니라 인간적 대면에 있다고 간주하는 비-신학적이고 비-존재론적인 무한성 개념을 제안함으로써 문제가 되는 윤리적 의도를 드러낸다고 비판한다. 데리다는 레비나스가 타자에 대한 윤리적 관계를 담론에 기반을 둔 것이라고 주장하는 한 자신이 극복했다고 주장하는 존재론적 언어를 전제할 수밖에 없다고 본다. 타자는 담론에 들어오는 순간 동일자로 환원되기 때문이다.[9] 데리다가 보기에는 그리스의 로고스가 지닌 '무한한 포위의 힘'이 서구의 철학 전통을 벗어나기 위해 가장 극적인 몇 가지 시도를 한 레비나스의 작업에까지 되돌아온 셈인 것이다. 데리다는 "총체성에 대한 무한성의 초과도 총체성의 언어 안에서 진술해야 한다는 것, 타자를 동일자의 언어로 진술해야 한다는 것, 진정한 외부성을 비-외부성으로 즉 여전히 내부-외부의 구조에 의해서 그리고 공간적 은유에 의해서 사유해야 한다는 것…스스로 먼저 자신을 내부-외부 구조로 추방되지 않아도 되는 철학적 로고스란 없다"고 한다.10)

이와 관련하여 데리다는 레비나스가 펼치는 사유의 부정적(apophatic) 구조를 지적하고 있다. 데리다는 그것을 자신이 볼 때는 언어에 대한 어떤 전형적 태도를 가리키는 부정의 신학의 잔여물로 묘사한다. 그것은 "모든 단정적 언어란 본질에, 실제로 신의 초-본질성(존재 너머의 존재[the being beyond Being])에 부적합하다고 간주하는 일"이고, "이 결과 오직 어떤 부정적 속성만이 신에 접근하고 신에 대한 고요한 직관을 준비할 수 있다고 주장할 수 있다."11)

레비나스는 범주 용어들을 타자와의 조우 경험에서 오는 태도들에 일차적으로 뿌리박고 있는 것으로 재정의하려는 고전 철학자들과 달리 타자성 경험의 매체로 언어의 중심성을 주장한다. 그러나 데리다에 따르면, 언어에 의한 언어의 부인은 존재-신학적 사유의 순환과 자기-반영을 극복할 수 없다. 레비나스의 말할 수 없는 무한성은 모든 방식에서 신의 관념으로 향하는 부정적 움직임을 가리킨다.

데리다는 부정의 신학은 종교 영역에 국한되지 않음을 알고 있다. 그는 규칙적이고 끈덕지게 부정적 결정의 수사학으로 돌아오는 듯한 모든 담론에서 사람들이 부정의 신학이 지닌 일부 특징들 혹은 그것에 대한 가족적 유사성을 찾으려 한다는 점을

9   Jacques Derrida, "Violence and Metaphysics: An Essay on the Thought of Emmanuel Levinas," in *Writing and Difference* (Chicago: The University of Chicago Press, 1978), 112.

10 Ibid., 112.

11 Jacques Derrida, "How to Avoid Speaking: Denials," in S. Budick and W. Iser, eds., *Languages of the Unsayable* (New York: Columbia University Press, 1989), 4.

인정한다. 데리다도 한때 자신의 차연 개념이 '이것도 저것도 아니다'는 식의 변론과 부정적 경계가 끊임없이 일어나는 같은 수사학에 종속되어 있기 때문에 부정의 신학 자라는 비판을 받은 적이 있다. 그러나 데리다는 자신의 사유를 부정의 신학과 연관 시키는 어떤 것도 허용하지 않는다. "내가 종종 의존해야 하는 우회들, 화법들, 구문 이 부정의 신학의 그것들과 구분되지 않을 정도로 닮았지만 **차연**의 표현들은 신학적 이지 않다. 부정의 신학들 가운데서 가장 부정적인 차원에서도 그렇다.[12]

그 이유는 **차연**이 말로 표현할 수 없는 상위의 존재 양식을 상기시키고 인정하기 위하여 본질과 존재의 유한한 범주들을 넘어선 어떤 초본질성을 분리하지는 않는 다는 것이다. 그는 "차연은 어떤 존재론적 혹은 신학적―존재-신학적―재전유에도 환원될 수 없는 것만이 아니다. 그것은 존재신학-철학이 그 체계와 역사를 만들어내 는 개방 공간 자체로서 **회귀 없이** 존재신학을 각인하고 초과하며 포함한다"고 쓰고 있다.[13]

데리다에게 부정의 신학은 충분히 부정적이지 않은 셈이다. 신 혹은 존재의 이름 이 모든 부정성의 저 부정성이라는 과장된 효과로서의 중단 조처를 무효화하기 위해 언제라도 되돌아올 터이니까. 이 결과 현전의 형이상학은 긴 우회로 끝에 복수를 하 게 된다. 데리다는 늘 이 복수의 가능성에 대해 분명하다. 그는 말한다. "차연, 흔적 등이 '의미하는'―따라서 어떤 것도 의미하지 않는―것은 개념, 이름, 단어의 '이전' 으로서, 아무 것도 아닌 '어떤 것', 더 이상 존재로부터, 현전 혹은 현재의 현전으로부 터, 심지어는 부재로부터, 어떤 초-본질성으로부터는 더더구나 생기지 않는 '어떤 것'이다. 그러나 존재-신학적 재전유는 우리가 논리와 존재-신학의 문법을 가지고 말을 하는 한 언제나 가능하며 필시 **불가피하다**."[14]

12 Jacques Derrida, "Différance," in *Margins of Philosophy*, tr. A. Bass (Chicago: The University of Chicago Press, 1982), 6.
13 Ibid., 6. 강조는 필자.
14 Derrida, "How to Avoid Speaking: Denials," 9.

이런 존재신학적 재전유나 복수가 구현되는 한 방식이 비교철학일 것이다.

_비교철학(1): 도(道)로서의 차연

데리다가 말한 것이 맞는다면 실제로 우리에게는 형이상학적 언어 이외의 다른 언어가 없다. 따라서 말한다는 것 자체는 언제나 현전하는 것을 현전하게 만드는 움직임이다. 따라서 차연이 우리 언어 안에 이름이 없다고 하더라도 그것은 그것에 관해 말하는 화자에 의해 호명되어야 한다. 말할 수 없는 것의, 혹은 말할 수 없는 것에 대한 진실은 무엇이든 그러하다. 데리다가 차연은 단어도 개념도 아니라고 아무리 애써 말한다고 해도 그가 임시로 사용하다가 지우는 '흔적', '처녀막', '원(原)-에크리튀르'(archiécriture) 등의 용어들은 철학에서 이런저런 방식으로 부활하게 된다. 철학자들이 철학적으로 이해하기 위해 그 용어들을 불러낼 때마다 그것들은 불가피하게 복원되고 마는 것이다. 존재신학적 재전유의 바퀴는 이런 식으로 계속 (재)가동되어야 한다. 특정한 담론적 실천 체계에는 언제나 이미 구축된 의미의 질서가 있기 때문에 말할 수 없는 것 혹은 말로 표현할 수 없는 것은 '말할 수 없는 **가능성**'(un-sayability), '말로 표현할 수 없는 **가능성**'(ineffability)으로 전환되어야 한다. 이렇게 보면 말할 수 없는 것은 결국 그리 말할 수 없는 것이 아니다. 만약 이것이 서구 철학의 학술 분야에서 사실이라면 비교철학에서는 더 그렇다. 말할 수 없는 것을 말할 수 없는 가능성으로 전환하는 좋은 예가 역설성, 회의론, 그리고 심지어는 신비주의 '주제들'에 대한 '비슷한' 강조에 주목하는 장자와 데리다의 비교들에서 발견된다.

미셸 예는 「해체의 도—데리다와 장자의 비교연구」에서 반전통주의, 자유의 정신, 도발적 스타일, 언어에 관한 관심, 그리고 문학비평에 대한 영향 등을 바탕으로 데리다를 장자와 견준다.[15] 미셸 예의 주요 테제는 약간의 차이들(은 데리다가 해체 안에 이미 포함되어 있는 조화를 보지 못한다는 이유로 장자보다 못하다는 점을 포함한다)

에도 불구하고 데리다의 차연은 장자의 도의 다른 이름일 뿐이라는 것이다.[16] 그녀의 논문 제목 「해체의 도」가 이런 테제를 깔끔하게 요약하고 있다.

미셸 예에 따르면, 장자와 데리다는 일반 이론 혹은 체계적 사유를 만들어내려고 하지는 않는다 하더라도 둘을 비교할 수 있게 하는 것은 그들의 사유 중심에 있는 역설이다. 둘은 "공통분모가 이원론적 개념화라고 할 수 있는 모든 관습적 사유"에 대해 도전장을 낸다.[17] 그리고 예는 이항대립의 해체와 관련하여 두 사상가의 공통점을 설명해나간다. 그녀는 데리다의 '차연'을 '이중적 계기' 혹은 '이중적 표식'을 들춰내기 위한 전략으로 해석한다. 장자도 비슷하게 "이원적 항들이 전도 가능하고 상호 교환될 수 있는 차이의 법칙"을 주장한다. 이런 특성들을 실증하기 위해 예는 다음과 같이 말한다. "해체주의적 논증법의 논지는 이렇게 요약할 수 있다. '만약 누가 언제나 자신의 관점에 얽매여 있다면 그는 고의로라도 가능한 한 자주 관점들을 뒤집고 이 과정에서 대립되는 관점들을 취소시키고 대립하는 두 항은 상대방과 한패일 뿐임을 보여줄 수 있다.'"[18]

이 진술에서 그녀는 데리다의 『그라마톨로지』에 대한 스피박의 「역자 서문」을 광범위하게 인용한다. 이 서문에서 스피박은 '데리다적 실천의 한 판본'만을 이루는 니체적 실천을 말하고 있지만 미셸 예는 그것을 비교를 가능하게 해주는 '테마'로 제시한다.[19] 데리다와 장자의 비교가능성에 대한 자신의 주장을 실증하기 위해 예는 한때 데리다가 언급한 차연과 길내기(frayage)의 연관을 강조하기도 하는데 후자에 대해

---

15 Michelle Yeh, "The Deconstructive Way: A Comparative Study of Derrida and Chuang Tzu," *Journal of Chinese Philosophy* 10 (1983): 95-126.
16 'Way'는 프랑스의 동양학자 스타니스라 줄리앙(Stanislas Julien)이 처음 사용한 '타오' 개념의 다른 번역이다.
17 Yeh, "The Deconstructive Way," 96.
18 Ibid., 105. 강조는 필자.
19 Gayatri Spivak, "Translator's Preface," in Jacques Derrida, *Of Grammatology* (Baltimore: The Johns Hopkins University Press, 1974).

서는 "'어떤 통로를 열거나 개척하기'라는 강한 의미가 있다"고 한다. 중국어 타오 (도)가 지닌 길의 이미지가 중국의 노장사상과 데리다의 해체철학 간의 조우 연출에 쓰이는 신비로운 기반으로 나오는 것이다. 그러나 이 긴밀한 조우는 데리다의 차연을 '시원적 원칙'으로 파악한 뒤에 일어난다.[20] 미셸 예는 차연이 존재-신학적 의미가 없고 따라서 '형이상학적 언어 너머에서 이해되어야' 한다고 주장하지만 노장사상의 '가능하게 하는 원칙'과 비교하는 것을 주저하지 않는다. 그녀는 이것을 "도는 하나 를 낳고, 하나는 둘을, 둘은 셋을, 셋은 수만을 낳는다"고 하는 노자의 『도덕경』에 나오는 유명한 격언에서 끌어낸다. 노자와 장자를 그런 식으로 임의적으로 상호 참조 하는 것은 아무리 두 사상가가 노장사상가로 분류된다고 하더라도 문제이다. 둘 사이 에는 차이가 있다. 노자의 『도덕경』이 분명 형이상학 문제에 더 많은 관심이 있다면 『장자』에서는 형이상학에 관해 진술하기 위해 도를 수단으로 삼는 것의 중요성에 대 한 유사한 강조를 찾기 어려운 것이다.[21] 이 두 사람을 뒤섞는 것은 노자의 형이상학 적 관심을 장자에게 이식시키는 꼴이다. 이것은 미셸 예가 니체의 관점 전도 유희와 데리다의 해체를 뒤섞는 것과 같다. 그런 융합이 철학에서, 특히 요즘의 고전 중국철 학 해석에서 드물지 않다는 점을 고려하면, 이제 검토할 문제는 존재론의 문제설정에 대한 데리다와 장자의 사실상의 종속—이것이 도를 '해체의 길'로 만들어내는 예의 비교 연습이 아이러니컬하게 이뤄내는 일이다—의 문제다.

노자의 도교는 신비주의, 신비주의적 존재론적 진술들로 잘 알려져 있다. 노자는 도를 무형(無形), 무유(無有), 무위(無爲), 무지(無知), 무명(無名)으로 묘사한다. 요컨대 그것은 이름 부를 수 없는 것이다. 노자는 이름을 부르는 것은 도를 파괴할 뿐이라고 주장한다. 그러나 우리가 이름 부를 수 없는 이 도가 장자와 노자의 저작을 포함하여

20 이런 취지로, 예는 데리다의 논문 「차연」("Différance")에서 데리다가 "차연은 비-충만, 비-단순 '기원', 차이들의 구조화된 다른 기원이다"고 말하는 문장을 인용한다. 그러나 이상하게도 다음 문장—"기원이 라는 이름은 따라서 더 이상 유지될 수 없다"—은 예의 분석에 나타나지 않는다.
21 노자와 장자의 차이에 대해서는 Zhao Weimin, *Chuang Tzu's Tao* (1998) 참고

노장 사상에서 어떤 방식으로 기능을 하는지 묻기도 전에 비교철학자는 이 도와 데리다의 부정의 신학간의 차이를 없애버렸다. 달리 말해 서로 다른 신비주의가 어떻게 작용하는지 알아보기도 전에 형이상학이란 법정이 데리다와 장자를 소환한 셈이다. 상이한 신비주의들이 '동일한 것'으로 만들어져 '역설성'의 테마 아래 포함된 것처럼 글 쓰는 스타일과 언어 문제에 대한 공통 관심 때문에 데리다와 장자가 선발된 것이다. 이런 식의 개념적 단순화는 해체와 노장사상을 현전으로 만들고, 그것들을 이원론적 개념화를 다루는 순전히 수사학적 작업으로 간주하는 데는 필요할 것이다. 예는 실제로 '현전의 형이상학'(데리다는 이것이 서양 철학전통의 특징이라고 지적한다)에 대한 데리다의 관심을 제거하고 그것을 장소에 특정하지 않은 더 일반적인 철학적 문제로 만든다. 예는 이리하여 차연과 도를 "모든 **형이상학적-이원론적** 개념의 파열, 위반, 혹은 층별화"의 지표로 규정한다.[22]

물론 여기서 우리가 보는 것은 철학적 글쓰기의 단순한 딜레마라기보다는(우리는 형이상학적 언어에서 벗어날 수 없다) 근대 대학의 학문 기제가 작동하는 한 예이다. 즉 만약 비교철학이 가능하다면 첫 번째 규칙은 비교가 일어날 수 있는 근거를 마련하기 위해 결정 불가능한 것 혹은 모호한 것을 주제화하는 것이다. 예가 '역설성'을 주제화한 것은 어떤 공통 기획, 즉 이원론적 개념화를 해체하는 기획에 대한 자신의 입장을 전면화하기 위함이다. 주제화는 비교철학을 위한 가능성의 조건으로서 그것이 없다면 예는 "강조의 차이를 제외하면 장자와 데리다는 **본질적으로** 동일한 진술을 한다"고 결론짓지 못할 것이다.[23] 그녀의 작업은 모호함과 신비로움을 몰아내고 거기에 역설의 존재론과 그 수사학간의 암묵적 위계를 지닌 비교의 도식을 부여해야 하는 비교철학의 실천에 존재-신학적 재전유가 어떻게 내재한지 생생하게 보여준다.

22 Yeh, "The Deconstructive Way," 112. 강조는 필자.
23 Ibid., 11. 강조는 필자.

_비교철학(II): 도로서의 로고스

비슷한 방식으로 장롱시(Zhang Longxi)는 자신의 비교연구에서 동서 문화 해석학이라는 훨씬 더 거창한 기획을 통해 장자와 데리다의 조우를 가능하게 한다. 그러나 흥미롭게도 데리다의 사상이 로고스중심주의에 대한 가장 통렬한 비판(이 비판이 예로 하여금 해체와 도를 동일시하게 만든다)으로 수용되고 있는데도 장롱시는 도를 그것이 맞서고 있는 로고스와 연계시킨다. 『도와 로고스』(The Tao and the Logos)에서 장은 중국인이 도라고 하는 것은 서구의 로고스일 뿐이라고 주장한다.24) 장롱시로 하여금 이 가설을 논리적 결론까지 끌고 가게 하는 것은 존재-신학으로서의 로고스 중심주의에 대한 데리다의 비판이 아니라 중국어에 대한 데리다의 비도덕적 태도다. 그에 따르면 데리다는 『그라마톨로지』(Of Grammatology)에서 '속임수'로 어네스트 페놀로사(E. Fenollosa)와 이즈라 파운드(Ezra Pound)가 서구 음성중심주의 전통과 '단절' 했다고 평가한다. 장롱시는 페놀로사와 파운드가 중국어가 표의문자로만 이루어졌다고 잘못 이해하고 있다고 본다. 장롱시에 따르면 데리다는 오래된 서구의 편견, '일종의 유럽적 환상'—이에 따르면 중국어는 '무언의 언어', 통약이 불가능한 타자가 된다—을 영속시키거나 '제대로 감시하지 않는다.' 그러나 문제의 구절을 꼼꼼히 읽어보면 데리다가 중국어를 '정상적 결과' 즉 역사적 텔로스로서의 언어에 대한 음성학적 분석에는 결코 '도달'하지 못하고, 글에 의해 '가려져 버린' '원시문자'로 여기는 제르네(Gernet)로 대표되는 낡은 중국학의 편견을 비판하고 있음을 알 수 있을 것이다. 데리다는 분명 중국 표의문자에 혹한 파운드의 관점을 공유하지 않고 '그것의 역사적 의의'에 대한 설명을 요구하고 있다.25) 장의 관심은 이 중국학의 신화가 어떻게

---

24 Zhang Longxi, *The Tao and the Logos: Literary Hermeneutics, East and West* (Durham: Duke University Press, 1992).
25 Derrida, *Of Grammatology*, 92.

차이들을 목적론적 도식에 포섭하는 로고스 중심적 사유가 지닌 힘의 한 예로 작용하는가 하는 점에는 있지 않음이 분명하다. 장이 불쾌하게 여기는 것은 중국이 데리다가 서구 단독의 소유라고 규정하는 음성중심주의와 로고스중심주의에서 배제되었다는 사실이다. 역사적인 중국 편견을 완전히 전도하며 장은 로고스중심주의를 서구를 서구로 만들어내는 것으로만 여겨서는 안 된다고 말한다. 그것은 보편적 문제라는 것이다. 장은 묻는다. "생각하기, 말하기, 글쓰기와 관련하여 로고스중심주의나 형이상학적 위계가 동양 전통에도 있을 수 있는가? 비-음성학적 중국 문자가 정말 모든 로고스중심주의의 외부 경계선을 가리키는가? 그리고 마지막으로, '로고스'처럼 서구 형이상학적 위계와 같거나 유사한 것을 가리키는 중국어 단어가 있는가?"[26] 그가 기쁨에 차서 이 질문에 대해 내리는 답은 다음과 같다. "참으로 **묘한 우연**인지 중국어에는 생각하기와 말하기의 이원성을 정확하게 표현하는 말이 있다."[27]

그 말이 '도'이다. 장은 놀라운 해석학적 작업을 통해 상이한 세대, 나라, 사유스타일의 저자들을 상호 참조하면서 그리스어 로고스가 'ratio'(이성)와 'oratio'(수사)를 의미한다고 하는 키케로의 말을 쇼펜하우어에게서 찾아낸다. 장은 나아가서 스티븐 울먼이 그 모호한 말의 다양한 의미들로부터 생각하기와 말하기의 두 가지 주요 요소들로 응축하는 데서 원군을 구한다. 이 결과 그는 데리다가 차이의 중요성을 강조하고 있지만 글에 대한 플라톤의 공포를 해소시켜버리는 가다머와 (다시) 한패가 된다고 본다. 중국 사상가들로 하여금 이 희랍적(이지만은 않은) 비극-희극의 유희에 참가할 자격을 주는 것은 "도라고 할 수 있는 도는 상도(常道)가 아니다"라는 노자의 수수께끼 같은 말이다. 장은 이 말이 플라톤의 불변하는 이데아('사유')와 끝없이 변화하고 신뢰할 수 없는 이름들('말') 사이에 생기는 것과 같은 긴장을 드러낸다고 해석한다.

26 Zhang, *The Tao and the Logos*, 26.
27 Ibid., 26. 강조는 필자.

이리하여 '비-단어'(non-word)라는 시적 개념을 대기시켜 놓은 장자가 글에 대한 두려움, 동일한 형이상학적 위계, 그리고 "'외부 표현'에 의한 '내부 현실'의 상실에 대한 걱정"에 맞서는 영웅적 전투에 참가할 무대가 만들어졌다. 유일한 차이는 신들의 뜻을 말해달라고 뮤즈를 불러내는 호메로스의 불안을 극복함에 있어서 장자가 좀 더 근본적인 '침묵의 사용'을 제시한다는 점이다. 그는 시적 표현의 수수께끼, T. S. 엘리엇, 말라르메, 릴케와 같은 근대 시인들을 곤란하게 만든 수수께끼에 대해 좀 더 세속적인 답변을 제시한다. 만약 데리다가 말라르메에 대한 그의 간결한 반-로고스 중심주의 독해를 통해 '문학적 불확정성과 신비적 몽매주의의 혼동'을 감행한다면, 오늘 보편적이라고 하는 재현의 위기에서는 장자가 '중국 해석학 이론'을 돕는다는 명분으로 의미를 구출하는 데 쓸모가 있다. 장은 그것을 다음과 같이 말한다. "이론은 비교연구를 위한 새로운 전망을 열지만 이론적으로 정통한 연구는 상이한 문화전통들을 동등한 지위에 놓아야 한다."[28] 장자를 세계적 이론가로 만드는 것이 '동등한 지위'에서 '동서 대화'를 수행하려는 시도라는 확신인 것이다.[29]

_차이를 생각하는 방식의 차이들

'보편적인 언어문제'(재현의 문제로 축소된)에 해결책을 제시하려는 이 세계적 경쟁에서 도를 로고스와 연계하느냐 차연과 연계하느냐는 아마 차이가 없을 것이다. 장자나 다른 노장사상가를 근대 또는 탈근대 인문학의 '세계적 이론가'로 승격시키는 이런 시도는 우리가 장자나 다른 노장사상가들이 자신들의 인식론, 윤리학, 존재론을 말하는 복잡한 방식들을 무시할 때 가능할 뿐이다. 우리는 또한 데리다의 해체

28 Ibid., xi. 강조는 필자.
29 '동등한 지위'에 대한 이런 바람과 조화를 이루는 듯 장의 책 표지 디자인은 노자가 일각수를 타고 오른쪽으로 가는 반면 헤르메스는 나는 말을 타고 왼쪽으로 나아가는 모습을 보여주는데 시선들을 교환시켜 말하려는 소망을 드러낸다.

를 문학 또는 철학 이론으로 환원시켜 버릴 준비도 해야 할 것이다.

도를 서둘러 로고스나 차연과 같다고 하기 전에 도가 궁극의 실재를 설명하는 방식으로 묘사되어온 노장 문헌의 담론 맥락을 먼저 해명해야 한다. 존재(Being)와 존재들(beings)간의 긴장에 관한 문제의식(데리다가 서구 로고스중심주의에 대한 해체를 시작한 이론 지평)을 장자와 노장사상에 부과하기 전에 노장사상의 존재론이라는, 복잡하고 흥미로운 문제에 대해 우리는 어떻게 이해하고 있는가? 존재론의 시각에서 장자의 사상을 살펴보자.

노자와 달리 장자는 형이상학을 자신의 주요 관심사로 여기지는 않지만 그의 저술에서 존재론적 의미가 드러난다는 것은 의심의 여지가 없다.『장자』에 대한 꼼꼼한 독해에서 우쿠앙밍(Wu Kuang-ming)은 노장의 비존재(nonbeing)를 존재 문제에 대한 기성의 해답으로 보는 흔하고 성급한 시도를 피한다. 대신 그는 (하이픈이 없는) '비존재'와 (하이픈이 있는) '비-존재'를 조심스럽게 구분한다. 전자는 존재와 대립하는 단순한 비존재다. 단순히 무인 것이다. 후자는 존재자들과 대립되지 않는 '아직은 아닌' 종류의 비존재가 있다는 것이다. 차라리 '비유가 있기[도] 전의 아직은 아닌 유 이전의 아직은 아닌 시작이 있다'('there is a not yet beginning to not yet being [even] to be nonbeing.')는 것이다.30) 첫 번째 유형이 존재와 대립하는 어떤 것으로서 이해가 가능한 무일뿐이라면 두 번째 유형은 이해가능성이 존재와 그 대립의 영역에서만 가능하다는 점에서 정말 신비롭고 인식론적으로 당혹스럽다. 존재의 시작이자 그 배열이 되는 것은 두 번째 유형의 비-존재뿐이다. 우쿠앙밍은 이 비-존재를 그로 인해 사물들의 배열이 **존재하고**, 이해 가능하게 보이는 자석과 매트릭스로 비유한다.31)

---

30 Wu Kuang-ming, *Chuang Tzu: World Philosophher at Play* (New York: Crossroad Publishing Company, 1982), 62.
31 Ibid., 62-63.

그러나 보이지도 않고 이해도 불가능하다면 비-존재는 암시적인 별칭에 의해서만 불릴 수 있을 뿐이다. 장자가 이것을 '시작들의 시작', '공허의 공허', 무의 부재를 넘어선 '저 비-존재', '태허'라고 부른 것은 그 때문이다. 그것은 말에서도 침묵에서도 표현되지 않는다.

형이상학과 존재-신학의 비판이라고 하는 아주 다른 지평에서 작용하는 말할 수 없는 진리에 대한 데리다의 사유는 장자의 그것과 같다고 할 수 없다. 유대-기독교의 존재-신학 전통에서 역설은 언제나 이성이 다룰 수 없는 것을 가리킨다. 키에르케고르의 말대로 그것은 이성의 열정에 가해진 한계로서의 미지의 고통이다. 미지는 미분화의 영역으로서 그것의 경계는 이성에 의해 주어진다. 그러나 이성 자체는 경계를 두지 않았기에 미지는 절대적 차이 혹은 다름이 될 수 있을 뿐이다. 그것은 이성의 부정 또는 이성이 그 안에서 자신을 부정하는 수단이다. 키에르케고르는 이성의 딜레마를 지적하고 있다. "이성은 자신을 절대적으로 부정할 수 없고 목적을 위해 자신을 사용하며, 따라서 그 자신 속에서 자신을 수단으로 생각할 수 있는 어떤 다름을 생각한다. 그것은 자신을 절대로 초월할 수 없다. 그래서 자신을 수단으로 생각할 수 있는 자신 위의 어떤 우월성만을 생각한다."[32]

키에르케고르는 차이에 명확한 한계를 부여하지 못하면 이교도가 번창할 것이라고 본다. 차이의 생각이 혼란 상태로 빠질 것이라는 것이다. 키에르케고르가 말하는 기독교 전통에서 이 이성의 자기-아이러니 발견은 신앙의 도약이라는 그의 생각을 낳는다. 하지만 데리다를 당혹스럽게 만드는 것은 신앙의 해명이 아니라 이성의 덧씌우는 힘, 존재의 언어다. 데리다의 차연 개념은 따라서 장자가 맞선 적이 없는 문제들을 다루고 있으며, 비-존재의 영역을 존재의 질서에 대한 대안으로 보는 장자의 생각은 데리다의 사유에서는 결코 떠오른 적이 없다고 할 수 있다. 데리다에게 차연은

32 Soren Kierkegaard, "Against Proofs in Religion," in J. Hick, ed., *Classical and Contemporary Readings in Philosophy of Religion*, 3rd. ed. (Englewood Cliffs, NJ: Prentice Hall, 1990), 167.

존재와 다르지 않고 존재보다 '더 오래된' 것이기 때문이다.[33] 이 '더 오래된'은 데리다가 다루지 않으면 안 되는 어떤 시간성의 증거이지만 장자는 다음과 같은 약간 역설적인 말로 무시할 것이다. "존재가 있다. 비존재가 있다. 비존재에 아직 시작하지 않음이 있다. 비존재에 아직 시작하지 않음 이전의 아직 시작하지 않음이 있다. 홀연히 비존재가 있다. 그러나 나는 그것이 언제 비존재가 되는지, 그것이 존재인지 비존재인지 알지 못한다."[34]

더 나아가 데리다에게 차연은 존재와 다르지 않고, 그의 말대로 그것은 존재와 존재자들간의 차이이다. 그것은 자신을 탈구시키고 치환하는 어떤 존재의 모사이다. 데리다는 흔적의 유희라는 것을 묘사하면서 흔적의 유희는 더 이상 존재의 지평에 속하지 않는다고 말한다. 하지만 그는 "[그] 유희는 존재의 의미를 나르고 둘러싼다"고 덧붙인다.[35] 그는 분명 자신이 사용하는 은유와는 무관하게 존재와 다른 어떤 질서를 말하고 있지 않다. 데리다는 대체로 존재의 생각을 극복할 수 있는 가능성, 또는 존재를 에두를 길을 찾을 가능성에 대해 회의적인데, 이는 그가 존재의 동화력(同化力)이 그런 가능성을 배제한다고 생각하기 때문이다. 데리다는 존재의 부정이 포섭당할 가능성에 대해 언제나 주의한다. 그에게는 존재의 부정 없이 존재와 다름의 가능성을 생각하는 것은 문제일 것이다.

말할 수 없음, 기원, 차이

유대-기독교 전통 외부에서 저술을 한 장자에게 비존재로서 도는 말할 수가 없으나 이는 그것이 절대적으로 초월적이거나 존재와 절대적으로 다르기 때문은 아니다.

---

33 Derrida, "Différance," 26.
34 *The Complete Work of Chuang Tze*, tr. Burton Watson (New York: Columbia University Press, 1962), 36-37.
35 Derrida, "Différance," 22.

말할 수 없음을 존재에 대해 말할 수 없음과 동일시하는—키에르케고르의 '불안'은 이래서 생긴다—부정의 신학과는 달리 장자에서 비-존재는 '단어'로서의 '존재'와 '무'가 비-존재라는 무언의 의미를 드러내게 해준다. 데리다와 장자가 여러 면에서 아무리 많이 서로 닮아 보인다 해도 침묵에 권능을 부여하는 장자의 관점은 데리다와 조화를 이루지 않는다. 물론 서구의 철학 및 신학 전통들에서도 침묵이 의미를 만드는 사유 양식들이 있다. 다양한 종류의 신비주의에서 침묵은 신과의 신비한 합일을 가능하게 하는 무언의 비전을 성취한 것을 대변한다. 말하는 것이 언제나 필수라고 보는 데리다는 침묵마저도 말의 한 양태라고 단언한다.[36]

그러나 침묵이 의미하는 다양한 방식들을 개괄하기 전에, 그리고 직관적으로 침묵을 말의 부재라고 규정하기 전에 우리는 장자의 사상에서 비-존재가 드러내는 침묵은 무언의 비전이 아니며 이성을 괴롭히는 절대적 한계도 아니라는 점을 알아야 한다. 그보다는 그것은 화자가 말을 잊어버린 것처럼 말할 때 일어난다.[37] 비-존재에 대한 우리의 무지는 키에르케고르에게서처럼 비이성적 신앙의 도약을 요청하지도 않고 나락으로의 즐거운 추락도 요청하지 않으며, 미학적 혹은 시적 지양의 순간은 더더구나 아니다. 그보다는 무지는 조용한 인정이자 건망증으로 이해되며 존재와 반대되지 않는 비-존재를 환기한다. 그것은 무와 함께 존재에도 스며들어 그것을 가능하게 한다.

우쿠앙밍은 장자의 형이상학을 어버이-형이상학이라 말한다. "비-존재는 존재와는 다르며, 그것에 연결되어 있는데, 이는 어머니가 자신의 아이와 다르지만 그 아이와 연결되어 있는 것과 같다."[38] 존재가 일어나서 자신을 존재에 종속시키는 것은 어떤 준비단계인 것만은 아니다. 비-존재의 의미심장한 침묵에서 말없음은 존재나

---

36 Derrida, "How to Avoid Speaking," 15.
37 Wu Kuang-ming, *Chuang Tzu*, 78.
38 Ibid., 82.

무에 맞서지 않는 삶의 유동성을 '의미한다.' 이것이 이중의 부정임은 분명하지만 변증법적 지양 또는 부정의 신학으로 나아가는 이중 부정의 운동은 아니다.

　대조적으로 데리다는 차연이 형이상학적 차이나 존재의 진실보다 '더 오래된' 것이라고 주장한다. 하지만 그렇다고 해도 '더 오래된'이라는 말의 의미는 어떤 발생의 논리—(예가 말하는) '시원적 원칙'은 물론이고 플라톤의 용기(容器) 개념 또는 장자의 어머니 논리—와도 연관될 수 없다.[39] 이런 기본적인 차이에도 불구하고 문화 횡단의 법칙이나 원칙에 도달하려는 집념은 비교주의를 조장했다. 그런 집념이 보편적 로고스중심주의를 확립하려는 장룽시의 시도와 차연과 도를 동일시하려는 미셸 예의 시도의 기초를 이룬다. 두 사람의 시도는 '불가피한' 로고스 중심적 언어의 수수께끼를 풀려는 과정에서 데리다와 장자를 특수화하기 위하여 '백색신화'를 보편적 신화로 전환시킨다. 그러나 우리는 어떤 의미에서 말하기는 형이상학적으로 '불가피하다'고 단언할 수 있는가?

_비밀, 말하기, 장소

　데리다는 「말하기를 회피하는 방식—부인」이라는 논문에서 일련의 질문을 제출한다. 말하기를 회피하는 것이 어떻게 가능한가? 무언가에 대해 말한다면 어떻게 그것에 대해 말하기를 회피할 수 있는가? 까닭 없이 어떻게 그것에 대해 말하는 것을 회피할 수 있는가? 이 질문들은 해체가 부정의 신학과 관계가 있다는 주장들에 대한 대응으로 나온다. 이들 질문에 대한 데리다의 답변은 그는 말하는 것을 그냥 회피할 수가 없다는 것이다. 말하기도 전에 그는 자신이 그렇게 할 것임을 알고 있었다. 말 또는 모든 담론적 사건 이전에는 반드시 언질이나 약속이 있다. 약속은 마치 나 자신

---

39 Yeh, "The Deconstructive Way," 108.

에도 불구하고 거기 있다.40) 말은 따라서 불가피하며 의무이다. 그렇다면 유일한 문제는 정해진 식으로만 말할 수 있느냐는 것이다. 데리다는 부정의 신학 양식으로 부정의 신학에 대해 말하지 않는 것이 극도로 어렵다고 본다.

부정의 신학에 대해 말하는 것은 부정의 신학이 우리가 그것에 대해서 말할 수 없는 것이라는 점에서 분명 역설에 빠지는 일이다. 데리다는 부정의 신학 문제가 부정적인 것 자체에 대해 말하는 필요성과 어려움에 관한 일반적 문제라고 말한다. 그것은 본질적으로 존재하지 않지만 다른 구문, 다른 언어로 표현해야 하는 것에 대해 말해야 하는 필요성이다. 데리다에게 이것은 차연에 대해 말하고 그것을 현전시키는 이중구속이다. 그는 그것을 비밀의 폭로에 비견한다. 역설은 비밀이란 드러나면 더 이상 비밀이 아니라는 것이다. 그러나 데리다는 비밀에 대해 말해야 한다. 누구도 말하는 것을 무한정 피할 수 없는 한 (그것에 대해) 말하기를 피할 길은 없다. 비밀은 누구도 언제 그리고 과연 위장이 일어났는지 확신할 수 없기 때문에 무한정 지켜질 수 없다. 이것은 모든 것은 자신을 명시하기 때문이 아니라 데리다의 말대로 단순히 "비명시화는 결코 보장되지 않는다"는 것 때문이다.41) 이것은 언제나 흔적이 있기 때문이다.

비밀의 문제는 비밀의 경험에 고유한 **장소** 문제로 이어진다. 달리 말해 말하기가 희망의 피력으로서 약속하는 것('비밀')은 언제나 권력에 의해 사전에 배열되어 있고 정치에 의해 계속 다툼이 일어나는 특정한 맥락과 수행적으로 관계가 있다. 초보적 도시위상학(politopology)이나 위상론(topolitology)이 존재 너머 있는 것의 너머와 그 비밀을 말하는 장소의 관계를 지배하는바 이는 장소의 문제는 또한 질서의 문제이기 때문이다. 신의 약속은 또한 금지명령, 신이 거주하는 장소에 대한 금지명령이다. 따라서 데리다의 말대로 신성한 상징들의 형상과 수사학은 정치적 책략이기도 하다.

---

40 Derrida, "How to Avoid Speaking," 18.
41 Ibid., 18.

"어떻게 말하기를 회피하느냐"라는 질문은 언제나 그것을 가능하게 한 것이 이미 일어났기 때문에 언제나 이미 너무 늦다. 언제나 전제된 사건은 기원 혹은 작품(œuvre)을 찾는 모든 해석 안에 내재해 있기도 하다. 다른 말로 말하기와 침묵의 선택은 언제나 이미 그 신성한 단어들에 의해 유령에 의하듯 시달린다. 말을 하느냐 하지 않느냐(또는 의미 있는 말이냐 허튼 소리이냐)는 언제나 이미 특정한 말하기 장소에 제도화되어 있다.

비-서구 세계의 사상을 연구한다는 비교철학을 포함한 서구의 철학 학문은 언제나 무엇인가에 대해 말하는 방식으로 제도화되어 있다. 그것은 의미, 원인, 기원에 대한 욕망에 대한 대응이다. 그것은 "결코 현전하지 않았으나 아직도 잊을 수 없는 어떤 과거를 언제나 지닌" 특정한 위상론적 배경에서 언제나 일어난다. 그러나 존재론의 언어를 말하는 것이 철학의 불가피한 운명인가? 데리다는 자신의 비-그리스적이고 비-기독교적 사상과 공명하는 서구 전통 내부의 몇몇 패러다임들을 살펴본다.

첫째, 그는 존재와 본질 너머의 선이라는 생각에 관한 플라톤적 원칙에서 존재와 존재 너머에 있는 것 사이에 유추적 연속성이 있다고 보는 그리스 전통을 본다. 두 영역의 매개는 이리하여 과거에 그 속에서 비-존재가 타자로 받아들여질 수 있고 무가 극복될 수 있는 변증법과 로고스에 대한 사고로 이어진 제3자의 도식을 요구한다. 부정성과 말할 수 없는 것의 표현 사이의 또 다른 다리는 플라톤의 코라(kbora)에 있다. 신이 거주하는 이해할 수 없고 감지할 수 없는 이 장소는 모든 것을 수용할 수 있고 각인된 것에 의해 자신이 표시될 수 있게 하지만 형태 없이 그리고 엄밀한 규정 없이 남는다. 그것은 이미 거기에 있고 시간 너머에 있다. 그것은 이것도 아니고 저것도 아니며, 이해할 수도 없고, 감각할 수도 없지만 이 모든 것에 참여한다. 그것은 조물주가 이미지들을 자르고 찍음으로써 코스모스를 만드는 곳이다. 하지만 그것은 매체나 그릇과 같은 방식으로, 심지어는 용기의 방식으로도 수용하지 않는다. 그것은, 은유조차도 그것을 부르는 데 부적합하기 때문에 진정으로 말할 수 없는 것이다.

은유는 언제나 이미 감지할 수 있는 것과 이해할 수 있는 것 사이의 구분을 물려받았기 때문이다. 그것은 말할 수 없기 때문에 데리다가 부인의 비밀과 비밀의 부인이라 부르는 것과 언제나 연관된 하나의 장소이다.

환원 불가능한 타자로 나타나는 그런 비밀스런 특이성의 장소에 대한 경험은 기독교의 기도 전통과 관련된 문제를 제기한다. 기독교 기도는 언제나 절대적 타자에 대한 말걸기 양식이다. 그러나 코라의 경험과는 대조적으로 신비주의 전통은 (비록 신을 단정할 수 없다고 보고 있기는 해도) 비밀스런 조짐 혹은 '비밀 선물'을 기독교 기도와 같은 어떤 이행, 이전, 혹은 번역을 요하는 사건의 약속, 명령 내림, 그리고 역사의 개시와 연계한다. 데리다는 분명 존재론의 언어로 명확하게 말하는 것을 회피하는 어려움을 (서구의) 신학 전통과 얽매여 있고 율법주의에 의해 구조화되어 있는 근대의 조건과 연결하고 있는 것이지 장룽시가 '보편적' 은유성이라고 여기는 것과 연결하고 있지는 않다. 재현의 문제를 모든 문화에 있는 '언어의 은유성'으로 축소하는 것은 데리다의 사유를 흔히 문학적 문제로 축소하는 방식이다. 이런 식으로 제출되면 데리다는 파악하기가 쉽다. 하지만 결정적인 **정치적** 문제는 이리하여 무시되고 만다. 말하기 문제를 다룰 적마다 데리다는 '말하기 일반' 혹은 언어 자체로서보다는 약속과 희망을 전달하는 장소, 위치, 맥락으로서 그것을 다루고 있기 때문이다. 그는 존재-신학적 재전유가 가능해지지 않는 코라로 알려진 비-현장(non-site)을 상정해야 한다. 데리다가 이 재전유를 어느 정도로 회피할 수 있느냐는 미해결의 정치적 문제다.

_말, 침묵, 도

데리다가 말할 수 없는 것을 부인되어야 하는 비밀과 연결한다면 장자는 어떤 숨길 것도 가지고 있지 않다. 그에게 말하기는 약속을 지키는 문제만은 아니며, 최고 진리에 이르는 유일한 길도 아니다. 장자의 문제는 어떻게 절대적 타자의 기호에게 말을 거느냐 혹은 그 기호 아래서 말을 하느냐가 아니다. 삶과 자연의 진리는 주로 말이나 철학적 숙고를 통해 드러나지 않는다. 그보다 말은 본성상 어떤 궁극적 목적도 없는 자연발생의 일이다. 때로 장자는 우물 안 개구리처럼 자신의 통찰을 당해낼 수 없는 사람들을 내려다보며 자신이 얻은 위대한 지혜를 자랑스러워하는 듯하다. 그는 다른 때는 사물 고찰에는 끝이 없다고 고백한다. 장자의 말은 긍정적으로든 부정적으로든 모든 최고 가운데 최고인 진리를 추구하는 것이 아니다. 그는 말의 유용함과 그렇지 않음을 완벽하고 알고 있는 듯하다. 하지만 그는 세계의 진정 유의미한 차이들을 자신이나 다른 사람에게 말해달라고 언어에 의존하지는 않는다. 그는 말한다. "화자는 말할 것이 있으나 그가 말하는 것은 궁극이 아니다. 뭔가가 말해졌는가? 아니면 뭔가가 말해지지 않았는가? 그것은 병아리가 종알거리는 것과 다를지 모른다. 그러나 진짜 어떤 차이가 있는가? 아니면 아무런 차이도 없는 것인가? 진실과 허위의 분별이 있기 위해 어떻게 도가 가려질 수 있는가? 옳고 그름의 분별을 위해 어떻게 말이 가려질 수 있는가? 그대는 어디에 가서 도가 존재하지 않는 것을 볼 수 있는가? 어디 가서 그대는 말이 불가능한 것을 볼 수 있는가? 도는 사소한 편견에 의해서 가려지고 말은 미사여구에 의해 가려진다."42)

분명 장자는 '유일한 진리 말하기' 게임에 빠져드는 중요성을 인정하지 않는다. 그는 말이나 침묵 자체가 도에 대해 미리 결정된 긍정적 혹은 부정적 관계를 지니지 않는 한, 우리가 옳고 그름을 구분하여 진리에 대한 논쟁을 말로써 해결할 수 있다고 생각하지 않는다. 그는 말한다. "나는 방금 [유와 비-유에 대해] 무엇인가 말을 했지만 내가 말한 것이 정말 무엇인가를 말했는지 아무 것도 말하지 않았는지 나는 모른다. 모든 것은 하나이니 말을 할 여지가 있겠는가? 하지만 내가 이미 모든 것은 하나

---

42 *A Source Book in Chinese Philosophy*, tr. W. T. Chan (Princeton, NJ: Princeton University Press, 1963), 182.

라고 말했으니 어떻게 말이 존재하지 않을 수 있겠는가? 말과 일자는 둘을 만든다. 이 둘과 일은 셋을 만들고…"[43)

도의 비밀이 있다면 그것은 인간의 말로써만 드러낼 수 있는 것이 아니다. 일자가 있다는 것을 부정하려는 것도 헛된 일이다. 장자는 많은 종류의 지식을 필요하다고 간주하지만 그에게 말의 효력은 사물을 더 복잡하게 만드는 데 있다. 이것은 그가 언어가 얼마나 우리의 마음을 틀 짓고 사물의 범주화와 차별화를 통해 우리의 삶에 질서를 부여하는지 얕잡아본다는 뜻은 아니다. 그는 "실제 도는 어떤 한계도 없고, 말은 어떤 궁극도 없다. [그러나] 말 때문에 명확한 경계가 있다. 좌와 우가 있다. 논변과 이론이 있다. 분석과 논증이 있다. 경쟁과 시비가 있다. 성인은 이 점을 가슴에 담고 있고 소인은 서로 자랑을 하려고 다툰다. 그러니 논쟁은 [도의 위대함]을 보지 못해 일어난다고 하는 것이다."[44)

이렇게 본 장자는 어떤 진실한 진술의 존재도 의심하는 회의론자는 아니다. 진술은 결코 최종적이 아니며 언제나 상호 대리가 가능하며 때로는 단순히 부적절하다. 나아가서 진술의 타당성을 입증하는 것은 너무 협소하게 진술하는 영역에 속한다. 따라서 장자를 상대주의자로 분류하거나 무언의 신비로운 사상에 탐닉하는 사상가로 취급하는 것은 잘못일 것이다. 자신은 물고기의 즐거움을 안다는 것을 놓고 혜자와 벌인 토론은 말로만 하는 논증에 빠져 상대주의자로 드러나는 것은 혜자였다는 것을 분명히 보여준다. 장자는 "그대는 어떻게 아는가"라는 혜자의 질문은 자신이 그 답을 알고 있다는 것을 이미 전제하고 있다고 일깨우며 혜자를 반박하고, 나아가서 자신은 호(濠) 강 옆에서 [물고기의 즐거움을] 알았다고 덧붙인다. 말, 언어, 인식론은 단독으로 실제 삶의 조우와 분리하여 성립할 수 없다. 말의 타당성은 맥락 속에 평가되어야 하지만 맥락은 순수 텍스트성으로 환원될 수 없다. 장자는 자기비판과

43 Ibid., 186.
44 Ibid., 186. 번역은 수정.

자기 소거를 결코 잊지 않지만 말하기와 논쟁을 즐기고 진리에 대한 명확한 생각을 품고 있다.

_유희, 망각, 자아

흔히 퇴폐기의 철학은 신비주의적 존재론을 따른다고 비난받을 뿐만 아니라 '유희적 스타일'에 명백히 드러난다는 무책임한 쾌락주의에 탐닉한다는 비난도 받는다. 데리다가 하는 흔적의 유희는 그래서 곧잘 말장난으로 간주되고 장자의 이중 부정은 대립 항들을 '쉽게' 서로 치환하는 '얼버무림의 태도'로만 간주된다.[45] 낯선 사유 관습은 스타일의 문제나 '표현의 문제'로 환원되면 심각한 도덕적 문제와는 무관한 것으로 간주되기 쉽다. 데리다는 비밀의 부정성과 부정성의 비밀에 대한 자신의 언급이 말하기 위해서만 말한다는 비난을 받게 하기 때문에 부정의 신학에 대해 말해야 한다고 생각한다. 그런 말투는 일종의 비교(秘敎)적 관행이 나쁜 형태로 부활한 것이라는 비난을 받기 쉽다. 그것은 '진짜' 비밀을 감추는 것으로 여겨지거나 아니면 말의 마술에 근거하는 것으로 보이는 사회적 권력 추구를 위하여 그런 비밀을 가진 것처럼 구는 것으로 간주된다.[46] 유희성이 그런 '마술'의 한 성분으로 간주되곤 한다는 것은 놀랍지 않다.

미셸 예의 경우는 장자와 데리다한테서 '심각함과 심각하지 않음의 혼합'과 단정의 회피에 대한 경향의 공유에서 나오는 해체적 스타일의 불가해함이 공통으로 있다고 본다. 장롱시도 비슷하게 데리다의 해체적 독해는 '신비적 몽매주의'를 띤다고 우려한다. 그는 자신이 보기에 말할 비-단어(no-word)를 찾는 난관을 극복한 시의 숭고한 미학적 침묵을 선호한다. 다른 (비교) 철학자에게처럼 이 두 주석가들에게 몽매주

---

45 Yeh, "The Deconstructive Way," 113.
46 Derrida, "How to Avoid Speaking," 19.

의와 불가해함은 분명 은폐의 한 형태다. 은폐된 것은 비밀스런 위업이든 법칙이든 비밀일 수밖에 없다는 것이다. 그렇지 않으면 데리다와 장자는 유희 속에서 가장을 하거나 가장 속에서 유희를 하며 혼란에 빠진 자신들의 독자들에게 거짓이 아니면 무책임한 약속을 하고 있음이 틀림없다는 것이다.

물론 장자는 자기 말의 내용이나 스타일에서 약속을 할 의도가 없다. 그는 특별히 데리다 식 흔적의 유희로 이끌리지 않을 것이다. 데리다의 문자학이 하는 수작은 자신이 하는 즐거운 수사학적 만담과 비교하면 쓸모없고 지루하게 느껴질 것이다. 그래도 그의 유희성을 스타일의 문제로만 여길 수는 없다. 그의 '말장난'은 극도로 엄숙한 작업이다. 그의 우화에 나오는 인물, 예컨대 너무나 평온하게 보이는 백정 포정은 자신의 지각과 이해심까지도 한 순간 정지할 정도의 굉장한 솜씨로 황소를 자른다. 그가 삶을 보살피는 진지함이 없다면 자신의 일을 마칠 수 없을 것이다. 천지와 화합하는 음악의 연주로서 삶은 불가해한 비밀(비밀의 불가해한 스타일)과는 관련이 없다. 글의 스타일은 스타일 자체 이상과 관련이 있다. 비-언약에 대한 언약, 삶에의 비-관여에 대한 관여는 심각함에 대한 유희의 선호도 아니고 심각한 말을 포함한 심각한 문제들로부터의 회피나 그런 문제들을 회피하려는 변명도 아니다. 장자가 논쟁은 가치가 없다면서도 혜자와의 논쟁을 즐긴 것은 이 때문이다. 따라서 장자의 사유에서 유희성은 비-존재가 존재에 대립될 수 없듯이 심각함에 대립될 수 없다.

데리다에게서 (흔적의) 유희가 (로고스 중심적 언어와 근대성의 세계에 대한) 정치적, 미학적, 인식론적 전도와 부정이라면 장자에게 그것은 자아가 덧없는 사회 가치를 헛되이 추구하는 것에 얽혀드는 것을 막는 (삶의) 긍정적 행동이다. 장자에게서 자기-망각의 태도로 하는 말에 대한 말의 유희는 삶의 무언의 목소리가 공명할 수 있는 인식의 개방성으로 향해 있기 때문이다. 그것은 사람들이 "무한의 영역에서 쉬며 그것을 고향으로 만들기 위해 절대적으로 옳고 그름을 구분하는 일 따위는 접고 시간(삶과 죽음)의 흐름을 잊을 수" 있는 삶을 추구한다.[47] 달리 말해 자기-망각은 삶을 폭력의 정의와 정의의 폭력을 결합한 이상한 조합과 연결하는 것과는 다른 시간성으로의 관문이다.

대부분 철학자들이 동의할 점 하나는 누구도 유희에 빠지지 않으면 심각하게 진지하게 유희할 수 없다는 것이다. 예컨대 하이데거와 가다머는 유희 개념을 많이 이용한다. 가다머는 유희를 "존재론적 설명에 대한 실마리"라고 말한다.[48] 그러나 유희와 게임에 대한 그의 풍부한 현상학적 묘사는 지평으로서의 진리에 대한 플라톤의 생각을 전제하고 있다. 가다머의 유희는 주체성과 자아에 대한 계몽주의 관점의 한 비판으로 제시되어 유희하는 사람의 의식과 독립한 그 자체의 본질을 가진 것으로 보인다. 한 예로 그는 "유희의 구조는 유희하는 사람을 그것 속으로 몰입시키며 이리하여 그 사람으로부터 실질적인 존재의 긴장을 이루는 이니셔티브의 부담을 없애준다"고 한다.[49] 그는 또 "유희는 유희자가 자신의 유희에 빠져들 때만 그 목적을 달성한다… 유희자는 유희의 주체가 아니다. 그 대신 유희가 유희자들을 통해 연출될 뿐이다."[50]

장자도 자기망각과 자신에 대해 망각하기에 관해 많은 말을 한다. 자아-건망증의 과정은 자아가 유희 자체에 임하는 데 몰두하는 것이라기보다는 자아-획득의 과정이기도 하다. 비-존재와의 망각 유발 유희 앞에 선 자아란 이기적인, 진정하지 않은 자아이기 때문이다. 우리가 자신에게 다시 보이게 되는 것은 인식의 모호함과 개방성 안팎을 들고나며 서로 노래하는 유희를 통해서뿐이다. 도덕적, 텍스트적 모호함들의 혼돈 세계를 들고나는 유희에 의한 계몽된 자아 획득이 장자의 주관성의 정치에 핵심이다. 장자는 주체성의 반성이 가능한 두 양식을 조심스럽게 구분한다. 첫 번째 것은 타자를 봄으로써 자신을 봄(*chien pi*)이고, 두 번째 것은 자신을 봄이 아니라 자신의 봄(*tzu chien*)이다.[51] 장자에게 자신을 봄은 먼저 자아가 유해하게 둘로 분열될

---

47 Chan, 190. 번역은 수정.
48 H-G Gadamer, *Truth and Method* (London: Sheed & Ward, 1975), 91.
49 Ibid., 94.
50 Ibid., 92.

것을 요구한다. 엄밀히 말해 누구도 타자의 견지에서 반성을 통하지 않고서는 자신을 실제로 볼 수 없기 때문에, 타자와 타자의 관점이 침투할 수 있다. 이런 이유로 진정한 자아의 배려 없는 도덕은 타자에 의한 노예화일 뿐이다. 장자는 유희적 망각에 빠진 비-침투적 자기-주의(self-ishness)만이 자신에게나 타자에게 폭력을 행사하지 않을 수 있다고 주장한다.

그러나 하이데거, 가다머, 그리고 심지어 데리다가 따른 길은 주체성의 본질에 대해 아주 다른 전제를 하고 있다. 유희자가 자신의 자아를 상실하는 만큼 유희는 어떤 전(pre)-구조, 전-이해의 현재화로 간주된다. 유아론적 주체에 대한 비판은 전통, 역사, 언어를 고려하는 확장된 자아 모델에 기반을 두고 있다. 장자의 유희에 찬 건망증은 그에게는 사람이 하는 말의 유희가 결코 말(그 자체)이 유희하는 장면으로 환원될 수 없기 때문에 아주 다르다. 데리다가 언어의 '언제나 이미 일어남'이라 주장하는 것은 장자가 언어에 대해 지닌 약간은 '도구적'이고 '유희적'인 관점에서 보면 너무 진지하다. 장자는 "덫은 토끼를 잡기 위한 것이다. 토끼를 잡으면 덫은 잊힌다. 말은 의도하는 의미를 위한 것이다. 일단 의미가 통하면 말은 잊힌다. 나는 어떻게 함께 말을 나누기 위해 말을 잊은 사람을 구할 수 있을까?"[52]

언어를 사용하고 잊는 것은 확실히 애매한 유희인 것만은 아니다. 언어를 잊는다 함은 자아와 언어의 상호 치환을 동시에 기억하는 일이다. '이름 수정'에 기반을 둔 일부 전통적 유교의 윤리학과는 대조적으로 장자의 관점은 관습적인 도덕을 넘어서는 반-직역주의를 품고 있다. 안회(顔回)와 공자의 대화에서 장자는 '잊은 채로 앉아 있기'에 관한 놀라운 지적을 한다. 앉아 있는 동안 인류와 정의, 제의와 음악을 모두 잊어버려야만 비로소 우리는 어떤 편파성도 갖지 않고 변화과정의 일부가 될 수 있다.[53]

51 Wu Kuang-ming, *Chuang Tzu*, 120.
52 Watson, 303.

_상이한 역설들

윤리학에 대한 장자의 역설적 주장은 그의 역설적인 존재론, 인식론과 유사하다. 그는 "큰 도는 이름이 없다. 큰 말은 아무 것도 말하지 않는다. 큰 인간성은 인간적이지 않다. 큰 겸양은 고분고분하지 않다. 큰 용기는 해치지 않는다"고 한다.[54]

이것은 아우구스티누스가 단어 '없이'의 부정적임과 동시에 초긍정적인 의미라고 한 것과 비슷한 듯하다. 그는 부정의 신학 전통의 선구자로서 "신은 지혜 없이 지혜롭고, 선 없이 선하고, 강함 없이 강하다"고 했다.[55] 이런 신의 규정에서 특이한 속성은 본질적인 일반성, 다시 말해 지혜로-움 일반으로서의 지혜, 선-함 일반으로서의 선, 힘-있음 일반으로서의 힘으로부터 단순히 분리되지 않는다. 그 대신 '없이'라는 단어는 자신의 순수하게 현상적인 부정성을 긍정으로 바꾼다.

그러나 부정의 신학과는 정반대로 장자의 비-존재는 장소에 대한 약속이 없기 때문에 이 부정적(apophatic) 운동의 목적으로 일어나지 않는다. 데리다조차 과거의 사건 또는 '태고의 과거'라는 은유로 표현해야 했던 것이 장자로 하여금 말하도록 한 것은 아니다. 게다가 장자가 추구하는 것은 분명 '최고 가운데 최고'가 아니라 최고와는 다른 것이다. 분명 이 부정적 운동으로부터 벗어나려고 노력하기는 하지만 데리다는 자신이 형이상학이 제거된 어떤 다른 언어 속에서 움직이지 않으며 그럴 수 없다는 것을 분명히 알고 있다. 이것은 데리다의 무능함이 아니라 전략의 문제다. 그는 '태고의 과거'마저 여전히 어떤 과거를 모델로 하고 있으며 그 과거로 위장하고 있다는 점을 분명히 한다. 모든 희망들을 넘어서는 희망에 대한 동경은 여전히 언제나 실패하는 희망들의 하나로 바뀌는 것이다. 지운 자국들은 여전히 그리고 언제나 약속으로

---

53 Chan, 201.
54 Ibid., 186-87.
55 Derrida, "How to Avoid Speaking," 8.

서의 흔적 표시들을 남기게 된다. 이런 점에서 데리다는 자신이 실제로 자유로운 유희를 하고 있지 않다는 사실을 알고 있다. 말하기는 정말 **어떤 것**의 해냄이다. 그는 그 어떤 것 **주변에서**(around) 말할 수 없을지 모르지만 어쨌거나 그 어떤 것에 대해 말하지 않을 수 없다. 그런 상황에서 공간은 부정에 의해 만들어질 수 있을 뿐이다. 희망의 기획은 말하자면 생분해될 수 있어야 한다.

차연(개입과 한계의 원칙으로서)에 대한 자신의 생각을 말할 수 없는 것에 대한 비트겐슈타인의 금언과 분리하면서 데리다는 오랜 존재-신학의 흔적에 대한 신호를 보낸다. 비트겐슈타인이 『트락타투스』에서 "말할 수 없는 것에 대해서는 침묵해야 한다"고 한다면, 데리다는 우리의 관심을 그 '해야 한다'로 이끈다. '해야 한다'가 '말할 수 없다'라는 명령 혹은 약속에다 침묵의 명령을 각인시키기 때문이다.56) 약속의 이 오랜 명령이 또한 명령의 약속인 한, 데리다는 자신의 혹은 저 모든 수수께끼 같은 상징들에 대해 어떤 대안적 입장이 (이미) 있는지 알고 있기도 하다. 부정의 신학의 위상론을 논하며 그는 다음과 같이 말한다. "명령이기도 한 신성한 약속 없이는 이들 신호들(synthemata)의 힘은 관습적인 수사, 시, 순수예술, 혹은 문학일 뿐일 것이다."57)

신성한 윤리적 약속은 없고 '명령'의 일부로서 언제나 학술적인 학과 메커니즘 안에 놓인 지정된 지위만 있는 근대 세계에서, 데리다와 장자의 말할 수 없는 희망들이 전적이라고 할 수는 없어도 주로 그들의 유희에 찬 스타일의 견지에서 문학이나 수사학으로 수용되거나 아니면 '스타일의 비밀'을 드러내는 것으로 이해되어 왔다는 것은 놀랄 일이 아니다. 한 예로 장롱시는 자신의 책 가운데 '침묵의 용도'라는 장에서 4세기 중국시인 도연명이 "신비 철학자의 언어적 회의주의를 언어문제에 대한 긍정적 해결로 전환시킨다"며 장자를 훌륭하게 사용하고 있다고 칭찬한다. 나아가서 장은 장자가 기여한 침묵의 '용도'를 설명하면서 "그것이 위대한 음악처럼 위대한 문

56 Ibid., 11.
57 Ibid., 23.

학 작품에서 **클라이맥스** 순간이 곧잘 휴지나 침묵의 순간인 이유이다" 하고 말한다.58) 이런 식으로 도연명의 시에 깃들은 장자의 반향이 19세기 말 말라르메가 성취하고자 시작한 헤겔의 변증법적 미학과 다르지 않은 것을 완성하는 것으로 상정될 수 있다. 그것은 말할 수 없는 침묵의 순간보다는 바그너 교향곡의 웅장한 대단원에 더 가깝게 울린다. 하지만 그것은 진정 비극이다. 말할 수 없는 것마저 윤리학과 정치학의 계기를 희생하여 존재-신학적으로 지양될 수밖에 없기 때문이다.

_윤리학과 말할 수 없는 것(들)

레비나스는 윤리학을 도덕적 규범과 도덕 철학으로 축소하는 존재-신학과 열심히 싸우며 지속적으로 윤리학을 철학으로부터 분리할 것을 주장한다. 그가 보기에 도덕에 관한 발언은 구체적 개인의 무한 책임을 개념적 진리의 주제들로 정리해버릴 우려가 있다. 그는 장자와 데리다처럼, 부정의 신학자들이 하듯 신비 경험에 굴복하지는 않은 채 말하기와 글쓰기를 포기하고자 한다. 그는 말하기와 말한 것 간의 구분에서 자신의 윤리학을 위한 공간을 연다. 후자의 진실이 존재론의 질서에 속한다면 전자의 그것은 언제나 후자에 앞서며 근접한 타자의 얼굴에서 나온 비대칭적 '명령'에 대한 반응으로서 후자를 초과하는 주제화할 수 없는 사유다.

레비나스에게 진정한 보편적인 윤리적 언어는 그런 극도의 말할 수 없는 특수성이라는 견지에서만 가능하다. 레비나스는 이 예언적 순간을 주장해야만 서구 철학 전통 전체에 깃들은 자기중심주의가 극복될 것이라 생각한다. 그는 현상학을 포함한 주체성의 언어를 폐지하여 자유와 자율보다 더 근본적인 윤리적 가치들이 다시 일어설 수 있도록 절대적 주관을 재확립하는 것이 필요하다고 느낀다. 레비나스에게 진정으

58 Zhang, *The Tao and the Logos*, 128. 강조는 필자의 것임.

로 윤리적인 자아, 타자를-위한-존재는 개념 없는 자아다. 자아와 타자의 관계는 상호 구성의 관계가 아니다. 그것은 상호작용에 의해서도 지배받지 않는다. 주관성은 타자의 판단에 의해서 새로운 존재를 부여받을 뿐이고, 개인의 특이성은 타자의 얼굴에 대한 책임을 깨달았을 때라야 얻어질 수 있다.

레비나스의 윤리학은 **말할 수 없는 윤리학**이다. 말하기의 윤리적 우월성이 너머에서, 흔적으로만 이해될 수 있는 너머에서 오기 때문이다. 그것은 또한 윤리학을 대신하고, 그 가능성의 조건을 특이한 타자와의 관계 속에 둠으로써 윤리학을 새롭게 사고하려는 해체적 시도이다. 그러나 이 말할 수 없는 윤리학의 가능성은 대체로 언어와 철학의 영역에서 제안된 '개념적' 구분에 역설적으로 의존해야 하는 만큼, 데리다는 레비나스의 사유 속에 형이상학적 범주들과 그리하여 부정의 신학의 흔적이 남아있음을 알리고자 개입한다. 데리다가 그래서 레비나스의 시도를 비판하기는 하지만 그런 윤리적 이론의 의도에 대해 동의하지 않는 것은 아니다. 그에게 남은 문제는 다음과 같다. 만약 윤리학이 타자에 대한 존중의 견지에서 정의된다면 타자성은 그 타자성 위에 성립한 담론 안에서 어떻게 존중받는가? 달리 말해 타자성과의 화해에 관한 담론은 그 자신의 타자성을 만들어낼 것이다. 그렇다면 타자를 향한 윤리학은 어떻게 가능한가?

데리다의 **말할 수 있는** 타자학은 종결의 개념 안에 든 이중적 독해에 관한 것이다. 종결은 이중의 거부, 전통의 한계에 남는 것에 대한 거부, 그 한계를 위반하는 가능성의 거부이다. '방법론적' 문제는 독해가 어떻게 '주석'과 같은 식으로 텍스트를 반복만 하지 않고 텍스트에 내재하거나 텍스트성의 한계 안에 남아있을 수 있는 방법을 발견하는 문제이다. 텍스트 공간은 해체적 독해와 로고스 중심의 개념성 사이에 일정한 거리를 만들어내기 위해 열려야 한다. 해체적 독해의 의미 구조는 로고스중심주의 혹은 형이상학과 그 타자 사이의 이중적 운동을 절합하는 경첩에서 찾아야 한다. 동시에 해체적 독해는 우리로 하여금 개념적 총체성의 궤도를 넘어서게 할 수 있어야 한다. 해체의 목적은 타자성의 지점을 로고스 중심적인 개념성 안에 두는 것이고 그 타자성의 위치에서 개념성을 해체하는 것이다.

이런 취지에서 데리다는 디오니소스가 밝힌 것과 유사한 부정 신학의 이중적 전통과의 관계 속에 놓이게 된다. 한편으로 말할 수 없고, 비밀스럽고, 접근 불가능하며 신비적인 것이 있고, 다른 한편으로 철학적이고, 입증할 수 있고, 보일 수 있는 것이 있다.[59] 그는 자신의 말하기가 이 두 양식의 교차점(symploke)—이 교차점이 경첩이다—에 놓여 있다고 규정한다. 이것은 그가 비밀을 유지하면서 동시에 그 이름을 대야 한다는 것과 같지만 그것은 비밀에 대한 부인에 의하지 않고서는 불가능하다. 게다가 자신의 이중 유희가 윤리적이 되기 위해서는 데리다는 무조건적인 주장 혹은 무조건성의 주장에 의거해야 한다. 그는 『유한책임회사』(Limited Inc)에서 이에 관해 인정하고 있다. 다음은 그의 말이다.

아파르트헤이트에 대해(반대하여) 쓴 다른 텍스트들에서 나는 몇 차례에 걸쳐 '무조건적' 긍정 혹은 '무조건적' '호소'에 대해 말한 적이 있다. (내가 칸트적 지상명령의 성격을 상기하고자 우연치 않게 사용하는 단어인) 무조건성에 대해 최소한 말할 수 있는 것은 그것이 제한된 맥락으로부터 독립해 있다는 것이다…그것은 맥락의 개시에서만 자신을 알린다. 그것이 단순히 다른 곳에서 모든 맥락을 벗어나서 현존(존재)한다는 것은 아니다. 오히려 그것은 자신의 개시 자체로부터, 그리고 특정한 맥락의 이런 저런 규정을 초월하는 어떤 명령, 법칙, 책임으로부터 맥락의 규정에 개입한다. 이에 따라 남은 일은 이 무조건성을 이런 저런 맥락의 한정된(칸트라면 가설적이라 했을 것이다) 조건들과 연결하는 것이다. 이것이 전략들의, 수사학의, 윤리학의, 정치의 계기이다.[60]

---

59 Derrida, "How to Avoid Speaking," 24.
60 Jacques Derrida, *Limited Inc* (Evanston, IL: Northwestern University Press, 1988), 152. 필자의 강조임.

데리다에게 윤리학의 이 계기는 상황에 따르지만 무조건적으로 남는다. 그것은 문자 그대로 공-텍스트적(con-textual)이다. 그것은 주제화할 수 있는 것도 주제화할 수 없는 것도 아니다. 그것은 맥락 바깥에는 아무것도 없다는 믿음에 근거하고 있기 때문이지만, 언제나 비-종결, 맥락의 개시가 있다. 그는 말한다. "이렇게 묘사된 구조는 맥락만 있으며 내가 자주 말한 대로 맥락 바깥에는 아무 것도 존재하지 않는다는 것을 가정하지만 동시에 구조의 한계 또는 맥락의 경계는 언제나 비-종결의 항목을 수반한다. 바깥은 안을 관통하며 그리하여 그것을 규정한다."[61]

장자에게 윤리학은 비워졌으나 민감한 반응을 하는 자아 성취의 진지한 노력에 의해 모든 종류의 삶의 조우(자연으로서)와의 화합을 이루는 것이 주를 이룬다. 그에게는 책임의 포함이나 거기 있는 윤리학은 말할 것도 없고 공-텍스트 바깥에는 아무 것도 없다는 주장보다 더 불필요한 것은 없다. 이것은 장자가 말과 침묵이 넘나들며 계속 유희를 할 수 있는 텍스트 혹은 텍스트성 외부에 수많은 가능성들이 있다고 생각하기 때문이다. 모든 것들을 무조건적으로 공-텍스트에 넣는 것은 텍스트성이 희망의 근원이라기보다는 문제들의 뿌리인 한 텍스트의 폭력을 간과하는 것으로 보일 것이다. 장자에게 데리다가 진정으로 역설적이고 모순적인 것은 그가 (레비나스처럼) 언어가 폭력에 물들어 있다고 하면서, 어떻게 계속하여 윤리학이 맥락 속의 비-종결의 항—이것을 개방하는 것은 다른 말이다—에 의거한다고 주장할 수 있는가라는 것이다. 데리다 자신은 레비나스에게서 여전히 남아 있는 폭력—이것으로부터의 유일한 피난처는 부정적 운동이다—을 본다. 하지만 여전히 우리는 데리다가 얼마나 거기서 멀리 떠났는지 질문할 수 있다.[62] 혹은 철학적으로보다는 정치적으로 말해, 우리는 데리다가 그 유희로부터 벗어나려고 선택하는지 물을 수 있다.

---

61 Ibid., 152-53.
62 T. Foshay, "Resentment and Apophasis: The Trace of the Other in Levinas, Derrida and Gans," in P. Berry and Andrew Wernick, eds., *Shadow of Spirit, Postmodernism and Religion* (London: Routledge, 1992), 87.

말하기가 비밀을 들춰내느냐 숨기느냐의 딜레마에 빠진 것으로 생각하지 않는 장자에게 윤리학은 이중운동의 교차로를 생각해내기 위해 플라톤의 코라와 같은, 말하는 장소를 찾는 데 있지 않다. 그러므로 이중성은 일차적으로 문자학적인 성질을 가지고 있지 않고 언어에 대한 그의 견해, 그의 상호 변환 존재론 안에 포함되어 있다. 에드워드 티 치엔이 말하듯이 "자기-삭제의 실천으로서 언어는 그의 존재론적 전망 안에…진술과 반진술로서 그것의 담론적 특성 속에 그리고 말과 침묵으로서 그것의 존재 자체 안에 드리워져 있다…사물들이 서로 이것에서 저것으로 변하듯이, 그리고 진술과 반진술이 서로 함축하고 상대를 만들어내듯이 말과 침묵은 서로 포함하고 치환된다. 침묵 속에 말이 있고 말 속에 침묵이 있다. 침묵 속에 말이 있기 때문에 침묵은 말이 되기 위해 자신을 지울 수가 있다. 반대로 말 속에 침묵이 있기 때문에 말도 침묵이 되기 위해 스스로 지울 수 있다."[63]

따라서 윤리적 삶은 누구나 말을 해야 할 의무가 있는 삶도 아니고 침묵 속에 있어야 하는 삶도 아니라 "두 길을 동시에 따라야" 하고, 자아와 타자 사이나 침묵과 말 사이의 반응적 변환을 가능하게 해야 하는 의무가 있는 삶이다. 언어와 삶의 윤리학은 그래서 말과 침묵, 자아와 타자, 참여와 비-참여간의 지양되지 않은 변증법이다. 책임보다는 반응을 중시하는 이 윤리학은 '경첩'에 의해서만 가능해진다. 하지만 텍스트성의 상이한 두 영역의 교차로로서만 역할을 하는 데리다의 경첩과는 달리 장자에게 경첩은 차라리 한없는 반응들을 가능하게 하는 자아의 공허함이다. 텍스트성들에 의해 짜인 지적 이해가능성의 추구와 거리를 두는 장자는 이해 가능한 '진리' 추구의 속박을 받는 플라톤적 유추주의(analogicism) 전통의 후계자는 분명 아니다. (따라서 '내적 현실'과 '외적 표현'간의 긴장을 풀기 위해 장자의 도움을 청하는 것은

---

63 Edward T. Ch'ien, *Chiao Hung and the Restructuring of New-Confucianism in the Late Ming* (New York: Columbia University Press, 1986), 161; Edward T. Ch'ien, "The Conception of Language and the Use of Paradox in Buddhism and Taoism," *Journal of Chinese Philosophy*, 11 (1984), 375-399.

자아에 대한 낭만주의적 이미지를 단순론적으로 강요하는 일이다.) 장자에게서 언어는 빛이 가시적인 것을 시력에 연결하는 식으로 유추적 매개의 역할을 하기로 되어 있는 '제3의 종'으로 작용하지 않는다. 그의 '시력' 혹은 '빛'은 플라톤에게서처럼 인지 가능하고 이해 가능한 것의 질서에 속하지 않는다. 그것은 차라리 비워진 자아와 비-존재를 밝히는 것이다. 따라서 그것은 '흐린 빛'이다.

장자에게 이름 부를 수 없는 타자에 대한 폭력은 (데리다에게서처럼) 또 다른 시력 혹은 타자성의 위치를 밝히는 지적 통찰에 의해서나 (레비나스에게서처럼) 이름 부를 수 없는 타자를 말없이 존중하며 굴복하는 것에 의해서 끝날 수 없다. 실제로 장자의 사상은 철회할 수 없는 책임에 대한 보답으로 자유를 비난하는 것으로 끝나지 않는 어떤 윤리학을 구상하는 것이다. 그것은 모두 자유에 관한 것이다. 이것은 비록 타자에 대한 책임이 윤리학의 전부이지만 타자는 말을 통해서만 출현하지 않기 때문이다. 타자는 언제나 자아와 서로 함축되어 있고 자아와 교환 가능하다. 그래서 말은 언제나 침묵을 자신의 타자로 만들어낸다. 그에 따라 침묵에 귀를 기울일 수 있는 것은 윤리적이 되는 것에 속한다. 그리고 그것이 윤리를 말할 수 없는 것으로, 말할 수 없는 것을 윤리적인 것으로 만드는 것이다. 어쨌거나 윤리적이 되는 것은 누구든 자아에 반하여 (타자의) 최상 권력으로부터 오는 도덕적 명령의 목소리에 볼모잡히는 일은 아니다. 그것은 오히려 '비워졌으나 성숙한' 자아가 언제나 보존하게 하고 가능하게 하는 자연의 길을 지키려는 자발적인 반응이다.

이런 윤리학에 대해 말하는 말은 표현할 수 있는 것과 표현할 수 없는 것의 교차지점에 놓여 있지 않다. 그것은 단순한 '정체성의 정치', 즉 표현 가능해진 표현 불가능한 것의 '복수'는 더구나 아니며 단순한 전도도 아니다. 비트겐슈타인한테서 드러나는 금지명령의 발화양식과는 다른 방식으로 장자는 "자기가 알지 못하는 지점에서 멈출 줄 아는 사람은 완전하다"고 말한다.[64] 이것은 헤르메스, 사제, 판관, 철학자, 혹은 비교철학의 전문가들의 자리에서 나오는 목소리가 아니다. 그는 대신 다음과 같이 묻는다. "이름 불릴 수 없는 도를 위한 말을 필요로 하지 않는 논변을 누가 아는가? 누군가가 알 수 있다면 그는 (만물을 끌어안은) 자연의 보고다. 그 보고는 물건을 더 쌓는다고 차지 않고 물건을 덜어낸다고 비지 않는다. 하지만 우리는 보급품이 어디서 오는지 알지 못한다. 이것을 '흐린 빛'이라 한다."65)

자연의 보고라는 관념은 역시 모든 것을 받아들일 수 있고 형태와 엄밀한 규정 없이 남아 있으면서 자신은 그 안에 각인된 것에 의해 표시가 되거나 작용을 받는 플라톤의 코라와 유사하다. 그러나 코라는 (신이 거주할) 빈 장소이다. 거기에 거할 신이 없으면 그 장소는 비록 절대적 공백은 아니라 하더라도 비어 있게 된다. 하지만 이것은 동시에 그것에 대해 말하고자 하는 사람은 누구나 신의 역할도 한다는 것이 아닌가? 어쨌든 코라는 가능성들은 공급하지만 시작하지는 않는다. 반대로 자연의 보고는 공급을 하고, 길러내고, 시작한다. 그것은 플라톤적 사유의 이해 가능한 태양이 아니라 흐린 빛에 의해서만 밝혀진다. 그것은 또한 수많은 가능성들이 출현하도록 장자의 말할 수 없는 것의 윤리학이 펼쳐지는 곳에 있다. 이 윤리적 생산력은 인간적 자아 속에 있으나 특정한 '장소'로 이해되지는 않는다.

그렇다면 우리는 데리다가 형이상학에 빠져 있다면 장자는 데리다를 극복했다고 추론할 수 있으며, 비교에 의해 변증법적 운동을 끝낼 수 있는가? 혹은 데리다가 아직도 철학적인 반면 장자는 따라서 비철학적인가? 이에 대한 답변은 각 역사적 특수성 속에서 '철학적'이 되는 것이 어떤 의미인지 살펴볼 때까지는 미뤄져야 한다. 어쨌건 답변은 존재-신학적 재-전유의 의지와 논리를 가장하는 보편주의적인 비교 틀을 발동하는 데 있지는 않다. 오히려 그것은 다른 윤리학 또는 차이로서의 윤리학을 인정하는 데 있다. 정당하게 "나는 단순히 철학자는 아니다"고 주장하는 데리다가 언제나 이미 텍스트들의 폭력 또는 텍스트화한 폭력에 의해 구조화되어 있거나 시달리고

64 Chan, 187.
65 Ibid. 번역은 수정함.

있는 근대성에 대한 정치적 개입의 딜레마에 대해 예리하게 의식하고 있다면, 철학의 안팎에서 펼쳐지는 그의 해체적 윤리학은 분리되지 않고 말하기 위해 '대안'/비-현장으로서의 코라를 갈망한다. 삶을 북돋우는 장자의 윤리학은 갈수록 위선적인 세계에서 다른 정치를 위한 현장-아닌-것으로서의, 비워졌으나 민감하게 반응하는 자아를 가능하게 하고, 상황이 요구하면 스스로 '철학적'이 되는 것을 허용한다. 둘 다 특정한 종류의 이론에 대한 저항을 축소하는 대가를 치러야만 철학적으로 상상 가능한 역설적 윤리학이고 역설로서의 윤리학이다. 그러나 그들의 상이한 윤리학은 그 차이점들이 비교철학의 폭력에 의해 지양되지 않아야만 윤리적일 수 있을 것이다.

비교철학은 수천 년 떨어져 산 이 철학자들을 나란히 붙여놓았다. 그러나 그들의 대화는 정말 시작한 것일까? 우리가 비교철학의 학문분야에서 계속 강연과 논문을 생산할 수 있다 해도 비교의 기획에 대한 질문은 남는다. 우리는 진정 무엇을 비교하는가? 비교철학자들이 세계의 전통들로부터 표현할 수 없는 것을 파헤치는 일에 몰두할 때 그들은 침묵에 얼마나 귀를 기울일 수 있는 것일까? 리처드 로티는 1989년 호놀룰루에서 열린 제6차 동서철학자대회에서 도발적인 발언을 한 바 있다. "그러니 우리는 [표현할 수 없는 것에 대한] 이 **취향**이 우리로 하여금 다른 문화들을 다룰 때 **우리 자신**의 것과 유사한 취향을 가진 상대방만 믿을 만한 정보원이라고 믿지 않도록 조심해야 한다. 우리는 비교철학은 문화간 비교의 왕도가 아닐 뿐만 아니라 심지어는 그런 비교로부터 이탈하는 것인지도 모른다는 가능성에 유념해야 한다. 우리가 실제로 **단일한 문화 횡단 인물** 유형의 상이한 환경들에의 적응들만을 비교하고 있는 것으로 드러날지도 모르기 때문이다.[66]

여기서 로티는 비교철학은 타자한테서 듣는 과업을 자신에게 설정하고 있지만 타자를 친밀한 동일자로 포섭하는 위험이 있다는 중요한 경고를 발한다. 그래도 로티는

---

66 Rorty, "Philosophers, Novelists, and Intercultural Comparison," 8. 필자의 강조

단일한 '인물유형'과 '우리 자신'의 '취향'에 주의를 환기하지만 그 자신의 냉소주의에 빠지고 만다. 내가 볼 때는 여기에는 더 많은 것이 달려 있기 때문이다. 적어도 모든 '표현할 수 없는 것들'과 '말할 수 없는 것들'을 단일 범주, 우리 자신의 유형으로 뭉뚱그리는 이 경향보다는 더 많다. 로티는 몇몇 특징적인 방식의 '서구를 위한 비교'에 깃들은 위험을 올바로 지적하고 있지만 동시에 비교연구의 중요한 한 부분을 망각 속에 빠뜨리는 데 동조하고 있다. 아이러니컬하게도 그 부분은 로티 자신이 '철학'보다 선호한다고 하는 것, 즉 역사적 서사이다.

_장자의 철학화/미학화: 제국의 폭력 순간들

근대철학은 늘 윤리와 정치를 이론으로 바꾸는 경향이 있다. 이 글이 이론에 대한 또 다른 철학적 진술이 되는 것을 막기 위해 나는 지금까지 다룬 다양한 쟁점들을 관련된 역사적 맥락에 넣고 싶다. 데리다를 허무주의적 철학자와 경박한 문학이론가로 보는 특징적 독해를 설명하는 일은 북미의 학문제도들, 특히 예일학파가 그의 사상을 수용한 궤적을 되돌아보게 한다. 그 부분의 지성사에 대해서는 여기서 부연할 필요가 없을 것이다. 반면에 장자가 철학적 문학적 인물이 되는 경로는 영국 제국주의 전성기의 중국 관련 오리엔탈리즘의 발생을 되돌아보게 한다.

중국 노장철학/노장사상에 대한 서양의 관심 변화를 추적한 지라도에 따르면 장자를 철학적으로 읽으려는 관심이 증가한 것은 1870년대와 1890년대 사이에 일어난, 영국 주도의 새로운 중국 연구 제도화 과정에 수반된 현상이었다.[67] 19세기 말 급속한 서구 제국주의 팽창과 실증주의와 진화론의 지배는 독일의 막스 뮐러로 하여금 문헌학의 도구 및 방법으로 '무장한' 과학적인 '비교종교' 연구를 하도록 만들었다.

---

67 N. J. Girardot, "'Finding the Way': James Legge and the Victorian Invention of Taoism," *Religion* 29 (1999), 107-21.

막스 뮐러에게 '과학'을 위한 동양 전통의 문학 유산 수집과 통제는 박물관이 역사 유물을 수집, 분류, 전시함으로써 '과거를 식민화'하는 방식으로 이루어져야 했다. 당시 영향력 있는 중국학 저널 『차이나 리뷰』의 편집인 E. J. 아이텔은 뮐러를 모방하여 "동양 문명과의 투쟁은 선교사의 복음전도, 탄환과 포탄, 나아가 공학적 기술의 위업에 의해서가 아니라 훨씬 더 정교한 서구 과학이란 무기에 의해 실용적, 사변적, 비판적 철학 전투현장에서 승리를 거둘 것이다"고 했다.[68] 『도덕경』, 『장자』와 같은 노장사상의 텍스트가 '노장사상의 경전'으로 추켜세워진 것은 이 맥락에서다.

　제임스 레게는 뮐러가 추진한 『동양의 경전들』이란 기획의 주요 기고가였다. 그의 번역이 노장사상에 대해 서구의 학술적 관심을 촉발한 근본 원인이었다. 선교사, '아마추어' 학자, 홍콩의 식민지관리였던 레게는 다양한 전통의 중국 고전들을 번역했다. 최초의 순수 사상체계와 미신에 의한 이 체계의 궁극적 쇠퇴를 구분하는 발전 유형을 그려내는 데 관심이 있었던 레게에게서는 여전히 옛 프랑스 오리엔탈리즘이 두드러지게 나타난다. 그는 장자와 노자를 요술, 연단술, 불노장생 연마, 종파 활동—이것들은 불교에 의해 오염된 후대 노장의 미신 영역으로 격하되었다—과는 관계가 없는 사상가로 꼽았다. '초기/순수' 노장사상과 '후기/퇴폐' 노장사상의 대립은 또한 순수한 도덕체계와 기독교 사고가 점차 로마 가톨릭 '수도원과 수녀원'에 의해 타락한다는 이야기를 통해 중국의 종교 발전을 파악하는 레게의 청교도 관점과도 들어맞는다. 중국 전통 안에서 유일신에 해당하는 개념을 찾으려는 레게의 독특한 관심은 유일신과 비슷한 관념에 교화를 받은 순수한 사상가들로 주로 이루어진 초기 노장사상의 상을 보존하고 옹호하려는 그의 노력에도 영향을 미쳤다.

　이야기들과 비교 방법론들의 이 복잡한 상호작용이 장자와 노자를 일종의 학문이

---

68 E. J. Eitel, (1873) "Amateur Sinology," *China Review* 2(1873), 1-8. 독일에서 태어난 아이텔은 오랫동안 홍콩 식민지 정부에서 다양한 고위직으로 근무한 옷 벗은 선교사이기도 했으며, 이 식민지의 교육 문제에 큰 영향을 미쳤다.

자 (제국의) 정치이고 대중적 판타지이기도 한 새로 도래한 '비교의 세계'에 집어넣는 과정의 산물이자 재료이다—『경전들』에 대한 막스 뮐러의 최초 계획은 일반 대중에게 유럽문명의 우월성을 가르치기 위함이었다. 아이러니컬하게도 비-학술 대중을 위한 '동양의 지혜'에 대한 '어리석은 열의'가 학자 조직을 자극했다. 제임스 레게는 이런 집단에서 과도기적 인물이었으나 좀 더 명확하게 전투적이고, 의심을 많이 하며 합리주의적인 접근법으로 무장한 부상하는 중국학 학자들에 맞서 장자와 노자를 옹호하고 좀 더 경건하고 공감적이고 '비교적인' 방법을 원하면서 노장 사상가로서의 그들의 이미지들을 만들어냈다.69) 아이러니컬하게도 제국주의가 최고조로 달한 시점에 중국의 사상은 서구의 사상과 가장 유사한 것으로 보였던 셈이다.

중국 유일신에 대한 레게의 독특한 생각은 이제 잊혀졌다. 그런 생각은 신학적인 경향을 지닌 선교사들과 새로운 전문 중국연구자들 모두의 공격을 받아 지속할 수 없었다. 그러나 '순수와 퇴폐'의 이분법은 아직도 노장철학/노장사상 연구를 지배한다. 오늘도 그것은 감지가 가능하다. 레게 이후의 주류 학계 중국학은 세속성과 합리성에 의해 특징지어진 중국문화의 이미지에 만족하고 있었다. 레게가 편집한 고전 시리즈 덕분에 중국의 사상 전통이 정전화했고, 유학이 중국문명 '위대한 전통'의 중심을 차지하고 노장사상은 주변으로 내려앉았다. 뚜렷이 '철학적'이고 '문학적'인 인물로서의 장자의 이미지는 노장사상을 일반적으로 중국문명에 대한 '철학적, 문학적 혹은 사회학적 침범'으로 취급하는 데서 확인된다. 『장자』와 같은 노장 '경전들' 안에 제시된 사상은 아주 최근까지도 널리 퍼져 있고, 오랫동안 행해지고 아직도 살아 있는 대중의 종교적, 신체적, 정치적 관행으로서 노장사상이 지닌 긴 역사와 분리된 철학적 텍스트로 수용되어 왔다. 이 결과 오늘 주석자들은 장자의 독특하지만 역사적 맥락을 지닌 윤리학과 매력적인 정치학을 다루는 것은 어려워하면서도 신비로울 만

69 중국 주재 영국 영사관에서 근무한 허버트 가일스는 한때 일관된 『도덕경』의 텍스트가 존재하는지 알아보려고 하다가 이제는 전설이 된 제임스 레게와의 논쟁에 빠진 바 있다.

큼 매혹적인 그의 수사에는 쉽게 매혹되는 듯하다.

이 글은 노장사상에 대한 지금 중국학 연구의 전면 수정—이것은 철저한 조사와 지적 심문이 시작되려면 절대적으로 필요하다—을 주장하는 장소가 아니다. 하지만 그래도 우리가 하는 비교가 얼마나 많이 우리의 식민지 과거—한 번도 완전히 그리고 공식적으로 식민지화한 적이 없다는 주장에 따라서 중국 안에서는 너무나 쉽게 부정되는 과거—에 의해 언제나 이미 영향을 받고 있는지 되새겨볼 필요가 있다.[70] 물론 내가 위에서 행한 의사-비교론적 독해도 이미 제국주의 역사와 식민지 현실 속으로 엮여 들어간 텍스트성들로부터 전적으로 자유롭다고 할 수 없다. 노장사상을 복잡한 지적, 종교적, 심지어 정치적 현상으로 되돌아보는 데서 일어날 온갖 차이들에도 불구하고, 순수하게 동양적인 사상에서 유래한 '숭고한 신비들'로 가득 차 있고, 미학적으로도 늘 매혹적이라는 오늘날 장자의 이미지는 사실상 일부 서양 선교사들, 옛 동양학 연구, 새로 만들어진 중국학 담론 등이 어떤 신학적 투영을 일으키는 시점의 산물임이 분명하다. 지적이고 정치적인 이 실천들의 흔적은 아직도 장자나 우리가 노장사상을 중국 일상생활의 중요한 일부로서 독해하는 과정에 영향을 끼친다. 오늘 우리는 노장사상의 존재 자체를 하나의 일관된 신화일 뿐이라고 보거나 『도덕경』이 위작일 뿐인 것은 아닌지 의심하고, 그런 대중적 미신이 서양의 종교 관념과 '유사한지'를 놓고 일부 성직자들과 싸움을 벌이는 실증주의적이고 논쟁적인 서구의 중국연구자는 많이 보지 못한다. 그보다 오늘 우리가 보는 것은 이제는 패러다임이 되었지만 얼마간은 잡다한 포스트모더니즘의 망원경 렌즈로 무장한, 협업에 의해 구성된 특정한 비교론의 메커니즘을 통해 서구 및 비-서구 학자들에 의해서 열광적으로 복

---

70 오늘날 많은 중국 지성사 연구에서 흔히 목격되는 중국 사상 전통에 대한 과도한 경전화의 효과 가운데 하나는 유교, 도교, 불교 간의 차이들을 화해시키려는 융합 전통의 주변화이다. 중국학 분야에서 유통되는 민족주의적/식민지적 정설을 깨뜨리는 많은 훌륭한 통찰을 담고 있지만 부당하게 무시되고 있는 이 전통에 대한 연구의 하나가 에드워드 티 치엔의 작업이다. 그의 *Chiao Hung and the Restructuring of Neo-Confucianism in the Late Ming* (New York: Columbia University Press, 1986)을 보라.

원되고 있는 숭고하고 신비로운 장자의 이미지이다. 어떤 이들에게 장자는 치료에 유용하고, 다른 이들에게는 중국 민족자존의 한 근거이다.

지라도는 새로 나타나는 중국학 오리엔탈리즘과 그것의 빅토리아시대 말 노장사상 이미지 구성에 관해 논평을 하면서 선교사들과 중국연구자들은 종교 전통과 관련하여 중국은 전적으로 차이가 있다는 주장을 했다고 말한다. 선교사들은 중국이 너무 종교적이지만 일신교의 신을 결여하고 있다고 생각한 반면 중국학 연구자들은 중국에는 유신론이나 종교, 신화가 전혀 없다고 생각했다. 이 두 접근법—더 논쟁적이고, 의심이 많고 합리주의적인 중국학의 접근과 상대적으로 숭배적이고 공감적이며 호의적인 레게의 비교종교학의 접근—은 과거를 통제하기 위한 상이한 지적 재현 전략일 뿐이다. 말할 것도 없이 민족주의의 부상으로 말미암아 오늘 비교의 조건들은 무대의 배경, 의상, 조명, 그리고 과거 통제가 필요할 때 누가 거장의 역할을 하느냐는 문제와 함께 크게 바뀌었다. '방법론적 공감'에 충만했던 레게와는 달리 오늘은 누구도 중국 옥황상제를 믿으려 하지는 않을 것이다. 사람들이 그런 '기괴한' 생각은 서구의 망상일 뿐이라고 볼 이유는 수백 개나 된다. 그럼에도 불구하고 최상의 최상에 대한 욕망이 민족 지식인의 생각을 괴롭히는 것을 중단했거나 중단하리라는 기미는 없다. 장롱시가 "우리의 중국 로고스는 어디에 있는가" 하고 묻는 마지막 사람은 분명 아닐 것이다.

인간 존재 모든 측면들의 지구화와 함께 요즈음은 '비교에 대한 욕망'이 하도 만연하여 중국인에게 그들이 지닌 신앙심의 의미를 말해주기 위해 막스 뮐러 같은 사람이나 헤브루 하느님을 중국의 신들에 대한 기준 척도로 만들기 위해 제임스 레게 같은 선교사가 필요 없으며, 서구과학의 '무기'를 치켜세우기 위해 E. J. 아이텔 같은 '아마추어' 중국학 연구자는 더더욱 필요하지 않다. 하지만 어떻게 보면 그들은 모두 민족유산의 일부가 되었다고 할 수 있다. 더군다나 누가 강요하지도 않는데 베껴 쓸 수 있는 마스터 단어나 이미지를 찾아내고는 위안을 얻거나 경탄을 하는 사람들을 어디서나 볼 수 있다. 사람들은 자신들 속에서 그 마스터 단어와 '유사한' 어떤 것을 찾고서는 즐거워한다. 마스터 단어들에 대한 맹신과 비교에 대한 열광에서 사람들은 장자를 길들이기 위하여 '보편적 은유성'으로 향하는지도 모르겠다. 아니면 장자와 데리다의 '비교가능성'을 보증하기 위해 '법칙'과 '원칙'에 의존하는지도 모른다.

장자의 말을 바꿔하면 원본이 있고 사본이 있다, 사본을 갖기 위해서는 아직 원본을 갖지 않음이 있어야 한다, 그 사본을 갖기 위한 원본을 갖기 위해서는 아직 원본을 갖지 않음이 있어야 한다…우리가 아는 것이라곤 비교가 일어나려면 하나의 마스터 단어, 원본의 신화 또는 '세계적 기준'이 먼저 상정되어야 한다는 것이다. 이것은 '서양을 위한 비교'에 대해서만이 아니라 '동양을 위한 비교'에 대해서도 맞는 말이다. 매일 마스터 단어들을 찾고 있는 점에 비춰볼 때, 대화가 일어나기 위한 '이상적 비교 상황'—하버마스의 말을 바꿔 쓴다면—을 위한 가능성의 조건은 무엇인가? 그 비교의 체제들 안에서는 나눔과 연대는 물론이고 문화적 차이들과 인간적 삶의 특이성이 얼마나 더 많이 말할 수 없는 것으로 되는 것인가?

_유령, 비교, 정신의 탈식민화

베네딕트 앤더슨의 『비교의 유령』을 둘러싼 최근의 논의에서 파르타 차테르지는 앤더슨의 비교론적 상상력이 계속 북대서양을 민족주의의 윤리적 정당성에 대한 잣대로 간주한다며 비판한다. 그의 주장은 보편주의가 서로 다른 사람들에게 불균등하게 배분된다는 것이다. 그는 말한다. "앤더슨에게 '나의 유럽'이라고 말하게 하는 유산의 일부로서 앤더슨에게 속한 보편주의 이상은 과거의 민족적 경직성들에서 새로운 코스모폴리탄 라이프스타일로 움직이는 동안 그것의 타자들을 계속 포획할 수 있다. '나의 유럽'이라고 말할 수 없는 사람들에게 그런 선택은 지구적 코스모폴리탄 혼종성들 안에 포획되도록 하거나 가증스런 종족 특수성으로 퇴보하는 것으로 보인다."[71]

해리 하루투니언은 자본주의와 식민주의 바깥에 있는 지점들을 찾으려는 차테르지의 시도를 낭만적이라고 보면서도 앤더슨의 '뒤집힌 망원경'이란 은유는 비-서구를 희생시키며 서구를 확대하고 만다고 비판하면서 차테르지의 말을 되풀이한다. 그는 비교의 유령성을 말하는 앤더슨의 전략을 몸과 살을 환영으로 바꾸려는 전략으로 규정한다. 하지만 앤더슨은 연금술의 변질을 겪는 것이 유럽의 몸과 살일 뿐이라고 생각한다는 점에서 환영과 그 실재를 구분할 수가 없다. 앤더슨은 자신의 '유령학' 아래 서구의 존재론으로 슬그머니 되돌아간다. 그는 살아 있는 몸으로서 동남아시아(혹은 비서구 세계)가 어떻게 자기 과거의 귀환에 의해 시달리고 혼이 나는지에 대해서보다는 '유럽의 그림자'가 어떻게 동남아시아로 퍼지는지에 대해 더 관심이 많다. 하루투니언은 그리고 나서 역사의 분리를 극복하고 사라지는 과거가 되돌아 올 수 있는 길을 찾기 위해 유령의 영역에 대한 '지도 그리기'에 기반을 둔 진정한 '유령학'을 요청한다.[72]

나는 '유령적 효과'를 위해 잊어버린 과거를 표면화하는 것—하루투니언은 이것을 유럽-미국의 근대성에 대한 비판으로 만들어내고 싶어한다—의 중요성에 관해 그와 의견이 같지만, 그의 설명은 과거의 분리된 영역들을 '역사'로 '구획'함으로써 식민주의 유령을 성급하게 내쫓는 것은 아닐까 하는 생각이 든다. 우리의 비(非) 유럽-아메리카적 과거가 어떻게 이미 식민지적-동양학적-중국학적 관점에 의해 유령에 의한 듯 시달려왔는지에 관한 명확한 설명을 얻기에는 우리가 아직 갈 길이 멀다는 것은 분명하다. 나는 앤더슨의 공공연한 사회학적-결정론적 경향은 비교 가능성이 도구적 합리성의 지구적 확산 결과라는 앤더슨의 가정을 당연시하는 그의 비판자들까지도 괴롭히고 있는 과잉반응을 일으킨다고 생각한다. 이런 취지로 하루투니언은 다음과 같이 말한다. "이런 의미의 비교가능성—지식과 경험을 장악하는 도구적 합리성의 힘

71 Chatterjee, "Anderson's Utopia," 128-34.
72 H. D. Harootunian, "Ghostly Comparisons: Anderson's Telescope," *Diacritic* 29: 4 (1999), 135-49.

과 필요성—은 동시에 자신들의 비판 전략을 세울 때 그것의 가능성을 당연시한 와츠지, 소에토모, 그리고 심지어 차테르지와 같은 아시아인들에게도 이용 가능하게 되었다."[73] 산업적 근대성의 긴 행군에 대한 희화화되고 자동 반응적인 이런 이미지만 본다면 우리는 우리의 식민주의를 쉽게 놓아버릴지도 모른다. 나아가서 비교론적 전망의 '틀'에 주의하라는 펭치아의 요청에 대해서도 비교가능성이 단순히 자본주의 에너지의 끊임없는 확산 결과로 환원될 수만은 없기 때문에 제대로 대응하지 못할 것이다.[74]

상황은 어느 쪽인가 하면 서구 근대성의 유령으로서 식민성이 우리가 직선적/무의미한 시간성으로부터 탈피하기 위해 '다른 시간성들'을 간절히 바랄 때조차도 계속 우리를 유령처럼 짓누르는 상황이다. 데리다의 말대로 "'태고의 과거'조차도 여전히 한 과거의 본을 따고 있고 과거로 위장되고 있다." 비교하기가 언제나 귀 기울이기를 압도하고, 과거가 다른 것들과의 비교를 통하지 않고서는 자리를 거의 갖지 못하는 근대적 '비교의 세계'에서 식민주의의 유령은 자신을 모든 과거들을 현존케 하는 다양한 '비교의 도식들'로 변모시키며 우리를 짓누른다. 이렇게 볼 때 식민지 통제로부터 자유로운 고유한 과거의 영역을 분명히 구획하는 선은 어디에 있는가? 그것은 이식된 민족들의 경계들을 무비판적으로 재수입하지는 않는가? 예컨대 '식민지 이전'의 장자는 누구인가? '곰돌이 푸우(Pooh)의 도'나 그것의 홍콩판(초이치청[Choi Chi Chung]의 만화)도 식민지배자들이 만들어내고 민족 지식인들이 물려받아 수정하고 발전시킨 동/서양을 구분하며 '중국인'을 보는 스테레오타입의 화신에 지나지 않는다. 이런 스테레오타입은 이제 서양으로 되돌아가서 '식민지 현실의 말할 수 없는 진실'을 숨기면서 신비로운 '말할 수 없는 것의 진실'을 가리킨다. 이런 장자의 먼 과거는 아이러니컬하게 그들 '자신의' 비-유럽적 식민지 이전 현실이 아니라 식민지성의

73 Ibid., 144.
74 Cheah, "Grounds of Comparison," 14.

현실이지만 이 사실은 언제나 부인된다.

따라서 문제는 비교의 망원경 렌즈가 거꾸로 되어 다른 편을 희생시키고 한 편을 확대하느냐는 것보다는 그 망원경이 어떻게 어떤 방식으로 채색되느냐는 것이다. 망원경을 사용하는 모든 사람에게 멀리 떨어진 오래 전 사물들을 보게 해주는 가시성과 비가시성을 정해주는 것은 비교의 도식인 스펙트럼 앞에 굴절되어 나타나는 그 색깔들이다. 그것들은 각종 민족주의를 위해 일종의 '휴대용 존재론'으로서 민족주의의 공상적인 세계주의 이미지를 그려낸다. 식민지인들 사이에서 그 색깔들은 (앤더슨이 묘사하듯) '불안한 이중-의식' 이상의 것으로 귀결된다. 그것들은 비교 도식들의 환기를 통해 자신의 자아를 찾으려는 충족되지 않는 욕망—끝내 죽음을 추구하여 위안 받을 수 없는—을 만들어낸다. 이것은 타자에게 귀를 기울이는 경청이라기보다는 타자에 의해 자신의 자아를 응시하려는 도구적으로 강화된 충동이다.

따라서 나는 비교를 위한 기술적 능력의 발생에 대한 앤더슨의 사회학적 설명을 당연시하기 전에 '비교에 대한 이 욕망'의 정신분석학적-철학적 형성을 고려할 필요가 있다고 말하고 싶다. 어떻게 이 욕망이 유럽의 단순한 그림자나 완전히 잊어버린 과거로서가 아니라 반대로 학술적 의제에, 즉 '민족들'로 출현한 피식민 잡종들의 지적 지평과 대중적 상상에 미친 오랜 식민지/제국 역사의 영향으로서 민족=국가=국민적 경계들을 가로지르는 오늘날 국가=민족 간의 지식체계 편성에 깃들어 있는가? 이 욕망은 국가/민족(들) 사이의, 그리고 더 중요하게는 **내부의** 지적이고 정치적인 대화를 얼마만큼이나 틀 짓는가? 상이한 유형의 '비교 도식'은 이 욕망에서 어떤 식으로 만들어지고 또 만들어지는가? 상이한 선교사, 동양학, 제국, 아(亞)-제국, 민족 서사들이 그냥 베껴지기보다는 차용되고, 혼합되고, 공유되고, 전달되고, 변모되고, 유령화하는 것인가? 이 도식들과 서사들은—자아와 타자의—지적 대화와 대중적 판타지를 위한 오늘날 우리의 지구적 지평들, 상이한 지역적 지평들에 그냥 '그림자만 드리우지' 않고 실제로 그것들의 틀을 짓고 있는 제국, 민족, 심지어는 국제적 조직들의 형태로 얼마나 제도화했는가?

앤더슨이 제기한 유령성의 은유가 지구화/식민화/근대화된 우리 존재를 이해할 수 없게 하는 우리의 인식 한계를 깨는 데 유용하다면 우리는 민족주의가 물질적 환경에 의해 과잉-결정된 사회적 가능성들의 결과만이 아니라 '비교에 대한 이 욕망'이 일상적으로 제도화하여 출몰하는 것임을 인식해야 한다. 이런 점에 비춰볼 때, 차테르지의 앤더슨 비판은 '고전 민족주의'라는 잠재적 해방의 정치와 원래 제한적이고 갈등적인 종족의 정치의 차이를 드러내기 위한 방안이라 할, 속박된 계열성과 속박되지 않은 계열성에 대한 앤더슨의 구별을 의문시한다는 점에서 제대로 표적을 잡은 셈이다. 테크놀로지 자체가 어느 것이 더 진보적 정치에 해당하는지 말할 수 있다고 믿는 것은 순진한 짓이다. 더 중요한 것은 계열화가 비교와 그만큼 결속된다면 비교는 그것대로 자신의 구체적 형태인 계열화를 유발하기 마련이라는 사실이다. 끝없는 굴절(들)이 자신의 '일상적 보편자들'과 개체들을 끊임없이—그리고 아마도 점점 더—만들어 낼 것이다. 올림픽 경기와 같은 경우 유엔을 넘어서 출현하는 새로운 계열로 이해될 수 있다.

이렇게 볼 때 차테르지와 하루투니언도 지금 부름을 받고 있는 것이 단순히 '과거'가 아니라 보편주의라는 점을 여전히 크게 과소평가하는 셈이다. 특정한 '보편적 이상들'이 그 타자들을 포함하는데, 타자들은 포함되기 위해 기다릴 뿐인 것이 아니라 그 이상들이 언제나 공모의 산물인 것이다. 보편주의는 특수주의의 대립이 아니고 누구도 '나의 유럽'을 주장할 수 있는 사람과 그럴 수 없는 사람을 분명히 구별할 수 없다.75) 말할 수 없는 윤리학과 일상생활의 정치학이 식민지적 통치나 식민지성으로서의 통치에 의해 계열화하고, 비교주의(그것이 비교 문헌학이든, 비교 종교학이든,

---

75 다른 곳에서 나는 식민주의에서 지적 공모와 협력관계의 관련 쟁점들을 다룬 바 있다. W. S. Law, *Collaborative Colonialism: A Genealogy of Competing Chineseness in Hong Kong*, Ph. D. diss. University of Technology (Sydney, 2002) 참조.

비교 철학이든, 비교문학이든)로 위장한 존재-신학적 전유에 의해 지적으로 지양되는 한, '유럽'과 '민족'은 (장자를 되풀이하면) 교환 가능하고 대체 가능한 두 항들일 뿐이다. 그렇지 않다면 '우리의 로고스'는 어디에 있느냐며 비교의 유령이 내는 끝없이 이어지는 목소리를 어떻게 이해할 것인가?

_후기

서로간의 엄밀한 의견교환과 반론을 치른 뒤 레비나스는 교차대구법(chiasmus)으로 이루어진 '데리다와의 접촉의 즐거움'과 그에 대한 감사를 표한 바 있다.[76] 그리스 글자 X는 교차할 수밖에 없는 두 사상 노선을 의미하는 교차와 얽힘을 가리킨다. 그럼에도 불구하고 오늘날 동서 비교철학의 지배적 관행—장자, 데리다, 혹은 레비나스로부터 (말할 수 없는 것과 같은) 추상적 테마들을 뽑아내어 비교하는 식의—은 사상의 노정들이 실제로 교차하는 지점들을 제대로 찾지는 못한다. 이는 말할 수 없는 것에 대한 이들 사유에서 동일한 것(예컨대 **말할 수 없음**)을 찾는 것이 문제가 아니기 때문이다. 그들은 말하기 어려운 이것저것을 생각해내기는 하지만 윤리학의 상이한 계기들과/혹은 말할 수 없는 조우들이 말할 수 있는 각기 다른 새로운 공간들을 열기 위해 글을 쓰고 말하고 있다. 이 말할 수 없는 윤리학을 '동일한 발판 위'에 올리는 일은 그들의 차이들에 귀를 기울이지 않고 비교하는 것이다. 그것은 이성의 간지가 펼치는 드라마를 재연할 뿐이다. 내 생각으로는 장자, 데리다, 레비나스는 비교 가능성에 대한 모든 주장은 그 자체의 타자—'비교할 수 없는 것'—를 만들어내는 복원이라는 데 동의할 것이다. 말할 수 없는 중얼거림들과 비교할 수 없는 다른 것들이 자신들의 화려한 말들과 교묘한 분류 도식들을 지워버릴 준비가 언제나 되어 있

---

76 Emmanuel Levinas, *Otherwise Than Being or Beyond Essence*, tr. Alfonzo Lingis (Dordrecht: Kluwer Academic Publishers, 1991), 8.

는 자아들이 차지하고 있는 비-현장들 속에서 경청될 수 있을 때 비로소 대화는 지구적인 근대적 계열화의 폭력으로부터 진정 자유로워지기 시작할 것이다. 그렇게 되면 침묵의 순간, '위대한 음악' 속의 멈춤이 아니라 더 거룩한 상호 지저귐이, 휘황한 '조명효과'를 지닌 비교의 극장에서 상연되는 지적 드라마가 아니라 '흐린 빛'에 의해서 비쳐질 뿐인 삶과 투쟁을 위한 지혜의 연금술이 있게 될 것이다.

영어번역: 강내희

Law Wing Sang, "'Our Logos?'—A Reading for Unsayable Ethics between Chuang Tzu, Derrida and Levinas"

식민지 근대화의 길
―백악에서 한강까지

홍성태

_1.

이 글의 목적은 서울이라는 구체적인 공간을 대상으로 한국의 근대화에 대해 생각해 보는 것이다. 좀 더 구체적으로 말하자면, 이 글의 목적은 백악에서 한강으로 이어지는 세종로, 태평로, 남대문로, 한강로 등의 길을 '식민지 근대화'라는 관점에서 살펴보는 것이다. 그러므로 이 글의 제목에서 보이는 '길'은 방법이나 과정을 뜻하는 비유어가 아니라 실제로 우리가 왕래하는 바로 그 길이라는 것을 우선 강조해 두고 싶다.

한국의 '식민지 근대화'에 대해 살펴보기 위해 이 길을 택한 데에는 명백한 역사적 이유가 있다. 이 길은 밖으로부터 한국의 정치적, 경제적 중심지로 들어가는 가장 중요한 길이다. 이 길이 시작되는 백악의 앞에 미 대사관이, 그리고 이 길이 끝나는 한강가에 거대한 미군기지가 자리 잡고 있는 것은 우연이 아니다. 이러한 공간적 배치는 한미관계의 특성을 고스란히 보여준다. 한국은 미국의 힘으로부터 결코 자유롭지 못

<지도 1> 답사 지역의 위치
백악에서 한강까지 이어지는 길
흰 부분은 서울 전체를 가리킴
흰 부분 안의 네모는 답사 지역을 가리킴

하다. 이러한 공간적 배치에서 우리는 우리가 살아가는 사회와 역사의 문제를 읽을 수 있다. 거꾸로 우리는 이러한 공간적 배치의 변화를 목표로 해서 우리가 살아가는 사회의 문제를 바로잡을 수 있다.

사실 사회의 변화는 흔히 공간의 변화로 나타난다. 그러므로 우리가 늘 아무렇지도 않게 지나치며 살아가는 공간에서 우리가 겪은 근대화의 특징을 찾아볼 수 있다. 문제를 실제로 해결하는 것은 대단히 어려운 일이겠지만, 문제를 올바로 깨닫는 것은 그 훌륭한 출발점이 될 수 있다. 백악에서 한강까지 이어지는 길을 걸으며 서울이 안고 있는 문제를 찾아보자.

_2.

근대성은 논리적 추상의 산물이다. 그러나 근대화는 역사적 변화의 과정이다. 논리적 추상으로서 근대성은 하나밖에 없을 수도 있지만, 역사적 과정으로서 근대화는 수없이 많을 수밖에 없다. 역사적 변화의 과정으로서 근대화는 결코 일률적인 과정이 아니며, 어느 곳의 근대화도 결코 다른 곳의 근대화와 같을 수 없기 때문이다.

특히 제국주의와 식민지의 그것은 모든 면에서 큰 차이를 지니고 있다. 크게 보아서 삶의 방식이 비슷하다는 이유만으로 제국주의와 식민지를 같은 근대사회로 보는 것은 커다란 문제를 야기한다. 무엇보다도 제국주의와 달리 식민지에서 근대화는 제국주의에 의한 단절, 파괴, 착취의 과정이자 결과로 이루어졌다. 요컨대 지구적 근대화 과정에서 제국주의와 식민지는 가해자와 피해자의 관계로 나타났다. 상호침투와 상호변화가 일어난 것은 틀림없지만, 그렇다고 해서 이러한 본래적 관계가 사라진 것은 아니다.

1950년대 미국에서 만들어진 '근대화론'은 제국주의를 모방해서, 혹은 그 선의로 모든 식민지가 제국주의와 같은 상태로 '발전'할 수 있다고 주장했다. 그러나 이 매력적인 주장은 아직까지 어디에서도 실증되지 않았다. 그렇다고 식민지였던 나라가 언제까지나 식민지일 수밖에 없는 것은 아니다. 그러나 제국주의는 어마어마한 기득권을 누리고 있기 때문에 치열한 싸움을 통하지 않고는 '식민지 근대화'의 문제를 해결하기 어렵다. 미국의 '근대화론'에 맞서서 1960년대 남미에서 '종속이론'이 나타난 것은 이 때문이었다.

도시는 사회의 공간적 구현체이다. 이제는 높고 큰 현대식 건물들이 가득 찬 곳이 되었지만, 서울의 곳곳에는 '식민지 근대화'의 자취가 아직도 많이 남아 있다. 백악에서 한강에 이르는 길도 마찬가지다. 경복궁이라는 조선의 정치적 심장부로 직진해 들어오기 위해 일본 제국주의가 닦아 놓은 이 길은 그 자체가 '식민지 근대화'의 커다란 유산이다. 이런 점에서 보자면, 이 길은 '백악에서 한강에 이르는 길'이 아니라 '한강에서 백악에 이르는 길'이라고 해야 옳을 것이다. 이 길은, 조선이 외부로 나가기 위해 스스로 닦은 길이 아니라, 일본 제국주의가 조선의 내부로 쳐들어오기 위해 500년 동안 유지되었던 서울의 본래적인 공간구조를 멋대로 부수고 닦은 것이기 때문이다.

<사진 1> 남산에서 바라본 서울 도심

<사진 2> 세종로에서 바라본 광화문과 백악

광화문[1] 뒤로 보이는 작지만 아름다운 봉우리를 백악(白岳)이라고 부른다. 한국말로 풀어보자면 '하얀 바위'라는 뜻이다. 우리의 전통공간론인 풍수에 따르자면, 이 봉우리는 서울의 조산인 북한산과 연결되어 있는 서울의 주산이며, 조선 왕조는 그 아래에 조선의 정치적 중심인 경복궁을 아름답게 지어놓았다. 그런데 이 조선의 정치적 중심은 일본의 군사적 침략에 의해 두 번이나 처절하게 파괴되었다. 첫 번째는 400여년 전에 일어난 임진왜란이고, 두 번째는 약 100년 전에 일어난 조선병합이다.

임진왜란 때는 경복궁을 비롯한 서울의 여러 곳이 잔악한 일본군에 의해 크게 파괴되었다. 그러나 그것은 조직적 파괴는 아니었다. 군사침략이라는 점에서 조선병합은 임진왜란과 본질적으로 다르지 않았다. 둘의 차이는 무엇보다 조선병합이 이른바 근대화의 과정이기도 했다는 점에서 찾을 수 있다. 그러나 이것은 일본 제국주의의 입맛에 맞게 조선을 강제로 변형시키는 근대화, 곧 '식민지 근대화'였다. 이 과정에서 서울은 역사상 처음으로 조직적 파괴를 경험하게 되었다. 그 결과 500년이나 유지해왔던 성곽도시 서울의 모습은 삽시간에 사라지고 말았다. 일본 제국주의의 조선병합

---

1 지금 우리가 보고 있는 광화문은 광화문의 모습을 하고 있으나 광화문이라고 할 수 없는 것이다. 본래 광화문의 문루는 당연히 목조건물이다. 일제는 1930년대에 광화문을 없애려 했으나 커다란 반대에 부딪히자 동쪽으로 옮겨 놓았다. 그런데 한국전쟁 때 문루가 모두 타 버렸다. 1967년에 광화문을 원래 자리로 옮기게 되었는데, 이때 문루를 우습게도 시멘트로 만들었다. 그리고 박정희가 한글로 '광화문'이라고 쓴 현판을 내걸었다. 광화문의 위치도 본래 위치가 아니며 그 방향도 본래 방향보다 약간 틀어져 있다. 박정희는 광화문을 엉터리로 복원했던 것이다. 이제 이 잘못을 바로잡아야 한다.

은 군사침략이었을 뿐만 아니라 공간침략이기도 했다. 그리고 그것은 무엇보다도 생생한 문화침략이었다.

지금의 눈으로 보자면 서울의 크기는 작았고, 또한 성곽으로 둘러싸여 있어서 다분히 폐쇄적이었다. 이런 점에서 서울의 변화는 필연적이었을 것이다. 그러나 지금과 다른 변화는 얼마든지 가능했다. '식민지 근대화'가 아닌 '자주적 근대화'가 이루어졌다면, 아니 해방 이후에라도 박정희의 파괴적 개발을 막을 수 있었더라면, 지금 서울은 아주 다른 공간이 되었을 것이다. 오랜 역사를 간직한 세계적 도시들이 그렇듯이, 서울도 600년 역사와 문화를 간직한 옛 도심과 새롭게 개발된 현대식 새 도심으로 나뉘었을 것이다. 이미 많이 늦기는 했지만 이제라도 이렇게 나누어서 서울의 문제를 바로잡도록 해야 한다.

_4.

조선 시대에 용산을 지나 서울로 들어오기 위해서는 숭례문으로 들어와 지금의 한국은행 앞을 지나 광통교를 건너야 했다. 그 길은 꾸불꾸불했다. 일본 제국주의는 한강에서 백악까지 한달음에 쳐들어갈 수 있도록 서울의 가로를 바꾸어 놓았다. 서울의 가로를 근대적으로 개수한다는 핑계로, 일본 제국주의는 숭례문 주위의 도성을 허물었고, 지금의 광화문 네거리를 막고 서 있던 작은 언덕이었던 황토마루를 밀어냈다. 이렇게 해서 한강에서 백악까지 곧장 이어지는 큰 길이 만들어졌다.

광화문 네거리에서 숭례문에 이르는 이 길은 태평로라는 이름을 가지고 있다. 본래 숭례문 옆에 중국의 사신이 머물던 '태평관'이 있었던 데서 이 길의 이름이 유래되었다고 한다. 그러나 침략로로 닦아놓은 이 길에 태평로라는 이름을 붙인 데에는 일본 제국주의의 또 다른 의도가 있었을 것이다. 이 길은 일본 제국주의가 조선을 지배하기 위해 닦아 놓은 핵심 통로였기 때문이다. 침략과 식민의 역사의 생생한 공간적 증거인 이 길의 양쪽에는 이제는 높다란 현대식 건물들이 줄지어 늘어서 있어서 이 길의 어디서도 이러한 역사를 읽을 수가 없다. 우리의 역사에 대한 우리의 무관심은 정말 태평스럽기만 한 것 같다.

<사진 3> 헐리기 전의 조선총독부 청사

조선을 멸망시킨 일본 제국주의는 태평로라는 침략로를 닦았을 뿐만 아니라 경복궁의 정문인 광화문과 그 정전인 근정전 사이에 엄청난 크기의 조선총독부 청사를 세워 놓았다. 여기에는 조선이 완전히 망해 없어졌다는 사실을 안팎으로 과시할 뿐만 아니라 그 역사에 모욕까지 가해 조선의 민중들을 문화적으로 복속시키려는 정치적 셈속이 놓여 있었다.[2] 이 건물은 1993년에 폭파되었으며, 그 머리 부분만 보존되었다. 오랜 군사독재 시대를 끝내고 들어선 김영삼 정부는 '역사바로세우기'라는 이름의 역사-정치적 사업을 추진했는데, 이 사업의 상징으로서 조선총독부 청사를 파괴하기로 결정했던 것이다. 이를 통해 경복궁은 본래의 아름다운 모습을 되찾을 수 있게 되었다.

그러나 정치적 의도에서 비롯된 이 때늦은 '역사바로세우기' 사업은 또 다른 문제를 낳았다. 그 자체가 식민지 시대의 가장 중요한 유물이었던 조선총독부 청사를 완전히 없애버렸기 때문이다. 사실 '역사바로세우기'에서 가장 중요한 것은 '친일 부역자'와 '독재 부역자'들로 하여금 마땅히 져야 할 법적 책임과 역사적 책임을 지도록 하는 것이다. 이 과제는 아직도 대부분 미완의 상태에 머물러 있다.[3] 이렇게 사회는

2 이런 목적은 결코 이루어지지 않았다. 일제의 조선총독부에서는 온갖 억압과 회유에도 불구하고 결코 조선의 독립운동을 막을 수 없다고 판단하고 있었다. 『한겨레신문』, 2004. 8. 14.
3 2004년 1월에 국회에 '친일진상규명법'이 상정되었을 때, 한나라당에서는 이 법의 통과를 사실상 극력 저지했다. 결국 이 법은 누더기가 된 채로 제정되었다. 2004년 8월에 이 법의 개정이 본격적으로 추진되기 시작했다. 이에 대해 한나라당은 '과거는 잊고 민생에 주력할 때'라며 다시금 친일 진상의 규명에 반대하고 나섰다. 친일과 독재에 뿌리를 두고 있는 한나라당의 정체성이 이렇게 해서 다시금 명확히

바뀌지 않은 채, 공간만 갑작스럽게 바뀌었다. 일본 제국주의가 정치적 상징으로서 조선총독부 청사를 지었다면, 김영삼 정부는 또 다른 정치적 상징으로서 그것을 부수었을 뿐이다.

하나의 비극이 또 하나의 비극으로 끝난 것일까, 아니면 새로운 희극으로 끝난 것일까? '식민지 근대화'는 사회적 편집증과 분열증을 동시에 만연시키는 과정이었다. '식민지 근대화'는 침략자와 동일시를 추구하는 맹렬한 욕망과 그 욕망을 원천적으로 잘못된 것으로 여기는 반성 사이에서 늘 흔들린다. 그것이 빚어낸 역사적 문제를 치유하는 것은 당연히 아주 어렵다. 부역자들이 거대한 사회세력으로 막대한 권력을 행사하고 있는 상황에서는 더욱 더 그렇다. 이른바 '문민정부'를 내걸고 역사적 차별화를 시도하며 '역사바로세우기'를 추진했으나, 역사를 바로 세우기에는 김영삼 정부의 능력이 모자랐으며 의지도 충분하지 않았다.

_5.

지금 태평로에는 서울시청이 있다. 원래 이 건물은 일본 제국주의가 경성부[4] 청사로 지은 것이다. 경성부 청사는 조선총독부와 함께 일본 제국주의의 조선 지배를 상징하는 건물이다. 그 서쪽에는 경운궁이 있었고, 동쪽에는 원구단이 있었다. 원구단은 조선병합 당시 조선의 황제였던 고종이 1897년에 조선을 대한제국으로 바꾸고 황제 즉위를 하늘에 알리기 위해 세운 제단이었다. 뒤에 일본 제국주의에 의해 덕수궁으로 이름이 바뀐 경운궁은 고종이 조선을 위기에서 구하기 위해 고심하던 곳이었다. 지금 덕수궁에서 원구단 터로 가기 위해서는 넓은 태평로를 건너야 하는데, 이곳에는

드러나게 되었다.
4　경성부라는 행정구역의 설정 자체가 '식민지 근대화'의 산물이었다. 서울은 조선 왕조 500년 동안 조선의 수도였다. 서울은 단순히 하나의 도시가 아니라 조선의 공간적 상징이었다. 이 때문에 일제는 서울이라는 수도를 폐지하고 경성부라는 하나의 지방행정구역으로 전락시켰던 것이다.

<세종로와 마찬가지로 건널목이 없기 때
문에 지하도를 건너야 한다. 그러나 경
운궁과 원구단은 한 울타리 안에 있었을
것이다. 황제가 하늘에 고사를 지내기
위해 태평로를 건너지는 않았을 것이다.
그러니까 태평로는 경운궁과 원구단을

<사진 4> 서울시청이 된 경성부 청사   떼어놓아 대한제국을 공간적으로 파괴

하는 구실도 한 것이다. 이런 파괴는 경운궁과 원구단 사이에 아예 경성부 청사를
짓는 것으로 완성된다. 일본 제국주의가 이 자리에 경성부 청사를 지은 까닭은 광화
문과 근정전 사이에 조선총독부 청사를 지은 것과 같다. 조선이 망했다는 것과 일본
제국주의가 새로운 지배자가 되었다는 것을 공간적으로 드러내 보여주는 것이다.[5]

원구단은 그 뒤 신위를 모신 황궁우라는 부속건물만을 남기고 호텔로 바뀌었다.
그 호텔의 이름은 우습게도 '조선'이다. 조선이 망했다는 것을 보여주는 공간적 상징
물이 바로 그 망한 나라의 이름을 달고 있는 것이다. 어쩌면 조선의 패망을 이보다
더 우울하게 만드는 것은 없을지도 모르겠다. 그런데 여기서 한술 더 떠서 지금 황궁
우는 마치 이 조선호텔의 뒤뜰처럼 이용되고 있다. 이곳을 내다볼 수 있는 이 호텔의
찻집은 한국에서 가장 인기 있는 '맞선장소'라고 한다. 특히 창가 자리는 거의 1년
전부터 예약을 해야 할 정도로 인기가 높다고 한다. 패자의 역사는 모독당하고 희롱
당하기 마련이다. 그렇게 모독당하고 희롱당하는 것이 우리의 역사인가?[6]

5 2004년 5월에 서울시청 앞에 잔디광장이 생기면서 덕수궁에서 서울시청으로 건너가는 건널목이 생겼다.
   이것은 중요한 발전이다. 그러나 이명박 시장과 한나라당이 장악하고 있는 서울시의회는 시청광장의
   자유로운 이용을 제약하는 조례를 제정하여 이러한 발전의 의미를 크게 줄여버렸다.
6 2002년 봄에 조선호텔은 황궁우의 문을 개수하고 박석을 들어내는 큰 공사를 벌였다. 이렇게 해서
   조선호텔은 멋대로 문화재를 파괴했던 것이다. 관광객의 편의를 위해 이런 짓을 했다니 조선호텔의
   무식함에 혀를 내두르지 않을 수 없다. 정말 '역사바로세우기'의 견지에서 조선호텔을 없애고 원구단을
   복원할 필요가 있다.

제국주의가 자신의 이익을 위해 강요하는 '식민지 근대화'의 패악성은 이런 식으로 나타나기도 한다. 이 사실을 올바로 깨닫지 못했을 때, 우리는 자기도 모르는 새 제국주의의 패악에 동참하게 된다. 물론 '친일진상규명법'을 반대하는 한나라당처럼 적극적으로 패악의 무리가 될 것을 요구하는 정치세력도 있다. 그리고 이것이야말로 무엇보다 중요한 정치적 문제가 아닐 수 없다.

_6.

불행한 황제 고종이 머물렀던 경운궁의 정문은 대한문이다. 지금부터 100년쯤 전에 그 앞에서는 최초의 시민집회인 '만민공동회'가 열리기도 했다.

그러나 지금 그 앞에서는 그런 토론회는 열리지 않고, 기껏 관광객을 상대로 하는 수문장 교대의식이 매일 열릴 뿐이다. 많은 사람들이 그 의식을 보면서 조선을 떠올리기는 할 것이다. 그러나 정작 그 자리가 갖는 역사성에 대해서는 제대로 된 정보를 얻지 못한다. 수문장 의식을 벌이는 사람들의 옷차림을 보며 조선을 떠올릴 수는 있겠지만, 어디에서도 그 자리의 역사를 설명해 주는 안내판 같은 것은 볼 수 없기 때문이다.

경운궁이 자리 잡고 있는 정동은 조선병합 무렵의 역사를 고스란히 안고 있는 곳이다. 지금 이곳에는 미국, 영국, 러시아의 대사관이나 대사관저가 있다. 100년 전 열강들이 경운궁 주위에 진을 치고 있었던 데서 비롯된 역사적 결과이다. 고종은 이 열강들의 힘을 빌려 일본 제국주의를 견제하고 대한제국을 유지하려고 했다. 그러나 그 시도는 실패하고 말았다. 미국과 일본이 맺은 밀약인 '태프트-카츠라 밀약'(1905년)에서 알 수 있듯이 이미 열강들은 조선을 잡아먹기로 서로 약속한 상태였다. 고종은 이런 현실을 몰랐고, 알았다고 해도 대처할 힘을 조선은 가지고 있지 못했다.

1895년에 야쿠자의 원조인 낭인 무사들을 한밤중에 궁궐로 난입시켜 고종의 비인

명성황후를 무참히 살해하기도 했던 일본 제국주의는 1907년에 급기야 고종을 강제로 퇴위시켰다.[7] 그로부터 경운궁은 퇴위한 고종의 덕호인 '덕수'를 따서 덕수궁으로 불리게 되었다. 1910년에 조선은 결국 일본 제국주의의 식민지가 되고 말았다. 고종은 그 뒤 1919년에 한 많은 삶을 마감했다.[8]

_7.

지금은 거대한 시멘트 건물들로 둘러싸이고 큰 찻길로 둘러싸여 안쓰럽기 그지없는 모습이지만, 예전에 숭례문은 우람하고도 아름다운 풍채를 자랑하는 서울의 관문이었다. 본래 서울은 네 개의 산을 하나로 잇는 도성의 안이었으며, 숭례문은 남쪽에서 서울로 들어가기 위한 관문이었다. 그 본이름은 물론 '숭례문'이고, 사대문 중에서 유일하게 세로로 이름을 써 놓았다. 그 까닭은 멀리 한강 건너 남쪽 관악산의 화기를 억누르기 위한 것이었다.

서울은 세계적으로도 드문 성곽도시였다. 일본 제국주의에 의한 서울의 조직적 파괴는 이러한 도성을 부수는 것으로 시작되었다. 그리고 그 작업은 숭례문 옆의 성벽을

7 일본의 역사에서 낭인은 주인을 잃은 무사들을 뜻한다. 19세기에 들어와 봉건질서가 동요하면서 이러한 낭인들이 많이 나타나게 되었다. 메이지유신 이후에 그들은 일본 제국주의의 첨병 구실을 하게 되는데, 명성황후 시해사건은 그 극단적인 예라고 할 수 있다. 시간이 흐르면서 이들은 스스로 힘을 쌓게 되는데, 그 조직적 소산이 바로 일본판 마피아인 야쿠자이다. 이러한 역사적 사실에도 불구하고 미국의 대중문화에서는 낭인이 독립적이고 용감한 인격체로서 널리 받아들여지고 있다. 이것은 한마디로 역사적 사실의 심각한 문화적 왜곡이다. 이에 관한 예로는 티모시 리어리(Timothy Leary)의 「대항문화들」(홍성태 편역, 『사이버공간 사이버문화』, 문화과학사, 1996)을 참조. 이 글이 실린 티모시 리어리의 책은 '로닌'(Ronin) 출판사에서 펴냈는데, '로닌'은 바로 낭인의 일본식 발음이다. 로버트 드니로가 주연한 영화 '로닌'도 낭인을 뜻하는데, 이 영화는 미 중앙정보국의 비밀요원을 낭인에 빗대어 찬양하는 내용이다.
8 사실은 일본 제국주의가 고종을 암살한 것이다. 1895년에 낭인을 동원해서 명성황후를 악랄하게 살해한 일본 제국주의는 '헤이그 밀사' 등을 통해 독립을 꾀한 고종을 음식에 독을 타서 먹이는 방식으로 독살했다. 고종은 1919년 1월 21일에 독이 든 식혜를 마시고 갑자기 세상을 떠났고, 그 얼마 뒤인 3월 1일에 전국적인 만세시위가 일어났다.

부수는 것으로 시작되었다. 1907
년 일본의 다이쇼 황태자가 서
울을 방문했을 때, 숭례문을 통
과해서 갈 수는 없다는 이유로
성벽을 부순 것이다. 이렇게 해
서 500년을 버텨온 성곽도시 서
울이 그 모습을 잃게 되었고,
500년 동안 서울의 대문이었던

<사진 5> 서울의 대문이었던 숭례문

숭례문도 더 이상 대문의 구실을 하지 못하게 되었다. 약한 나라 조선의 수도는 이런
식으로 강한 나라 일본의 무력으로 파괴되어 갔다.

지금 우리는 일본 제국주의가 제멋대로 고쳐놓은 서울에서 살아가고 있다. 조선총
독부 청사를 없애는 것보다 더 필요한 것은 이러한 역사를 분명하게 아는 것이다.
우리의 미래가 우리의 과거보다는 분명히 더 나은 것이 될 수 있으려면, 우리가 우리
의 역사를 정확히 알고 일제 부역자들을 확실히 처벌하는 것이 무엇보다 중요하다.
역사를 무시하는 사람들은 언제고 역사의 복수를 받게 마련이다. 이것이야말로 모든
역사에서 우리가 배워야 하는 중요한 교훈이지 않은가?

_8.

숭례문을 지나 남쪽으로 조금 더 나아가면 서울의 중심역인 서울역을 만나게 된
다.9) 이 역사는 도쿄역을 본따 지은 것이라고 한다. 또 도쿄역은 네덜란드의 암스테

9 서울역 앞에는 두 개의 고가도로가 어지럽게 교차하고 있었다. 그런데 2004년 3월에 삼각지 방향 램프를
   철거해서 서울역 앞의 거리 모습이 훨씬 밝아졌다. 그리고 2004년 4월에 고속철도가 개통하면서 새로운
   서울역사도 문을 열었다. 옛 서울역과 새 서울역이 나란히 서 있는 모습은 서울의 변화를 읽는 중요한
   지표가 될 것이다.

<사진 6> 육교 사이로 보이는 서울역

르담역을 본떠 지은 것이라고 한다. 본떠 지었다는 점에서 두 역은 비슷하지만, 그 사회적 맥락은 크게 다르다. 도쿄역이 제국주의 근대화의 한 유형으로 '모방적 근대화'의 공간이라면, 서울역은 식민지 근대화의 일반적 양상으로서 '이식된 근대화'의 공간이기 때문이다.

서울역은 조선총독부 청사와 달리 일상공간이다. 이 점에서 그것은 일본 제국주의의 공간적 상징물이자 일본 제국주의가 강행한 식민지 근대화의 공간적 상징물이기도 하다. 일본 제국주의의 군사학교를 두 곳이나 우수한 성적으로 졸업한 박정희(다카키 마사오)의 철권통치 시대에 이곳은 다시 종속적 공업화의 상징으로 바뀐다. 저임금-저곡가체계 아래서 삶의 근간이 송두리째 무너져 새 삶을 찾아 농촌을 떠나야 했던 무수한 젊은 남녀들이 이곳을 통해 서울로 들어왔던 것이다.

우리가 오늘날 별다른 반성 없이 일본 제국주의가 부수고 뒤틀어 놓은 서울에서 살아가게 된 데에는 일본 제국주의가 길러낸 철권 통치자의 '조국 근대화' 작업이 큰 영향을 미쳤다. 박정희는 곳곳에 고가도로를 놓고, 아무데나 높은 건물들을 짓고, 무엇보다 자동차가 주인 행세를 하도록 만들었다. 그는 이 모든 것을 '근대화'이자 '발전'으로 여기도록 강요했다. 일본 제국주의가 시작한 '서울 파괴작업'은 일본 제국주의의 충견이었던 박정희에 의해 완성되었다.10)

_9.

해방이 되었다고 해도 진정한 해방은 너무도 어려운 과제였다. 정치적 지배와 종

10 이와 관련된 더욱 상세한 '탐사 보고'는 홍성태, 『서울에서 서울을 찾는다』, 궁리, 2004를 참조

속의 문제는 어느 정도 해결되었으나, 경제적이고 문화적인 지배와 종속의 문제는 오히려 더 강화되었다. 많은 사람들이 오랫동안 큰 노력을 기울였음에도 불구하고 진정한 해방이라는 과제는 아직도 이루어지지 않았다. 어쩌면 진정한 해방이란 영원히 오지 않을 고독한 시간, 또는 유토피아의 시간인지도 모른다.

한 세대가 넘는 세월 동안 일본 제국주의는 공간과 제도와 사람에게 모두 큰 영향을 미쳤다. 일제 부역자 처단을 통해 사람을 바꾸고, 그로부터 제도와 공간을 바꿔 나가야 했으나, 어느 과제도 이루어지지 않았다. 난개발의 도시 서울에서 우리는 지금도 일본 제국주의와 씨름을 하고 있다. 일본이 심어 놓은 전봇대, 일본이 뚫어 놓은 찻길, 일본 제국주의가 멋대로 고치고 만들어 놓은 것들이 서울의 모습이 되고 말았다.

다른 한편 이전에 일본 제국주의가 차지하고 있던 지배자의 자리에 새롭게 아메리카합중국이 들어앉았다. 아메리카합중국 군대는 '해방군'이 아니라 '점령군'으로 이 나라에 들어왔다. 물론 일본 제국주의처럼 무소불위의 권력을 휘두르는 것은 아니지만, 아메리카합중국은 이 나라에서 우리가 제대로 통제할 수 없는 굉장한 권력을 휘두르고 있다.

이로부터 많은 문제들이 빚어지고 있다. 이 때문에 이 나라에는 지금도 아메리카합중국을 제국주의로, 이 나라를 그 식민지로 보는 사람들이 많이 있다. 과연 이 사람들이 틀린 것일까? 불행하게도 공간적인 면에서 서울은 그 증거로 활용될 수 있는 사례들을 많이 가지고 있다. 백악에서 한강으로 이어지는 길에 자리 잡고 있는 미 대사관과 용산 미군기지는 그 대표적인 예이다.

_10.

광화문 앞의 세종로는 한국에서 가장 넓은 길이며, 이 나라를 상징하는 길이다. 광화문을 향해 이 길을 따라 걷노라면 백악과 광화문이 어우러진 아름다운 광경을 보게 된다.11) 건널목이 없는 완전한 자동차 중심의 길이기는 하지만, 세종로가 있어서 정말 다행이라는 생각마저 하게 된다.

그러나 이 길에는 해결해야 할 여러 문제들이 있다. 무엇보다 이 길은 한국의 대표적인 감시의 거리이다. 세종문화회관이라는 한국의 대표적인 공연시설이 있는 곳인데도, 거리에는 오가는 행인들을 감시하는 전경들이 너무나 많다. 두 사람씩 조를 짜서 거리를 순찰하는 전경들, 지하도 입구에 서서 오가는 사람들을 놀라게 하는 전경들, 이 거리에는 전경들이 넘쳐난다. 2001년의 '9.11 공격사건' 뒤에는 아예 경기관총을 옆구리에 차고 근무를 서는 전경들까지 나타났다. 왜 이렇게 되었을까?

무엇보다 중요한 이유는 이 길에 아메리카합중국의 대사관이 있기 때문이다. 우리는 이 나라를 한자로 미국이라고 부른다. 한국말로 하자면, 그것은 '아름다운 나라'라는 뜻이다. 그러나 이러한 이름과 달리 아메리카합중국이 이 나라를 대하는 태도는 아름다운 것과는 너무나 거리가 멀다. 이 때문에 한국에서 아메리카합중국은 종종 '추악한 아름다운 나라'로 여겨진다.12)

_11.

아메리카합중국의 대사관은 정부종합청사 건너편, 그리고 청와대로부터 지척인 곳에 자리 잡고 있다. 이 낡은 상자형 건물은 언제나 전경들로 둘러싸여 있다. 1999년부터 매년 4월 하순에 열리는 '지구의 날' 행사 때에 세종로는 자동차의 거리에서 모처럼 사람의 거리로 바뀐다.13) 많은 시민들이 일년의 하루, 아니 한나절 남짓 허용되는 이

11 조선총독부를 철거하자 그 아름다움이 확연히 드러나게 되었다. 그러나 지금은 경복궁보다도 그 뒤에 자리잡고 있는 청와대가 더욱 두드러져 보인다. 진정으로 경복궁을 복원하고자 한다면, 청와대의 복원이나 개축은 꼭 필요하다. 또한 법주사 팔상전을 모방하여 지은 시멘트 건물인 '민속박물관'도 없애야 한다.
12 미국의 실체와 반미의 흐름에 관해서는 홍성태, 『반미가 왜 문제인가』, 당대, 2003를 참조
13 2003년에는 시청 앞에서, 2004년에는 대학로에서 열렸다. 아무래도 세종로의 개방에 반대하는 세력이

시간을 즐기기 위해 세종로로 모여든다.[14]

그런데 모처럼 흥겹게 이 거리를 오가는 시민들의 기분을 확 잡쳐 놓는 것은 전경들로 둘러싸인 아메리카합중국의 대사관이다. 시민들은 이 길의 어디서나 기분 좋게 다닐 수 있지만, 전경들을 실어 나르는 버스들로 둘러싸인 이 대사관 부근에서는 자신들을

<사진 7> 전경차에 둘러싸인 미 대사관

감시하는 전경들의 눈초리를 느껴야 하기 때문이다. 오가는 시민들을 지켜보는 수많은 전경들을 보며 시민들의 마음은 자신도 모르게 위축될 수밖에 없다.

이 대사관 건물에 가까이 다가가 보면, 담장 밖으로 가로등 같은 것이 뻗어 나와 있는 것을 볼 수 있다. 그러나 이것은 가로등이 아니라 오가는 시민들을 감시하는 감시카메라이다. 아메리카합중국은 전경들이 겹겹이 감시망을 펼치는 것으로도 모자라 이런 감시카메라를 곳곳에 설치해 놓았다. 그리고 이 사실을 감추기 위해 감시카메라를 가로등 모양으로 만든 것이다. 시커먼 전구처럼 보이는 것은 전구가 아니라 카메라이다. 이 카메라로 아메리카합중국 대사관 직원들은 사무실에 앉아서 오가는 모든 사람들을 낱낱이 살펴볼 수 있다.

더욱 황당한 것은 담장 밖 가로수에 설치해 놓은 개목걸이형 쇠창날이다. 미 대사관 담장 밖의 나무를 타고 오르지 못하도록 이런 어이없는 장치를 해놓은 것이다. 물론 이런 시설을 설치하는 행위는 명백한 불법이다. 이 때문에 아메리카합중국은

있는 것 같다. 세종로는 궁극적으로 이 나라의 민주화를 상징하는 시민광장으로 다시 태어나야 한다. 무엇보다 먼저 미 대사관을 다른 곳으로 옮겨야 한다. 그리고 그 곳은 문화시설로 다시 태어나야 한다. 그 결과 경복궁과 세종문화회관과 새로운 문화시설 사이를 시민들이 마음대로 걸어서 오가며 즐길 수 있어야 한다. 세종로 일대가 이 나라를 대표하는 문화공간으로 다시 태어나게 되는 것이다.

14 2003년 '지구의 날'에는 아쉽게도 비가 내렸다. 그나마 세종로가 아니라 시청 앞 광장에서 행사가 열렸다. 그러나 이 행사의 장소로 시청 앞 광장은 적절하지 않다. 세계적인 환경행사로서 '지구의 날'의 의미를 살리기 위해서는 이 나라에서 '자동차의 독재'를 대표하는 세종로에서 이 행사를 열어야 한다.

한국 시민들의 거센 비판과 항의를 받게 되었다. 그 결과 이 황당한 쇠창날은 철거되었다. 그러나 이 쇠창날은 아메리카합중국이 한국인을 바라보는 관점을 여실히 드러낸

<사진 8> 아메리카합중국 대사관의 감시카메라

<사진 9> 아메리카합중국 대사관의 쇠창날

것으로 오래도록 기억될 것이다. 지금도 아메리카합중국 대사관 담장 밖 나무에서는 쇠창날을 채웠던 흔적을 볼 수 있다.

다행히 아메리카합중국은 2006년에 대사관을 다른 곳으로 옮기겠다는 계획을 발표했다. 앞으로 이곳에 문화시설이 들어서도록 한다면, 세종로는 감시의 거리에서 문화의 거리로 바뀔 수 있을 것이다. 삭막한 서울에서 얼마나 절실한 변화인가?

_12.

서울역을 지나 한강로를 타고 한강으로 나아가면, 얼마 지나지 않아 길 양 쪽으로 늘어선 붉은 담을 보게 된다. 한국에 주둔하고 있는 아메리카합중국 군대의 사령부가 자리 잡고 있는 '용산주둔지'(Yongsan Garrison)이다. 그 면적이 무려 100만 평에 이르는 곳이다. 뉴욕의 센트럴파크와 비슷한 크기이고, 런던의 하이드파크보다는 두 배나 넓다. 이곳은 원래 일본 제국군의 주둔지였다. 아메리카합중국은 일본 제국주의로부터 이 땅을 물려받아 자국군의 주둔지로 사용하고 있는 것이다. 아메리카합중국이

일본 제국주의가 차지하고 있던 지배자의 자리에 새롭게 들어앉았다는 것은 그냥 해보는 말이 아니다.

본래 이곳은 서울로 들어가는 남쪽 입구에 해당했다. 그러나 서울이 한강을 건너 남쪽으로 확장되면서, 이제 이곳은 서울의 지리적 중심에 해당하는 곳이 되었다. 아무리 우방이라고 하더라도 한 나라의 수도에, 그것도 그 한복판에 외국군의 대부대가 무려 50년을 넘도록 주둔하고 있다는 것은 상식적으로 쉽게 납득하기 어려운 일이다. 외국군의 대부대가 한 나라의 수도 한복판에 주둔하고

<사진 10> 용산 미군기지 서쪽

<사진 11> 용산 미군기지 동쪽

있는 것으로는 아마 이 곳이 유일한 예일 것이다. 그러므로 식민지의 역사가 아직 끝나지 않았다는 것을 이곳보다 더 웅변적으로 보여주는 곳도 아마 없을 것이다.

사진에서 잘 볼 수 있듯이 이곳은 서울에서 보기 드문 녹지공간이다. 많은 시민들이 이곳을 돌려받아 서울을 생태적으로 복원할 수 있는 생태공간으로 꾸미기를 바라고 있다. 그렇게 된다면 서울은 국제도시로서의 면모를 일신할 수 있을 것이다. 그러나 이에 대해 아메리카합중국은 아예 협상을 거부하는 태도를 보이고 있다. 1991년에 아메리카합중국은 1996년까지 이 땅을 돌려주겠노라고 약속했다. 그러나 이 약속을 아메리카합중국은 그 뒤에 사실상 파기했다.[15]

15 2003년 2월에 서울시는 용산 미군기지를 돌려받아 숲으로 조성하겠다는 계획을 발표했다. 얼마 뒤에 주한 미군도 용산 미군기지를 돌려주겠다는 계획을 발표했다. 그러나 주한 미군은 여전히 더 넓은 대체부지와 막대한 이사비용을 요구하고 있다. 이런 요구는 또 다른 제국주의적 횡포일 뿐이다. 이런 상황에서 2004년 여름에 정부는 용산 미군기지 터를 고층빌딩이 들어선 곳으로 재개발하겠다는 뜻을

아메리카합중국은 이 땅을 돌려주는 대신에 훨씬 더 넓은 다른 땅을 내줄 것을 요구했다. 그러나 이 땅에 아메리카합중국의 군대를 위해 내줄 땅은 더 이상 없다. 이미 아메리카합중국은 한국에서 무려 90개에 이르는 기지를 운영하고 있다. 또한 그 운영은 한국의 법을 따르지 않기 때문에 모든 곳에서 커다란 마찰과 갈등을 빚어내고 있다. 예컨대 용산 주둔지의 아메리카합중국군은 한강에 발암성 독극물을 무단방류하거나 주변 지하수를 기름으로 오염시키는 짓을 저지르고 있다. 유례없는 불평등조약에 바탕을 두고 있다는 점에서, 이 땅에 있는 모든 아메리카합중국 군부대는 그 자체로 '불의의 공간'이다.

용산은 예로부터 산과 물이 만나는 서울의 명당으로 여겨졌다. 아메리카합중국군은 이런 곳을 차지하고 앉아 전혀 내놓으려 하지 않고 있다. 많은 한국인의 뇌리에서 이곳은 존재하지 않는 땅이다. 이곳은 한국 속의 아메리카합중국이다. 이곳은 아메리카합중국에 기대어 이루어진 또 다른 '식민지 근대화'의 거대한 공간적 상징이다.

_13.

1991년에 용산 주둔지의 일부가 반환되었다. 원래 골프장으로 쓰였던 그 땅은 시민을 위한 공원으로 바뀌었다. 그러나 김영삼 정부가 조선총독부 청사를 파괴하기로 결정하면서 공원은 반으로 줄어들었다. 그곳에 국립중앙박물관을 짓기로 한 것이다. 이것은 아주 잘못된 결정이었다. 당시 조선총독부 청사는 국립중앙박물관으로 사용되고 있었다. 이것도 잘못된 일이었지만, 그렇다고 국립중앙박물관을 갑자기 파괴해 없애 버리기로 한 것도 분명히 잘못된 결정이었다. 이 일을 통해 김영삼은 '용감한 사람'이 아니라 '무식한 사람'이라는 대중적 인상을 확실히 굳히게 되었다.

밝혔다. 서울의 생태적 재생을 바라는 시민의 열망에 찬물을 들이붓는 망발이라고 하지 않을 수 없다.

새로운 국립중앙박물관의 부지는 시민
들이 찾아가기 어려운 곳일 뿐만 아니라,
그 앞에는 아메리카합중국 군의 헬리콥터
이착륙장이 있다. 하루에도 수십 차례씩
헬리콥터들이 뜨고 내리는 그곳에서 국립
중앙박물관이 어떻게 제대로 운영될 수 있

<사진 12> 국립중앙박물관 앞의 주한
미군 헬기장

겠는가? 정문 자체가 헬리콥터 이착륙장으로
사실상 봉쇄된 상태에서 국립중앙박물관이 어떻게 제대로 운영될 수 있겠는가? 아메
리카합중국 군은 또 다시 받아들이기 어려운 조건을 내걸고 헬리콥터 이착륙장의 이
전을 미루고 있다. 이런 점에서도 용산 주둔지는 세계적으로 그 예를 찾기 힘든 '불의
의 공간'이다.

_14.

공간적으로 일본 제국주의의 식민지 지배는 서울을 점령하고 개조하는 것으로 시
작되었다. 서울은 단순한 지리적 공간이 아니라 사회적 공간이고 역사적 공간이다. 그
러므로 이곳을 점령하고 개조한다는 것은 사회와 역사를 점령하고 개조한다는 의미를
지닌다. 바로 이런 이유로 비단 일본 제국주의뿐만 아니라 해방 이후의 독재자들과
새로운 외세로서 아메리카합중국도 자기들의 입맛에 맞게 서울을 개조하려고 했다.
지난 100년간 한국은 커다란 변화를 겪었다. 흔히 근대화라는 이름으로 불리는 그
변화는 조선말에 시작되어 식민지라는 강압적 조건 속에서 확산된 것이기도 했다.
이 과정에서 서울은 공간적으로 큰 변화를 겪었다. 그것은 삶의 바탕을 이루는 역사
와 문화와 자연이 송두리째 파괴되는 변화였다. 오랫동안 이어져 온 삶의 자취들이
시멘트와 아스팔트로 지워져 버렸고, 햇빛과 바람과 물이 제대로 흐르지 못하는 불구

<사진 13> 용산 미군기지의 반환을
요구하는 시위 행렬

의 도시로 서울은 변해 버렸다.

그러나 이제 시민의 힘으로 이러한 파
괴적 변화를 바꾸어 놓으려는 움직임이 본
격적으로 펼쳐지게 되었다. 2001년 6월의
어느 날, 비가 내리는 궂은 날씨에도 불구
하고, 많은 사람들이 용산 주둔지를 가로
지르는 큰 찻길의 한복판에 모였다. 용산
주둔지의 반환을 바라는 시민들이다. 이 땅
이 서울을 살리기 위한 생태공간으로 되살아나기를 시민들은 바란다. 이 희망은 식민
지 근대화의 역사를 바로잡기 위한 '역사바로세우기'의 희망이기도 할 것이다.

그러므로 우리는 하나가 아니라 언제나 여러 목표를 동시에 추구해야 한다. 그만
큼 더 많은 시민들의, 더 큰 노력이 필요할 것이다. 많은 시민들이 함께 꿈을 꾸어서
꿈이 현실로 바뀔 수 있게 되었다. 많은 시민들이 오랫동안 이런 꿈을 꾼 결과로 주
한 미군은 용산 미군기지를 돌려주겠다고 천명했고, 서울시는 그 땅을 돌려받아 전체
를 숲으로 조성하겠다는 계획을 발표하게 된 것이다.

더 나은 삶을 향한 시민들의 갈구가 결국 이 땅의 역사를 다시 바꾸어 놓을 것이
다. 그리고 마침내 오래도록 '식민지 근대화의 길'이었던 백악에서 한강에 이르는 길
이 그 의미를 새롭게 바뀌게 될 것이다. 그리하여 '식민지 근대화'가 낳은 다중적 과
제를 해결하고 서울의 역사와 문화와 자연이 되살아나기를.

흔적
TRACES

제 2 부

말, 글, 그리고 제국

종결어미 '-다'와
한국의 언어적 근대성

강내희

_1

오늘 '표준' 한국어의 가장 두드러진 특징 가운데 하나는 대부분 문장이 '-다'로 끝난다는 점일 것이다. 소설의 서술, 문학 혹은 예술 비평, 텍스트 분석, 일기와 같은 사적 기록, 수필, 시론, 신문의 논설과 보도, 법원 판결, 사건 진술, 사실 묘사, 조사 및 연구의 보고, 이론적 논증, 학술 토론 및 의견 교환, 공식 성명, 방송 보도, 공개 토론 등 생각 가능한 거의 모든 근대적 언어활동에 사용되는 한국어 문장들은 '-다'로 끝난다. '-다'의 이런 보편적 사용은 일단 언어 내적인 현상이라 할 수 있다. 한국어 문장들은 의문형, 감탄형, 명령형, 청유형, 평서형 등 어떤 형태이든 종결어미로 끝나게 되어 있는데, '-다'는 이들 중 출현 빈도가 압도적으로 높은 평서형의 어미이다. 하지만 '-다'의 보편적 사용을 언어내적 이유만으로 설명할 수는 없다. 평서형 어미에는 '-다' 이외에도 '-어', '-오', '-요', '-죠', '-라', '-네' 등의 어미들이 있고, 방언까지 감안한다면 훨씬 더 많은 형태가 있기 때문이다.

사실 오늘날 '-다'의 지배적 위치는 한국어의 '내재적' 특징 이외에 근대 한국사회가 '-다' 어미들을 체계화하여 표준 종결어미1)로 채택하여 사람들로 하여금 의무적으로 사용케 한 결과이기도 하다. 한국에서는 지난 수십 년에 걸쳐 '-다'의 지배적 위치를 지키기 위한 사회적 장치들이 가동되어 왔다. 공개발언을 할 때 아동들에게 존대 평서형 '-ㅂ니다'를 쓰도록 하는 초등학교 규범이 한 대표적 예이다. 이런 훈육은 최근 구어의 '-요' 강세 현상이 보여주듯이 그 강제성이 약화되고 있기는 하지만 아직도 공식 교육과정 전반에 걸쳐 관철되고 있다. 한국에서 가장 먼저 근대적 규율 체계를 도입한 군대가 '-다'의 의무적 사용을 위한 훈육 과정에 적극 참여해왔다는 점도 특기할 만하다.2) 징병제도에 의해 군 복무를 마쳐야 하는 한국 남성 상당수는 평서형 '-다'와 의문형 '-까'로 이루어지는 "다까체" 사용 규범을 어기면 기합을 받은 경험이 있을 정도이다. 오늘 '-다' 체계가 강의, 방송, 회의, 연설과 같은 공적 발언이나, 서술, 보도, 논증, 논평과 같은 여러 언어적 표현들의 규범이 된 것은 표준어 사용의 이런 규율화 및 제도화와 무관하지 않다. '-다'의 보편성은 따라서 역사적 구축의 결과이며, 그것의 지배적 위상은 지금까지의 모든 문장과 앞으로 나올 문장 거의 모두가 '-다'로 끝나고 있는 이 글에서도 여실히 드러난다.

놀라운 일이지만 '-다'가 이런 지위를 획득한 것은 사실 아주 최근의 일이다. '-다' 체계가 한국어에 등장한 것은 1세기도 되지 않는다. 한국어에 원래 '-다'가 없었다는 말은 아니다. '-다' 어미는 '훈민정음'이 창제된 15세기에 이미 '-도다', '-로다', '-니이다'처럼 감탄형이나 극존대체로 나타나고 있고, 16세기에 발행된 『동국신속삼강행실도(東國新續三綱行實圖)』와 18세기의 통역지침서인 『박통사(朴通事)』나 『노걸대

---

1 '-다'에는 원형의 '-다', 현재형의 '-(이)다', '-ㄴ다', 그리고 현재 진행형의 '-고 있다', 과거형의 '-ㅆ다', 미래형의 '-ㄹ 것이다' 등 다양한 종결어미 형태가 포함된다. 이 글에서는 이들 형태들을 총괄하여 '-다' 체계나 '-다' 문체 또는 '종결어미 -다'라고 부르겠다.
2 남한에서의 종속적 "근대화"를 강력하게 추진한 것이 박정희의 군사 쿠데타였다는 점을 여기서 기억할 필요가 있다.

(老乞大)』 같은 참고서류 등에서 '-ᄒᆞ다'와 같은 현재형 하대체로, 그리고 19세기의 문헌들에도 현재형 '-흔다'나 '-ᄒᆞ다'로, 과거형 '-엇(앗)다'로 다양하게 나타난 적이 있다. 하지만 문어체에서 '-다' 종결형은 20세기 초 이전까지는 지배적 위치를 차지하지 못하였다. '-다' 체계가 문어체 문장에서 출현한 빈도는 '-이라', '-니라', '-노라', '-더라', '-지라' 등으로 이루어진 '-라' 체계에 비해 훨씬 낮았던 편이며, 이런 추세는 1910년대까지 계속된다.3) 평서형에서 '-라' 체계가 완전히 후퇴하고 '-다' 체계가 지배하게 된 것은 1910년대 말에 나온 일부 "근대소설"이 처음이었다. 소설에서 지배적 위치를 차지한 '-다' 체계는 1920년대에 들어와서 평론, 논문, 사설 등으로 확산되다가 1920년대 말, 1930년대 초에 이르러 모든 근대적 담론에서 평서형 문장의 보편적 종결어미가 된다.

문장 종결어미 사용을 필수로 해놓은 근대 한국어에서 새로운 종결어미 체계가 구축되었다는 것은 언어생활에 있어서 중대한 사건이 아닐 수 없다. '-다' 체계의 구축은 한국의 언어적 근대성 형성에 핵심적 역할을 했으며, 그로 인해 한국인은 전에 없던 언어적 감수성을 갖게 되었고, 새로운 표현 영토를 얻게 되었다. 그것의 성립은 가라타니 고진이 오래 전에 언급한 "새로운 글"(文) 혹은 "또 하나의 글" 즉 일본에서 "풍경의 발견" 혹은 "내면의 발견"을 통한 "근대문학" 성립을 가능케 한 글쓰기와 유사한 효과를 만들어낸 것으로 보인다.4) 여기서 나의 명제는 한국에서는 이 "새로운 글"이 '-다' 체계의 성립과 관련되어 있다는 것이다. 근대소설에서 나타난 '-다' 체계의 성립이 없었다면 비교, 논증, 주장, 설명, 해설, 토론, 묘사, 서술, 분석 등 오늘날 한국어로 이루어지는 다양한 표현양식들과 그것들을 사용하는 근대적 담론들은

3　예컨대 '근대적 매체'인 신문에서도 1910년대까지는 '-라'가 '-다'에 비해 훨씬 더 많이 사용되었다. 예컨대 1906년 『만세보』의 경우, 1호에서 7호까지, 23, 30, 31, 88, 200호 지면에 실린 기사 문장에 사용된 종결어미 약 800개 중 630개 정도가 '-라'로 끝나고 있었다. 사이구사 토시카츠(三枝壽勝), 「이중표기와 근대적 문체 형성─이인직 신문연재 『혈의 루』의 경우」, 『한국 근대문학에 나타난 일본체험』(한국문학연구학회 제54차 학술심포지엄 자료집, 2000. 8. 19), 63.

4　가라타니 고진, 『일본근대문학의 기원』, 박유하 옮김, 민음사, 1997, 104, 155.

불가능했을 것이다. 한국어는 '-다' 체계를 완성함으로써 문장 내부나 문장들 사이의 문법적 관계만이 아니라 논리적 구성 방식, 표현 방식을 바꿨고, 새로운 언어적 감각을 만들어냈으며, 이 결과 근대담론의 출현을 가능케 했다. '-다' 체계의 성립은 따라서 중대한 문화적 변동을 수반한, 그리고 아직도 그 효과가 지속되고 있는 일대 사건인 셈이다. 문체론적, 수사학적 변화도 동반한 이 사건은 새로운 권력관계와 이 관계의 새로운 지향을 만들어내는 과정이기도 했다. 종결형 '-다'가 지배적 위치를 가지게 됨으로써 전근대적 표현 방식들은 대거 소멸하고, 새로운 근대적 표현의 영토가 개척되었을 뿐만 아니라, 이 과정에서 발화위치, 담론적 실천에서의 주체위치가 새롭게 설정되었기 때문이다.

'-다' 체계가 일거에 지배적 위치를 차지한 것은 아니다. 그것의 지배가 가능하기 위해서는 전통적 언어생활과 문자문화의 후퇴, 새 종결어미 체계를 이용해서 근대적 담론을 생산하는 사회세력과 이들의 새로운 언어적 감수성을 허용하는 사회적 조건의 형성이 필요했다. 이 과정은 투쟁의 연속이었지만, 알다시피 싸움의 승자는 '-다' 문장들로 '자아', '사실', '논리', '객관성'과 같은 이제는 규범이 된 가치들을 구축하는 데 앞장선 근대 세력이다. 그런데 사카이가 말하듯 "근대성은 지리적, 문화적, 사회적 거리들에도 불구하고 많은 지역들, 사람들, 산업들, 정치체들이 서로 접촉하는 경우가 없으면 상상할 수 없다"[5]는 점에서, 근대성의 형성은 충격과 폭력을 동반하기 마련이다. 한국에서 언어적 근대성이 형성되기 시작한 시기 역시 "은자의 왕국" 조선이 제국주의에 의해 침탈당하고, 일본에 의해 식민지로 전락한 시기로서 이질적 문화들의 폭력적 접촉이 일어나던 시기였다. 그뿐만이 아니다. 한국의 언어 근대화 과정은 또한 전근대적 표현방식과 그것을 가능하게 한 발화상황들을 배제하여 언중을 새롭게 형성하는 과정이자, 새롭게 형성된 표준적 표현체계로 다양한 '사투리 사

5 나오키 사카이, 「서문」, 『흔적』 1, 2001, 9.

용자들'을 소환하여 새로운 주체로 형성하는 이데올로기적, 훈육적 과정, 새로운 언어 능력을 갖춘 근대인을 형성한 "원시적 축적" 과정이었다.

_2

종결형이 '-다' 중심으로 정리되기까지 한국에서는 약 4반세기에 걸친 문자사용상의 변동이 있었다. 이 변화는 19세기 말에 나타나기 시작했으며, 그 계기는 1894년에 실시된 갑오개혁에서 공문서 작성을 국문으로 할 것과 등용고시 과목에 국문을 포함할 것 등이 법제화하면서 주어졌다. 국문에 의한 공문서 작성은 한반도 거주자들의 언어생활, 특히 문자문화에 일대 변혁이 일어났음을 의미한다. "국문"이란 표현 자체가 지각변동을 예고한 것이었다. 그것은 이전에 "자"(字) 혹은 "문자"(文字), "진서"(眞書)로, 즉 보편적 문자로 이해되던 중국 글자에 비해 지방어, 여성용으로 취급되던 "언문," "반절," "암클" 등을 대체한 표현이다. "국문"의 등장으로 "진서"는 상대화되었고, "한문"이라 불리게 되었다. "진서"를 "한문"이라 규정한 것은 그것이 실은 외국 문자임을 확인한 문화적 각성이 생겼다는 말이기도 하다. 언문-진서의 대립구조는 이제 국문-한문의 그것으로 전환했고, 국문의 위상이 따라서 강화됨으로써 어문정책의 독립이 가능해졌다.

국어에 대한 한국인의 자각이 이전에 전혀 없었던 것은 아니다. 15세기말 "훈민정음"을 창제한 것 자체가 "국지어음"과 중국어가 서로 다른 언어에 속함을 의식한 결과이다. 국문이 이전에 쓰이지 않았던 것도 아니다. 훈민정음 창제 이후 언해작업이 활발하게 이루어졌고, 여성이 쓴 서간문은 대부분이 "언문"으로 쓰였으며, 시조나 가사, 소설과 같은 문학적 표현에서도 국문 사용이 오히려 규범이었다. 그러나 사용 용례가 언해, 서간문, 소설 등의 글쓰기에 국한된 데서 알 수 있듯이 국문은 문자문화의 중심 위치를 차지하지 못했다. 언해는 백성 교화를 위해 "진서"를 "언문"으로 번역한 것일 뿐이고, 서간문은 사사로운 소통에 한정되었으며, "소설"은 표현 그대로 정전에 비해 하찮은 것이었다. "언문," "암클," "반절" 등도 자국 글자를 지칭하기에는 너무 폄하적인 표현이며, 현재 국문의 보편적 이름으로 쓰이는 "한글"은 1910년대까지는 나타나지 않았다.6) 문자생활에서 국문의 주변적, 부차적 지위는 19세기말까지 한국 지식인이 예외 없이 한문으로 지적 활동을 하고 한문을 공적 담론의 유일한 수단으로 삼았었다는 사실로 증명된다.

언문의 국문화와 진서의 한문화, 즉 공식 문서의 표기에 자국 문자가 사용된다는 것이 문화적으로 얼마나 큰 의미를 가지는지는 새삼 강조할 필요가 없을 것이다. 무엇보다 글쓰기가 자연어로서의 한국어와 부합하는 언문일치가 가능해졌다. 이는 지식인의 한문 집필 관행이 역사상 처음으로 사라지기 시작했다는 말이기도 하다. 물론 한문이 일거에 사라진 것은 아니다. "법률 칙령은 모두 국문으로 본을 삼되, 한문을 부역(附譯)하거나 국한문을 혼용할 수 있다"고 했기 때문이다.7) 이 결과 국한문혼용에서는 순 한문에 가까운 표현이 등장하기도 하였다. 국문 사용에 반발하는 사람도 있었다. "국문을 쓰고 청국 글을 폐하는 것은 옳지 못하"다고, "국문을 쓰는 일은 사람을 변하여 짐승을 만드는 것"이라고 주장한 학부대신 신기선이 대표적인 예이다.8) 그러나 공식 문건을 국문으로 표기하기 시작하면서 문자문화의 지형에서 "한문"의 위상은 갈수록 낮아진다. 시론(時論) 『매천야록』을 남기고 한일합병(1910)에 항거하여 자결한 황현의 경우처럼 한문으로 저술하는 지식인이 전혀 없었던 것은 아니었으나, 한문학자 출신이지만 항일 민족주의 지식인으로 발전하며 국한문혼용으로 저술 활동을 한 신채호와 같은 사례가 대세가 되었다. 1920년대에 이르게 되면 한문에만

---

6 '한글'은 오늘 한글 자모를 나타내는 말로 사용되고 있지만 1913년에 처음으로 사용된 표현이다. '한글'은 대한제국에도 사용된 한민족의 '한'을, 그리고 크다는 의미의 '한' 등을 생각하여 새로이 지은 말로 알려져 있다.
7 이응호, 『개화기의 한글 운동사』, 성청사, 1975, 118에서 인용.
8 같은 책, 247.

의존하는 유생들은 지식인 계급에도 끼지 못하는 신세가 된다.[9]

공적 담론에서의 국문 채택으로 가능해진 '언문일치'는 획기적인 의미를 지닌다. 언문일치는 물론 구어체와 문어체의 일치를 의미하는 것은 아니다. 말을 하는 것과 글을 쓰는 것은 서로 다른 일이다. 언문일치는 가라타니가 일본의 맥락에서 언급한 것처럼 "한자 폐지"를 전제한다.[10] 언뜻 생각하면 한국에서 (그리고 사실 일본에서도) 한자를 병기하는 관습이 지속되었다는 점을 생각하면 이는 쉽게 이해되지 않는 말일 수도 있다. 그러나 한자를 한문, 즉 문장 차원에서 놓고 생각하면 이야기는 달라진다. 갑오개혁의 문화적 혁명성은 국문을 공적 담론을 위한 글로 격상시킨 데 있다. 이로 인해 한문은 급격하게 중요성을 상실하고 만다. 한문 퇴조는 19세기말 이후 문자생활의 방향을 놓고 벌어진 논쟁이 국문전용과 국한문혼용 입장의 대립에 국한되는 데서 확인된다. 이 입장 차이는 처음에는 철저한 국문전용을 한 『독립신문』과 국한문혼용을 한 『황성신문』 사이에 나타났다. 『독립신문』은 "남녀 상하귀천이 모도 보게", 그리고 "알아보기 쉽도록" 하기 위해 국문을 띄어쓰기로 표기한 반면, 『황성신문』은 고종이 "부가적으로" 허용한 국한문 혼용을 표기의 원칙으로 삼았다. 이 두 신문의 대립은 비단 국문과 한문의 표기를 둘러싸고 일어난 것만은 아니다. 그것은 언어를 놓고 개화파와 보수파가 벌인 일종의 "문화전쟁"이었고 넓게 보면 한문 문화권인 대륙세력과 해양세력 간에 일어난 쟁투의 대리전 같은 양상을 띤다.[11] 이 전쟁은 중국과 러시아의 대륙세력에 비해 우위에 선 해양세력(일본과 나중에는 미국)을 모델로 근대화를 추진하려던 개화세력이 우세 속에 진행되었으나 쉽게 끝나지 않고 한글전용론 대 국한문혼용론의 대립으로 20세기 내내 이어졌으며, 지금도 계속되고

---

9 유선영(柳善榮), 「한국 대중문화의 근대적 구성과정에 대한 연구—조선후기에서 일제시대까지를 중심으로」, 고려대신문방송학과 박사학위논문, 1992, 229.
10 가라타니 고진, 앞의 책, 62-77 참조
11 이후 식민지 조선에서 나타난 식민지 근대적 삶의 방식에 대해 비판하던 사람들이 주로 전통적 지식인들이었다는 사실도 이와 관련이 있어 보인다.

있다. 하지만 지금 시점에서 볼 때 이 논쟁의 더 큰 의미는 한문 퇴장이 기정사실이 되었다는 점이다. 언문일치로 글쓰기가 한국어에 기반을 두게 됨으로써 한문은 사용되더라도 공적 담론의 자리를 차지하지 못하게 되거나 기껏해야 문장이 아닌 문자 차원으로 그 역할이 축소되어 단어표기용 "한자"가 된 것이다.

한문 집필 중단은 중대한 문화적 선택이었지만 당시 정세가 지식인들에게 강요한 결과였다. 사실 변화된 문화 지형에서 한문 집필을 고집하는 것은 새롭게 형성되는 언중으로부터 유리되는 길, 즉 지식인으로서는 자신의 영향력을 포기하는 것과 같았다. 국문 등장은 들뢰즈와 가타리의 말을 빌자면 전근대적 표현 "영토"가 되돌릴 수 없는 방향으로 "탈영토화" 하기 시작했음을 의미한다. 이 탈영토화는 한편으로 보면 중국으로부터 조선의 문화 독립을 의미하지만, 다른 한편에서 보면 조선사회 지배세력이 장악한 문화적 헤게모니가 와해되었다는 말이다. "국문을 쓰는 일은 사람을 짐승 만드는 일"이라고 한 신기선의 마음속에서 "사람"은 아마 엘리트였을 것이고, "짐승"은 일반 백성이었을 것이다. 그러나 이제 이 백성의 소리를 외면할 수 없는 국면이 벌어졌다. 19세기말 한국의 기존질서는 급격한 해체 상황에 빠져든다. 조선왕조 지배세력은 농민혁명을 저지할 힘이 없었기 때문에 일본과 중국 군대를 불러들이는 처지였다. "국문"을 공식적 표기 수단으로 결정한 개혁 조치도 실인즉 일본의 강요에 의한 것이었다. 국문표기정책을 포함한 다른 제반 개혁 조치들을 담은 당시의 칙령도 조선왕조가 원해서 발표한 것은 아니다. 일본이 강요한 개혁안을 윤허 받을 때 군국기무처 총재 김홍집이 고종에게 "500년 내려오던 묵은 제도를 신들의 손으로 바꾸고 보니, 황공함을 이기지 못하옵니다"고 하니, 동석했던 영부사(領府事) 김병시(金炳始)가 "상을 욕되게 하여 신들은 죽어 마땅하와 실로 통한이오이다" 하면서 눈물을 닦자, 임금과 모든 신하들도 눈물이 그득하였다고 한다.[12] 그러나 국문 채택은 조공을

---

12 이응호, 앞의 책, 102.

바쳐오던 청을 굴복시킨 일본 제국주의 세력의 조선 강점 속에서 어쩔 수 없는 선택이기도 했다. 고종 자신이 먼저 "모범"을 보이며 시작한 단발령 실시, 전통적 혹은 중국 중심 시간체계에서 벗어나게 한 태양력 도입 등 당시 국문 채택과 함께 일어난 조치들은 조선왕조가 그나마 자주적 근대화의 길을 확보하기 위한 안간힘이었다.

_3

국문 채택과 관련하여 주목할 점은 그 조치가 새로운 언중을 전제했다는 사실이다. 『황성신문』도 인정하듯이 국문은 한문에 비해 배워 익히기가 쉬웠으므로 접근성이 높았다.[13] 한문 또는 과거의 "문자"가 소수 엘리트가 공적 담론장을 장악하는 수단으로 전용되었다면, 국문은 대중에게 새로운 자기표현의 기회를 제공하는 문자였다. 하지만 동시에 국문표기정책은 조선의 지배세력이 새로운 언중을 소환하는 노력의 일환이었다. 당시 조선왕조는 제국주의 세력에 포위되어 있었으며 난관을 뚫기 위해 민중을 동원해야 할 필요가 있었다. 문제는 민중 동원은 이 맥락에서 아주 모호한 의미를 지닌다는 점이다. 외세를 막으려면 민중에 의존해야 하는데, 동학혁명에서 보듯 이미 민중은 반봉건 운동을 시작한 터였다. 개혁과 함께 일어난 사회적 변화들 역시 구체제를 유지하려는 보수적 노력들을 약화시켰다.

갑오개혁이 실시된 1894년부터 일본에 의해 합방된 1910년에 이르는 약 16년 기간은 '애국계몽기'로 불린다. 이 시기 직전부터 한국인들은 대규모로 이산을 겪게 된다. 봉건질서와 외세에 항거하여 동학혁명군, 의병이 되기 위해, 그리고 박해를 피하여 유랑민이 되어 수많은 이들이 삶의 터전을 떠나고 있었던 것이다. 이산의 증가 과정

---

13 "半切字는더욱至易ᄒ야비록提孩男女라도十日內에大綱을領會ᄒ야十人에八九個가無識을 免ᄒ난지라…半切字는天下各國에第一쉽고第一簡略혼文字라天下公論이반다시大韓半切로文壇盟主를定ᄒ리라ᄒ노라." 같은 책, 222쪽 재인용.

에서는 바바가 지적한 것처럼 새로운 형태의 모임도 증가하는 법이다.14) 이때 독립
협회, 황국협회와 같은 결사체가 생기고 교회, 학교, 강연장, 다방, 카페와 같이 전통
적 공간과는 다른 귀속 방식을 필요로 하는 공간들이 생겨났다. 당시 유례없이 토론
회, 연설회가 많았던 것은, 그리고 "7세 어린아이에서부터 젊은 부인, 나무꾼 등 신분
고하, 남녀노소를 막론하고 길거리 곳곳에서 공적 언술을 표현하는 것이 대유행이
었"15)던 것은 이들 새로운 모임과 공간에서 새로운 언중이 탄생했음을 말해준다. 국
난을 맞게 되면서 말하고 글쓰는 일, 즉 공적인 발언이 중요해지고, 또 그런 발언 기
회의 증대와 함께 공론장 참여가 크게 증가한 것이다. 여기에 당시 창간된 신문, 새로
이 문을 연 학교와 예배당 등이 크게 기여했음은 물론이다.16) 당시 언술행위의 중요
성은 『독립신문』이 설립을 주도한 독립협회가 개최한 만민공동회 모임이 엄청난 파
장을 일으킨 데서도 입증된다. 만민공동회 사건은 정부의 부패를 비판하고, 외국인에
게 이권을 주는 것을 즉각 중단할 것과 외국의 간섭을 막고 자주적 국정을 시행할
것을 주장하며 1898년 서울의 종로에 서울시민 수천 명이 모여 벌인 최초의 가두시
위이다.

이 지점에서 환기하고 싶은 것이 있다. 당시 백가쟁명 현상이 일어나고는 있었지
만 전근대적 표현방식들이 일시에 사라진 것은 아니다. 『독립신문』이 국문전용과 띄
어쓰기를 통해 『황성신문』보다 일반 대중이 훨씬 더 쉽게 접근할 수 있는 글쓰기를
시도했다는 것은 이미 언급한 바다. 국문 표기는 한자를 표기하지 않는 것만이 아니
라 한자에서 기원하는 용어나 표현을 덜 쓰는 효과도 있다는 점에서 한문투 글쓰기
에서 벗어날 수 있는 방식임이 분명하다.17) 하지만 이는 어디까지나 표기와 어휘상

14 Homi K. Bhabha, "DessemiNation: time, narrative, and the margins of the modern nation,"
   in Bhabha, ed., *Nation and Narration* (London and New York: Routledge, 1990), 291.
15 고미숙, 「계몽의 담론, 계몽의 수사학」, 『문화과학』 23호, 2000년 가을, 206.
16 "순검, 병정, 상인들 뿐 아니라 부녀자와 하인배들에 이르기까지 <제국신문>을 읽어 국제정세나 정치의
   득실, 실업의 발전을 알게 되었다."『박은식전집 中』, 단국대동양학연구소, 1975, 17; 한기형(韓基亨),
   『한국근대소설사의 시각』, 소명출판사, 1999, 53에서 재인용.

의 문제이지 문장 수준으로 가면 이야기가 달라진다. 문장구조, 특히 종결어미 사용의 측면에서 보면 전근대적인 언해체를 그대로 쓰기는 『독립신문』도 『황성신문』과 크게 다르지 않았다. 이들 신문에 등장하는 문장들은 주로 '-이라', '-니라', '-더라', '-지라', '-로다', '-도다' 등으로 끝난다. 전근대적 언어감각을 지닌 종결어미를 여전히 사용하고 있었던 것이다. 이들 종결어미는 계몽, 훈육, 선언, 영탄, 교화의 태도를 드러내며, 전근대 시대에 형성된 위계적, 권위적 어감을 전달한다. 이중 '-로다'와 '-도다'는 '-다' 체계에 속하지만 신분을 드러내는 과시적 분위기 때문에 오늘날에는 쉽게 사용되기 어려운 종결형이다.

종결어미의 변화는 1900년대에 등장한 '신소설'에서 감지되기 시작한다.[18] '신소설'은 현재형 '-다'인 '-ㄴ다' 사용 빈도를 높임으로써 묘사와 서술의 새로운 방식을 열었다. 현재형 '-ㄴ다'체는 전근대 소설에 많이 사용되던 '-더라' 등에 비해 서술되는 사건의 현장성을 부각하는 효과가 있다. '-더라'가 언급되는 사건이나 상황을 원경으로 배치하는 효과가 있다면 '-ㄴ다'는 전경화하는 경향이 있고, 이로 인해 소설에서 서술되는 사건의 현재 상황이 부각되는 것이다.[19] 하지만 그래도 신소설 역시 '-다' 체계보다는 '-라' 체계에 의해서 지배되는 경향이 컸다는 점에서 근대적 문체 혁명을 완전히 이룬 것은 아니다.[20] 한국어에서 언어적 근대성은 아래서 보겠지만 '-다' 체계의 성립과 그것의 지배적 위치 점유와 함께 구성된다. 이는 "한문 배제"로

17 당연한 말이지만, 한문투와 한문은 구분되어야 한다. 한문투는 한국어 문법 체계를 따른다는 점에서 한국어에 속한다.

18 '신소설'은 조선조의 전근대 소설이 시공간을 초월하는 이야기를 다루고 있는 데 비하여 당대의 이야기를 주로 다루며, 그 다루는 방식이 새롭다는 의미에서 붙여진 이름이며, '신소설'이 등장하면서 조선시대 소설은 '구소설'이 되었다.

19 이와 관련해서는 이인직의 『혈의 누』 두 번째 문장이 유명하다. "ᄒᆞᆫ부인이나히 삼십이될락말락ᄒᆞ고 얼골은 분을ᄡᅡ고넌드시 흰 얼골이ᄂᆞ인정업시ᄯᅳ겁게ᄂᆞ리 ᄶᅩ히ᄂᆞᆫ가을볏에 얼골이익어서 션잉두의빗이되고 거름거리ᄂᆞᆫ 허동지동ᄒᆞᄂᆞᆫᄃᆡ옷은흘러ᄂᆞ려셔 젓가슴이다드러ᄂᆞ고 치마ᄶᅧᆨ락은ᄯᅡ헤질질ᄭᅥᆯ러셔 거름을 건ᄂᆞᆫᄃᆡ로 치마가발피니 그부인은아무리 급ᄒᆞᆫ거름거리를 ᄒᆞ더ᄅᆡ도 멀리가지도 못ᄒᆞ고 허동거리기만ᄒᆞᆫ다." 여기서 신소설은 등장인물이 처한 상황을 바로 보여주고 있다.

20 앞의 주 3을 참조할 것.

인한 언문일치만으로 한국어가 근대성을 획득하지 않았다는 주장이다. 내가 보기엔 국문 표기 언어정책 실시는 한국어 중심 문자문화의 지형을 형성하기는 했지만 근대 한국어의 탄생은 아니었다. 당시 상황은 표기상의 변화로 언문일치가 이루어져 새로운 발언, 발화의 가능성이 높아진 가운데 '-라' 체계와 '-다' 체계가 함께 쓰이는 국면이었던 것이다.

물론 언문일치의 의미가 크지 않다는 말은 아니다. 이 시기에 일어난 중요한 변화는 한문언중과 언문언중의 분리가 극복되고 한국어를 기반으로 전근대적인 '-라' 체계와 근대적이기는 하지만 아직 완전히 완성되지는 않은 '-다' 체계가 뒤섞여 사용될 수 있게 된 것으로 보인다. 애국계몽기 시기 이들 어미들의 혼용은 위에서 언급한 대중동원 문제와 연계하여 생각할 필요가 있을 것 같다. 이 기간 조선은 일제의 실질적 지배를 당하면서도 자주적 근대화를 달성해보려고 안간힘을 기울이고 있었다. 독립협회, 황국협회 등의 결사체, 학교나 교회, 강연장 등에서, 길거리에서, 혹은 만민공동회 경우처럼 대규모 군중대회에서 사람들이 토론과 연설에 열중했다 함은 이 과정에서 수많은 '공론장들'이 형성되었음을 말해준다. '-라' 종결어미의 계속 사용은 이들 공론장에서 제기되는 과제가 서로 상대방을 이해시키고 납득시키거나 설득시키는 일이었다는 점을 생각하면 충분히 이해가 가는 대목이다. 임화가 지적한 바 있듯이 "아무리 새롭고 좋은 내용이라도 구소설의 양식을 표현형식으로 하지 아니했으면 그러한 전파력이 없었을 것"이다.[21] 애국계몽기 담론의 관건은 전파력, 설득력, 호소력 등을 확보하는 일이었다. 당시 언중은 전통적 삶의 터전, 신분, 지식체계, 관심사를 벗어나고 있었지만 완전히 새로운 언어표현을 습득한 것은 아니었다. 새로운 언중의 관심을 끌기 위한 노력도 필요했겠지만, 그렇다고 그들의 기존 언어 관행, 습속을 완전히 무시해서도 안 되었을 것이다. 임화의 지적은 언중의 관심을 끌기 위한 새로운

---

21 임화, 『신문학사』, 한길사, 1993, 166-67; 한기형, 앞의 책, 54 재인용.

내용과 사실의 개진은 필요했으되 관심 표명 방식이 꼭 전적으로 새로워야 하는 것은 아니었음을 시사한다. 무엇보다 중요했던 것은 어떻게 해야 더 많은 사람들이 국난 위기를 절감하고 외세를 물리쳐 독립을 이루는 데 참여하게 할 것인가, 어떻게 하면 근대 국가를 형성할 것인가라는 문제였다. '-이라', '-니라', '-노라', '-지라' '-로다', '-도다' 등은 권위적으로 느껴지기는 하지만 아직도 옛날 식 표현에 익숙한 언중에게 계몽의 당위를 선포하고 주장하기 위해 『독립신문』에 글을 쓴 지식인들이 여전히 필요로 했던 표현들이었을 것으로 짐작된다.

국문 채택으로 인한 언문일치와 함께 발언 기회를 갖게 된 언중에게 '-라' 계열의 종결어미 사용은 이들 표현이 발화자의 자기 과시적 태도를 드러낼 수도 있다는 점에서 유례없는 경험을 제공했을 수 있다. 복잡한 하대체와 존대체 체계를 갖추고 있는 한국어의 발화자는 피화자와 자신의 사회적 신분 차이 여하에 따라 종결어미를 골라 사용할 수밖에 없는데, 국문 사용과 함께 공적 발언의 기회를 얻은 피지배 계층에게 '-라' 어미를 사용할 수 있다는 것은 엄청난 권능강화의 경험이었을 것이다. "7세 어린아이에서부터 젊은 부인, 나무꾼 등 신분고하, 남녀노소를 막론하고 길거리 곳곳에서 공적 언술을 표현하는 것이 대유행이었다"는 사실은 이런 맥락에서 이해해도 된다.

1900년대에 어미 사용상의 새로운 변화가 생긴 것도 사실이다. 이미 지적한 대로, 신소설에서 '-다', 특히 현재형 '-ㄴ다'가 더 빈번하게 등장하기 시작하였고, '-라' 체계 내에서도 변화가 생겨났다. 이 두 번째 변화는 특히 신문 보도에서 두드러졌는데, 1920년대 후반에 한글 평서형이 '-다' 체계로 통일되기 전까지 한동안 '-라' 어미 가운데 '-더라'가 지배적 위치를 차지한 것이 그것이다. 이 종결형은 '-니라', '-노라', '-로다' 등에 비하면 "어떤 사건이나 이야기를 사실이라고 전달하는" 효과가 훨씬 더 크다.[22] '-더라' 체가 신문에서 자주 등장하게 된 것은 따라서 신문에서 사용되는 담론에서도 새로운 변화가 생겨났다는 것을, 특히 이른바 "객관적 보도"의 기준이 강조되기 시작한 징후로 보인다. 신문 보도에서 '-더라'의 빈번한 사용은 신문담론이 주장, 계몽, 훈시보다는 사실이나 현상의 객관적 보도나 묘사라고 하는 근대적 규범을 좇게 됨을 의미한다. 이는 1894년 이후부터 본격적으로 나타난 공론장에서의 자유 발언이 일제의 감시와 탄압에 의해 갈수록 더 어려워지는 상황과 무관하지 않을 것이다. 계몽담론의 특이점은 "구술문화에 기인한 역동적 변이능력"을 지녔다는 것, 그 "변이 안에서는 소위 문학적인 것과 비문학적인 것, 논설과 서사, 묘사와 서술 등이 다기하게 뒤섞이"는 것이었다.[23] 애국계몽기의 공론장에서 볼 수 있던 이런 표현상의 자유는 합방 이후 사라지기 시작한다. 객관성의 강조는 공론장에서의 풍자, 조롱과 같은 탈영토화된 언술행위들, 전근대적인 위계적 발언과 함께 공존하던 잉여적 표현들, 불안정성 등의 제거로 이어졌다. '-더라'의 지배적 위치는 이런 변화가 일어나는 과도기와 일치한다. 하지만 이 '-더라' 역시 얼마 되지 않아 지배적 지위를 잃게 된다. 식민치하인 1920년대에 이르러 '-다' 체계가 한국어 평서문 종결어미를 서서히 평정하기 시작했기 때문이다.

_4

통설에 따르면 '-다' 문체가 창안된 것은 1919년에 나온 김동인의 소설 『약한 자의 슬픔』이다.[24] 김동인은 문단 선배 이광수가 쓰던 것과는 질적으로 다른 문체를

---

22 주 3에서 인용한 사이구사의 조사에 따르면 약 800개의 종결형 어미 중에서 '-라'로 끝나는 것이 약 630개, '-더라'가 그 중에서 530개 정도이다.

23 고미숙, 앞의 글, 204, 207.

24 이는 사실이 아닌 것 같다. 내가 확인한 바로는 1918년 2월 『半島時論』에 실린 양건식(菊如 梁建植)의 「슬픈 모순」(슮흔 矛盾)도 '-다' 체계로만 서술되어 있다. 그러나 이 작품에서는 모든 종결어미가 '-다'로 처리되어 있으나 현재형 '-ㄴ다'가 중심이 된 듯한 느낌이 들어 김동인의 사용방식에 비하면 거칠고 서툴게 느껴진다. 이 작품은 1996년에 성균관대 도서관에서 한진일/최수일에 의해 처음 발견되었으며, 한기형, 앞의 책에 '부록 2'로 일부가 실려 있다.

의식적으로 시도코자 했으며, 이는 이광수의 종결어미 사용에 대한 불만에서 비롯된 것임을 토로한 적이 있다. 김동인은, 구어체로 사용되기도 하지만 자기가 볼 때 "문어체 흔적"이 너무 많이 남아있는 '-더라', '-이라'와 같은 종결어미를 이광수가 서사체로 계속 사용하고 있다는 점을 문제로 삼았다. 이는 김동인이 문어체보다 구어체가 소설의 서사에 더 적합하다고 믿었음을 보여주는 대목이지만, 그의 말을 곧이곧대로 들을 일은 아닌 것 같다. 우선 구어체를 일상대화에 사용되는 말법이라 여긴다면, 그런 구어체를 서사용으로 쓰기란 사실상 불가능하다. 한국어에는 하대나 존대를 나타내는 어미들이 워낙 많아서 어느 것을 골라 써야 할지 당장 난감해진다. 구어체를 "다까체"처럼 표준화된 형태를 지칭하는 것으로 이해해도 문제는 남는다. 한편으로 표준화된 구어체가 과연 구어체인가 하는 질문이 생길 수가 있고, 다른 한편으로 김동인이 '-다' 체를 도입했을 때 그런 구어체는 아직 없었음을 지적할 수 있다. 김동인이 문제로 여긴 것은 따라서 다른 데 있었던 것 같다. 그가 반대한 '-더라'나 '-이라' 등은 문어체에서 사라진 평서형 어미들이다. 그는 이들 문체가 자기의 새로운 소설에는 어울리지 않는 "전근대적" 어감을 가진 것으로 여긴 것이 아닐까? 이광수의 문체에 대한 김동인의 불만은 언어적 전근대성이 여전히 남아있다는 것이 아니었을까? 그의 「약한 자의 슬픔」에는 과연 지금은 전근대적이라 치부되는 '-라' 체는 물론이고 이광수가 가끔 사용하던 '-로다'와 같은, 고티 나는 종결어미가 아예 사라지고 없다.

김동인이 근대적 언어감각 주형에 관심이 많았다는 것은 이광수가 자주 사용하던 '-한다', '-이라,' '-이다' 등의 현재형 어미에 분명한 반대 입장을 취하는 데서도 드러난다. 그가 현재시제에 반대한 것은, "근대인의 날카로운 심리와 정서를 표현할 수 없"고, "주체와 객체의 구별"을 명료하게 하지 못한다는 이유 때문이다.[25] 근대인의 감수성을 표현하기 위한 김동인의 해결책은 과거형 서사체를 사용하는 것이었다. 이

---

25 김동인, 「조선근대소설고」, 전광용 편, 『韓國의 近代小說 1: 1906-1930』, 개정2판, 민음사, 1990, 292.

제안은 이광수가 과거형 서사법을 사용한 적이 없다고 전제하고 있는데, 다음 예문이
증명하듯 그렇지는 않다.

발서 십유년전의로다. 평안남도 안쥬읍에서 남으로 십여리 되는 동내에 박진사라는 사람이
잇섯다. 사십여년을 학쟈로 지내어 린급읍에 그 일홈을 모르는 사람이 업섯다. 원래 일가가
수십여호되고 량반이오 재산가로 고래로 안쥬일읍에 유세력쟈러니 신미란년에 역적의 혐
의로 일문이 혹독한 참살을 당하고 이 박진사의 집만 살아남앗다. 하더니 거금 십오륙년전
에 청국디방으로 유람을 갓다가 샹해서 출판된 신서적을 수십종 사가지고 돌아왓다. 이에
셔양의 스졍과 일본의 형편을 짐작하고 죠션도 이대로 가지못할줄을 알고 새로운 문명운동
을 시작하려하엿다.[26]

이광수의 『무정』에서 인용한 이 구절은 첫 번째 문장만 제외하면 모든 문장이 과
거형 '-다'로 서술되어 있다. 이런 사실을 두고서 왜 김동인은 이광수가 현재형 서사
체에 매몰되어 있다고 문제삼은 것일까? 만약 이광수가 과거형 '-다'를 사용한 적이
있었음을 알고 있었다면 애써 외면한 셈이고, 아니면 선배의 용법이 근대적 감수성을
표현하기에는 아직도 부족하다고 본 때문일 것이다. 인용된 부분은 주인공 이형식이
여주인공 영채를 만나서 지난 세월을 회상하는 장면으로 여기서 언급되는 시점은 이
야기의 현재 시점에 준해서 볼 때 분명한 과거, 즉 "십유년전"에 해당한다. 이런 시점
을 가리키기 위하여 과거형 '-었(았)다'를 사용한 것은 너무 뻔한 선택인지도 모른다.
물론 과거형 '-다'를 선택한 사실 자체는, 신소설과 구소설에 자주 등장하고 또 이광
수 자신도 가끔 사용하던 '-더라'에 비하면 "근대적" 어감을 만들어내는 것이 사실이
다. 나중에 좀 더 자세히 살피겠지만 이 어감은 '-었(았)다'가 서술자의 사적 세계를

26 이광수, 『무정』, 전광용 편, 『韓國의 近代小說 1: 1906-1930』, 민음사, 1985, 146-47.

드러내는 독백체를 구성하기 때문에 만들어진다. 하지만 이광수의 글 전체에서는 그와 같은 문체 효과가 별로 만들어지지 않는데, 주된 이유는 위의 인용 첫 문장에서 사용된 '-로다'와 같은 선언적 표현이 섞이곤 하기 때문이다. 소설을 계몽의 수단으로 여겼던 이광수의 문체에는 아직 애국계몽기의 불안정하고 역동적이며, 혼란스런 느낌이 남아있는 것이다.

김동인에게서 과거형 '-다'의 용법은 분명 다른 효과를 만들어낸다. 다음은 '과거형'과 '현재형'의 문체론적 차이를 드러내기 위해 김동인 자신이 직접 제시한 예문이다.

소름 돋을 때와 부채의 시원한 바람의 쾌미(快味)는 그에게 조름이 오게 하였다(한다). 그는 구름을 타고 하늘에 올라가는 맛으로 잠과 깨임의 가운데서 떠돌고 있었다(있다). 몇 시간이 지났는지 몰랐다(모른다). 무르녹이기만 하던 날은 소낙비를 부어내린다. 그리 덥던 날은 비가 오면서는 서늘하여졌다(진다). 방안은 습기로 찼다. 구팡에 내려져서 튀어나는 물방울들은 안개비와 같이 되면서 방안에 몰려 들어온다. 그는 눈을 번쩍 떴다(뜬다).[27]

이 인용문에서 '-다'는 "부어내린다", "서늘하여졌다," "찼다," "들어온다", "떴다"와 같이 현재형과 과거형이 뒤섞이는 방식으로 사용되고 있다. 김동인은 과거형 대신 현재형을 사용했다면 어떤 다른 효과가 있었을 것인지 묻는다. 현재형만 사용했을 경우 등장인물인 "주체와 사위(四圍)라는 객체의 혼동 무질서를 볼 수 있으나" 과거형을 쓸 경우 "완전한 합치적 구분을 볼 수 있다"는 것이 그의 자답이다.[28] 이에 대해 권보드래는 김동인이 "'하였다' 대신 '한다', '있었다' 대신 '있다'를 사용하면 독자는 계속 사건이 진행되는 현장에 붙박여 있게" 되는 반면, '-었(았)다'체는 "작중인물과 서술자, 작중인물과 독자 사이의 거리를 확보하는 데…한결 효과적이라고 보았던

---

27 김동인, 「조선근대 소설고」, 『조선일보』, 1929.7.28-8.16; 전광용 편, 앞의 책에서 재인용, 292.
28 같은 책, 293.

것"이라 해석한다.29) 과거형 '-다'는 "서술되는 사건의 시점과 서술의 시점"을 모두 전제함으로써 사건을 과거에 있었던 일로 보여주면서도 동시에 그것을 서술 속에서 경험하게 하여 사건이 "과거로서 현재 속에서 되살아나"게 하고 "입체적인 질감으로 살아날 수 있게" 하는 힘을 가진다는 것이다.30)

김동인은 자신이 두 가지 혁신을 했노라고 자부했다. 첫째는 대명사 '그'를 도입했다는 것이고, 둘째는 "재래의 현재사"를 "완전히 과거사로" 바꾸었다는 것이다. "두 번째 혁신"에 대해 먼저 말하자면, 자신이 종래의 현재형을 '완전히' 과거형으로 바꿨다고 하는 김동인의 주장은 사실과 부합하지 않는다. 당장 인용문만 봐도 "부어내린다," "들어온다" 등이 눈에 띈다. 게다가 과거형 '-었다' 역시 위에서 본 대로 이광수가 사용한 적이 있고, 19세기 가사에도 이미 나타난 적이 있다.31) 김동인은 과거형 '-다'를 처음으로 쓰지도, 또 과거형에만 의존해서 '-다' 문장들을 쓰지도 않았던 것이다.32) 김동인이 한글 문체를 혁신시키지 않았다는 말이 아니다. 다만 김동인의 혁신은 다른 데서 찾아야 할 것 같다. 내 생각에 김동인이 문체상의 혁신을 할 수 있었던 것은 과거형 '-다'를 사용했기 때문만은 아니다. 그가 소설에 서술되는 사건을 "과거로서 현재 속에서 되살아나"게 할 수 있었던 것은 과거형을 다른 근대적 '-다' 어미들—'-로다'와 같은 전근대적 형태가 아닌 '-ㄴ다'나 '-이다'와 같은 새로운 형태들—과 함께 사용했기 때문, 다시 말해 '-다' 체계를 가동할 수 있었기 때문이다. '-다'는 이인직이 신소설을 쓰기 시작한 이후 소설 서사에서 그 사용 빈도가 높아졌고, 이광수의 『무정』에서는 지배적 위치까지 차지하게 되지만 김동인에 이르기까지는 이따

29 권보드래, 『한국 근대소설의 기원』, 소명출판사, 2000, 253.
30 같은 책, 254.
31 "온갖 스름 다 모히니 각식풍류 드러왓다." 고미숙, 『18세기에서 20세기초 한국시가사의 구도』, 소명, 1998, 217 재인용; "남훈전 발근 달은 근정전의 비취엿다." 고미숙, 248 재인용.
32 "과거형 '-다', 곧 '-었(았)다'라는 종결어미는 일찍이 나타난 적이 없었다," '-었(았)다' 체는 "김동인이 처녀작에서 처음 실험한 것이었다"고 한 권보드래의 말은 따라서 수정될 필요가 있다. 권보드래, 앞의 책, 253.

금씩 '-라'와 함께 쓰이고 있었다. 김동인은 소설 서사에서 평서문을 쓸 때는 어떤 경우든 '-다' 종결형만을 사용했다는 점에서 그의 선배 작가들과 달랐다. 그는 '-라' 체계 문장을 철저히 제거함으로써 이후 한국어 평서문 문장이 '-다' 체계에 지배되는 길을 열었고, 한국어에 근대적인 언어 감각을 도입했다.

이와 관련된 것이 인칭대명사 '그'의 사용으로 생겨난 효과이다. 김동인은 영어 'He'와 'She'에 해당하는 것을 모두 '그'라고 통일하여 사용하였는데, 그 결정에 대해 "지금 생각하여도 장쾌하였다"고 자랑한 적이 있다.[33] 김동인에게서 '그'란 "실제로는 주인공만을 가리키는 독점적 대명사였고, 이 특징은 이후 한국 소설의 역사에서도 이어졌다." "3인칭 체계가 발달되지 않았던 한국어"에 '그'가 등장한 것은 한국 소설이 "'나'와 같은 무게로 작품 세계를 지배할 만한 존재를 탄생시킨" 사건으로, 즉 "제3의 인물에 '나'에 준하는 내면처럼 그려낼 수 있는 근거"를 만들어낸 것으로 이해된다.[34] 하지만 나로서는 이 '그'의 등장이 '-다' 체계의 성립과 함께 이루어졌다는 사실도 꼭 강조하고 싶다. '그'와 같은 새로운 인칭대명사로 인해 타자적 자아의 내면을 직조할 수 있게 되고, '-었다'와 같은 과거형 문체가 새로운 표현의 가능성을 갖추게 된 것은 '-다' 체계의 성립과 함께 가능해졌다고 보이기 때문이다. 새로운 대명사 '그'의 출현과 '-다' 체계의 성립이 동시에 일어났다는 사실은 결코 우연이 아니다. '-다' 체계의 성립으로 인해 한국의 문어체 문장들이 새로운 어감, 새로운 표현의 영토, 가라타니의 표현을 쓰자면 새로운 "풍경"을 만들어내기 때문이다. 이제 '-다' 체계로 인해 어떤 변화가 생기는지 살펴보자.

_5

근대적 표현 영토에서 사라진 '-라' 체계는 한문문장에 덧붙여 사용되던 것이었다.

---

33 김동인, 앞의 글, 291.
34 권보드래, 앞의 책, 250.

한문을 읽을 때 구결로 쓰던 것이 언해에 그대로 남은 것이기 때문이다. 이 '-라'의 소멸로 송서(誦書) 전통이 사라진다. 통상 한문 읽기는 낭독으로 이루어진다. 사성(四聲)으로 발음해야 했던 옛 관습의 흔적일 수도 있고, 암기를 돕기 위해 리듬이 필요했기 때문이기도 한데, 한문과 함께 사용되던 '-라'의 소멸로 한국어는 이제 이런 음악성 혹은 운율의 느낌이 크게 감소하게 되었다. '-다'로 된 문어체는 '-라'와 '-다'의 혼용으로 된 것보다 낭송보다는 묵독에 더 어울리게 된다. 이는 '-다' 문장들로 구성된 근대적 담론들이 발화자와 피화자간의 교감적(phatic) 관계보다는 내용 중심으로 이루어지는 것과 무관하지 않을 것이다. 묵독은 내용 확인 중심의 글 읽기이기 때문에 낭송보다 '-다' 문장에 더 어울렸을 것으로 짐작된다. 물론 '-다' 체계라고 해서 음악성이 아예 사라지는 것은 아니다. 문어체도 소리 내어 읽을 수가 있고, 그럴 경우 사람마다 다른 억양과 운율을 드러낼 수도 있다. 그러나 '-다' 문장들의 특징은 음성문자의 균질성을 가지고 있다는 점, 즉 음절들이 동일한 길이를 가지고 발화된다는 점이다. 이런 특징 때문에 근대 한국어 문장들은 음절들의 이질적 배치보다는 균질적 배치에 더 어울리며, 낭송보다는 묵독에 더 어울리게 된다. '-다'로 가능해진 근대 담론이 내용 전달에 어울리는 만큼 묵독은 그 내용을 가장 확실하게 확인할 수 있는 글 읽기가 되었다.

또 다른 변화는 '-다' 체계와 함께 한글의 문어체 문장이 좀 더 짧고 간결해졌다는 점이다. 이 점은 '-라'로 끝나는 문장들과 비교하면 분명히 드러난다. '-라'는 문장을 완성시키는 힘이 모자란다. '-라' 자신이 연결어미로도 사용될 수 있기 때문에 '-라' 문장은 수십 줄까지 늘어지는 만연체가 예사이다. '-라' 종결형을 사용하는 문장들은 그래서 5-6백자가 넘는 경우가 드물지 않은데, 반면에 '-다' 문장들은 3-40자 문장들이 흔하고, 길어도 150자를 넘는 일이 별로 없다.[35] '-다'와 함께 접속사가 사용되기

---

35 '-다'를 사용한다고 즉각 모든 문장이 짧아지는 것은 아니다. 예컨대 1922년 <동아일보>에 연재된 번역소설 「녀장부」의 경우 문장이 대부분 '-다'로 끝나지만 이전의 '-라'체처럼 한없이 길다. '-다' 문장

시작한 것은 이 점과 무관하지 않을 것이다. 접속사 사용이 새로 생긴 것은 문장들이 짧아지는 대신 문장들 간의 관계를 알게 하는 일이 중요해졌기 때문일 것이다. '-다' 체계를 따르는 문장들의 출현과 함께 문장의 복문화가 이루어진 점도 같은 맥락에서 이해할 수 있을 것 같다. 과거에 잘 사용되지 않던 종속절이 자주 사용되었는데 이것은 발화위치에 대한 관심이 배제됨으로써 문장의 진술에 관심이 집중되고, 나아가서 문장 단위들 간의 논리적 관계의 체계에 따른 문장 구성이 더 용이해졌기 때문으로 보인다. 음악성의 축소,[36] 문장의 단축, 그리고 논리적 글쓰기 등은 '-다' 문장이 한 문어투로부터, 그리고 언해문체로부터 벗어난 결과로 보인다.[37]

　하지만 '-다'체계로 생긴 근대 한국어의 가장 큰 특징은 무엇보다 문장을 단정적, 단언적 표현으로 만든다는 점이다. 이 사실은 '-다'가 '-라'와는 달리 훈계적, 위계적인 어감을 주지 않고, 특히 발화자의 위치를 은폐하는 경향이 큰 점과 무관하지 않다. '-라' 체계에서는 '-더라'까지도 화자가 현전한다는 느낌을 배제할 수가 없는 반면에 '-다'를 사용하면 필자-화자의 현전이 최소화되고 문장의 발화가 내용 중심으로 이루어진다는 느낌을 만들어낸다. 이런 어감은 부분적으로는 '-다'가 계사의 역할을 깔끔하게 해내어 문장을 명제처럼 만들어내기 때문에 생긴다. "그는 나쁜 사람이다"와 "나무는 식물이다"는 이 결과 표현 차원에서는 전혀 달라 보이지 않는다. 어떤 사람을 나쁜 사람이라고 단정하는 것은 거짓말을 하는 것일 수도 있고, 그 자체가 편견에 사로잡혀 있다는 증거일 수도 있지만, 표현상으로는 "나무는 식물이다"와 마찬가지로 명제적 진술처럼 읽혀지기 때문이다. '-다' 문장들이 우리를 묘사, 서술, 설명, 논증, 평가, 보도, 주장 등의 행위 자체보다는 그것들이 표현하는 세계 자체, 즉 사실,

이 짧아지는 데에는 그것이 '근대적' 언어감각을 주형하는 경우에 국한되는 것이 아닐까 싶다.
36 '음악성의 축소'라는 표현은 오해의 소지가 있을 수도 있다. 여기서 음악성은 전통적 의미의 리듬감 등을 가리킬 뿐 음악성 그 자체는 아니다. 전통적 음악성이 축소된다고 해서 새로운 음악성이 나타나지 말라는 법은 없다.
37 "조선 전통문화의 본질을 이루는 구두적 요소, 곧 말의 운율이 일제 말에 이르러 적어도 근대적 교육을 받고 일본어 문화권에 의지해 있던 사람들에게는 사라지고 말았음…" 유선영, 앞의 글, 351.

현실, 진실, 내면, 내용 등과 대면하게 하는 것처럼 느껴지는 것은 화자 현전의 최소화와 함께 이 명제 효과 때문일 것이다.

'-다'의 효과는 발화된 문장의 내용을 사실인 것처럼 만드는 데, 묘사된 세계만을 의식하게 하는 데 있다. 다음은 1921년에 발표된 이기영의 「민촌(民村)」의 첫 문장이다.

> 태조봉골작이에서 나오는 물은 '향교말'을 안꼬돌다가 동구밖앞 버들숲 사이로 뚫고 흐르는데 동막골노 너머가는 실뱀같은 길이 개울건너 논뜻밧뚝 사이로 요리조리 꼬불거리며 산잔등으로 기여올너갔다.[38]

여기서 서술자가 부재하는 것은 아니다. "태조봉골작이," "향교말," "동구밖," "동막골"과 같은 표현들은 이들 장소에 익숙한 사람, 즉 이야기 공간에 존재하는 인물들과 함께 서술자만이 할 수 있는 것들이다. 따라서 우리는 서술자의 목소리를 듣고 있다. 하지만 서술자의 발화는 사실만을 말하거나 필요한 대상을 묘사하기 위한 최소한의 발화이다. 이 발화를 통해서 우리는 묘사된 세계를 직접 대면하게 된다. 태조봉의 산골짜기에서 물이 어떻게 흐르는지, 길은 어떻게 산 위로 나 있는지 우리의 상상 속에서 직접 보게 되는 것이다. 이런 형상화는 물론 서술자의 발화로 인해 가능하지만 동시에 그것은 독자의 발화 때문에 생기는 효과이기도 하다. '-라'체를 썼더라면 더 분명하게 느껴졌을 서술자의 존재는 이 과정에서 거의 사라지고 없다. 물론 서술자가 사라진 것은 아니다. 그러나 서술자는 자신의 발화를 통해 어떤 내면의 풍경을 만들어낸다. 독자는 묵독을 통해 그 사실을 확인한다. "태조봉골작이" "향교말" "동막골" 등이 나타나는 이 풍경은 '-다'로 구축되는 내면세계에서만 구성될 수 있다.

---

38 이기영, 「민촌」, 『韓國의 近代小說 1: 1906-1930』, 225.

'-다'가 만들어내는 이런 풍경의 효과는 허구적 서사에만 국한되지 않는다. 다음을 보자.

명일을 위한 금일의 운동은, 명일 써문에 있는 것이다. 문학이, 이 운동에 참가하고 안하고 간에, 그 문학이 본래의 가치를 못 갖게 되는 이상에는, 우리는 질겨히 문학을 금일의 운동의 무기로 쓰고저 한다. 그럼으로 이 문학은 금일에만 한해서 유용한 것인 동시에 존재할 이유를 갖는다.[39]

1924년에 쓴 김기진의 이 논문은 애국계몽기의 논설들과는 완전히 다른 어감을 준다. 김기진의 문장은 '-다' 체계가 지배하여 매우 단정적이다. 여기에도 물론 '허구의 효과'가 작용하여 사실, 현실, 또는 진실과 직접 마주치고 있다는 느낌이 형성된다. 이런 사실은 "문학이 본래의 가치를 못 갖게" 된다는 김기진의 입장에 반대하는 경우에도 마찬가지이다. "문학이 본래의 가치를 못 갖게 된다"는 입장에 반대하는 것과 관계없이 이 문장은 발화되는 순간 기정사실로 전환되어 버린다. 그리고 읽고 나면 "문학이 본래의 가치를 못 갖고" 있다는 사실은 이미 단정지어진 상태에 놓이게 된다. 동화와 같은 담론에서 "거인은 나무처럼 키가 컸다"와 같은 문장을 읽는 것과 다를 바가 없는 것이다. 이런 표현은 게다가 "물은 수소 두 개와 산소 한 개로 이루어진다"와 같은 과학적 명제와도 흡사한 모양을 가지고 있다. 모두 '-다' 문장으로 이루어진 이들 명제들은 그 내용의 사실 여부와 관계없이 사실처럼 받아들여진다. '-다' 문장의 이런 단정 효과를 회피할 수 있는 길이 있을까? '-다' 문장 자체를 아예 읽지 않는 것 말고는 없을 것 같다. '-다' 문장으로 글을 쓴다는 것은 그것이 만드는 효과를 일단 수용하는 것이다. '-다' 문장들은 발화된 내용을 사실로 수용하게 만드는 효

39 김기진, 「今日의 文學·明日의 文學」, 전광용 편, 앞의 책, 411.

과를 가지고, 발화내용과 일종의 동시대화, 또는 공감을 일으키게 한다. 이 효과는 서사에서는 이야기세계와, 논문에서는 논증된 내용 또는 논리와, 신문보도에서는 보도내용의 사실성과의 동시대화를 만들어내고 그것들과 공감하게 하는 것이다.

이 동시대화를 통해 생기는 가장 중요한 효과는 '-다' 문장의 언중을 문장의 진술 내용 차원으로 소환하고 참여시키는 것이 아닐까 싶다. '-다' 문장의 이런 소환은 매우 특이한 과정의 결과이다. 많은 사람들이 지적한 바 있듯이 '-다' 체계 성립에 획기적인 기여를 한 '-ㄴ다', '-하다', '-었(았)다' 등은 하대체 어미에 해당한다. 소설을 포함하여 평론, 논문, 신문 등에 사용되는 문장들이 독자 대중을 상정하고 있다는 점을 생각할 때 이 하대체 사용은 묘한 선택이 아닐 수 없다. 하지만 바로 여기에 '-다'에 의한 근대적 풍경 구성의 비밀이 있는 것 같다. '-다'가 근대적 어미체계로 성립될 수 있었던 것은 오직 "자기 자신에게 건네는 말투"가 될 수 있기 때문이었다.[40] '-다'가 '-라'와는 달리 서술자, 발화자의 현전이 최소화되어 있다는 것도 사실 따지고 보면 이 점을 가리키는 것이었던 셈이다. '-라'의 경우는 서술자나 발화자가 서술되는 이야기 차원과 구분되는 담화적 차원에 관심을 집중시키는 경향이 있다. 반면에 '-다'는 물론 담화적 차원이 전혀 없는 것은 아니지만 이야기와 분리되지 않고 그 이야기에 즉하는, 현전하는 서술자를 제시한다. 이 서술자가 나타나는 방식은 "자기 자신에게 건네는 말투"이기 때문에 훨씬 더 사적이다.

이런 사적인 표현이 그런데 어떻게 언중, 즉 불특정 다수가 쉽게 동화할 수 있는 발화 방식이 될 수 있었을까? 위에서 언급한 근대적 3인칭 대명사 '그'와 연관하여 생각해볼 필요가 있다. '그'의 등장은 "제3의 인물에 '나'에 준하는 내면"을 부여할 수 있는 길이 열렸음을 의미한다. '그'는 김동인의 소설에서 '-다'로만 된 평서형 문장들과 함께 쓰임으로써 전적으로 새로운, 즉 근대적 풍경의 일부가 된다. '그'는 이

---

40 권보드래, 앞의 책, 249. 그리고 이 점은 가라타니가 말한 "고백의 제도"에 해당할 것이다. 가라타니, 『일본 근대소설의 기원』, 103-29.

제 '나'의 언급, 관찰 등의 대상만이 아니라 '나'처럼 자신의 내면을 드러낼 수 있는 존재가 되는 것이다. '-다' 문장이 여기서 중요한 것은 독백처럼 읽힐 수 있기 때문이다. 위에서 '-다' 문장들은 주로 묵독으로 읽힌다는 점을 지적하였다. '-다'체 문장을 묵독으로 읽는 독자는 소리 나지 않는 자신의 목소리로 그것을 읽으며, 이때 그가 읽은 문장은 그 자신의 발화로 전환된다. '-다'가 지닌 소환 효과는 바로 이 자기 목소리에 귀를 기울이는 데서 생기며, '-다' 문장이 동의의 효과, 동일시효과를 내는 것도 이런 점에 크게 의존하는 것으로 보인다. 불특정 다수가, '-다'가 만들어내는 단정, '-다'에 의해 펼쳐지는 '내면' 혹은 '진실'의 세계에 참여하는 것은 따라서 강요가 아니라 자율적이다. '-다' 문장이 이데올로기적 동일시를 만들어내는 데 효율적인 장치가 된다면 바로 이런 이유 때문일 것이다. '-다'가 근대적 언어적 감각을 만들어내는 것도 바로 이런 이유 때문으로 보인다.

_6

'-다' 문체는 1910년대 말 이후 서사 담론에서 지배적 위치를 차지한 이후 1920년대에 다른 담론들로 확산되었다. '-다' 문장들을 다른 근대담론들로 확산시킨 가장 중요한 통로는 신문이었다. 근대 초기의 대부분 소설은 신문에 연재되었는데, 소설의 서사체가 한국어 평서문의 모델이 된 것도 이 점과 무관하지 않다. 다음은 『동아일보』가 창간 다음날인 1920년 4월 2일부터 연재하기 시작한 민우보의 「부평초」 시작 부분이다.

나는 아홉살이되도록 우리어머니가 기신줄로알엇다 내가울면 그사람이곳엽흐로와서 내눈물이말을째까지 안츄스르며 달내여쥬엇다 나는언제던지 입맛츄지안코 잠들어본적이 업스며 또 동지섯달설한풍에 눈보라나횟부릴째에는 그스람은 나를그품에안고 실인발을 녹여쥬

면서 자장노리를들니여쥬엇다 그노리의사연은지금도내귀에 남어잇다[41]

이 소설을 인용하는 것은 신문에서 소설이 지닌 독특한 위치를 음미해보기 위함이다. 당시 신문에는 소설 말고 '-다' 체계를 이처럼 일관되게 사용하는 담론은 없었다. 『동아일보』 창간호 논설에는 여전히 '-로다', '-도다', '-지어다', '-니라', '-노라' 등이 사용되고 있었고, 보도문에는 '-더라'가 지배적이었으며, 이런 사정은 다른 칼럼, 지면에서도 마찬가지였다. 따라서 이 소설의 문체가 '-다'로 통일되어 있다는 것은 그 자체로 '근대적'으로 보이는, 새롭게 보이는 효과를 만들어냈을 것이다. 이 효과는 특정한 "배치의 효과"로서 논설, 잡보, 관보, 기고문, 광고문 등 신문에 다른 담론들과는 달리 유독 소설만이 '-다' 문체를 사용한 결과이다. 당시 언중에게 이 서사체는 얼마나 새롭고 특이했을까! 이와 관련하여 당시 이런 근대소설이 삽화와 함께 연재되었다는 점도 고려할 필요가 있다. 이들 삽화는 전근대 시각적 재현물에서는 좀체 볼 수 없는 근거리에, 낮은 목소리로 대화할 수 있을 정도로 가까운 거리에 인물을 배치하고 있다.[42] 이런 배치는 인물을 당시 광고에 나오는 구두 등 양품들처럼 등장인물 혹은 독자의 사적 세계의 관심사로 만드는 효과를 가진다. 신문에 소설이 배치된 이후 '-다' 체계의 지배적 위치는 갈수록 확고해진다. 이미 1920년대 초에 신문 상재 평론, 학술 논문에 등장하고, 1920년대 중반에 이르면 논설에, 1920년대 말에는 보도에도 채택되기 시작하는 것이다. 신문은 한국의 근대적 표현 영토를 개발한 소설을 연재함으로써 다른 근대적 담론들로 '-다' 체계가 퍼지는 데 핵심적 역할을 했다.

'-다' 체계의 '근대성'은 그것의 낯설음이기도 하다. 기존의 어투가 지속되는 가운데 '-다'는 매우 이국적일 수밖에 없다. 이와 관련, '-다' 체계를 완성한 김동인이 아

41 민우보, 「부평초(浮萍草)」, 『동아일보』, 1920. 4. 2, 4면.
42 강내희, 「근대성의 '충격'과 한국 근대성 논의의 문제」, 『문화과학』 25호, 2001년 봄, 203-19.

주 어렸을 적에 일본 유학을 하였으며, 첫 단편의 구상을 일본어로 하였고, 먼저 일본어로 써 놓은 것을 한국어로 번역하였다는 점을 꼭 언급해야 한다. 아울러 한국어 '-다'가 일본어 '-た'와 같은 음가를 가지며 비슷하게 사용되고 있다는 점도 지적해야 한다. 종결어미 '-다'를 현대적으로 사용하기 시작한 신소설 작가 이인직의 경우도 역시 일본어를 숙지한 사람이다. 이미 언급한 대로 전근대 한국어에도 다양한 형태의 종결어미 '-다'가 있었다는 점, 그리고 두 언어가 같은 우랄 알타이어에 속한다는 점을 생각할 때, 신소설 이후 사용된 '-다' 종결형 자체가 일본어에서 도입한 것이라고 할 수는 없다. 하지만 '-다' 체계의 형성이 일본어를 습득한 소설가들에 의해서 이루어졌다는 사실은 한국어 '-다'와 일본어 '-다'가 매우 긴밀하게 연계되어 있었을 것임을 짐작하게 한다. 이 새로운 언어적 습관에 대해서 한국의 언중이 어떤 반응을 보였는지 아직 알지 못한다. 하지만 그것이 새롭다는 것, 이 새로운 표현방식이 주로 새로운 것을 다루는 신문에 오랫동안 배치되어 있는 동안 소설 이외의 다른 담론들에서도 채택되기 시작했다는 점을 주목할 필요는 있을 것 같다.

그러나 신문 매체가 아무리 중요하더라도 '-다' 체계의 확산이 단순히 신문에 의해 이루어졌다고 한다면 매체결정론적인 생각일 것이다. '-다' 체계가 확산되기 위해서는 대중매체 이외의 다른 근대적 조건들도 없어서는 안 되었다. 무엇보다 먼저 새로운 언중 구성의 문제가 있다. 이와 관련 위에서 언급한, '-다'가 '하대체'라는 사실을 다시 살필 필요가 있다. 한국어는 복잡하고 미묘한 방식으로 존대와 하대를 나타내는 표현 체계를 갖춘 언어이다. 다수 언중이 읽는 신문 담론에서 하대체를 사용한 것은 이런 맥락에서 보면 여간 실험적인 언어사용이 아니다. '-다' 체로 된 소설 서사가 얼마나 도발적으로 들렸을 것인지 짐작하려면, 당시 신문지면에 선언적, 권위적, 초월적이며, 봉건적인 태도를 드러내는 다른 어미들도 함께 배치되어 있는 그림을 상상하면 된다. 따라서 떠오르는 질문은, 도대체 어떤 언중이 이런 말법을 용인할 수 있었을까 하는 것이다. 전통적 신분이나 성별에 따른 차별화를 벗어난 언중이라야 그럴 수 있지 않을까? 이때는 하층 신분 사람들이 '-노라', '-니라' 등의 권위적 표현을 사용할 수 있게 됨으로써 권능강화를 경험했던 때와는 또 다른 방식의 표현 가능성이 만들어진 것으로 보인다. '-다' 문장들이 하대체이면서 동시에 자기 자신에게 하는 표현이라는 사실이 중요하다. '-다' 문장들은 사적인 표현을 통해 공적인 발언을 하는 발화 효과를 가지고 있다. '-다' 문체는 풍경 혹은 내면을 묘사하되 자기 자신에게 하는 발화 형태를 띰으로써 화자와 피화자가 서로 말을 주고받는다는 느낌을 줄인다. 불특정 다수가 읽는 신문에 공개해 놓아도 독자로 하여금 하대체가 자신에게로 향한다는 느낌이 들지 않게 하는 것이다. 이 경우 독자는 독자대로 묵독을 통해 자신의 죽은 목소리로 '-다' 문장들을 발화함으로써 풍경과 내면에 직접 참여하게 된다.

이런 새로운 언중이 형성된 것은 당시가 식민지 상황이었다는 점과 무관하지 않을 것이다. 일본의 식민지배가 기존의 사회적 신분 체계를 크게 허물어뜨렸다는 것을 새삼스레 강조할 필요는 없다. 하지만 '-다' 체계에 의한 한글 평서문의 지배가 기존의 사회적 차별화 해체를 전제한다는 사실도 부정하기 어렵다. 소설 서사를 위해 처음 등장한 '-다' 체계는 다른 담론들로 확산되어 갔다. '-다' 문장 평서문으로 구성되는 이들 담론들의 특징은 모두 근대적 지식, 직업, 태도, 재현 등과 관련되어 있다는 점이다. '-다' 문체의 또 다른 특징은 전언적 과정보다는 서술되는 내용, 묘사되는 세계, 지식의 대상 영역 자체와 대면하는 것처럼 만든다는 점이다. 이런 느낌은 물론 서사에 의해서 만들어지는 허구적 효과이지만, '-다'가 독백체 문체라는 점에 의해 강화된다. 허구적으로 만들어진 세계가 사실적으로, 현실감을 가지고 다가오는 것이다. 이때 중요한 것은 허구적 세계 자체, 그것의 현실성 자체이다. 이 현실성의 형성과 전통적 신분질서에서 벗어난 언중이 '-다'체가 일관되게 근대적 담론에서 채택되는 조건이 아닐까 싶다. 소설 이후 '-다' 체계를 수용하기 시작한 담론들은 과학적 분석, 학술적 연구와 보고, 평론, 논설 등이다. 이들 담론의 생산자는 식민지 근대성이 형성되는 과정에서 새롭게 배출된 전문가들이었다. 소설가, 의사, 평론가, 학자 등은 이제 새로운 근대적 지식의 배치 속에서 '사실', '진실', '현실' 자체에 근거하고, 논리적 정당성에 기반을 둔 발화 행위를 하는 사람들로 인식된다. 신문 기자들이 비교적 늦게 이들에 합류한 것은 이미 말한 대로 '-더라'체에 사실 보도 기능이 있었기 때문이기도 하고, 다른 한편에서 보면 신문 발간을 둘러싸고 애국계몽적 관습이 비교적 오래 남았기 때문으로 보인다.43)

나는 여기서 '-다' 체계가 근대한국어에서 지배적 위치를 차지하게 됨으로써 한국어 사용자가 과거에 비해 훨씬 더 나은 표현의 가능성을 획득했다고 말하려는 것은 아니다. 다만 '-다' 체계로 특정한 유형의 표현 가능성이 열렸다고 할 수는 있을 것이다. '-다' 체계 확립 과정은 부분적으로는 '-다'가 '-라'의 일부 형태가 지녔던 표현력을 자신의 것으로 만드는 것이었다. 예컨대 '-(이)라'와 '-니라'는 '-(이)다'로 바뀌고, '-더라'가 사라지면서 '-라(고) 한다'가 사용되는 것이 그런 예이다. '-다' 체계 안에서도 변화가 이루어졌다. 하대체인 '-ㄴ다', '-하다', '-이다', '-었(았)다'가 자주 사용되면서 '-도다'나 '-로다'와 같은 과거의 감탄형, 선언적 표현은 사라지고, 대신 감탄 어투를 살려야 할 경우에는 '-구나'로 전환되고, 평서문으로 바꿀 때는 '-이다'나 '-ㄴ다'로 바뀌었다. 자주 쓰지 않던 '-다'의 과거형인 '-ㅆ다'가 자주 사용되기 시작한 것도 '-다' 체계의 표현 가능성을 풍부하게 하는 데 중요한 역할을 하였다. 과거에는 사용하지 않던 표현인 미래형 '-ㄹ 것이다'와 과거분사형 '-ㅆ었다'가 이후에 개발된 것도 '-다'가 이처럼 지배적 위치를 차지하면서 가능해진 것임에 분명하다. 이로써 근대한국어는 '-다' 체계만으로도 완벽하게 평서문 문장들을 생성할 수 있게 되었다.

43 애국계몽시대의 말걸기 방식이 신문 보도에 오래 남은 이유는 그것이 어떤 공론장으로서의 역할을 하였기 때문이 아닐까 싶다. 이 맥락에서 1930년대까지도 "훌륭한 기자는 지사적 열정과 통찰력, 주의주장, 문장력을 가진 자였으며, 기사도 정의적이어야 좋은 기사라고 평가되었"다는 사실을 상기할 필요가 있다. 유선영, 앞의 글, 307.

가라타니에 따르면 "풍경이란 하나의 인식틀이며, 일단 풍경이 생기면 곧 그 기원
은 은폐된다."[44] 그는 이 말을 통해 일본의 문학비평가 혹은 이론가들이 근대문학의
풍경 속에 빠져 그 풍경의 역사성을 인식하지 못한다는 비판을 하고 있다. 그런데
"기원의 은폐"는 기원의 자동적 은폐는 아닐 것이다. 어떤 지속적인 작업이 없다면
기원의 은폐도 불가능하다는 말이다. 가라타니는 물론 풍경 속에 있을 때 풍경에서
벗어나려 하는 경우는 드물다는 말을 하려 한 것이었다. 그는 근대에 속하면서도 속
하지 않은, 한문학자이자 영문학자였던 소설가 소세키가 그런 드문 예라고 본다. 근
대 속에 있으면서 근대를 벗어나려고 한 것은 근대에 대한 불만 때문일 것이다. 지금
은 소세키의 시대와는 달리 근대 후기에 속하지만, '-다' 체계를 사용하는 오늘의 한
국인 가운데 유사한 불만을 느끼는 사람들은 적지 않다. 여기에는 최근 전자통신상의
언어사용을 통해 새로운 언어관행을 만들어내고 있는, 단어를 축약하고, 이모콘
(emocon)을 사용하고 '-다' 어미 사용을 기피하며 종결어미 사용도 하지 않는 신세
대가 포함된다. 이런 반응은 근대 한국어의 지배적 특징들에 반발하는 세대가 등장했
다는 것을 의미한다. 물론 이들이 근대 한국어에 불만을 표시한 최초의 사례는 아니
다. 시인 김지하도 한글문장을 가리켜 "냉동문체"라고 불평한 적이 있다.[45]

'-다' 체계의 문제 하나는 문장에 폐쇄성을 부여한다는 것이다. '-다'를 사용한 문
장들이 주는 주된 느낌의 하나는 완결성이다. 한글 문장에서 '-다'는 문장이 끝났다
는, 바로 즉시 마침표가 찍힌다는 신호이다. '-다'로 이루어지는 근대의 한글 문장은
그래서 이처럼 완결된 여러 문장들을 가진다. 이 문장들은 물론 서로 연관되어 있지
만 개별적으로 하나의 폐쇄영역을 이룬다. '-다' 문장이 다른 문장과 고립되어 독자

---

44 가라타니 고진, 『일본 근대문학의 기원』, 32.
45 이 말은 김지하가 황석영의 소설 문체에 대해 한 말이다.

적으로 설 수 있는 것처럼 보이는 것은 이 결과이다. 접속사가 필요하고, 지시사 또는 인칭대명사가 필요한 것도 그 때문이다. '-다'는 문장을 폐쇄영역으로 만들 뿐만 아니라 문장을 응결시키고 고정시킨다. '-다'로 끝난 문장을 읽을 때에는 강조나 억양 변화를 하기가 쉽지 않으며, 모든 문장 단위들이 건조하게 느껴진다. 이는 '-다'를 사용하는 문장들이 단정적 공식 담론으로 응고되기 때문이다. 김지하 같은 시인들만 한글의 이런 딱딱함, 즉 냉동문체에 불만을 품은 것은 아니다. 학술적, 소통적, 창조적, 비평적, 사법적 글쓰기의 대부분이 표준화, 정형화되어 어떤 "견고한 요새"처럼 구축되어 있는 것을 불만으로 여기는 사람도 있다.[46] 이 견고성, 냉동성은 공식적 한글 문장의 딱딱함, 견고함, 정형성을 만들어내는 한글 문장의 종결어미 체계 때문에 비롯되지 않았을까?

'-다'의 딱딱함은 사실 구어체로부터의 철저한 단절에서 비롯된다. 김동인은 "아직 많이 남아있던 문어체 문장은 우리의 손으로 마침내 완전히 구어체로 변하였다"고 말했지만,[47] 그중 일부('-ㅆ다', '-한다')가 구어의 하대체에서 출발한 사실이 있기는 하지만, 사실 '-다' 문체는 구어체와는 거리가 멀다. '-다' 체계는 새로운 문어체이며, 한국어 문장을 새로운 방식으로 직조하고 문장 요소들을 새롭게 배치하게 하는 틀이다.[48] 그것은 한 문장을 다른 문장과 구분시키고, 양자의 관계를 설정하기 위해 접속사를 사용하고, 개별 문장 내부에서는 문장 요소들의 논리적 관계에 따라서 종속의 양상을 만들어내게 하여 문장 작성에서 더 치밀한 계산을 요하게 만든다. 아무리 짧은 문장이라도 '-다'를 사용하면 다른 종결어미 문장을 사용하는 것과는 완전히 다른 어감이 생기게 되는 것은 이 때문이다. 예컨대 "그녀는 아름답다"와 같은 문장은

---

46 고미숙, 앞의 글, 203.
47 김동인, 앞의 글, 291.
48 "근대회화에서 '깊이감'은 균질 공간 속에서 하나의 중심적 소실점에 대응하는 사물의 배치에 의해 출현했다. '심층' 역시 '현실' 또는 '지각'에 근거해 존재하는 것이 아니라 하나의 원근법적 '작도법'에 의해 존재하게 된 상태이다. 심층이란 하위구조를 말한다. 즉 상하의 원근법이 심층을 존재하게 만든다" (가라타니, 앞의 책, 188).

문어체로는 매우 흔하게 접할 수 있지만 구체적 대화에서는 거의 나오지 않는다. 따라서 이 문장은 "우와, 예쁘네!"와 같은 표현이 지닌 교감이나 정서를 드러내기 어렵다. 이 말은 '-다' 문장들이 어떤 교감과 정서도 소통할 수 없다는 말은 아니다. 아무런 극적 효과를 만들어내지 못한다는 말도 아니다. 예컨대 영상 다큐멘터리에 자주 활용되는 '-다' 문장 서사체는 화면에 등장하는 사건, 풍경, 인간들을 그 내부에서 보여주는 효과를, 그것들이 만들어낸 극적 세계 내부로 시청자를 끌고 들어가는 효과를 가지고 있다. '-다' 문장도 서술자에 따라서, 그리고 서술의 목적에 따라서 다양한 정동을 실어 나를 수가 있다는 증거이다.

내가 강조하고 싶은 것은 '-다'로 인해 발견되는 풍경은 끊임없이 자연스런 것으로 만들어져야 한다는 점이다. 이 과정은 이미 이 글 초두에서 시사한 대로 역사적으로 구축되는 훈육 과정이다. 이 과정은, 근대성의 구축이 자연적이 아니라 역사적이라는 점에서, 그리고 대개 이 과정이 이질적 세력들과의 접촉과 그것이 초래하는 충격을 통과한다는 점에서 현실 속에서 반복되어야 한다. 이는 곧 풍경이 풍경임을 은폐할 수 있기 위해서는 풍경의 효과를 계속 만들어내야 한다는 것이다. 그렇다면 풍경의 발견은 풍경의 반복에 의해 보장되는 셈이다. 어쩌면 이것이 근대가 지속되는 한, 그 근대에 대한 저항이 이어지는 이유가 아닐까? 팍스 아메리카나와 같은 근대적 세계체제가 지속되는 동안 그에 대한 저항이 반미 데모의 형태든, 국제무역센터 사건과 같은 테러의 형태로든 그치지 않듯이 말이다. 근대에 귀속된다는 것은 근대에 계속 소환된다는 것 이상이 아니다. 이 소환은 근대적 주체 소환 과정일 것이다. 이 소환은 물론 일상적이고 평상적인 것이지만 가끔 특기할 일화들을 제공하기도 한다.

나는 지금도 초등학교 3학년이던 1960년 3월 초에 받은 야외 수업 한 장면을 잊지 못한다. 그 날 수업 내용은 같은 달 중순에 치를 대통령 선거에 관한 것이었는데, 어느 순간 긴장된 분위기가 만들어졌다. 선생님이 누가 당선되어야 하는지 질문을 한 것이다. 지명을 당하면 어쩌나, 모두 고개를 숙이고 있는데, 기어코 내 이름이 불리고 말았다. 이미 귀에 못이 박히도록 들어온 터라 "대통령은 이승만 박사, 부통령은 이기붕 선생이 되셔야 합니다"라는 "정답"을 몰랐던 것은 아니다. 문제는 내가 그 말을 해야 한다는 것이었다. 40년도 더 지난 지금도 가슴이 콩콩거리는 것을 느끼며 상기된 얼굴로 답변을 했던 그 순간이 잊히지 않는다. 사실 내가 한국의 언어적 근대성 형성을 '-다' 체계와 연관해서 살펴본 것도 당시 느꼈던 그 공포 분위기와 무관하지 않을 것이다. 당시 나는 이승만의 장기집권에 불만을 토로하는 사람들 속에서 살고 있었기 때문에 "정답"은 내 속마음과는 거리가 있었다. 하지만 그때 느낀 공포가 그 정답 내용 때문에 생긴 것만은 아니다. 더 큰 문제는 언어였다. 나는 아직 제대로 배우지 못한 매우 이질적인 언어, 즉 표준어를 사용해야만 그 정답을 제대로 제출할 수 있다는 사실 때문에 당황했던 것이다. 내 경험은 사회규범에 관한 "정답들"을 표준어로 표현해야 하는 사람이 어떤 과정을 겪고 있는지 단적으로 보여준다. 어떤 단어를 사용하고 특정한 형식의 문장을 사용한다는 것은 신체적, 정신적 능력이자 고문이라는 부르디외의 지적은 결코 과장이 아닌 것 같다.

'-다' 문장을 발화할 때 불만스럽게 느껴지는 것은 그것이 특정한 내용의 지식을 습득하고, 특정한 규범에 따라 행동하고 말하게 하는 어떤 사회적 배치에서만 쓰이기 때문이다. 물론 나는 다른 많은 한국인들과 같이 이런 배치에 익숙해지는 성장 과정을, 즉 "다까체"를 사용해야 하는 공식 교육과정, 군복무를 마치면서, 아직 경상도 사투리의 억양이 남아 있기는 하지만 이제는 대부분 평서문을 '-다'로 쓰고 말하는 능력을 갖춘 근대 한국인이 되었다. '-다'를 사용한 문장을 쓸 수 있다는 것, '-다'로 끝나는 문장을 발화할 수 있다는 것은 특정한 권력을 행사할 수 있다는 것, 특정한 권력 게임에 참여할 수 있다는 것을 의미한다. 그것은 방송에서 일기예보나 뉴스보도를 할 수 있다는 것, 교과서를 집필하고, 강의를 하며, 청강도 할 수 있다는 것, 소설이나 시를 쓰고 비평과 독서를 할 수 있다는 것, 보고서를 작성할 수 있다는 것, 논문을 작성할 수 있다는 것, 그리고 이 모든 담론을 읽을 수 있다는 것 등을 의미한다.

이것들은 내가 어떤 사실을 사실로 단정할 수 있으며, 그것도 전문적 확신을 가지고 단정할 수 있다는 말이다. 그러나 이런 근대인으로 형성됨으로써 나라는 주체는 더 행복해졌을까? 이 주체는 표현의 가능성을 더 많이 획득한 것일까? 이런 주체가 가라타니가 지적하듯 풍경을 발견하고 내면을 형성하는 능력 등 다양한 능력을 얻은 것은 사실이다. 진술, 논증, 분석, 서술 등을 하는 능력은 중요한 능력임에 분명하다. 하지만 '-다' 문장의 의무적 사용은 나에게는 끊임없는 불만이기도 하다. '-다' 문장을 사용할 때 나는 새로 열린 근대적 시공간과 그것 때문에 버려야 하는 전근대적 시공간 사이에 어정쩡하게 놓여 있으며, 앞으로 내가 열어야 할 표현의 영토에 채 다가가지 못한다는 느낌을 지울 수 없다. '-다'가 만들어내는 한국의 언어적 근대성은 내게 새로운 표현 가능성을 가져온 것이 사실이지만 동시에 그것은 많은 다른 가능성들을 폐쇄해버렸다. 지금 내가 아직 경상도 억양을 가진 채로 표준한국어를 사용하는 대열에 끼게 되었다는 것은 내가 어떤 언어적, 문화적 소환을 겪었는지 보여준다. 그러나 나의 언어적 근대성 형성은 엄청난 충격의 연속이었으며, 훈육의 연속이었다.

민족음악학의 양면성, 혹은
글쓰기와 제국권의 종족적 대상 구축

에던 니스레딘-롱고

    이원론들은 거대한 개념의 우주들을 만들어낸다. 그것들은 일견 개념들의 자유로운 교통에 의존하지만 이는 이원론적 틀로써 잠재적으로 무한한 차이들의 스펙트럼을 설명하고 봉쇄하기 위함이다. 민족음악학에서는 그것과 관련되어 있으며 '상위'에 속하는 인류학 분야에서와 마찬가지로 이원론들이 모든 문제의 인식론적 핵심이 된 지가 오래이다. 혹자는 역사적으로 그런 분과학문들의 '최초 이원성'이 '우리/그들'의 분할이었으며, 이것이 인류학적 따라서 민족음악학적 지식의 가능한 조건들을 만들어낸다고 주장할 수도 있을 것이다. 사실 어떤 맥락에서든 이 분할의 결과가 하나의 분과학문이면서 동시에 하나의 에피스테메이기도 하다는 주장도 설득력 있게 제출된 바 있다. 이런 의미에서 우리/그들은 사람들이 그 위에다 다른 많은 특성들을 새겨넣는 하나의 텍스트로 기능하며, 그 특성들은 그것들대로 특정한 맥락에서 그 최초 이원성의 설명들로 기능한다. 우리/그들 이원론은 이리하여 '여기/저기'가 될 수 있다. 그리고 그것은 가동되는 역사적 맥락의 종류에 따라서 (몇 가지 명백한 예를 제시하면) '원시적/근대적' 또는 '종족적으로-중립적/종족적으로-두드러진' 또는 '유럽-

미국적/비유럽-미국적'이 된다.

내 흥미를 끄는 것은 어떻게 이들 이원론이 '양피지에 덧쓰기 식으로'(palimpsesti-cally) 연결될 수 있느냐는 것이다. 다시 말해 어떻게 그것들이 수많은 방식과 수많은 배치로 최초의 이원성 위에 각인되느냐는 것이다. 이 덧쓰기 방식은 시간이 지나면서 하나의 이원론 발동이 다른 많은 것들을 발동하는 식이다. 분명 덧쓰기라는 생각은 온갖 종류의 개념적 편차를 만들어내고 일련의 도발적 질문들을 불러일으킨다. 어떤 조건에서 우리/그들은 예컨대 불가피하게 "문해(文解)/문맹"을 환기하는가? 우리/그들은 언제나 그것 자체와는 다른 어떤 것으로 이끌다가는 다시 되돌아오면서 언제나 다른 이항 대립들의 특정한 계열을 동원하도록 만드는 법인가? 물론 이것은 정치와 역사에 대한 철저한 고찰을 요구하는 거창한 질문들로서 이 글의 범위를 넘어선다. 여기서 나의 의도는 각 연관관계를 평하고 꼼꼼히 따지는 것이라기보다는 단지 일련의 관계들을 살펴보고 향후 철저한 비판을 시작할 수 있는 출발점을 제공하려는 것일 뿐이다. 나의 목표는 당연히 훨씬 더 겸손하다. 나의 관심은 종족음악학적 에피스테메라 부르는 것의 두 측면들이다.

첫째, 나는 미끄러짐의 사실 그 자체, 즉 지식이 우리/그들 이원론을 중심으로 이루어질 때 생기는 덧쓰기 효과에 매료되어 있다. 둘째 나는 이원론은 활성이 없지는 않고, 그 대당들이 동등한 짝은 아니지 않은가 하고 생각한다. 종족음악학의 최초 이원성에는 근본적인 불균등이 있다. 내 논지를 미리 말한다면, 우리/그들의 이원론은 특별한 종류의 주체/대상의 관계, 근대적이라 간주될 수 있는 한 관계에 정초하고 근거하는 것으로 보인다. 그것은 주체가 언제나 대상의 상위에 (그리고 어떤 의미에서는 그 아래 그리고 앞에) 서게 되는 주체/대상의 관계이기 때문이다. 이것은 부단한 '대상의 정복'을 수반하며, 여기서 주체는 계속해서 정복할 새로운 대상들을 찾고, 여기서 주체는 끊임없이 새로운 대상들을 생산하고 소비해야 한다. 놀라운 일이 아니겠지만 나는 대상의 이 정복에서 어떤 전제적인, 심지어 제국주의적인 과정, 즉 종족음악학에서 글쓰기에 대한 담론으로 응결되는 과정을 본다.

제국권(Imperium). 대학생용 『아메리칸 헤리티지 사전』 제2판에 나오는 이 용어의 함축적 정의는 "권력 또는 통치의 권역, 제국"이다.[1] 이와 관련하여 나는 막연하기는 하지만 그래도 정의가 가능한 유럽과 북아메리카의 예술 음악-문화를 생각하게 된다. 이 예술-문화는 음악이론가 찰스 시거, 성악가 알렌 오거, 크로노스 사중주단, 하이든, 타니아 레온, 토루 타케미츠, 전체는 아니지만 많은 교향악단, 19세기 바이올리니스트 요아힘, 그리고 당연히 많은 전통적 학자 음악인들을 포함한다. 이 목록은 무척이나 짧고 어처구니없이 불충분하고, 그 굴절 경향에서 철저히 상궤를 벗어난다. 음악-문화의 폭을 생각할 때 그럴 수밖에 없기도 하다. 그런 목록에서는 포괄성의 가능성이 없으며, 일관성이 음악-문화의 결을 단조롭게 만들곤 한다. 내 의도는 간단하다. '서구의 예술-음악 문화'라는 것은 하나의 민족-국가(또는 단일한 역사 시기)의 범위에 국한되지 않고 '권력 또는 통치의 권역'이라는 생각에 크게 규정되는 문화적 권력을 가지고 있음을 보여주자는 것이다. 그래서 나는 '제국권'(帝國圈)이라는 용어를 사용하고 '제국'이라는 용어는 사용하지 않는다. 후자는 특정한 역사적 국면과 함께 아주 특별한 종류의 국제적 민족적 사회질서를 연상시킨다는 점 때문이다. 물론 그렇더라도 '제국권'이 '제국'의 가능성을 배제하지는 않는다. 그것은 단지 '제국성' (imperiality)의 개념을 전통적인 제국 관념들을 놓고 논쟁이 벌어지는 시간들과 장소들(예컨대 사람들이 탈-식민지와 같은 자기-묘사적 용어를 사용할 수 있는 시기들)로 확장할 뿐이다. 이들 시공간은 제국이 재정립 또는 어쩌면 심지어 해체의 시기에 있는 이행의 순간들, 하지만 아직도 제국의 책략들이 뚜렷이 남아 있는 순간들인지 모른다. 요컨대 세계화와 그것이 계급 및 종족 구분의 이상한 해체와 함께 내포하고 있는 깊은 상호연관성을 생각하면 어떤 특정한 '제국'을 관통하고 넘어서 작용하는

---

1 *American Heritage Dictionary*. Rev. Ed. (Boston, New York: Houghton Mifflin Company, 1991), 645.

하나의 제국권에 대해 말하고 싶어진다.

'글'은 훨씬 더 친근한 용어이지만 음악에 관한 논의에서 그것을 사용하는 것은 약간의 설명을 요한다. 나는 글에 대해 이론적 해석과 설명으로 이루어지는 글만이 아니라 실제적인 그래픽 행위와 표시 자체를 포함하는 글이라는 두 가지 의미로 말하고자 한다. 다시 말해 나는 글을 담론이자 표기로 간주한다. 글을 담론과 표기 양 측면에서 보면 우리는 종족음악학 이론과 서구의 음악적 표기 관행들 사이에 무서운 공모를 발견한다. 기본적으로 종족음악학 담론은 글 없는 음악 문화들의 존재를 입증하기 위하여 글을 아주 협소한 방식으로 정의한다. 즉 문화적 맥락들이 음악의 기보법, 이 표시-만들기 또는 표기와는 무관한 것으로 간주되는 것이다. 글의 지위에 대한 심각한 혼란이 발생하는데, 이것이 종족음악학이 자신의 타자들을 만들어내는 데 생산적임이 드러난다.

혼란은 글의 물질성에 집중된다. 부호를 만들지 않는 문화들의 음악은 어쩐지 직접적이거나 중개되지 않는다고, 어쩌면 비물질적이라고 여겨진다. 이는 글은 물질성과 연계되어 있지만 일종의 '타락한' 물질성이라는 말이다. 부호가 없는 소리는 막연하더라도 비물질성 같은 것에 연계되어 있다. 그러나 분명 그것은 부호 만들기, 음악 쓰기와 연관된 것과는 근본적으로 다른 존재의 질서와 연계되어 있다. (더 나은 용어가 없어서 하는 말이지만) '도표화하지 않은' 소리는 진정 비물질적인가? 그렇지는 않을 것이다. 하지만 그런 소리의 물질성이 무엇이냐가 이 글의 논점은 아니다. 분명 혹자는 데리다를 본따서 '글자 이전의 글'에 대해 말할 수 있을 것이고, 비-도표적 소리들 또는 쓰이지 않은 음악도 글과 전적으로는 다르지 않은 중단들과 출발들, 단절들과 삭제들로 가득 차 있음을 보여줄 수 있을 것이다. 하지만 여기서 나의 관심은 종족음악학이 어떻게 음악적 표기에 기반을 두고 그 타자들을 구축하느냐, 서구 예술-음악의 분과학문적, 전제적 규범들을 암묵적으로 채택하느냐는 것이다. 그것도 그 규범들의 외부에 있기를 원하고 외부가 있다고 주장하면서 말이다. 이런 목적으로 나는 도표화에 대해, 그리고 종족음악학이 어떻게 도표화 행위를 이론화하는지에 대해 관심을 촉구한다.

종족음악학이 설명하고자 하는 세계, 그리고 설명 과정에서 그것이 실제로 만들어내는 세계에서는 제국권과 그 타자들 사이에 다양하게 규정되는 근본적 이원성이 실현된다. 이 개념적이며 실천적인 기반은 물론 역사적 유산을 이룬다. 종족음악학 분야 자체를 가능케 하는 조건들이 핵심적인 유럽 예술-음악 정전들에 대한 19세기 주류 음악의 특권화, 그리고 그에 수반되는 비-예술-음악적 표현들에 대한 완전한 의식 부재 또는 경멸에 뿌리를 두고 있는 한에서 말이다. 이런 학문적 가능성의 조건들은 몇 가지 결론과 관찰로 이어진다. 첫째, 우리와 그들 간의 최초 이원성은 제국의 기원과 유용성의 인식론적 도구이다. 제국권으로 하여금 자신의 타자들을 구축하게 하기 때문이다. 둘째, 이 이원성은 제2 천년기 말의 종족음악학적 실천에서 제국권의 예술-음악들을 연구하는 것이 학문적으로 아직도 온당하지 못한 것으로 보인다는 점에서 효력이 있다. 요컨대 흐름은 일방적이다. 제국권은 지식의 대상이 될 수가 없다. 그것은 오직 지식의 주체가 될 뿐이다.

판을 뒤엎는 일, 제국권을 종족음악학적 타자로서 연구하는 것에 대한 금지는 우리/그들이라는 최초 이원성을 중심으로 모여드는 이분법들이 언제나 하나의 항을 다른 항에 종속시킨다는 점에 대한 환기로 작용한다. 예컨대 종족음악학 담론의 냄새를 풍기며 자주 현실화되는 이원성을 몇 개 거론하면, 텍스트/실천, 작품/과정, 쓴/말한(또는 쓴/듣는)과 같은 이원성들을 보게 된다. 이것들은 여러 측면에서 이전에 사용되다가 이제는 정치적 선호도를 잃었지만 좀 더 분명히 제국주의 범주화와 연계된, 근대적/원시적, 글을-깨우친/글을-못-깨우친 등과 같은 이원성들에 대한 대리 역할을 한다. 근대적이고 글을 깨우친 쪽이 지식의 주체들인 것은 두 말이 필요 없다.

이 지식의 주체가 정열의, 정열적 관심의 외관을 취한다는 점에 주목해야 한다. 통상 종족음악학의 이분법들은 쓰이지 않은 음악에 대한 정열을 수반한다. 쓰이지 않은 것은 낭만적이고 열정적인 어떤 직접성의 경험—나중에 역설적으로 거룩하게 인간 적이라고 추앙을 받는—을 통해 전달되었으리라는 생각이 여기서 작용한다. 종족음 악학은 『로빈슨 크루소』, 『남태평양』, 혹은 정말이지 유대-기독교의 에덴동산 신화 와 같이 복잡하게 천국을 다루고 원초적 이야기를 흉내 내는 방식으로 자신의 대상 들과 공간들을 통상 글을 포함하는 근대 서구문화의 문물들로 오염되지 않은 것들로 만들고 싶어 한다.

쓰인 것은 그렇다면 종족음악학적 사유의 영역이 아니다. 글은 우리를 그때, 그곳, 그들의 로맨스에서 들어올려서 산문적이고 타락한 현재로 돌아가도록 강요하는 듯 하고, 어쩌면 슬프게도 사람들이 지녔다는 원죄와의 존재론적 공모를 일깨워 주는지 도 모르기 때문이다. 글이 사람들을 '타락한' 상태로 '들어 올린다'고 주장하는 혼합 메타포가 종족음악학에서의 물질성의 상태를 지배하는 근본적 혼란을 보여준다. 게 다가 그것은 정체성의 귀속과 구축에 수반되는 아주 뒤섞인 감정들을 드러낸다. 종족 음악학자는 타자를 원하지만 결코 타자가 될 수 없다. 이리하여 종족음악학의 관행에 서 종족적인 것은 고급예술이 아닌 것이 된다. 그리고 종족적인 것은 분명 유럽적이 거나 북미적인 것이 아니다.

다시 말해 다양한 이분법을 가로지르는 개념적 미끄러짐이 있고, 이리하여 비-문 자 음악들, 글을 깨치지 못한 또는 구어적 문화들과 이국적 타자 사이에 하나의 연상 (聯想)이 이루어지게 된다. 요한네스 파비안이 말하듯이 시간적 공간적 요소들 또한 이 혼합에 접혀 들어간다.2) 이 결과 글을 깨치지 못한 (또는 '원시적') 종족은 그때 거기에 남는 반면 근대적이고 글을 깨친 쪽은 언제나 지금 여기가 된다. 타자의 음악 과 문화에 대한 이 정열이 궁극적으로 지식 주체로서의 종족음악학자의 지위를 보호 해준다는 점에 주목하자. 음악을 쓰는 것은 정체성에 관한 일이 되었고 나중에 보겠

---

2 Johannes Fabian, *Time and the Other: How Anthropology Makes its Object* (New York: Columbia University Press, 1990).

지만 인종 또는 종족에 관한 일이 되었다.

기본 요지는 그렇다면 종족음악학은 전통적인 근대주의적, 제국적인 틀 속에서 이루어진다는 것이다. 이 점은 이 학문의 표면적 관심이 급진적 실천과 부합하는 것으로 보이는 오늘날도 사실이다. 이 전제적 모더니즘은 이 분야의 관습적인—그리고 의미심장하게 이분법적인—인식론적 관행들에의 암묵적 의존에서 가장 명백하게 드러난다. 혹자는 이 경우 이분법은 제국권의 증거이고 그 역도 사실이라고까지 말할 수 있을 것이다. 이것은 종족음악학의 이분법적 인식론이 언제나 주체와 대상간의 비대칭에 의거하고, 그 속에서 대상이 종속되고 정복되기 때문이다.

최초 이원성이 변화무쌍한 만큼 이제 그것의 다른 모습들—예컨대 원시주의와 근대주의의 모습—을 보며 논의하는 것이 필요하다. 오늘날 이 시간 개념들의 사용에 수반되는 불안감은 (그것들이 식민지담론에서 아주 근본적인 한 이분법을 너무나도 명백하게 대변하기 때문에) 글의 깨침/깨치지 못함의 이원성으로도 확장되어야 한다. 지식 주체로서의 제국권의 지위를 유지하려는 구성물이라 할 종족음악학 담론에서 특권화된 대상 형태들은 글을 깨치지 못한 것으로 구성되어 왔다. 이리하여 종족음악학에는 문해(文解)와 문맹 문제에 대한 학문적 인식론적 집착이 있다. 문해는 그 타자의 원시주의보다 더 바람직하다. 하지만 바라던 근대성은 존재론적 낭만주의와 본원적(이고 어쩌면 신성한) 순수함을 파괴하려 든다. 그리하여 글은 존재-신학적 조건이 된다. 다시 말해 음악적 표기의 존재는 문해의 증거로 간주되고 문해는 근대적인 것, 그리고 궁극적으로 서구적인 것과 연결된다. 이 결과 문자로 쓴 서구의 예술-음악 전통들은 종족음악학의 고려 대상에서 제외되어야 한다. 이 배제는 역사학과 지리학을 목적론적 운명에 얽어매는 검증되지 않고 어쩌면 검증이 불가능한(은 전제들을 바탕으로 우리/그들, 글을 깨침/깨치지 못함 사이를 오가는 한 분명 제국권적 사유의 징표이다.

종족음악학 분야가 제국권적 인식 습관에 의존하지 못하게 하려면 어떤 형태의 개입—이 개념이 탈구조주의 세계에서는 과용되는 듯하긴 하지만—을 시도하는 것이 중요해 보인다. 그런 개입은 글에 대한 종족음악학의 불신—나로서는 '그래프공포증'이라고 부르고 싶은 서구의 음악 표기 관행에 대한 기본적 두려움과 집착—을 중심으로 이루어질 수 있을 듯하다. 글에 대한 생각들이 이런 사유 습관에 핵심적임이 분명하기 때문이다. 학술적으로나 실천적으로 그와 같은 개입은 비서구 음악이라는 거대하고 다루기 힘든 범주가 그 의미를 도출할 수밖에 없는 제국권의 예술-음악, 도전받지 않는 주체, 혹은 '최초 결정자'에 대한 조사로 이루어질 수 있을 것이다. 그런 작업은 역사적으로 주입된 종족음악학의 그래프공포증에 도전하면서 종족음악학의 권위 대부분을 이루는 주체/객체 관계의 혼동이라는 연관된 과정을 시작하기도 한다. 간단히 그리고 단순히 말해 주체들은 글을 쓰려하고 객체들은 그렇게 하려 하지 않는다. 대항-종족음악학의 작업은 제국권의 예술-음악에 초점을 맞춤으로써 이런 전통적 사유 관습들에 대한 비판을 시작할 수 있을 것이다. 어쨌건 글에 대한 유럽-아메리카의 태도에 대해서와 마찬가지로 음악적 맥락에서의 글쓰기에 대해 말하는 것이 중요하다. 이 맥락에서 나는 그런 연구에 핵심적인 관계들을 살펴보고 싶은데, 이 작업은 그래프공포증이 종족음악학 영역 자체를 규정하고 있기 때문에 먼저 그래프공포증 담론 구성체 자체를 살펴보는 것으로 시작해야 한다.

많은 평자들이 종족음악학에 대한 정의들의 구축 및/또는 정교화 문제로 씨름을 해왔다. 사실 1964년 브루노 네틀 자신이 "대부분의 신흥 학문들처럼 종족음악학은 많은 자기-비판, 자기-성찰에 골몰해왔다"고 했다.[3] 네틀은 그런 다음 1960년대의 이 학문분야 주요 종사자 한 사람의 관점에서 분야의 범위 규정에서 객관적으로 작용하는 세 변수들을 설명한다. (1) '글자를 깨치지 못한' 사회들의 음악, (2) 부분적으로 혹은 전체적으로 쓰이고/거나 이론화된, 제국권의 예술-음악 문화와 유사하다고

---

3 Bruno Nettl, *Theory and Method in Ethnomusicology* (New York: Free Press of Glencoe, 1964).

여겨지는 문화들의 음악, (3) 민속음악. 물론 종족음악학 분야는 의미 있는 몇 가지 방식으로 확장된 것이 사실이다. 그리고 학문분야 범위에 관한 네틀의 정의 작업에 덧붙인다면, 대중적 음악들이라 불리는 것에 대한 최근의 관심—종족음악학 분야에서 즐겁고 갈수록 근본적인 역할을 하게 된—을 주목할 필요가 있다.

그러나 종족음악학이 규정하는 대상들에만 집중하는 것은 종족음악학의 성격과 요지를 잘못 대변하는 일이다. 종족음악학이 인간적 표현 연구에 제공해온 중요한 기여의 하나는 사회적이고/거나 실천적인 것과 음악적인 것을 연결한 것, 또는 좀 더 근본적으로 음악적인 것은 원래 실천적이라고 규정한 것이다. 이것은 헤게모니적으로 위치한 종족음악학의 시선에 이의를 제기할 수도 있는 다양한 함의들을 지닌 행위이다. 그것은 분명 드넓은 착상을 지닌 분야이다. 그리고 한 예로 네틀도 "대부분의 종족음악학자는 서구의 문명을 포함한 세계 모든 문화들을 포괄하려는 자세가 되어 있지만 자신들에게는 비-서구 및 민속 음악이 더 큰 중요성이 있다고 본다"고 느낀다.[4]

네틀이 서구와 기타세계 양자에 확장하는 포괄성은 상당히 매력적이지만 서구를 대상의 하나로 포함한다는 것은 약간의 불편함이 있다는 점을 유념할 필요가 있다. 종족음악학 분야라는 존재는 네틀이 '서구문명'이라고 부르는 것 속에서 발견되고 사용되는 음악들과 다른 데서 발견되고 사용되는 것들 간의 (대상과 질문 방식에서의) 몇몇 차이들에 아주 터놓고 그 기반을 두고 있다. '종족'이라는 접두사가 그런 차이들의 징표로 사용된다. 모든 음악적 현상들의 연구를 포함하기 위해 음악학의 개념을 재구성하려는 시도가 이따금 있었지만 성공하지는 못했고, 지금 '서구와 기타세계'란 어구에 깃들어 있는 그 어떤 아이러니도 실제에서는 실종된다. 서구와 기타세계는 교조적 사실의 진술이 된다. 고전적으로, 전통적으로, 음악 학문에는 하나의

4 Ibid., 8.

분리가 규정되어 있다. 한편으로 본격 음악 학문이라 간주되는 다양한 분야에서 작업하는 사람들이 있다. 여기서는 분명 서구의 음악, 음악이론, 역사, 음악학, 그리고 문헌을 서구적이라 표시하는 것이 불필요하다. 그것은 그저 음악, 음악이론, 역사, 음악학, 문헌일 뿐이다. 반면에 다른 음악-문화들에 대한 연구는 어떤 측면을 다루더라도 종족적인 것의 연구가 된다. 그것은 널리 '종족음악학적'이라고 불린다. 이 분리의 함의 또는 적어도 그것의 효과 그리고 어쩌면 기본적인 믿음은 제국권은 종족성이 없다는 것이다. 다른 모든 것과 모든 사람은 그들의 차이들에 따라 분명히 표시가 되는 반면 제국권은 구조적으로 규범적이다. 이 학문적 분할은 불균형과 불균등을, 그들에 대한 헤게모니적 권위에 의한 종족성 부과를 수반한다. 그리고 '종족적'이라는 용어와 그와 관련한 접두사 '종족'은 타자들에 대한 서구 주체들의 헤게모니를 수립하는 거리두기 장치들로 간주되어야 한다. '종족'이란 용어는 사람들을 의미하는 그리스어 '에스노스'(ethnos)에서 왔다. 하지만 그것은 '정체성' 비슷한 어떤 것을 내포하게 되었다. 엄밀한, 실제에 맞는 의미에서 '사람들'(the ethnos)이 다른 공간과 장소들에서 다른 방식으로 특징지어지고/거나 위치되는 듯한 반면 제국권을 대변하는 사람들은 엄밀하게 사람들이 아니라는 사실이 흥미롭다. 그렇다면 극도의 공포심을 가지고 도대체 제국권의 종사자들은 누구냐고 물을 수 있겠다. '우리'는 박테리아인지 모른다, '우리'는 신들일지도 모른다, 하지만 분명 우리는 지식의 주체들이다.

앞에서 일련의 관계들을 그려내어 보려고 했지만, 종족음악학 영역 전체를 설명하려는 것이 나의 의도는 아니다. 브루노 네틀과 같은 다른 이들이 그와 관련해서 이미 중요한 작업을 해놓았기 때문이다. 주로 나는 종족음악학의 타자들이 어떻게 대상들—음악-문화들이지 이론적 숙고의 결과는 아닌—로 만들어지는가에 대해, 제국권의 예술-음악 문화를 종족음악학 분야에 포함시키는 것에 대한 금지명령, 즉 대상들을 가려내고 점검하고자 사용되는 실제 방법론적 접근들을 무시하고 강요되는 금지명령의 근거에 대해 초점을 맞춘다. 문제의 핵심은 '주항'(主項)의 작용에 대한 의존이다. 이는 권력의 관계 장들을 생각하도록 하기보다는 관계들을 단순 위계들(그들 상위의 우리, 대상의 정복) 속에 물화시켜 버린다. 그것은 그 주항에 대한 전도가 일어날 때—어쩌면 바로 이때—에도 제국주의적 상호작용을 확정할 뿐이다. 카니발이 한 분과학문의 스케일로 시작되었으나 그것은 바흐친의 기대를 모두 저버리고 말았다.

주항으로서의 제국권의 예술-음악 문화는 하나의 침묵으로 나타난다. 그러나 그것은 이론화도 없고 질문도 없이 그 침묵의 존재만으로 전체 세계를 규정한다는 점에서 침묵 속에서도 위력적이다. '작용하는 침묵', 작용할 때 어떤 것들은 '종족화하면서' 헤게모니를 가진 다른 것들은 '탈-종족화하는' 이 침묵이 발동하는 한, 위계들과 그것들로 나타나는 식민지적 반복들로부터 벗어나기는 불가능할 것이다. 이 이중성에 의해 유지되는 인식론적 불균등은 사실 인종차별적이지는 않지만 아주 전통적인 인종주의적인 사유 전략에 도움이 되는 것은 분명하다. 종족에 기초한 이런 사유는 특히 종족성의 귀속문제가 엄청나고 정치적으로 민감한 중요성을 지닌 지금의 역사적 국면에서는 쉽사리 수동적이고 능동적인 인종차별적 기획들과 인식론들에 종사할 수 있다.

지금 나는 종족음악학이 그래프공포증으로 분열되어 있다고 위에서 설명한 데서는 많이 벗어나 있다. 종족음악학의 그래프공포증에 대한 나의 관심은 종족음악학의 최초 이원성이라고 부른 것에 대한 나의 탐구에서 환유적으로 그리고 거의 불가피하게 생긴 것이다. 이 무언의, 일견 필연적인 연계에 대한 열쇠는 연관된 이중성들 간의 '덧쓰기' 관계들이다. 이것들은 어떤 본질적 연결 메커니즘에 의존하지만 그것을 은폐한다. 타자들이 글을 쓰고 있는지도 모른다는 뚜렷한 두려움을 지닌, 쓰이지 않은 것에 대한 동경을 수반하는 쓰인 음악에 대한 양면적 태도이다. 덧쓰기의 관계들은 사람들로 하여금 어떤 것을 말하게 하면서 수많은 다른 것들을 의미하게 하도록 한다. 정말이지 일종의 개념적 속기의 형태로 그들로 하여금 그렇게 하도록 유도하고 강요까지 하는 것이다. 이리하여 사람들은 제국권과 그 타자들에 대한 모든 토론에서 글을 깨침/깨치지 못함의 대당이나 다른 많은 이분법적 속성들을 떠올리게 된다. 하지만 정체성의 다른 징표들의 위장이 되고, 글쓰기 문제를 중심으로 꼭 나타나고 마는 듯한 '뿌리 있는/뿌리 없는'과 같이 덜 치밀하지만 그래서 더 효과적인 이원성들로 쉽게 빠져드는 것은 전형적으로 글쓰기 또는 문해이다. 그런 연계들은 드러내놓고 설명할 필요가 없으며 그럴 수 없는 경우도 흔하다. 그것들은 역사적 실천을 통해서 언제나-이미-행해진 조사(調査)/제정(制定) 행위가 된다(그래서 이 행위의 모호한 성격이 강조될 필요가 있다). 이는 분명 헤게모니적 사유 과정들과 이분법적 사유에 대한 그것들의 연관성에 대해 뭔가를 말해준다. 더 나아가 그것은 그런 식의 인식은 탈구조주의 개념화에 따른다면 타자성에 대한 '본질적 침묵 강요'라 부를만한 것에 의존함을 말해준다.

따라서 글쓰기는 정체성 형성과는 아무 관계가 없는 가치중립의 현상이 아니라고 강조하는 것이 중요하다. 글쓰기는 특히 음악적 표기의 영역—종족음악학의 공포와 불안이 집중되는 지점—에서는 매우 유럽-아메리카적 모습이다. 자바 섬의 사슬 기보, 간소한 아시아식 기보, 혹은 셰이프노트(Shape-Note) 찬송가에 사용되는 기보 체계 등 제국권 외부의 일부 음악적 글쓰기 형태들이 종족음악학적 사유의 영역에 들어온 적은 있다. 그래도 이런 종류의 글쓰기는 그 후 하나의 연속체를 따라 위치가 정해지고, 제국권의 그래프체계들과 통상 글을 모른다—적어도 이전에는—고 불리는 다른 모든 음악 문화들이 지녔다는 구술문화 사이 어딘가에 놓이게 된다. 이 연속체의 중심에 음악적 글쓰기의 다른 형태들 일부가 들어간다고 하더라도 그것들은 개념적으로 문자능력이나 그래프체계보다는 구두성과 더 깊이 연계를 맺게 된다. (다시 말해, 종족음악학에는 필적=문해와 같은 임의적 연상들을 허용하기 위해 글과 문해를 극히 협소하게 규정하는 경향이 있다.) 이들 그래프체계들은 철두철미 이국적으로 되지 않는 경우라도 음악을 표현하는 능력과는 무관하게 '다르다'고, '타자'라고 규정되어 버린다. 이런 식으로 어떤 '저기 그들'을 표상하게 되면 그것들은 '종족적'이라 규정되는 것이다. 그리고 앞서 말한 대로 '종족'은 용어로서 제국권과의 거리를 가리킬 뿐이다. 따라서 그것이 다른 체계들을 연구하는 분야—종족음악학—를 규정하게 된 접두사라는 것이 놀라운 일은 아니다.

궁극적으로 보면 네틀이 '아시아와 북아프리카의 고급문화들'이라고 부른 것들이 음악을 쓰고, 그것도 광범위하게 쓴다는 사실은 종족음악학에는 중요하지 않다. 종족음악학에 중요한 것은 그것들은 유럽-아메리카인들과는 너무나 다르게 쓴다는 점이다. 이 점을 강조하는 것은 분명 말썽도 있겠지만 차이들에 대한 이 독특한 탐색의 결과는 타자의 글쓰기는 제국권이 규정하는 글쓰기는 될 수 없다는 것이다. 이 차이는 글을 사용하지만 다르다고 간주되는 음악 문화들을 살펴볼 때 사용되거나 필요한 것으로 보이는 상이한 학문적 접근들에서 가장 확실히 드러난다. 앞에서 인용한 자바의 사슬 표기, 간소화한 아시아의 표기, 또는 셰이프노트 찬송가에 사용되는 표기 체계들이 그런 예들이다. 그들의 것은 언제나 다른 질서와 종류의 글이다. 종족음악학에서는 비-서구 그래프체계들을 발성법과의 그것들의 개념적이고 때로는 실제적인 연관성을 강조하기 위하여 '구술적 글'로 부르려는 유혹이 있다. 하지만 그래프체계들은 모두 발성과 얼마간의 연계가 있다는 점에서 그것은 잘못된 추상이다. 글쓰기—우리의 그리고 타자의—에 대해 생각하고 실제 사용과 수용에서의 차이들을 찾아보는 것이 더 낫다.

비-서구 '고급문화'들에 대한 네틀의 언급은 제국권과는 다르지만 그에 비해 열등하지도 않은 어떤 것의 가능성을 시사한다. 그러나 어딘지 모르게, 어쩌면 '고급문화'의 기준이 글이라는 이유 때문에 동일한 이원론들이 작용하고 있다. 음악 표기법의 다른 형태가 존재한다는 간단한 문제이지만 분석은 늘 (심성연구 같은 것에 가까울 정도로) 글쓰기와 그 존재에 대한 상이한 태도로 향하게 된다. 여기 관련된 이원성은 거의 언제나 최초 이원성이고 부차적으로는 그것에 따르는 이분법적 몽상들이다. 이 결과 다른 글들의 존재는 양면성의 원인이 된다. 어떤 글(즉, 가장 협의의 각인이란 의미의 글)도 없어 보이는 곳에는 구술적인 것과 청각적인 것에 대한 명백한 낭만화가 일어난다. 그러나 약간의 글 형태라도 있는 곳에서는 글의 존재가 근대화, 서구화, 토착적 순수함 대 외부의 변조, 혹은 외국의 침략, 혹은 문화제국주의 등의 문제를 중심으로 온갖 갈등 감정들을 불러일으키는 경향이 있다. 요약컨대 제국권에 대한 순수 외부라는 가능성을 유지하고자 한 무리의 이원론이 소환되는 것이다. 에덴동산과 그 타락에 대한 서사라 하겠다.

요컨대 종족적이라 표시되는 지점에서 존재하는 글은 결국 부인되어야 한다. 그것은 일종의 '타락'—부패되고 부패시키는, 근대적, 유럽-아메리카적, 그리고 남성적 존재에 의한 순결한 정치체의 침투—의 증거로 간주된다. 성차, 정체성, 권력 간의 이런 웃기는 환유적 연계를 만들어내는 것은 인상적이다. 그 연계들은 문화적 강간과도 같은, 혹은 적어도 문화적 불평등에 뿌리를 둔 잘못된 짝짓기 같은 것을 환기시키는 언어를 사용하는 경향이 있기 때문이다. 이상하게도 종족적 타자의 강간 또는 타락에 대한 이런 모호성은 그 자체 폭행이나 불균등의 증거로 간주되지 않는다. 그런 증거가 되어야 하는데도 말이다. 요컨대 글은 타자에 대한 양면적 감정의 장소가 되고, 이를 통해 타자들의 정복은 인식론적 권력 놀음이라기보다는 불행한 타락이라는 일반적 이야기의 일부가 되면서 부인된다. 이것은 양면성과 부인이 종족음악학적 에피스테메의 실천들 속에 깃들어 있고, 그리하여 잠정적이고 무매개적인 비가시성을 부여받고 있기 때문이다. 그래도 우리는 강간 메타포의 강조를 대상 정복의 증거로 간주해야 하지 않을까? 결국 그것은 식민지 비유들의 일견 선천적이고 필연적인 반복 수행을 허용하기 위하여 피식민지인이 식민지 풍으로 행동할 것을 요구하기 때문이다.

인식론적, 학문적 관점에서 보면 글쓰기는 종족음악학적 정체성 구축에 인종만큼이나 핵심적이다. 그것은 단지 종족음악학의 틀에서 덜 이론화되어 왔을 뿐이다. 음악은 비-물질성을 지닌다는, 늘 자랑처럼 말해왔고, 중층결정되어 있으며, 고도로 문화적으로 특수한 관념 때문일 것이다. 헤겔과 다른 사람들을 기뻐서 졸도하게 만들고 칸트로 하여금 음향 예술을 불신하게 만들었다는 것이 그런 특징들이다.[5] 그러나 (내가 한 것처럼) 초점을 글쓰기와 정체성에 대한 그것의 관계들(제국권의 글쓰기 규범을 다양한 분석 기록에 다시 기입함으로써 가능해진 양피지 덧쓰기 방식)로 돌리면, 글쓰기는 언제나 이미 인종, 근대성, 남성성, 현전과 '현재임'을 의미하고, 일련의 관련 항들을 환기시킨다. 이들 항들 간의 관계가 간접적이고 때로는 모호하더라도 덧쓰기 방식은 이렇게, 즉 글을 쓸 때면 사람들은 유럽-아메리카의 틀 안에 위치한 근대적 주체가 된다는 식으로 작용한다. 사람들은 그런 다음 인공물 또는 음악적 대상을 생산하고 그리하여 (아주 현혹적인 방식이기는 하지만) 음악 행위를 실천이라는 영역에서 배제시키게 된다. 결국 서구의 음악 예술은 인공물이고, 쓴 것이고, 근대적이고, 유럽-아메리카적이고, 그래프적이며, 적혀있다고 말하는 것은 어찌 보면 같은 것을 말하는 셈이다. 그 '같은 것'이 무엇인가 하는 문제는 생산적으로 베일에 가려 있다. 그리고 사람들이 찾아낼 수 있는 명쾌함은 모두 결국 단단히 묶여있는 한 정의—그것은 제국권의 음악이다—안에 들어있다.

다른 말로 제국권의 음악을 정의하는 모든 시도는 동어반복에 가까우며 이는 그 인식론적 체계가 얼마나 폐쇄되어 있는지 상기시켜 준다. 그것의 끝없는 이원론에도 불구하고 제2항은 언제나 제1항에 종속되어 있고, 제3, 또는 제4, 또는 제5항은 언제나 사전에 처리된다. 이것이 헤게모니의, '작용하는 침묵'의 모습이다. 그것은 주체이다. 그 대상은 종족 또는 종족적 타자이다. 물론 타자는 글과, 또 확대하자면 다른 관련된 이원성들의 특권적 항들과 아주 난처한 관계를 맺는 것으로 생각된다. 글쓰기는 타자의 정복과 불가분하게 맞물려 있는 과정이다. 종족음악학에서는 글쓰기는 제

5   G. W. F. Hegel, *Philosophy of Fine Art* [1807], tr. F. P. B. Osmaston (G. Bell and Sons, 1920; reprint, New York: Hacker Art Books, 1977). Immanuel Kant, *Critique of Judgment* [1790], tr. Werner S. Pluhar (Indianapolis: Hackett Publishing Company, 1987).

국권에만 주어져 있고 종족에게는 계속 부인되기 때문에 글쓰기, 그것의 개념화, 그것의 수용에 대한 조사의 착수가 긴급하다. 이것은 종족음악학의 제국권적 관습들에 대한 개입을 위해 세 가지 가능한 지점들을 제공한다. 구체적으로 그래프공포증에 대해, 그리고 종족음악학의 글쓰기 두려움에 깔려 있는 양면성과 그에 따른 부인에 대해 관심을 기울여야 한다.

전반적으로 이원론들은 제국권의 에피스테메 조직에서 근본적 역할을 하고, 내가 지금까지 언급한 이원성들은 모두 그것의 사회적 정치적 질서 유지에 깊이 깃들어 있다. 그것들은 흔히 "탈-식민지적"이라고 하는 시대에 있는 노골적으로 식민지적인 잔여의 증거이다. 이원론은 종족음악학적 연구의 범위나 시야의 가능성을 만드는 조건이지만 그런 지식의 권위를 보장하는 것은 대상의 정복이다. 이원성들은 환원성의 단순화임과 동시에 확장성의 일반화이기 때문에 결코 단순한 적이 없었다. 하지만 그 공격적 구현과 전개를 고려할 때, 그것들이 불균등을 부과하고 유지하는 방식을 해체하려면 그것들을 가지고 작업하는 것이 중요하다. 트린 티 민-하가 다른 맥락에서 제1세계 속의 제3세계(와 그 반대) 요소를 가진다고 설명한 우리의 세계와 같은 세계에서는 이원성들과 그에 수반하는 위계조직들은 절대로 그냥 내버려둘 수가 없다. 그것들의 양면성 및 부인 메커니즘들이 워낙 강력하기 때문이다. 이런 이유로 종족음악학의 주체/대상 관계들을 논파하는 것이 중요하다. 그리고 이런 일을 하는 한 방식이 종족음악학적 맥락에서의 글의 지위에 관한 질문들을 개방하는 것이다. 이것이 (제2 천년기 말의 수많은 문화 작업 이면에 잠복해 있는 야비한 이원성 하나를 환기하자면) '백인'을 '유색인'으로 다시 생각하고, 사악하게도 가치중립적인 인식론의 성향을 흉내내는, 전통적인 악의적 인종주의를 꺾는 데 도움이 될 것이다. 그러한 개입은 또한 우리를 어떤 형태는 재수가 없고 어떤 것들은 순결하게 보게 하는 마니교도적 관습들로부터 멀어지게 한다.

"하위 주체는 말할 수 있는가?"라는 가야트리 스피박의 중요한 질문, 갈망하기와 침묵시키기의 쟁점들, 양면성과 부인에 불가분하게 연결되어 있는 질문을 되새기며 이 글을 끝맺고 싶다.[6] 그녀의 결론은 결국 하위주체는 적어도 현 국면에서는 말할 수 없다는 것이다. 나는 사태가 이러하다면 사람들이 적어도 종족음악학적으로 비-하위주체로 하여금 자신의 지배를 점검함으로써—하위주체를 지금 점검하고 지금까지 점검해온 것처럼—그것에 반하여 말하도록 노력할 것을 제안하고 싶다. 그렇게 함으로써 우리는 민족의식(다시 말해 그것의 종족 지위)을 제국권의 활동 및 생산의 산물임을 밝히고 그것의 작업을 '관계 속에' 위치시킨다.

영어번역: 강내희

Ethan Nasreddin-Longo, "Ethnomusicology's Ambivalence; or, Writing and the Imperium's Construction of Ethnic Objects"

---

6 Gayatri Chakravorty Spivak, "Can the Subaltern Speak?" in Cary Nelson and Lawrence Grossberg, eds., *Marxism and the Interpretation of Culture* (London: Macmillan, 1988), 271-313.

식민적 양가성과 '근대소설':

『소설신수』와 탈아

아츠코 우에다

이 글은 근대의 충격이라는 주제 하에 츠부치 쇼요(坪內逍遙)의 『소설신수』(小說神髓)가 발표된 '학문'으로서의 일본근대문학이 세워진 메이지 18년을 축으로 하여 '인정'(人情)을 주제로 하는 소설이 자유민권운동의 쇠퇴기에 구상되고 청-조선과의 대외 관계에 있어서 후쿠자와 유키치의 "탈아론"으로 대표되는 '탈아'가 무성하게 제창되었던 시기에 산출되었던 사실을 다시 검토하려는 시도이다. 그것은 또한 학문 편성과 불가분의 관계를 갖고 있다. 즉 자유민권운동의 패퇴·탈아·학문영역의 재편성에 어떠한 논리구조가 개재되고, 근대 소설의 산출과 어떻게 교착하는가를 검토함으로써 근대 일본문학의 창시자로 되어있는 쇼요의 『소설신수』에 의해 배출된 '소설=novel'의 역사성·정치성을 부각시키는 것이 본론의 주제이다.

『소설신수』가 서양의 'novel'을 모방하고, 일본의 근대소설을 낳았다고 하는 것은 일본 근대문학의 정설이지만, 『소설신수』라는 제목을 가진 텍스트는, 실제로 이미 존재하는 '소설'의 '신수'를 그려내려고 했던 텍스트는 아니다. 후에 자세하게 설명하겠지만, 당시의 표현 상황에 있어서 서양의 'novel'은 불명료한 형태이고 소설은 'novel'의 번역어로 아직 정착되어 있지 않았으며, 현재의 우리들에게는 자명한 소설=novel이라는 등식 자체가 유통되고 있지는 않았다. 다시 말해 당시의 표상 공간 그 자체가 과도기를 맞이하고 있었다. 새로운 사상·언어체계를 수용하기 위해 조어가 다수 만들어졌던 것은 물론이지만 기존의 시니피앙에 새로운 시니피에를 부여하면서 표상체계의 범위를 넓히지 않으면 안 되었고, 표상체계 그 자체의 전환이 어쩔 수 없이 이루어졌기 때문에, 지극히 불안정한 표현 상황 속에 있었다.『소설신수』는 그 속에서 근대소설이라는 이름에 상응하는 매체를 새롭게 만들어 낸 시도로 그 지위가 매겨져야 한다. 본론에서는 '소설=novel'이라는 등식이 만들어지는 과정에 있어서, 중층적으로, 그리고 연쇄적으로 일어나는 현상을 검증해가고자 한다.

츠부치 쇼요가『소설신수』를 집필하기 시작한 메이지 15-16년 경, '학문의 독립'이 무성하게 주창되었다. 메이지 초기의 학문영역의 변천에 관해서는 여기서 상세하게 이야기할 수 없지만, 여기서 명확하게 해두고 싶은 것은, 당시 제창된 '학문의 독립'이 결코 학문의 보편성이나 객관성을 중시함으로써 규정되었던 것은 아니라는 점이다. 쇼요 자신이 나중에 연관을 맺게 되는 동경전문학교 개교식을 보면, 오노 아즈사(小野梓)가 다음과 같이 연설하고 있다.

이것이 내가 이 학교에서 요구하고 싶은 것이다. 10년 이상을 계속 우리 학교를 개혁함으로써 우리는 우리의 젊은이들을 우리의 모국어로 가르치고 학문의 독립을 일으킬 학교를 발전시키는 데 헌신해야 할 것이다. (큰 박수) 국가의 독립은 그 국민들의 독립에 의존하며 국민의 독립은 그들의 정신의 독립에 뿌리를 두는 것이다. 사실 정신의 독립은 학문의 독립에 의존하는 것이다. 따라서 그 나라가 독립을 성취하기를 바란다면 그 국민이 첫 번째로 독립을 얻어야 한다. (큰 박수) 그 국민이 독립을 얻고자 한다면 정신이 첫 번째로 독립을 성취해야 하며 학문이 첫 번째 독립을 얻어야 한다. (기립 박수)[1]

오노가 말하는 '학문의 독립'이라는 것은 모국어에 의한 교수이고, 우리나라 학문의 독립이다. "우리 젊은이들을 외국 책으로 외국어로 가르친다는 것은, 마치, 그렇게 가르치지 않는 학문은 고상하지 않고 현명하지 못한 것처럼 되어, 가르치는 데 장애가 될 뿐이고 분명히 학문의 독립을 일으키는 길도 되지 못한다"라는 구절에서도 명확해지듯이 이것은 동경대학에서 행해졌던 고용된 외국인에 의한, 양서로 이루어지는 교육에 대한 비판이다.[2] '학문의 독립'은 말하자면 양서·양어로부터의 독립을 나타내는 것이고, 그것이야말로, '국민의 정신'의 독립, 그리고 한나라의 독립에 연관된다고 규정하는 것이다.

그러나 동경전문학교에서 개교 당시 사용되고 있었던 교과서나 참고서 표를 봐도, 알렉산더 베인, 허버트 스펜서, 존 스튜어트 밀 등의 저작이 많이 나타나 있다.[3] 즉 '우리 학문'은 '우리나라'에서 발명된 학문이 아니라, 원전이 양어이면서 번역이라는 행위를 매개로 해서 창출된 책이 어느 정도의 유통성을 가짐으로써 만들어진 것이다. 그 책들을 모국어로 해설한다는 것이 학문의 독립으로 위치가 지어지고, 국민정신의 독립과 결부된 것이다. 이와 같이 규정된 학문이 일본 고유의 정신을 만들어내고 육성하는 장으로 거론되었던 것이다. 이 과정에서 '우리나라'는 우리학문을 소유하는 주체로서 거론된다. 뒤에서 자세하게 거론하겠지만, 우리나라가 계몽하는 대상을 파악해 내고, 뒤떨어진 문명개화한 사람들을 근대화로 이끄는 주체로서 스스로를 세워낼 때, 우리학문의 소유자로서의 일본이 실체화된다. 이 과정에 내포되어 있는 식민자의 모방은 '학자'라는 표상이 '아시아'와의 관계성에 따라 가동되는 과정과 교차하게 된다.[4]

---

1 小野梓(오노 아즈사), 「祝開校」, 『早稲田大学百年史』 제1권, 早稲田大学大学史編集所編(早稲田大学出版部, 1978), 462.
2 같은 글, 463. 또한 메이지 16년(1883)에 그는 일기에서 이렇게 쓰고 있다. "나는 동경대가 우리 학교를 모방하기로 하고 우리 언어로 가르치기 시작했다는 얘길 들었다."
3 「英学教科書表」, 「参考書表」, 『早稲田大学百年史』 제1권, 437-39.
4 모방 개념에 대해서는 Homi K. Bhaba, *The Location of Culture* (New York: Routledge, 1994) 참고

오노의 연설이 있은 지 3개월 후『학문의 독립』5)을 발표한 후쿠자와 유키치(福沢諭吉)는 '학문의 독립'이라는 동일한 수사학을 사용하여 일본의 학문을 규정하면서, 오노가 제시했던 '학문의 독립'과 결정적인 차별화를 꾀한다. 후쿠자와가 말하는 '학문의 독립'이라는 것은 학문과 정치를 분리하는 것이었다. "학문과 정치를 분리하는 것이 나라를 위하여 중요하므로 나는 일본의 정치와 오늘날의 일본의 학문이 분리되기를 기도할 뿐"이라고 말하는 후쿠자와는 이 시점에서 '정치'의 영역에 부속되어 있던 '학문'을 정치·정당으로부터 이탈시키고, 정치와 관계없는 영역으로 규정하려고 했던 것이다.6)

근본적으로 학문은 다른 무예나 미술 등과 같이 정치에 전적으로 무관하다. 어떤 사람의 정치적인 성향이 무엇이든지 간에 그가 가르치는 능력을 갖고 있다면 교사로서의 자질을 갖고 있음에 틀림없다. 그의 정치성향을 캐묻고 그를 고용하는 과정에서 그의 정치관이 좋고 나쁨을 평가하는 것은 중대한 결과를 빚게 된다. 물론 사람들이 그것을 가볍게 지나치고 넘어가는 통에 대혼란과 무질서의 징후가 보이긴 한다. 나는 그런 세상이 올 것이라고 상상하며 일본의 학문이 정치와 연결된 채로 있을 경우 송조(宋朝) 혹은 미토 번(藩)에 닥쳤던 재앙에 빠지고 말 것이다.7)

이와 같이 후쿠자와는 정치와 학문의 '부착'이 '환란의 징후'이고, '정치상의 주의 여하'가 논의되고 있는 영역에서 떼어내는 것이 '나라'를 위한 것이라고 이야기한다. 즉 후쿠자와는 오노와 마찬가지로 '일본의 학문'과 '일국의 독립'을 결부시키면서 정

---

5 메이지 16년 1월 20일부터 2월 5일까지 『時事新報』에서는 '학문과 정치를 분리시켜야 한다'는 제목의 논설이 8회에 걸쳐 게재되었다. 이것은 메이지 16년 2월에 『學問之獨立』이라는 제목으로 바뀌고 단행본으로 출간되었다.
6 『學問之獨立』, 『福沢諭吉全集(후쿠자와 유키치 전집)』제5권 (岩波書店, 1956), 370.
7 같은 책, 377.

치로부터 독립이라는 측면에서 차별화를 기도하는 것이다. 이것은 동경전문학교와 개진당의 유착에 대한 비판으로 읽을 수 있다. 동경전문학교는 메이지 14년의 정변 이후 하야한 오쿠마 시게노부가 창설자였기 때문에 개교 초부터 개진당의 인재육성의 장으로 여겨져 왔다.[8] 이 때 후쿠자와는 십 년 후 국회가 개설되려고 하자 정당과 함께 창설된 많은 학교들을 비판의 대상으로 삼고 있다. 즉 고등교육의 장이 정권다툼의 장으로 변한 정변 이후의 상황을 비판하고 있는 것이다. '학문'을 '정치'의 대립항에 세움으로써 일국의 독립을 상정하는 후쿠자와는 달리 말하면, '정치상의 주의'에 의해 분단되어 있는 나라라는 공동체를 통일시키는 기호로 학문을 이용하고 있고, "자제들의 교육을 맡은 학자로 하여금 정사에 참여시키는 것은 나라에 큰 해를 입히는 것"이라고 이야기하면서, 오노가 제시한 '국민의 정신'을 부정하고 결정적으로 달라진 '국민의 정신'을 체현하는 학자의 상을 구축했다.[9] 이 입장은 후쿠자와가 슬로건으로 만들었던 '불편부당'이라는 논리와 불가분한 관계를 가지고 있다.

동경전문학교가 개교하던 해, 후쿠자와는 불편부당을 제기한 신문, 『시사신보』(時事新報)를 창간하였다. 이것은 직접 정치에 관여하지 않는 학자라고 하는 입장을 계속 고수하는 후쿠자와의 사상의 매체가 되었던 신문이다. 불편부당의 논리는 분명히 『학문의 독립』에 호응하는 것이지만, 또한 그것은 『시사신보』에서 거론되었던(정확하게 말하자면, 거론되지 않았던) 모든 사건에 명확하게 나타나 있다. 『시사신보』가 창간된 1882-85년은 자유민권운동의 쇠퇴기에 해당하지만, 당시는 후쿠시마(福島)사건을 필두로 타카다(高田), 군마(群馬), 카바산(加波山), 치치부(秩父), 리다(飯田), 오사카(大阪) 사건들로 이어진 격렬한 사건들이 국내를 흔들고 있었다. 다른 민권신문은 들끓고 있던 사건의 보도에 대하여 당파성이 짙은 내용을 제시했지만, 『시사신보』의

---

8   동경전문학교와 오쿠마 시게노부의 관계는 처음부터 위기에 빠져있었고 시게노부 자신은 개교식에 출석하지 않았다.
9   『學問之獨立』, 372.

사설은 들끓고 있던 사건에 대하여 거의 논하지 않았다. 그 대신 『시사신보』의 최대의 관심사는 청·조선의 사건이었다. 즉 불편부당이라는 것은 민권파의 국내분열을 한편으로는 은폐하면서, 다른 한편에서는 청·조선과의 대외적인 문제를 논의함으로써 "일본"을 한 나라로 긍정적으로 세워낸다는 언어조작인 것이다. 후쿠자와가 학자라는 입장을 계속 고집한다고 해도, 결코 비정치적이었다는 것이 아니라, 오히려 학자라는 표상을 이용하면서 나라의 건설에 계속 관계했던 것이다. 정치의 대립 항에 학문을 놓고, 불편부당이라는 언어조작을 통해서 한 나라의 독립이 어떻게 구상되었던가를, 특히 아시아와의 관계에서 드러냄으로써 학문에 내재하는 정치성을 더 명확하게 할 수 있다고 생각한다.

_'정신'이라는 척도: '아시아'에서 '구미'로

메이지 18년(1885년) 3월 16일 후쿠자와는 『시사신보』에 「탈아론」을 발표했다. 메이지 17년 12월에 일어난 갑신정변의 여운이 아직 남아 있을 때, "우리들은 마음 깊이 아시아 동방의 사악한 사람들을 사절한다"[10]고 이야기했다는 유명한 논의다. 후쿠자와는 「탈아론」에서 "국토는 아시아의 동쪽 가장자리에 있어도 그 국민의 정신은 이미 아시아의 고루함을 벗어나, 서양의 문명으로 옮겨가고 있다"고 일본을 위치시켰지만, 여기서 전개되고 있는 진화와 이행의 이야기는 주목할 만하다.[11]

먼저 유의해두고 싶은 것은 '아시아', '일본', '서양'은 고정적인 단위로서 아직 구성·배치되어 있지 않았다는 사실이다. 「탈아론」에서는 아시아, 일본, 서양이 각각 고정되어 있는 것처럼 볼 수 있지만, 그 고정성은 어떤 언어 조작에 의해 만들어져 있다. 그 언어 조작의 핵심은 '국민의 정신'이라는 형태였다. 「탈아론」의 논리는 '국

---

10 「脫亞論」, 『福沢諭吉全集』 제10권 (岩波書店, 1980), 240.
11 같은 글, 239.

민의 정신'이라는 척도에 의해 '아시아'로부터 '서양'으로의 이행을 표상하고 있고, 진화 · 이행의 이야기 자체가 '국민의 정신'에 의해 구성되어 있다. 말하자면 그 이야기에 의해 우리 일본이 진화하는 주체로 거론되고 있는 것이다. 말할 필요도 없이 국민의 정신은 '무형'이고 불완전한 표상이다. 그러나 바로 그렇기 때문에 국민의 정신이라는 형태는 우리 일본의 다양한 국면에 있어서 불안정성, 양가성을 은폐하고 우리 일본을 하나의 단위로 구성하는 기호이기도 하다. 다시 말하면, 후쿠자와는 국민의 정신을 규정함으로써, 다양한 국면에 나타나는 비균일성을 하나의 진화의 이야기로 통일시켜 버리는 것이다. 그 이야기는 우리가 이미 완전히 구성된 주체라고 하는 환영을 만들어내고 있다. 우리 일본의 자기생성은 국민의 정신이라는 단위에 의존하고 있고, 정신을 축으로 하여 이야기되는 이야기 안에서는 아시아, 일본, 서양이라는 단위(혹은 그 경계선)가 각각 고정되어 있는 것처럼 볼 수 있다. 그러니까 아시아와 일본이 정신이라는 척도에 의해 차별화가능하고 동시에 똑같은 척도에 의해 서양이 된다고 하는 환상이 성립하는 것이다.

'국민의 정신'을 축으로 해서 만들어진 이 이야기는 메이지 8년에 발표된 『문명론의 개략』에서 언급한 '문명의 시대들' 개념과 분명히 교차한다. 후쿠자와는 문명에 이르는 길을 미개, 반개, 문명이라는 범주로 나누고 일본을 반개에 위치시키고 있는데, 문명에는 겉으로 볼 수 있는 사물과 안에 존재하는 정신이라는 두 가지 모양이 있다고 이야기하고, 문명으로 가기 위해서는 "의복 음식 기계 주거나 재령법률 등의 외형"을 받아들일 것이 아니라, "문명의 정신을 준비하지 않으면 안 된다"고 말하고, 그를 위해서는 "구라파의 문명을 목적으로 삼아야 한다"고 제창하고 있다.[12]

문명의 '정신'은 분명히 '구라파'의 것이지만, 한쪽에서는 그것은 '아국'의 '인민의 기풍'으로서 "일국의 인민의 사이에 넉넉하게 침투해 있는"[13] 것이다. 흡사 이미 존

12 『文明論之槪略』, 『福沢諭吉全集』 제4권 (岩波書店, 1959), 19-21.
13 같은 글, 20.

재하는 듯이 위치되어 있는 '정신'이지만, '정신'은 '일국'을 통일하는 형태이고, '아국'을 '일국'으로 세워 올리는 기호이다. 즉 '구라파'의 것이면서 '일국'을 규정짓는 표상으로서도 사용되고 있는 것이다.

그러나 '정신'이라는 기호에 나타나는 양가성은 여기에 머물지 않는다. 어느 공동체에 공유되는 '정신'은 작동하는 논리가 다르고, 반드시 다양한 국면에서 중층적인 배제의 논리에 바탕을 두고 만들어지는 것이다. 또한 당시에는 무엇이 일본의 정신인가를 규정하기 위한 기준을 모색하고 있었고, 지배적인 기준이 정해져 있지 않았기 때문에 '정신'이라는 기호는 떠돌 수밖에 없었다. 무형이기 때문에 '정신'은 끊임없이 부유하고, 그만큼 작동하는 배제의 논리에 바탕을 두며, 모습을 바꾸고 중층적으로 기능한다. '구라파'의 정신을 텔로스(목적)로 규정해 두면서 '우리 일본' 고유의 '일국의 정신'을 창출해내지 않으면 안 되는 상황 속에서 부유하는 정신이라는 기호에 의해 '일국'을 표상하려고 했던 모순을 잉태한 중층적인 기반이 「탈아론」의 바탕에 있다.

'정신'이라는 척도가 '일국'이라는 개념의 형성에 개입하는 표현 상황에는, '반개'인 일본의 위치가 늘 개재해 있다. 오히려 '정신'이라는 척도가 '반개'라는 위치를 늘 반복시켰다는 것이 올바른 말일지도 모른다. 발전하고 있다는 환상을 체현하기 위해 '정신'이라는 기준에 의해 '아시아'와의 차별화를 기도하는 한편, '구미'로 향하여 발전을 이루고, '구미'가 되기 위한 만국공법을 필두로 하는 '구미'의 논리를 내면화한다. 이 운동은 코모리 요이치(小森陽一)가 '자기식민지화'라고 명명한 것으로서, 식민지적 무의식이 발생하는 장으로 파악되고 있다.[14] 구미가 되고 싶다는 욕망은 결코 만족될 수 없기 때문에, 문명으로의 길을 뒤늦게 밟기 시작한 아시아의 모든 나라에 대하여 구미열강 같은 몸짓을 함으로써, 문명국으로서의 정체성을 획득하려고 하는

14 小森陽一, 『日本語の近代』(岩波書店, 2000)와 『ポストコロニアル(포스트콜로니얼)』(岩波書店, 2001) 참고.

굴절된 정신구조야말로 일본형 식민지적 무의식의 구조라고 코모리는 규정한다.

반복하는 말이지만, 여기서 중요한 것은 아시아, 일본, 구미가 각각 고정적인 단위로서 아직 구성, 배치되어 있지 않다는 사실이다. 즉 어떤 개별적인 계기에서 각각의 표상 과정의 형태를 짓는 다양한 요청이 아시아, 일본, 구미를 만들어내는 것이다. 고정적인 단위로 성립되어 있지 않음에도 불구하고, 정신을 축으로 하여 고정성을 억지로 만들어내고 있기 때문에, 아시아, 일본, 구미라는 기호에 부여되는 정신은 끊임없이 재편성되지 않으면 안 된다.

또한 한편에서, 아시아로부터 구미라는 발전의 이야기를 표상 가능하게 만든 정신은 반개라는 일본의 위치를 늘 반복시켜 버린다. 구미는 문명이라는 이름의 목적이고, 아시아라고 명명된 것은 미개로 몰리고, 그 중간지점에 일본을 위치시키는 삼층 구조가 각각 재편성된다고 해도 그것과 관계없이 해체되는 일은 없다. 아시아와 구미 사이에 머물고 있는 일본은 그 사이에서 떠도는 표상으로 나타나고 정신적으로는 식민지화되어 있음에도 불구하고 식민자가 되기를 욕망하는 식민적 양가성을 늘 체현하게 된다.

'국민의 정신'이 이미 존재하는 것이 아니라 만들어져 왔다는 사실은, 문명을 구하는 순서를 논의하는 후쿠자와 자신도 충분히 인지하고 있었을 것이다. 『문명론개략』에서 후쿠자와는 나라의 문명을 도모하려면 밖에 보이는 사물보다도 먼저 사람의 마음에서 나와 개혁해야 할 것이라고 주장하고 있다. 즉 일국을 세우기 위해서는 정신을 먼저 창조하는 것이 필요하다고 말하고 있는 것이다. 이것은 어느 공동체의 공동성을 인심(人心)에서 창조해내는 것을 의미하고 '국민의 정신'으로의 동일화를 촉진함으로써 '나라'를 세워내려는 시도이다. 그것은 나라라는 개념을 형성하기 위한 이데올로기 조작일 뿐이다. 그리고 메이지 15-16년에는 그 일본 고유의 '국민의 정신'을 창조해내는 장으로서 학문이 거론된 것이다. 이것은 근대화에 뒤쳐진 발걸음을 내디딘 아시아를 찾아내 그 사람들을 계몽하는 학자가 이데올로기 조작을 담당하는 주체로 거론되는 과정과 불가분 연결되어 있다. '우리 일본'을 세우기 위하여 중층적으로 작동하는 '국민의 정신'을 둘러싼 양가성과 일본의 학문이 어떻게 교착하는가를 검토하기 위하여 후쿠자와의 아시아관을 검토해 보자.

_조선·청에 대한 견해의 변화: 학자와 식민적 양가성

일국을 긍정적으로 세우기 위해서는 말할 필요도 없이 대외적인 관계성이 필요하다. 여기서는 후쿠자와의 아시아관의 변화를 축으로 하여 메이지 15-18년의 민권 각파의 대 청, 대 조선관의 개요를 간단하게 이야기하면서 탈아론의 언어조작을 분석하고자 한다.

일본이 아시아에서 가장 문명개화한 나라라는 언어적 자부심(수사학)은 민권신문 안에서도 메이지 14년경에는 거의 일반화되어 있었다.15) 앞에서 본대로 이 자기규정은 (자기)식민지화되어 있으면서 식민자로서의 위치를 욕망하는 양가성을 내재시키고 있다. 이 수사학을 축으로 다양한 흥아론(興我論)이나 탈아론 등이 이야기된 것이다.16) 이즈음 후쿠자와는 「조선과의 관계」라는 글에서 볼 수 있듯이 서양인의 침략을 강조하는 형태로 침략을 막기 위해서도 인접한 나라의 문명을 도우러 나가는 것은 일본의 책임이라고 보고 무력을 사용해서라도 그 목적을 달성해야 한다고 하면서 직접 간섭을 제창하였다.17)

---

15 芝原拓自(시바하라 요이치), 「対外観とナショナリズム」, 『日本近代思想体系十二卷―対外観』 12권 (岩波書店, 1988), 504.
16 예를 들어 1881년에 조선으로 가고자 남쪽으로 이동하던 러시아군의 위협이 느껴지자 『東京日日新聞』은 "일본이 조선을 위해 러시아군대의 이동을 정지시켜야 하며 조선을 '보호'하기 위해 무력사용을 요구하는 것은 일본의 '문명화된' 상태를 드러내기 위해 조선의 새로운 종주국이 되기 위함이다"라고 썼다(1881년 2월 22, 23일). 그러나 이 당시 일본의 군사력에 대한 지나친 자신감을 비판한 신문논설도 있었다. 「我国兵備ノ英国ノ如クナラザルヲ如何セン(우리의 군사력이 영국의 군사력과 같지 않다는 사실을 어찌 해야 할 것인가?)」, 『東京横浜毎日新聞』, 1881년 2월 27일, 3월 2일.
17 「朝鮮ノ交際ヲ論ず(조선의 교제를 논함)」, 『時事新報』, 1882년 3월 11일. 『福沢諭吉全集』 제8권

같은 해 7월에 일어난 임오군란 직후 반청·반조선 감정이 고양되고 많은 논설이 매체를 사용했지만 여기서도 일본을 동양문명의 선도자로서 위치시키는 공통된 수사학을 빼면 임오군란에 대한 반응은 여러 가지였다. 예를 들어『조야신문』(朝野新聞)은 조선에 대하여 공혁(恐嚇)정책과 회유정책 양쪽으로 공략하고 조선에 개화를 가져다줘야 한다고 설파하는 한편,『도쿄니치니치신문』(東京日日新聞)은『호치신문』(報知新聞)으로 대표되는 주전론을 비판하고 외교교섭을 주로 해야 한다고 주장하였다. 또한 그 중에는 청의 신속한 반응을 추켜세우면서 청에 대해 우호적인 견해를 나타내는 논설도 발표되었고 2년 후에 일어난 갑신정변과는 대조적으로 반청감정도 철저하지 않았다.

무력을 사용해서라도 조선에 문명을 가져다줘야 한다고 주장한 후쿠자와는 임오군란 이후 간접적인 간섭을 주창하게 된다. 메이지 15년 12월부터 다음 해 1월에 걸쳐 발표된「큐바 타쿠조(牛場卓造), 조선에 가다」에서는 조선을 방문한 큐바의 역할을 "그들의 정치에 간섭하거나 그들의 관습이 파괴되도록 요구할 것이 아니라 유일하고 일관되게 자네가 평생 배운 양학의 뜻을 전하고 조선의 상류 선비들로 하여금 스스로를 계몽시키는 데 있을 뿐"이라고 규정하고 '인심으로부터의 개혁'으로 대조선 전략을 바꾸었다.[18] 그러나 '인심으로부터의 개혁'을 제창했다고 하더라도 후쿠자와 자신이 무력투쟁을 접은 것은 아니거니와, 이것은 메이지 17년 12월에 일어난 갑신정변에 후쿠자와가 준비 단계부터 연관되어 있었다는 사실에서 보아도 명백하다.[19]

(岩波書店, 1960), 30. 야스가와 준노스케(安川壽之輔)는「日淸戰爭とアジア蔑視思想—日本近代史像の見直し(청일전쟁과 아시아멸시사상—일본근대사 모습 다시 보기)」에서 "후쿠자와의 강경론을 '약탈주의'라고 비판하는 당대의 비평이 있다"는 사실을 지적하고 있다(『差別と戰爭—人間形成史の陷穽』[明哲書店, 1999], 171-72).

18「牛場卓造君朝鮮に行く(큐바 타쿠조, 조선에 가다)」,『時事新報』, 1883년 1월 12-13일.『福沢諭吉全集』제8권, 502.

19 쇼로(肖郞)가「'脫亞入欧'を目指す近代日本のアジア認識('탈아입구'를 목표로 하는 근대일본의 아시아인식)」에서 지적한 것처럼 후쿠자와는 특히 청에 대한 전략에서 강경론을 계속하고 있다(『差別と戰爭—人間形成史の陷穽』, 224-25) 수록.

오히려 간접 간섭을 주창하게 되었던 것은 청국을 "병사를 보내고 돈을 빌려주며 고문을 파견하는" 등의 방법으로 "내치외교에 간섭"하는 낡은 관습에 사로잡혀 있는 나라로 표상하기 위한 것이었다. 여기서는 청국의 간섭에서 조선이 얻는 교훈은 노쇠한 유학자의 진부한 논의에 지나지 않는다고 규정되고 "병사를 보내고 돈을 빌려주"는 행동은 유학의 사상체계로 환원된다.[20] 그 청국과 차별화하는 형태로서 정신을 개조하는 것이야말로 아시아의 맹주다운 일본의 책임이라는 것이며 우리 일본 상류계층에게 고유한 최근문명의 사상을 갖고 조선의 개화에 공헌해야 한다고 이야기한 것이다.[21] 이것이 앞에서 말한 '인심의 개혁', 즉 이데올로기 조작을 통해 '개화'된 '일국'을 세워낸다는 논리를 내재시키고 있는 것은 말할 필요도 없다.

동양의 맹주라는 자리를 '우리 일본'에 결합시키기 위해서는 청과의 관계성에서 그 우위성이 일청전쟁에서 청나라를 이길 때까지 언어적으로 반복되지 않으면 안 되었다. 여기서 '동양문명의 선도자'라는 자리를 언어적으로 반복하기 위해 사용되고 있는 것이 '학자'라는 표상이다. 간접적인 간섭을 주창하는 데에 있어서 후쿠자와는 반복하여 '학자의 본색'이라 칭하고 "조선인의 마음을 제어"하며 "목하 가장 제일의 핵심은 그 나라 사람의 비뚤어진 마음을 올바르게 만들고 스스로 혼미한 안개를 걷어내는 하나의 수단"이라고 말하고 그 방법으로서 "평생 배운 양학의 뜻을 전하고 그의 상류의 선비들로 하여금 스스로를 계몽시키는 데 있다"고 위치시킨다. '정신'의 개조에 의해 '문명'으로 이끄는 길은 '정사가'가 아니라 '학자'의 사명이라는 것이고 이것은 '학문의 독립'에 호응하는 것이다. "양학의 취지를 전한다"는 학자는 한편에서는 "우리 일본 상류계층에게 고유한 최근문명의 사상"을 갖는 표상으로 세워진다. 다시 말해서 '학자'로서 '조선인'을 '계몽'하는 것이 "일본 상류계층에게 고유한" 사상을 창조해내는 것이라는 말이다.

---

20 쇼로(甯郞)는 앞 논문에서 후쿠자와의 탈아가 사실은 탈유(脫儒)임을 명확하게 지적하고 있다.
21 「牛場卓造君朝鮮に行く」, 504.

식민적 양가성은 여기서 표상되고 있는 '학자'에게서 명확하게 나타나 있다. 여기서는 '양학'을 내면화할 수밖에 없는 상황에 놓인 피식민자이면서, 상대적으로 '야만'으로 위치된 조선의 '상류선비'를 계몽하는 행위를 통해, 배운 '양학'을 "일본인 상류계층에게 고유한" '사상'으로 위치시켜내고, '양학'이 아니라 '일본의 학문'을 체현하는 주체로서 '학자'가 표상되고 있다. 이 '학자'에서는 식민자를 모방한다는 메커니즘이 명확하게 드러나 있다. 계몽하는 대상인 조선의 상류선비에게 '양서'에 접근시키는 것이 아니라 '우리말'로 번역된 '양학', 즉 "일본인 상류계층에게 고유한" '사상'에 접근시킴으로써 '일본인 상류의 계층'은 비로소 식민자로서 행동할 수 있게 된다는 것이다. 이 과정에서 '우리 학문'을 소유한 '일본'이라는 주체가 생성된다. '우리 학문'을 소유하는 '일본'이라는, 식민자를 모방하는 주체가 만들어지게 되는 것이다.22)

더 나아가 간접적인 효용이 '양학'(일본의 학문)에 부여될 때 학문 그 자체에 개혁을 추진시키는 힘, 즉 정당성과 유효성이 주어지게 되는 것이다. '인심으로부터의 개혁'은 '학문' 그 자체가 행하는 것이므로 '학자'라는 매개를 필요로 하지 않는다. 그리고 '학자'는 학문이 자동적으로 갖는 효과에 의해 계몽하는 것이기 때문에 학자는

---

22 양학을 일본의 학문으로 미끄러지게 굴절시킨 표현 상황에 대해서 이야기하는 것이다. 여기서 확인해두어야 할 것은 실체화된 구미의 '서구지식'을 단순하게 '모방'했다고 이야기하고 있다는 말은 아니다. '번역'을 개재시킨 '양학'에 대하여 자세히 논의할 수는 없지만 '구미'로부터의 수입이나 모방이라는 근대화이론을 환기시키는 말은 '번역'을 투명한 매개로 위치지우는 것이고 여기서 논의되고 있는 흉내내기에는 해당하지 않는다. 식민지화되어 있음에도 불구하고 식민자로서의 위치를 욕망한다는 운동은 앞에서 말한 것처럼 늘 각각 재편성되고 있는 '구미' '일본' '아시아'라는 표상과 교차시켜 검토해야 한다. '번역'이라는 패러다임의 이론에 대해서는 나오키 사카이, 「서문」, 『흔적』 창간호 (문화과학사, 2000)와 Naoki Sakai, *Translation and Subjectivity: On 'Japan' and Cultural Nationalism* (Minneapolis: University of Minnesota Press, 1997) 참고. 또한 메이지 초기부터 중기에 걸쳐 속기, 연설, 신문매체 등으로 만들어진 언어적 커뮤니케이션이 어떻게 창출되고 중층적인 '번역'을 개재시키면서 '일본어'를 몇 층의 모순을 잉태한 모습으로 형성시켰는가에 대해서는 龜井秀雄(카메이 히데오), 『感性の変革』(講談社, 1983)과 『小説」論―「小説神髄」と近代』(岩波書店, 1999); 前英愛, 『近代読者の成立』(有精堂, 1973); 小森陽一, 『日本語の近代』(岩波書店, 1996)와 더 나아가 이연숙, 『「国語」という思想―近代日本の言語認識』(岩波書店, 1996), 安田敏朗(야스다 토시아키), 『帝国日本の言語編制』(世織書房, 1997)와 長志珠繪(오사 시즈에), 『近代日本と国語ナショナリズム(근대일본과 국어내셔널리즘)』(吉川弘文館, 1998) 등을 참고.

'정사가'와 달리 직접적으로 관여할 이유가 없다는 논리이다. 여기서 중요한 것은 직접간섭이 노쇠한 유학자 사상으로 환원되어 있고 그 대립항에 세워진 '양학'(일본의 학문)을 전달하는 학자에게 중립적인 입장이 부여되어 있다는 것이다. 중립의 입장을 갖는 '학자'라는 표상이 체현하고 있는 식민적 양가성에 대해서는 근대소설에 의해 특권화되어 있는 주체와의 관계라는 관점에서 더 이야기하게 될 것이다.

_아시아관: 인심·정과 무력

임오군란 이후 대청·대조선의 전략을 둘러싸고 대립하고 있던 민권 각파들은, 갑신정변이 일어난 메이지 17년 12월이 되자 일변하여 개전을 주창하는 방향으로 거의 일치를 보이게 된다. 갑신정변은 후쿠자와로 하여금 '탈아론'을 쓰게 한 사건이기도 하다. 조선으로의 즉시 출병을 촉구하는 논설, 프랑스와의 동맹을 호소하는 많은 주장들이 나타나고 그 중에는 "일본군의 무력"을 보이고 "오만한 백색인종에게 일대 충격을 줄 호시기"라고 말하는 『자유신문』의 논설도 있었다.[23] 이러한 변화를 가져온 중대한 요인은 베트남을 둘러싸고 이루어진 청불전쟁일 것이다. 일본에 있어서 '동양문명의 선도자' 자리를 다투는 청이 10년 전 프러시아에 참패한 프랑스에 참패한 것이다. '양무운동'의 일환으로서 '근대적' 병력을 보유하고 있었던 청이 패배한 것은 일본국 안에서도 대대적으로 보도되었지만 갑신정변에서는 그 청이 군사력 면에서 일본을 상회하고 있다는 사실이 증명된 것이다. 그 때 일본은 자기규정에서 반복하고 있던 '동양의 맹주'라는 표상이 아직은 텅 빈 수사학일 뿐이라는 사실이 드러나게 될 위험에 직면해 있었다. 민권파의 호전적인 논조는 '동양의 맹주'로서의 자리를 지키는 것보다도 오히려 그것을 현실의 것으로 만들기를 희망하고 있었다고 보는

23 「日本兵ノ武力ヲ宇内ニ示スベシ(일본병의 무력이 전세계에 보여야 할 것)」, 『自由新聞』, 1884년 12월 27일.

쪽이 타당하다.

그러나 메이지 정부는 청과 톈진조약을 맺고 전쟁을 피하는 길을 취한다. 비공식적으로는 프랑스로부터 동맹을 맺자는 의사표시 등도 있었지만 그것들을 모두 물리치고 즉각 청과 화해를 맺었던 것이다. 여기에는 아직 조약개정에 성공하지 못한 '반개'의 일본 모습이 드러나 있다. 불평등조약을 강제당한 일본은 아직 '문명국'으로서 구미에 인정받지 못하고 있었고 언어적으로만 스스로를 문명국으로 표상하는 것이 가능했을 뿐 대외적으로 '문명국'으로서 행동할 수는 없었다. 오히려 '문명국'으로서 행동할 수 없었기 때문에 표상 위에서 계속 반복해왔다고 말하는 것이 올바를 것이다. 10년 후 영국과 조약개정에 성공한 직후 일청전쟁에 돌입하는 것은 우연이 아니다.

거듭 말하지만 임오군란 후 가까운 장래에 청과의 개전은 피할 수 없다고 파악한 메이지 정부는 군비확장을 중요시했지만 갑신정변이 일어난 메이지 17년은 8개년 계획 중 2년 차에 해당하던 해이고 또한 그 계획에 따라 실시한 군인 및 선원 제국징집에 의해 일본경제가 심대한 타격을 입고 있었기 때문에 결코 전쟁을 벌일 여유가 있었던 것은 아니다. 적지 않은 '비전론'(사실은 비전론도 아니지만)을 쓴 토쿠토미 소호(德富蘇峰)는 "금일 국민이 그들에게 부과된 조세로 인해 곤경에 빠져 있고 매일매일 먹을 식량도 부족하다. 어디서 전쟁을 벌일 힘이 나온단 말인가?"[24] 하고 주장했다. 민권파가 지원하고 있던 다양한 농민봉기나 격화사건은 주로 불황이 원인이었고 '부국강병'은 분명히 발전도상에 있었을 뿐이다.

그러나 '동양의 맹주'라는 언어적인 자기규정을 방기할 수 없었다. 아시아의 모든 나라 중에서 가장 일찍 '구미'를 향해 문명개화했다는 주장이 자기기만밖에 안 된다는 것을 드러내는 일은 어떤 일이 있어도 피하지 않으면 안 되는 것이었다. 그러니까

---

24 德富蘇峰, 「日支韓事件に関するの意見(니시칸 사건에 대한 의견)」(수기), 『対外観』, 日本近代思想体系 12 (岩波書店, 1988) 수록.

현실적으로 문명국처럼 무력을 사용하여 행동하는 것은 불가능하고 또한 그 사실을 인정할 수도 없는 일이었다. 이러한 표현 상황 속에서 후쿠자와는 「탈아론」을 발표하고 '아시아'와 완전히 단절한 것이다.

후쿠자와는 「탈아론」에서 어떻게 일본이 '최근의 문명'을 받아들이고 '구태를 벗어'버렸는가를 몇 번에 걸쳐 반복적으로 이야기하면서 다음과 같이 말한다.

그런데 가장 불행한 것은 가까운 이웃에 나라가 있고 하나를 지나라 부르며 하나를 조선이라 부른다. (중략) 이 두 나라는 모두 일신을 세우고 또 일국에 관하여 개진의 길을 알지 못하며 교통하는 세상에서 문명의 사물을 보고 듣지 못하는 것은 아니지만 눈과 귀로 보고 들어도 마음을 움직이는 데 충분하지 못하고 그 고풍구관에 연연해하는 정은 백년 천년이 지나도 다를 바 없다. (중략) 서양문명인의 눈으로 보면 세 나라가 지리적으로 서로 접해 있는 까닭에 때로는 동일시하고 청과 조선을 평가하는 가치를 가지고 우리 일본에게 명령하는 것이 의미가 없는 것은 아니다.25)

여기서 후쿠자와는 '서양문명인'의 척도를 창출해내고 "'우리 일본'의 '국민의 정신'은 대개 아시아의 고립을 탈피하고" 있지만 '지리'가 인접해 있는 탓에 "고풍구관에 연연해하"고 문명에 "마음을 움직이지" 않는 '지한'(청과 조선)과 동일시되고 있다고 말하고 있다. 그것은 예를 들면 "조선국에 사람을 벌하는 참혹함이 있다면 일본인도 마찬가지로 무정한 것으로 추정"되어 버린다는 것이었다. 이것이 갑신정변 후의 조선의 개화당에 대한 처벌을 염두에 둔 것이라는 사실은 분명하다.

「탈아론」을 발표하기 수개월 전에 후쿠자와는 「조선독립당의 처형」이라는 논설을 시사신보에 발표하고 갑신정변 후에 이루어진 음모자의 처형에 대해 이야기하고

25 「脫亞論」, 239-40.

있다. 당사자만이 아니라 그 '부모형제처자'까지 처형된 모습을 '잔인무정'이라고 묘사하고 "문명국인의 정에 있어서는 이재를 당한 사람의 불행을 슬퍼하고 또 그 잔인함을 보고 마음이 얼어버릴 만큼 전율할 따름"이라고 하며 '정'을 문명국의 것으로 위치시키고 그 척도에서 '완력'이나 '살육'을 두고 '야만'이라고 말한다.[26]

> 그런데 오늘 조선국의 인정을 통찰컨대 지나인과 동료가 되어 그 살기의 음험함 같은 것은 실로 우리들 일본인의 생각을 넘어서는 것이 많다. 때문에 우리들은 조선국에 대한 조약의 공문 상에는 본래부터 대등한 교제를 위하고 있지만 인정이라는 점에 이르러서는 그 나라 사람이 청의 틀을 버리지 않고 문명의 올바른 길을 배우고, 유형무형 일체의 일에 있어서 우리들과 함께 말하며, 서로 경악시키는 경우에만 이르지 않는다면 우리는 조선을 청과 같은 범주로 묶을 수 있다.[27]

즉 '완력'이나 '힘'을 '야만'으로 위치시키는 언어 조작이 '정' 혹은 '마음'의 진화론적인 이야기와 연동되어 이야기되고 있는 것이다. '정·마음'을 중심으로 하는 이야기는 그대로 '일본'에 해당된다. '문명개화'한 일본에서는 서남전쟁에서 '국사범'이 된 사이고 타카모리의 동생 사이고 츠구미치가 "피와 살을 나눈 동생"인데도 참의로 우대되고 있다는 것을 강조하고 "한마디로 이것을 평한다면 능력 있는 사람을 죽이는 힘이 있어도 결코 능력 있는 사람을 죽이는 일은 없다고 하더라. 그것을 문명의 강함이라 하더라"고 말한다.[28] '힘'을 제어하는 '마음'이야말로 '문명'이 되는 것이고 '무력'은 '야만'과 동등하게 결합되는 것이다. 청·조선이 발동하는 '힘'은 '살기등등한' '야만스런' '정'이 나타난 것이라 이야기되고 그 반대 항에 서있는 일본은 '야만

---

26 「朝鮮獨立黨の處刑」, 『福沢諭吉全集』 제10권 (岩波書店, 1960), 225.
27 같은 글, 226.
28 같은 글, 239.

을 드러내게 만드는 '힘'을 제어하는 '마음', '문명국인'의 '정'을 소지하고 있는 공동체로 부상한다.

즉 후쿠자와의 이 논리는 '무력'을 억제하는 '문명화된 마음·정'을 낳으면서 동시에 '무력'을 구사할 때 나타나는 '야만'스런 '아시아'적 '인심'도 만든 것이다. "문명이 매일 새로워지는 활극장에서 교육의 일을 논의하면 유교주의라 부르고 학교의 교훈에는 인의예지라 칭하며 하나부터 열에 이르기까지 겉으로 보이는 허식만을 능사로 할 뿐 실제로는 진리원칙의 견해는 없으며 도덕적으로 부패하고 끔찍한 잔인성을 드러내고 도무지 반성하는 생각이 없더라."[29] 후쿠자와가 간접적인 간섭을 주창할 때 군사를 보내는 일이나 돈을 내어주는 일이 '노쇠한 유학자' 사상으로 환원되어 버리듯이 무력으로 나타나는 '아시아'적인 '인심'은 '인의예지' 같은 '유교주의'로 환원되고 그 결과 조선은 '정신의 독립을 잃'게 된다는 근거가 만들어진 것이다.

「탈아론」은 다음과 같이 점점 더 논조를 올려간다.

따라서 (우리의 대외관계를) 말하면 우리에게는 인접국들이 아시아를 함께 발전시키기 위한 계몽을 성취할 때까지 기다릴 시간이 없다. 설령 그럴 시간이 있다고 하더라도 우리는 그들을 넘어 우리의 노력으로 서양 문명국과 함께 있어야 한다. 청 조선을 다룸에 있어서는 특별하게 고려할 일이 없다. 우리의 인접국들인 탓이다. 우리는 그들을 서양 문명국처럼 다루어야 한다. 우리가 악한 사람들에게 우리를 동화시킨다면 우리 또한 악한 이름을 피할 길이 없게 된다. 우리는 마음 깊숙한 곳에서부터 아시아의 악우(惡友)들을 사절하노라.

인용문 끝에 있는 '마음'이라는 기호는 앞에서 말한 언어조작을 내재시키고 있다. 무력을 사용하지 않고 오히려 무력을 억제하는 '마음'에 있어서 "서양의 문명국과 진

29 「脱亞論」, 239.

퇴를 같이 하"며 무력을 구사하는 '야만'스런 '악우'를 사절한다고 되어 있다. '마음 · 정'이라는 관념적인 기호에 의해 조선과 지나(청)를 차별화하고 '동양의 맹주'라는 자리, 즉 아시아 안에서 가장 문명개화한 나라로서의 정체성을 유지한다는 것이다. 또한 그 반대 항에 '무력'을 배치함으로써 무력적으로 '문명국'으로서 행동할 수 없다고 하는 '일본'의 현 상황을 은폐하는 것이다.

더 나아가 '마음'에 있어서 "악우를 거절"하고 "서양문명국과 진퇴를 같이 하"는 것이라면 행동을 취함으로써 '문명성'을 표상할 필요는 없어진다. 관념적인 기호인 '마음 · 정'을 축으로 이야기되는 이 이야기는 지정학적인 리얼리티를 은폐하는 논리를 개재시키고 있는 것이다. 이와 같이 '일본'을 표상함으로써 '동양문명의 선도자'로서의 위치를 언어적으로 반복하는 것을 가능하게 만드는 것이다.

'무력'을 '정'의 표출로 규정하고 거기에 진화론적인 가치체계가 중첩된 표현 상황은 '불편부당'의 논리와 교차시켜 생각해야 한다. '탈아론'의 언어 조작은 격화사건 등에 의해 분열된 '나라'를 통일시킨 형태로 표상하는 기능을 갖는 것이다. 무력투쟁을 '야만'으로 위치시키는 이 논리는 세론을 뒤흔든 청 · 조선에 대한 강경론을 받아들임과 동시에 봉기 사건들을 일으킨 민권파를 '아시아'적인 '혈기'나 '살기'에 의해 선도된 '부랑아'로 자리매기는 것이다.[30] '약자'는 "기회를 틈타 원한을 풀고 닥쳐올 어려움을 깊이 생각하여 화근을 일시에 끊어버리는 것이 참상을 드러낸다"고 규정하는 일절은 조선에서 일어난 갑신정변의 처형에 관하여 후쿠자와가 서술한 것이지만 그것은 간단하게 1885년에 마지막으로 일어난 사건의 음모자에게도 적용할 수 있는 것이다.[31]

메이지 18년 12월에 일어난 오사카사건은 자유당 좌파가 이제 한 번 조선에 반란을 일으키고 그 기세로 메이지 정부의 전도를 기도하기도 전에 발각되어 오사카에서

---

30 「朝鮮の多事」,『福諭吉全集』 제10권, 498.
31 「朝鮮獨立黨の處刑」, 222.

주요 인물이 잡힌 사건이었다. 갑신정변 직후 적지 않은 '비전론'을 썼던 토쿠토미 소호는 그 음모자들을 가리켜 "그들의 행위는 『수호전』에 나오는 활극을 메이지 세계에서 연출하고 싶어 한 것과 같다"고 말했다.[32] 오사카사건의 음모자는 『수호전』에 나오는 '아시아'적인 '인심'에 좌우된 '부랑아'인 것이다. 즉 '탈아'라는 논리는 연쇄적으로 민권파가 제창하고 있던 정치적인 주체의 부정도 내포하고 있는 것이다.

_『소설신수』와 탈아

지금까지 『소설신수』가 집필될 때 발표된 탈아를 둘러싼 논의를 후쿠자와의 아시아관을 중심으로 하여 고찰했다. 「탈아론」에서 이루어진 언어 조작은 '인정'의 '골수를 뚫는' 것을 소설의 '주안점'으로 한 『소설신수』를 관통하고 있다. 이제부터는 『소설신수』와 탈아의 논리가 중층적으로 교착하는 과정을 분석하면서 동시에 근대소설이 삼투하는 학문영역과 '학자'라는 특권화된 주체를 더 검토해나갈 것이다. 여기서 재차 확인해두고 싶은 것은, '근대소설'이라는 형태가 당시 존재하지 않았다는 것이다. 쇼요는 『소설신수』에서 근대소설이라는 새로운 매체를 창출하고 있는데, '탈아'와의 연관을 검증하기 위해 그 과정에 초점을 두고 특히 쇼요가 부정형으로 창출한 근대소설의 윤곽을 명확하게 하지 않으면 안 된다. 먼저 쇼요가 리얼리즘을 제창했다고 해서 그 예로 잘 거론되는 다음 인용문을 보자.

그러므로 소설의 작자라는 자격을 가진 자는 그 뜻을 오로지 심리에 집중시키고 우리가 거짓으로 만든 인물이라도 그 인물이 한 번은 작품 안에 있어야 할 것이므로 그를 생활세계의 사람으로 간주하여 그 감정을 베끼는 데 있어서 감히 그 자신의 디자인으로 선악사정

---

32 『国民之友』에서 다양한 격화사건에 대한 묘사는 木村直恵(키무라)의 『＜青年＞の誕生─明治日本における政治的実践の転換＜청년＞의 탄생─메이지일본에서 정치적 실천의 전환』(新曜社, 1998) 참고

(善惡邪正)의 정감을 만들어낼 것이 아니라 방관한 채, 있는 대로 모사하는 마음가짐을 가져야 할 것이다.[33]

'방관'이나 '있는 대로'를 단순하게 '리얼리즘'이나 '사실'(寫實)이라는 근대소설 성립 이후 산출된 기준에 바탕을 두어 해석할 것이 아니라 먼저 이 개념들에 의해 부정되고 있는 대상을 위치시키는 것이 중요하다. '방관', '있는 대로'라는 언뜻 보기에 리얼리즘을 제창하는 듯이 보이는 관념은 사실 '선악사정'의 대립 항에 배치되어 있다. '선악사정'을 그리는 일은 '인정'의 '껍질'만을 그리는 것으로서 복잡해진 '문명인'의 '인정'이 아니라는 것이고, 그 '껍데기'의 '인정'으로서 쇼요가 예로 드는 것은, 역사소설가로서 중국고전의 언어적인 전통을 구체화한 중국의 백화소설을 종종 차용한 타키자와 (쿄쿠테이) 바킨(1767-1848)의 『南總里見八犬傳』이다.

예를 들어보자. 바킨의 걸작 『하켄덴』(八犬傳)에 나오는 8명의 주인공들은 8가지의 미덕을 나타내는 괴물들이다. 그들은 분명히 인간으로 그려질 수 없다. 애초부터 바킨의 의중은 미덕이 인간적인 형태로 재현되어질 수 있는 소설을 쓰고 그의 인물들을 선악사정의 주제를 사용하는 완벽한 존재들로 그리는 것이었다.[34]

쇼요가 부정하고 있는 것은 '선악사정'이나 '인의팔행'(仁義八行)이라는 '권징(勸懲) 뜻'에 귀착하는 가치체계이고 그것은 쿄쿠테이 등 독본작자가 번안 번각하고 유통시킨 『수호전』, 『삼국지』 등으로 대표되는 한자서적의 축을 이루고 있는 유학에 바탕을 둔 언어체계였다. 쇼요가 '피상적인' '인정'으로 부정한 것은 바로 후쿠자와가 제시한, 무력을 구사할 때 나타나는 '아시아'적이고 '야만'스런 인정이었다.

---

33 坪内逍遥, 『小説神髄』, 『坪内逍遥集』, 『日本近代文学体系』 제3권 (角川書店, 1974), 71.
34 『小説神髄』, 70.

이 아시아적인 언어체계의 부정은 『소설신수』가 정착시킨 소설=novel이라는 등식에 명확하게 나타나 있다. 앞에서 이야기한 것처럼 『소설신수』라는 제목을 가지고 있지만, 이 텍스트는 결코 기존의 소설의 신수를 그려내려고 했던 텍스트는 아니다. 오히려 소설=novel이라는 아직 예전에는 없던 매체를 만들어내려고 한 텍스트로 위치시켜야 할 것이다. 『소설신수』가 구미의 소설을 모방하고, 일본의 근대소설을 세우려고 했다고 하는 것은 정설이지만,[35] 여기서 주목하고 싶은 것은 'novel'의 번역어로서 '소설'이라는 말이 선택된 것이다. 소설=novel이라는 등식은 당시 결코 자명한 것이 아니었다. 메이지 초기에는 소설의 번역어로서 패사(稗史)나 패관소설 등이 사용되고, 소설은 예를 들어 니시 아마네에 의해 'fable'의 번역어로 사용되었고, 키쿠치 다이로쿠의 『修辭及華文』에서는 'old romance'의 번역어로 되어있다.[36] 메이지 16년 나카에 초민이 발표한 『유씨미학』에서는 'novel'을 포함한 구미의 다양한 장르가 소개되어 있지만, 소설이라는 말은 사용되고 있지 않다. 물론 현재에는 소설이 'novel'의 번역어로 정착해 있지만, 그것은 특권화된 『소설신수』의 위치 때문에 나온 결과이다. 일본의 표준사전조차도 이 텍스트를 출전으로 거론하고 있다.

'소설'이라는 두 글자의 숙어는 소설과 겹쳐지기 전에 독자적인 지시대상을 가지고 있었다. 한서에 의해 정의된 「가담항화」(街談巷話)에서 비롯하고 준화(噂話, 여럿이 수군거리는 이야기)로부터 명대에 발전한 백화소설의 계보를 잇는 소설이고, 일본에서는 특히 강호시대, 쿄쿠테이 등의 독본작자에 의해 유포된 삼국지나 수호전의 번안, 번각에서 계속 이어진 권징의 뜻에 귀착하는 가치체계에 의해 형성된 책자였다. 즉 소설은 다름 아닌 선악사정, 인의예지, 인의팔행으로 만들어진 언어체계에 의

---

35 龜井秀雄は(카메이 히데오), 「「小說」論―『小説神髄』と近代」에서 '유럽/일본=영향/피영향'이라는 도식으로 뒷받침되어온 종래의 『小説神髄』 논의를 철저하게 비판하고 동시대적인 역사관 예술관 언어관을 상세하게 그려내면서 쇼요가 만들었다고 하는 '소설'을 분석하고 있다.

36 『百學連環』, 『西周全集』 제4권 (宗高書房, 1981). 『修辭及華文』(菅谷廣美, 『「修辭及華文」の研究』 研究選書 20 (教育出版センター, 1978).

해 구성된 이야기 종류를 지칭한 것이다. 더욱이 소설이라는 범주가 가지고 있었던 이 언어체계는 쇼요가 소설신수를 집필하고 있었을 때 유행하고 있었던 번역·정치소설에 의해 분명히 지속된 것이다. 그러나 쇼요는 어느 정도 어쩔 수 없이 '서구의 novel'과 소설을 묶고 소설을 권징의 뜻을 지탱시키는 아시아적인 언어체계와 떼어낸 것이다. '서구의 novel'을 목적으로 설정한 근대소설의 주제로서 자의적으로 선택된 것은 문명국인의 복잡한 인정이고, 그것은 아시아적이고 피상적인 인정을 부정했던 곳에 규정된 것이다. 이 언어조작이 탈아의 논리를 체현하고 있다는 것은 말할 필요도 없다.[37]

더욱이 아국 소설의 계보라고 하는 이야기로부터 시작하는 『소설신수』에서는 메이지에 들어서면서부터 권선징악을 주제로 한 번안·번각이 많이 창작되고 있다는 것이 지적되어 있고, 주지하는 대로, 쇼요는 희작(戱作)을 비판의 대상으로 삼고 있다. 그것은 근래 간행된 소설에는 오로지 살벌, 참혹한 이야기가 많고, 시대의 취향에 맞도록 잔인한 패사를 배출하고 있다는 비판이었다.[38] 권선징악이 간접적으로 잔인함이나 살벌·참혹함에 결부되어 있는 이 모양은 후쿠자와의 「조선독립당의 처형」을 연상시킨다. 그리고 희작의 개량을 주창하고, '대인(大人), 학자'도 만족시키는 서구의 소설을 능가하는 근대소설을 만들어내는 것을 목표로 하는 것이지만, 여기서 대인, 학자라는 독자를 상정하면서, 당시의 대인, 학자 사이에 유행하고 있었던 정치소설이 이 계보로부터 완전히 배제되어 버리는 것은 지극히 상징적인 일이다. 민권파의 정치당파성을 농후하게 제시하는 정치소설을 아국의 소설의 계보에서 배제한다는 언어 조작은 아국이라는 일국의 소설을 세우기 위해 정치적인 분열을 회피한다는 논리를 개재시키는 것이고, 후쿠자와의 학문의 독립, 불편부당에서 엿보이는 언어 조작

---

37 '소설'이라는 말의 '분열'에 대해서는 小森陽一, 「小説はいつ生まれたのか―近代文学とそれ以前」(『文学がもっと面白くなる』[ダイヤモンド社, 1998])과 藤井定和(후지사 다카츠), 『日本<小説>原始』(大修館出版, 1995) 참고
38 쇼요는 여기서 외설스럽고 포르노그래피적인 작품들도 비판하고 있다.

과 분명하게 호응하고 있다.

정치소설이 『소설신수』의 앞부분에서 만들어지고 있는 소설의 계보로부터 배제되면서, 살벌·참혹함이나 잔인한 이야기에 대한 비판이 연동되어 있다는 것은 우연이 아니다. 토쿠토미가 오사카사건의 음모자를 메이지 시대에 『수호전』의 활극을 연출하고 있다고 묘사한 적이 있음은 앞에서 이야기한 바지만, 이것은 키무라 나오에(木村直恵)가 『청년의 탄생—메이지 일본에 있어서 정치적 실천의 전환』에서 지적한 것처럼, 청년이란 근대적 인물과 대치되어 있는 정치를 체현하는 장사(壯士)가 한시문의 언어체계와 밀접하게 결합되어 가는 과정과 불가분 연관되어 있다. 키무라는 메이지 10년대의 자유민권활동가였던 장사가 비분강개한 문장과 결부되어 있다는 것을 상세한 분석에 따라 제시하고, 그 문장의 특징을 다음과 같이 서술한다.

정사곡직의 분단, 정과 부정, 선악을 명확하게 나눌 것, 비분강개한 언설에 있어서 이러한 논리의 기술을 지탱했던 것은 다름 아닌 한문서적의 고전에서 인용된 언어이다. 즉 역적, 간영(奸佞), 필부, 속물, 소인, 노비, 우론, 사설(邪說), 악계, 간모 등과 같은 『삼국지』 『수호전』 유의 문자를 가진 한문조의 문체는 바로 권선징악적인 논리로 귀착하기 때문이다.[39]

이 권선징악을 지탱하는 언어체계야말로 민권운동의 과격파와 결합된 언설이고, 쇼요가 '있는 대로'나, '방관'이라는 개념에 의해 완전히 부정했던 언어체계였다. 아시아적인 피상적 인정을 부정함과 동시에, 국내의 분열을 체현하는 매체로서의 정치소설을 배제하는 이중 조작이 근대소설의 정의에 나타난 것은 오히려 필연이라고 말해야 할 것이다.[40] 그것은 또한 근대소설이 학문의 독립에서 엿보이는 학자와 정사

---

39 木村直恵, 『＜青年＞の誕生—明治日本における政治的実践の転換』, 89.
40 물론 정치소설은 일의적인 것이 아니라 당파에 의해 제시된 정치사상은 다르게 되었다. 여기서도 분명하게 쇼요가 '아시아'적인 인심과 더불어 부정한 것은 주로 자유당계의 과격파와 결부되어 있었던 언어체계였다. 쇼요가 다른 정치소설을 어떻게 위치시켰는가에 대해 상세하게 말할 수는 없지만 『小説神髄』의

가의 대립을 체현시키고, 소설이 학자라는 표상을 특권화하는 과정과도 깊이 연관되어 있고, 그것은 연쇄적으로 학문이라는 영역을 재편성한다.

아시아적인 인정을 부정한 곳에서 세워진 정(情)을 주제로 한 근대소설은 학문 영역에 침투한다. 『소설신수』는 근대소설을 예술로 추대하고, 소설의 실용성을 부정했지만, 결코 소설의 계몽적인 효용을 부정했던 것은 아니었다. 사실 쇼요는 소설의 이익이라는 장을 써서, "소설은 사람의 성격을 고양시키고, 사람의 감수성에 호소하고 그의 섬세한 감정들을 불러일으켜 점차적으로 탐욕을 몰아내고 그 사람의 마음을 일상세계의 바깥으로 끌어내어 일종의 미묘한 감각을 의식하게 하면 그때 그는 고양되고, 고상하게 될 것"이라고 이야기하고 있다.[41] 이것은 예술의 간접적인 효용을 설파한 소설총론에도 통하는 이야기지만, 쇼요는 소설을 사람의 마음이나 성격을 고상하게 만드는, 말하자면 감정교육을 담당하는 매체로 위치시켰던 것이다.

감정교육으로서의 근대소설을 작자의 디자인의 부정에 의해 당시 제창되었던 학문과 교차시킨다. 있는 대로나 방관이라는 대립 항에 웅크리고 있었던 아시아적인 언어체계, 정확하게 말해 권선징악의 논리로 귀착하는 언어체계는 더 나아가 작자의 의중과 결합되어 있고, 자신의 의도를 갖고 선악의 정감을 만들어 세우는 것은 있는 그대로를 묘사하는 것이 아니라고 쇼요는 반복해서 이야기하고 있다. 이 논리에서는 권선징악이라는 이야기 형식에는 의도가 작동하고 있고, 그것은 작자가 직접적으로 조작을 하고 있다는 것과 결합되어 있다. 한편에서 보면, 근대소설은 작자의 의도에서 해방되어 있고, 간접적 효용에 의해 사람의 마음이 고상하게 되는 것이다.[42] 간접적 효용이 규정되었을 때, 근대소설이라는 매체 그 자체에 가치가 부여되는 것이다.

앞머리에 그려진 계보에서 배제되어 있다는 것으로부터 그가 구상한 근대소설로부터는 배제되어 있다는 것은 차이가 없다.

41 『小説神髄』, 85.

42 물론 '권징의 뜻'에 귀착하는 언어체계에서 '작자의 의중'으로부터의 해방은 새로운 언어조작을 필요로 하고, 달라진 '작자의 의중'이 작동하는 것을 의미한다.

여기서 후쿠자와가 노쇠한 유학자의 사상에 결합시켰던 직접 간섭을 비판하고, 양학 (洋學)에 간접적 효용을 부여함으로써 학문 그 자체에 정당성 유효성을 주었다는 사실을 상기하고 싶다. 아시아적인 껍질뿐인 인정—권선징악에 귀결되는 언어체계—으로부터 해방되고, 문명국인의 복잡한 정은 새로운 언어체계 하에서 재편성됨으로써 비로소 학문이 된다. 근대소설은 권선의 뜻으로부터 해방되고, 감정교육이라는 학문 영역에 스며들어갈 수 있다.

아시아적인 인정을 부정한 곳에 세워진 문명국인의 인정은 『소설신수』에 따르면 심리학에 바탕을 두고 묘사된 것이었다. "패관자(稗官者) 등은 심리학자와 같다. 심리학의 도리에 바탕을 두고, 그 인물을 거짓으로 만들어야 한다."[43] 쇼요가 말하는 심리학은 알렉산더 페인이나, 허버트 스펜서 등으로 대표되는 사회진화론으로 분류되는 심리학이고, "인물을 그리기 위해서는 심리학의 강령을 알아야 하고, 인상학, 골상학의 학리를 알지 않으면 안 된다"라는 구절에서도 명확하듯이 우리가 생각하는 심리학이 아니라, 인상학, 골상학의 학리와 병렬되는 듯한 언어체계였다.[44] 즉 근대소설의 주인공은 구미의 과학으로서 당시에 인지되고 있던 사회진화론 속에 편입된 심리학(이것은 물론 자국어 권에서 유통성을 갖고 있었기 때문에 자국 학문이기도 하다)을 체현하고 있는 주체로서 세워진 것이다. 아시아적인 노유(老儒)사상을 치워버리고 심리학이라는 양학으로의 이행을 내재시키는 주체를 아국의 소설의 주인공으로 세운다는 행위—아국의 국민의 정신을 담당하는 주체로 세우는 행위—는 자기식민지화를 하면서 식민자를 모방한다는 논리를 분명하게 반복하고 있다.

그 주체에게 학자라고 하는 위치가 부여되는 것도 우연일 수 없다. 『소설신수』에서 이론화한 소설을 창출하기 위해 쇼요가 쓴 『당세서생기질』(當世書生氣質)에서 설정된 주인공 코마치다가 긍정적으로 선택한 입장은 학자였다. 코마치다는 말한다.

---

43 『小説神髓』, 70.
44 같은 책, 163.

"정당에 가입하는 것은 무익하다. 사실 거기에는 해만 있을 뿐이다. 사람은 이론을 부드럽게 바라봐야 하고, 텅 빈 이야기꾼이 되어야 하며, 대중에게 영향을 끼칠 수 있는 학자에게 필요한 역할을 할 정도까지 역할을 할 수 있어서는 안 된다."[45] 정치 정당의 반대항에 세워진 학자는 분명히 후쿠자와가 말하는 학문의 독립에서 규정된 학자에 호응하는 것이고, 아시아적인 인식과 더불어 제거된 자유당 계열의 과격파에 연결된 정치 활동의 부정도 내포하고 있다.[46] 또한 코마치다가 규정하는 학자가 어떤 종류의 중립성을 띠고 있는 주체인가도 주목할 만하다.

아시아적인 인정을 부정하며 규정된 인정이 문명국인의 감정교육을 담당하는 매체로 거론되고, 늘 양가성을 체현하는 주체가 설치되며, 민족의 정신을 기르는 장으로서의 학문이라는 영역의 일환으로 규정된 것은, 근대소설이 이제까지 서술해왔던 일국이라는 개념 형성을 촉진시키고, 아시아에 대한 멸시와 그것과 연동하는 형태로 구미를 욕망하는 척도를 늘 반복하는 매체로 규정되었다는 것을 의미한다. 즉 메이지

45 『當世書生氣質』, 『坪内逍遥集』, 『日本近代文学体系』 제3권, 343.
46 이 '학자'라는 입장에는 다양한 문제가 포함되어 있고 그것은 또한 『小説神髓』, 『當世書生氣質』이 어떠한 주체를 담지하고 있는가라는 문제에도 연결되지만 자세한 이야기는 나의 *Meiji Literary Historiography: The Production of Modern Japanese Literature* (Ph. D. Dissertation, University of Michigan, 1999) 참고. 그러나 여기서 감히 확인해두고 싶은 것은 『當世書生氣質』이 발표되던 시기, 고등교육은 정권다툼의 장으로 변해 있었다는 사실이다. 앞에서 말했듯이 메이지 14년의 정변 이후 국회개설이 10년 후로 설정되고 자유민권운동의 각파는 당을 결성하여 각각 인재를 육성하기 위해 많은 사립학교들을 세운다. 정부도 제국대학을 정점으로 하는 관립의 모든 학교들의 제도를 정비하고 사립학교의 인재를 제도적으로 배제하는 방향으로 나아갔다. 메이지 17년에는 초대문부대신 모리 아리노리가 소유한 상법(商法)강습소가 동경상업학교라는 관립학교로 되었고 메이지 18년에는 그 때까지 독립기관이었던 동경법학교와 동경대학이 합병되고 관립의 정점에 서서 정부의 중추에 연관된 인재를 기르는 제국대학으로 변해간다. 코마치다가 정의한 '학자'는 정쟁의 장이었던 고등교육기관 안에서만 성립할 수 있는 학자라는 위치에 정치와 무관하게 '여론의 방침을 좌우'한다는 모순적인 역할을 부여하려는 시도였다. 코마치다가 정의한 '학자'는 현실에서는 체현 불가능한 것이었다. 만일 코마치다가 학자라는 지위를 손에 넣으려고 한다면 정쟁에서 권력 메커니즘이 작동할 수밖에 없다. 이러한 상황 하에서 학문영역을 만드는 권력 메커니즘을 계속 피해가려면 '언어적으로' '학자'라는 입장을 계속 표상한다는 방법밖에 남지 않을 것이다. 결국 코마치다는 '학자'가 될 수 없고 서생으로 머무른 채 이야기는 끝난다. 그러나 이미 제도화된 '나라'를 담당하는 주체들 즉 정치가, 재계인사, 군인 등을 포함시키지 않는 '학자'라는 입장이 『當世書生氣質』에 의해 제시되었다는 사실은 특필해두지 않으면 안 될 것이다.

10년부터 18년에 걸쳐서 정신이라는 척도를 개재시킨 학문의 독립은 곧 일국의 독립이라는 등식과 늘 연동하는 구미와 아시아 사이에 머물러 있는 미개의 일본을 문명국으로 설립하려는 움직임을 내재시킨 매체로서 근대소설이 산출된 것이다.

일어번역: 이득재(대구 가톨릭대, 노문학/문화이론)

上田敦子, 「コロニアル・アンビバレンスと「近代小説」:『小説神髓』と「脱亞」
をめぐって」

흔적
TRACES

제 3 부

주권과 주체를 넘어서

주름, 시네마,
그리고 네오-바로크 근대성

마이클 고다르

_서언: 왜 주름인가?

라이프니츠의 철학과 바로크라는 예술사적 시기와의 연관 속에서 발전된 들뢰즈
의 주름이라는 개념을 자의적으로 시네마에 적용하는 것은 미심쩍어 보일 수 있다.[1]
하지만 들뢰즈는 그 이론적 함의가 아직은 고갈되지 않은 저작들을 통해 시네마에
관해 광범위한 논의를 전개해왔고,[2] 사실 그 저작들은 앵글로-아메리카 영화이론에
서 이제 막 영향력을 행사하기 시작했을 뿐이다. 나는 들뢰즈가 그의 『주름』에서 다
룬 문제들이 시네마 책들에서 다룬 것들과 크게 공명을 이루며 들뢰즈의 푸코 책[3]에
서 처음 개괄된 주름이란 개념이 오늘날 시네마 이해에 기여할 점이 많다고 주장하

---

1 Gilles Deleuze, *The Fold: Leibniz and the Baroque*, tr. Tom Conley (Minneapolis and London: Minnesota
  University Press, 1993). 이하 이 텍스트로부터의 인용은 괄호 속에 *TF*로 언급한다.
2 Gilles Deleuze, *Cinema 1: the Movement-Image* and *Cinema 2: the Time-Image* (London: The Athlone Press,
  1986, 1989) 참조
3 Gilles Deleuze, *Foucalut*, tr. Sean Hand (London: The Athlone Press, 1986). 이하 이 텍스트로부터의
  인용은 괄호 속에 *F*로 언급한다.

려 한다. 주름을 바로크와 연계시키는 것은, 『주름』에서 들뢰즈가 바로크에 대한 예술사적 경계 부여를 거부하며 그 개념을 좀 더 추상적으로 발전시키는 것을 선호함과 동시에 두 번째로 끊임없이 당대의 미학적 실천들과 시네마를 포함한 세계 지각 방식들에 대해 언급하고 있기 때문에 시네마와 같은 오늘의 실천에 대한 그 개념의 관련성을 조금도 배제하지 않는다. 아무튼 이 개념은 푸코, 특히 『성의 역사』 기획에서 주체성을 재-사유하려던 푸코의 시도와 연관되어 개발된 것이고,[4] 여러 측면에서 그와 푸코가 이전에 주체성을 분석할 때 사용한 종속의 영역 외부에서 시도한, 주체성에 대한 들뢰즈 자신의 재개념화로 이해될 수 있다. 따라서 이 개념과 오늘날 시네마 간의 생산적 관계가 만들어질 수 있는지 알아보려면 『주름』 자체의 부분적 독해를 통해 주름 개념을 바로크와 오늘날 미학적 실천들과 관련지어 살펴보기 전에 『푸코』 책에 나오는 주름 개념으로 시작할 필요가 있다.

_푸코, 주체화와 사유의 주름들

주름의 개념은 대부분의 푸코 저작을 지배하는 두 가지 차원―권력과 지식―사이의, 그리고 그 내부의 갈등들로 표현되는 난관과 교착상태에 대한 대응으로 만들어진 것이다. 이것은 『성의 역사』 1권과 2권 사이의 미심쩍은 단절에서 드러난 푸코의 유명한 이론적 위기에 조응한다. 이 간극에서 푸코는 전적으로 다른 이론적 접근으로 이루어진, 고대 그리스와 로마에서의 자아의 실천 분석을 위해 당대 섹슈얼리티에 대한 계보학적 분석이라는 자신의 원래 기획을 포기했다.

들뢰즈에 따르면(F 61-66), 푸코의 저작에서 권력과 지식의 차원들은 그 자체로 화

---

4 특히 Michel Foucault, *The History of Sexuality Volume One: An Introduction*, tr. Robert Hurley (Harmondsworth: Penguin, 1981, 1984)와 *Volume Two: The Use of Pleasure*, tr. Robert Hurley (London: Viking Books, 1986) 참조

해 불가능한 분열과 갈등을 가지고 있다. 이것은 말할 수 있는 것과 볼 수 있는 것, 진술과 도표로 화해 불가능하게 분할된 지식의 경우에 특히 그러하다. 들뢰즈는 "보는 것은 말하는 것이 아니다"라는, 푸코가 르네 마그리트에게서 따온 구절의 중요성을 강조하고 그것을 푸코의 인식론과 존재론에 대한 핵심이라고 주장한다. 이 구절은 『무한한 대화』에서 모리스 블랑쇼가 인용한 것으로 유명한데,5) 푸코와 들뢰즈는 블랑쇼의 표현을 주체화와 외부성에 대한 근본적 재사유를 위해 활용한다. 들뢰즈의 말대로, "어쩌면 이것이 푸코가 블랑쇼를 만나게 되는 최초의 지점일 것이다—'말하는 것은 보는 것이 아니다'"(F 61). 들뢰즈는 명시적으로 이것을 청각-시각적 문제설정이라 부르고 한스 위르겐 지버베르크와 마그리트 뒤라스의 시네마를 그 적용 모델이라고까지 하면서 자신의 시네마에 관한 책들과 『푸코』의 연계를 강조한다.6) 들뢰즈가 볼 때 힘들의 관계, 즉 권력의 차원들에 의한 단어와 사물의 재-연계도 가시적인 것에 대한 진술의 우위도 이 문제를 풀지 못하며, 푸코는 따라서 지층들의 두 측면들, 청각-시각적 문서고의 두 측면들을 그것에 근거하여 설명할 수 있는 새로운 축이라 할 수 있는 비-장소라고 하는 제3의 작용이 필요했다.

이 차원은 무엇보다 푸코가 이미 "다이어그램들을 파열시키고 뒤집고 있는"(94) 외부의 힘이라고 적시한 것과 연관되어 있다. 그러나 이 정식화는 권력-지식 체제들에 대한 보완, 그것들을 쓸어버릴 수 있는 외부의 파도와 관련한 그것들의 자의성과 한계를 지적하는 것 이상을 보여주지 못한다. 저항 행동들이 이 외부의 힘에 참여할 수 있을지 모르나 새로운 권력관계 속에 다시 들어갈 뿐이다. 문제는 '선을 넘는' 것, 사태를 더 이상 권력의 관점에서 보지 않고, 권력 작용을 벗어난 지대, 저항의 힘들이 출현할 잠재력을 가진 지대에서 보는 것이다. 이것은 물론 특히 가타리와의 작업으로

---

5 Maurice Blanchot, *The Infinite Conversation*, tr. Susan Hanson (Minneapolis: University of Minnesota Press, 1993).
6 *F* 65 참조.

드러난 들뢰즈 자신의 기획에 대한 좋은 묘사이지만 사회적 삶과 담론 전체가 권력-지식에 의해 침윤되어 있다고 보는 이론가 푸코에게는 또 다른 차원이라는 생각은 최대한 조심스럽게 그리고 자신의 이전 분석들보다 훨씬 더 엄밀한 방식으로만 추구할 수 있는 근본적 단절이었다.

선을 넘으려는 이 욕망은 들뢰즈가 지적하듯 푸코의 초기 작업부터 드러나며, 문학 특히 레이몽 루셀의 문학에 대한 관심에서 악명 높은 남자들과의 동일시에 이르는 광기에 대한 그의 집착에도 나타난다. 자신의 작업을 통해 푸코는 사유 자체의 문제와 밀접하게 연결되어 있는 외부와의 관계라는 개념을 가지고 권력과 지식에 대한 분석들을 보완했다. 모리스 블랑쇼를 다룬 데서 분명히 드러나듯 그의 전체 기획은 외부에 대한 이 경험과 긴밀하게 연결되어 있다.7) 그러나 이 사실이 내부성에 대한 푸코의 근본적 비판에도 불구하고 내부라는 개념을 배제하는 것은 아니다. 오히려 내부는 "그 어떤 내면 세계보다 깊숙이 있는 내부"(F 96)로 혹은 다른 말로 외부의 내부로 다시 정식화되어야 한다. 들뢰즈에 따르면 이 개념은 고전적 권력 체제와 근대적 권력 체제의 단절을 외부를 (주름으로) 접고, 하나의 내부, 깊이, 밀도를 구성하는 상이한 방식으로 본, 『말과 사물』에서 행한 푸코의 분석들에 내재해 있다.8) 어쩌면 이 개념을 가장 강하게 환기하는 곳이 『광기와 문명』일 것이다. 여기서 푸코는 광인을 '광인들의 배'에 태워 축출하는 르네상스의 관행에 대해 다음과 같이 묘사한다. "광인은 외부의 내부에 처해지고 거꾸로 가장 자유로운 세계의 한가운데, 가장 개방되어 있는 길 가운데 있는 수인이다. 끝없는 갈림길에 꼭 얽매여서."9) 들뢰즈가

---

7 Michel Foucault and Maurice Blanchot, *Foucault, Blanchot*, tr. Brian Massumi and Jeffrey Mehlman (New York: Zone Books, 1987), 특히 "Experience of the Outside," *Foucault*, 15-19 참조

8 Michel Foucault, *The Order of Things: An Archaeology of the Human Sciences* (London: Tavistock, 1970).

9 Michel Foucault, *Madness and Civilisation: A History of Insanity in the Age of Reason*, tr. Richard Howard (London: Tavistock, 1967), 11.

볼 때 이 외부의 수인은 사유 자체이자 또한 푸코가 중복에 대해 특별히 지닌 개념이다. 중복은 푸코에게는 자아의 외부로의 투사가 아니라 타자의 내부 현전, "타자의 중복으로서의 나 안에 사는 자아"(F 96)이다. 이 외부성의 내부는 분명 주체성의 개념화에 속하지만 어떤 식으로든 푸코가 일찍이 행한 주체 비판의 철회는 아니다. 일단 주체를 하나의 실체로 이야기하게 되면 우리는 이미 권력/지식의 영역, 따라서 종속의 영역에 있는 셈이다. 그보다 외부의 이 접음에서 관건은 주체화, 혹은 푸코가 자신의 『성의 역사』 2, 3권에서 고대 그리스와 로마의 맥락 속에 분석하려 한 끊임없는 생산 과정에 있는 주체이다.

그러나 왜 이 외부와의 관계는 하나의 주름으로 이해되는 것인가? 어찌 보면 이 질문은 들뢰즈의 나중 작업에서만 충분히 다뤄지겠지만 지금 단계에서 보면 주체화를 주름의 견지에서 이해하는 것에는 두 가지 중요한 함의가 있다. 첫째는 주체화를 타자와의 관계에서 도출되나 그로부터 자율적인 자신과의 관계로 보는 생각이다. 푸코가 고대 그리스를 살펴보는 것은 그리스를 권력-지식의 침투로부터 상대적으로 자유로운 사회의 예로 보기 때문은 아니다. 푸코는 자신이 살펴보는 자아의 실천들이 사회적으로 계층화되고, 성차화된 위계 속에서 나름의 위치를 차지하고 있는 '자유로운 남성들'의 실천들임을 강조한다. 더더구나 푸코는 그리스인들이 실재에 더 근접하여 살고 있거나, 보이는 것과 말할 수 있는 것이 아직 분할되지 않아서 존재의 세계-역사적 계시나 태허(太虛, the Open)의 펼침을 허용하는 세계에 살고 있다고 보지는 않으며, 들뢰즈도 푸코와 하이데거의 관계는 존재론적 향수와는 다른 곳에서 발견되어야 한다고 지적하고 있다(F 108 이하). 고대 그리스 모델의 가치는 이것보다 더 크면서 또한 더 작다. 즉 그것은 힘의 포갬을 통해 하나의 내면성을 만들어내기 위해 외부를 구부리는 법을 발견한 데 있다. 이것은 주체성을 하나의 정체성으로 발견한 것이 아니라 일상적인 자아의 실천들, 외부에 대한 어떤 관계 즉 "힘이 그 자체와 갖는 관계, 자신에 작용하는 힘, 자아의 자아에 대한 정동"(101)을 본 딴 자아-통제의 실천들의 결과로 발견한 것이다. 이것이 왜 중요한 구분인가 하면, 지식의 영역이 지닌 도덕적 코드들과 외면적 권력 관계들에서 벗어나 이제는 꼭 지배와 연계되지는 않는 자율적인 주체화 영역을 만들어내는 새로운 영역이 생기도록 해주기 때문이다. 이것이 주체의 발견이라면 영향을 주고 영향을 받을 수 있는 능력이나 권능이라는 의미의 자율적 권력이 되는, 주체화의 사후 효과로서의 주체의 발견이다. 들뢰즈의 주장에는 이것이 스피노자적 의미에서의 정동의 발견인 만큼이나 그리스 또는 로마의 실천들이라는 생각이 담겨 있다.

분명 푸코가 자아의 구성은 물론이고 섹슈얼리티와 연계되어 있는 이들 자아의 실천이 어떤 식으로든 무역사적이라거나 지식-권력 체제들로의 재통합 염려가 없을 것이라고 주장하는 것은 모순일 것이다. 들뢰즈의 말대로 푸코는 고전 세계에서 현대에 이르는 오랜 기간에 걸쳐 "자신과의 관계는 권력-관계들과 지식관계들의 견지에서 이해될 것"이라는 점을 충분히 알고 있다. "개인은 '도덕적' 지식 속에 코드화되어 있거나 재코드화되어 있으며, 무엇보다 권력 투쟁에서 관건이 되고 도식화된다"(103). 여기서 개인은 푸코의 이전 분석들에서 섹슈얼리티와 주체성이 종속의 지점으로 이해되는 것만큼이나 권력의 효과로서 이해된다. 그러나 특정한 주체화 양식의 복원은 그것이 새로운 권력-지식 체제—이로부터 그것은 새로운 방식으로 자신을 분리시킨다—와의 관계 속에서 계속 재창조된다는 점을 은폐한다. 이것은 신체 및 그 쾌락에 대한 그리스의 강조와 이와는 완전히 다른 주체화 양식인 육신과 욕망에 대한 로마/기독교의 관심 사이의, 푸코가 발견한 차이들 속에 이미 드러나고 있다. 이 변화하는 양식들이 오늘날 지닌 중요성은 들뢰즈는 욕망의 이론가가 되려는 경향이 있는 반면 푸코는 욕망보다 쾌락 패러다임을 선호하는 경향에서 볼 수 있다. 이것은 둘 중 누가 고풍스런 주체 이해로의 회귀를 주창한다고 말하기 위함이 아니라 둘 다 다른 방식으로 고대적 실천의 기억에 의해 오늘날의 주체화 양식들을 재창조하려 한다고 말하려는 것이다. 들뢰즈의 말대로 사람들이 그리스인 또는 로마인과 동일시한다는 것이 아니라 어느 정도는 그리스인이나 로마인이 하나의 겹침으로서, 또는 절대적 기억의 외부의 접음으로서 '나' 안에서 사유한다는 것이다.

기억에 대한 이런 언급은 접음이 그 자체 이 절대적 기억의 한 작용이기 때문에 자의적이지는 않다. 들뢰즈는 이 때 일어나는 푸코의 사유에서의 전환에 깃들어 있는 중요한 한 차원을 강조한다. 푸코의 이전 분석들이 근대성에 조응하는 상대적으로 짧은 시간대에 초점을 맞추고 외부를 일종의 '궁극적 공간성'(108)으로 생각했다면, 『성의 역사』 책들에서는 시간이 공간에 우선하고 주체화의 주름은 시간의 측면에서 절대적 기억으로 간주된다. "기억은 자기와의 관계 또는 자아의 자신에 대한 영향의 진짜 이름이다"(107). 분명 들뢰즈가 『시네마』 책들에서 운동-이미지와 시간-이미지 사이에 일어난다고 보는 전환과 유사한 이 코페르니쿠스적 전환은 푸코의 사유와 하이데거의 그것 사이의 새로운 대립을 불러일으키는 것이기도 하다. 외부의 접음 또는 주체화로서의 기억은 망각과 연결되어 있으며, '망각의 망각'이라는 하이데거의 표현을 상기시킨다. 현재가 과거 전체를 위해 망각된다면—역시 『시네마』 책의 베르그송주의의 되풀이이다—시간은 궁극적인 외부성이 되고 이것의 접힘은 권력-지식 체제로부터의 자율성 속에서 주체화의 과정을 구성하는 것이 된다.

더 나아가서 들뢰즈는 하이데거의 전체 존재론은 또한 주름의 개념에, 즉 존재자들의 존재와의 접힘이라는 개념에 기반을 두고 있다고 주장한다. 주름에 대한 이런 이해는 하이데거에게 국한되지 않는데, 들뢰즈는 푸코도 마찬가지로 동시대 문학, 특히 아방가르드 작가인 레이몽 루셀로부터 이 생각을 받아들였다고 주장한다. 들뢰즈의 몇 안 되는 하이데거와의 논쟁 가운데 하나가 부조리극의 선구자 알프레드 쟈리—들뢰즈는 그의 파타피직스(pataphysics)를 하이데거의 존재론에 대한 중요한 전조라고 주장한다—와의 비교를 통해 일어나고 있다는 점에서,[10] 들뢰즈가 이 독일 철학자와

---

10 Gilles Deleuze, *Essays Critical and Clinical*, tr. Daniel W. Smith and Michael A. Greco (London: Verso, 1988), 91-98.

공감하지 않는다는 것은 분명하다. 그러나 푸코의 주름 개념과 하이데거의 그것을 분리시켜야 하는 더 중요한 이유들이 있다. 들뢰즈에 따르면(F 110) 하이데거와 메를로-퐁티에게는 주름이 결국 하나의 빈틈을 만들어 거기서 보기와 말하기가 서로 분리할 수 없게 되고 보기-말하기라는 동일한 주름의 일부로 섞이는 반면, 푸코에게는 양자는 비-관계라는 주장이 주체화의 이해에 포기되기보다는 유지되기 때문에 그와 같은 융합은 받아들여질 수 없다. 볼 수 있는 것과 말할 수 있는 것 간의 섞임이 이루어진다면 그것은 목조르기의 형태, 두 존재 형태간의 계속되는 역전 가능한 투쟁, 개방이나 해방의 공간이라기보다는 포획의 장치라는 형태로 나타날 뿐이다. 상황은 비공식적 권력 요소와의 관계, 지식이라는 틀로 코드화되기 이전의 요소적 힘들의 관계들에서도 바뀌지 않는다. 현상학에서와는 달리 이것은 야만적 경험의 영역이 아니라 전략의 영역, 아직 형성되지는 않았으나 그래도 전략적 조직화의 영향을 받는 외부 힘들의 유희 영역이다. 그래도 이것은 푸코에게는 아직 존재의 주름이 아니라 그 형상들의 다른 하나일 뿐이다. 우리가 존재론적 주름 그 자체에 도달하는 것은 힘이 자기-행동이 되기 위하여 자신에게 접힐 때, 그리하여 외부로부터 하나의 내부를 구성하거나 후벼 팔 때일 뿐이다. 이런 식으로 푸코는 존재에 대한 잃어버린 개방상태에 대한 어떤 향수로도 규정되지 않는 존재론, 반대로 존재가 자신과의 유동적인 힘의 관계들을 나타내는 역사적으로 다양한 자기-구성의 실천들과 분리될 수 없는 것으로 이해되고 있다는 점에서 단연코 역사적인 존재론에 이르게 된다. "나는 이런 저런 조건에서는 무엇을 알고, 보고, 말할 수 있는가" 그리고 "나는 무엇을 할 수 있고, 어떤 권력을 주장할 수 있으며 어떤 저항에 직면할 것인가?"라는 푸코적인 질문들에 마찬가지로 역사적인 주체화의 질문들이 덧붙여진다. "나는 무엇이 될 수 있고, 어떤 주름들로 나를 감쌀 수 있으며 나 자신을 어떻게 하나의 주체로 만들 수 있는가"(114)?

만약 이런 주름 이해가 아직도 불투명하고 현상학적 존재론의 전통에서 확실히 거리를 두고 있다면 이는 부분적으로 그것이 들뢰즈가 자신의 다음 책에서 철학자 라이프니츠와 바로크의 미학적 실천들과 연결시키게 될 또 다른 역사를 가지고 있기 때문이다. 그래도 주체화의 실천들과의 관계를 가지며 외부의 내부라는 주름의 개념은 주름에 대한 들뢰즈의 이후 이해에 너무나도 중요하기 때문에 나는 그가 발전시키는 개념은 생산적으로 위에서 요약한 푸코적 문제들에 대한 대응으로 이해될 수 있다고 말하고 싶다.

_주름, 바로크, 주체화의 미학

미레유 비뎅이 지적한 대로,[11] 바로크에 대한 들뢰즈의 관심은 주름에 대한 그의 생각 이전에 존재하지 않으며, 『천의 고원』[12]과 『프란시스 베이컨—감각의 논리』[13] 두 책에서도 바로크는 미학적 실천에 대한 그의 이해에서 큰 역할을 하지 않는다. 바로크는 앞의 책에서는 고전 예술과 한 덩어리로 취급되고 있을 뿐 중요한 단절을 가져오는 것은 낭만주의이고, 뒤 책에서 바로크가 보여주는 빛과 그림자의 유희는 비잔티움의 '광학 전통'(Buydens, 112)으로의 회귀로 간주될 뿐이다. 들뢰즈로 하여금 바로크를 다시 생각하게 만든 것은 그가 시네마와 푸코를—전자의 작업에서는 암시되어 있고 후자에게서는 명시적으로 제시되고 있는 주체화의 문제에 대한 대응으로—다룰 때문이라고 주장하는 것은 따라서 무리가 아니다. 『주름』에서 바로크 미학은 특권화되며 오늘날의 사유와 미학적 실천들로 직접 이어지는 것으로 간주된다. 이것은 바로크 시대와 바로크 철학자로서의 라이프니츠를 둘 다 주름의 개념이라는 견지에서 보는

---

11 Mireille Buydens, *Sahara: L'Esthetique de Gilles Deleuze* (Paris: J. Vrin Librarie Philosophique, 1990).
12 Gilles Deleuze and Félix Guattari, *A Thousand Plateaus*, tr. Brian Massumi (Minneapolis: University of Minnesota Press, 1987).
13 Gilles Deleuze, *Francis Bacon: Logique de la Sensation* (Paris: Editions de la Différence, 1996).

관습을 벗어난 독해를 수반한다. 그런데 주름 개념의 근대성은 특히 바로크의 주택과 라이프니츠의 모나드 개념에 의해 표현되는 푸코의 '외부의 내부'를 규정하던 것과 동일한 것이라는 점이다.

들뢰즈에게 바로크 미학은 변별적인 형태들과 재현이라는 고전적 모델에서 벗어나 '효과적 기능'을 지향한다. "그것은 끝없이 주름들을 만든다"(TF 3). 이것은 들뢰즈가 바로크 회화와 건축에 재료의 주름들, 물질 대상들의 직조, 곡선 공간의 뒤틀림 등이 집중되어 있는 것을 주름 접힘의 구체적 사례들로 언급한다는 점에서 가장 정확한 차원에서 맞는 말이다. 그러나 물질에서 일어나는 이들 주름은 다른 한 차원에 의해 보완되는 주름의 한 차원일 뿐이며, 두 번째 차원에 대해 들뢰즈는 '영혼의 주름들'이라고 부르는 것을 주저하지 않는다. 우리가 푸코의 작업에서 살펴본 대로 주체화 또는 주름과 연결되어 있는 것은 이 두 번째 차원이다. 이들 두 차원의 공존은 자의적이지는 않고 그림들 속에서 각기 천상과 지상과 관련을 맺고 있는 두 차원들을 가지는 경향에서 그리고 특히 바로크 주택 설계에서 유래한다. 두 차원들의 공존은 초월성을 강화하기보다는 물질적인 것과 정신적인 것 사이의 상호침투를 강요함으로써 초월성을 해체시킨다. 따라서 바로크 주택이 어떻게 주름이라는 미로와도 같은 작용에 대한 알레고리가 될 수 있는지 알려면 바로크 주택 또는 적어도 들뢰즈가 설명하는 바로크 주택을 살펴볼 필요가 있다.

이 주택의 기본 구성은 외부 세계로 열린 넓은 낮은 층과 그 위로 창문이 있는 곳은 모두 접혀 있는 주름들로 장식이 된 닫혀 있는 내실로 되어 있다. 이 우화적 조직은 다음에 살펴볼 그리고 물질적으로 지상에 위치하는 동안 라이프니츠가 "아무런 창문이 없다"고 하기도 하는 닫힌 영혼 또는 실체를 지닌 라이프니츠의 모나드와 같다(4, 27). 우리는 통상 이해되는 들뢰즈의 철학 또는 좀 더 일반적으로 유물론적 생각들로부터는 멀어진 것 같지만 섣부른 판단을 내리기 전에 좀 더 나아가는 것이 필요하다. 만약 물질이 불연속적 단위들보다는 주름들로 만들어지는 것으로 이해된다면 전체적으로 그것은 구멍이 나있고 동굴과 같다. 주름들 안의 미로와도 같은 주름들의 집적인 것이다. 이것이 주름 접혀 있는 이질적인 재료들만이 아니라 공간에 대한 곡선적 이해를 중시하는 바로크적 경향들에서 표현되고 있는 것이다. 더 나아가서 그것은 어떤 시간적 차원을 암시하며, 이 차원에서 하나의 그림 또는 건물은 현실에 대한 정적인 개관 또는 불변의 구조가 아니라 그것들을 특정한 방식으로 감싸는 외부 물질들에 대한 작용이 되면서 동시에 물질들이 펼쳐지거나 다시 접힐 가능성을 가리킨다. 다시 말해 미학적 대상은 하나의 지속이, 혼돈스런 힘들의 상대적 안정화가 되는 것이다(5).

들뢰즈가 지적하는 대로 주름에 대한 이런 이해와 비슷하게 주름들로 구성되어 있는 유기석 생명체 사이에는 유사성이 있다(7). 바로크의 관점에서 보면 유기적 생명체는 비유기적 물질과 구분되지만 양자는 놀랄만한 연속성 속에 형태를 접고 구부리는 힘들에 종속되어 있고, 존재들 속의 정신에 덧붙여 물질 속의 정신, 즉 역설적이게도 계속적인 변화를 겪고 있는 물질을 통합하는 통합 지점이 있다. 차이는 물질 유형들이 아니라 상이한 힘들 간에 있다. 모든 물질은 외부의, 활동적 힘들에 의해 영향을 받지만 이들 힘들이 하나의 내부를 파내거나 외생적이기보다는 내생적인 주름들을 생성하는 조형적인 힘들에 의해 보완되는 것은 이 유기적 물질 속뿐이다. 더 나아가 유기적 생명체는 물질적 힘들의 메커니즘을 어떤 기계 구조로 전환시킨다는 점에서, 그리고는 그 주변 환경을 전환시키는 능력을 갖는다는 점에서 더 이상 자연적이지 않고 유기적이기보다는 기계와 같은 물질이다. 다시 말해 그것은 자기생성 또는 자기-구성에 의해 움직인다. 이것이 물질적인 것과 정신적인 것의 소통 지점이다. 유기체가 자신의 힘들만이 아니라 주변 물질의 힘들도 전환시킬 수 있다면 그것은 외부의 내부화를 위한 일종의 통합적 기계가 된 셈이다. 이것이 바로 바로크적 의미의 영혼을 만드는 과정, 전적으로 내재적이지만 물질적 과정들과는 다른 차원의 과정이다.

이런 영혼 개념은 따라서 영혼과 육체가 서로 양분되었다는 것이 아니라 그들 사이에 푸코와의 관련 속에서 논의된 힘의 자신에 의한 접힘이라는 분리할 수 없지만 한 곳에 제한할 수 없는 관계로서 이해된다. 어떤 점에서 살아있는 존재로 하여금 공간을 횡단하고 시간을 넘어 지탱할 수 있게 하는 것은 한편으로는 운동의 법칙, 다른 한편으로는 지속 이상이 아니다. 라이프니츠 철학이 베르그송의 '생의 약동' 개념14)과 시네마에 대한 들뢰즈의 베르그송적인 설명과 관계를 갖는 것은 이 점 때문이다. 말인즉슨 이 주름짐이 더 이상 외부의 힘들에 의존하지 않는 하나의 공간—그 힘들에서 나온—을 만들어내고, 따라서 나중에 살펴볼 라이프니츠의 유명한 모나드와 같은, 내재적인 주체성 개념을 허용한다는 것이다.

모나드에 대한 라이프니츠의 생각은 건축과 회화에서처럼 이제는 직선보다는 곡선에 기반을 둔, 들뢰즈가 바로크 수학(TF 17)이라 부르는 것을 그가 개발한 것과 분리할 수 없다. 라이프니츠가 개발한 미분학 체계는 고전적인 유클리드 기하학의 직선보다는 곡선의 변이들에 근거하고 있고, 오늘날 그것의 영향은 르네 톰의 카타스트로프 이론과 프랙탈 기하학에까지 미친다. 곡선 또는 계열들의 굴절과 변주는 필연적으로 실재의 상태보다는 사건을 가리키며 직선의 축에 대한 변형의 벡터나 주름들을 우선시한다. 이것은 대상을 공간적 틀보다는 조정 과정에 가까운 지속적인 변주와 동요를 받는 새로운 대상(objectile)으로 보는 아주 현대적인 재정식화로 이어진다. 이 모든 것은 이미 바로크 건축에 내재해 있었으나 라이프니츠의 수학이 그 현대성을 명료하게 드러낸다.

이런 재정식화를 놓고 볼 때 주체는 특정한 시점으로 정의되는 하나의 '요상'(凹狀)으로 다시 인식될 수도 있다. 라이프니츠의 철학이 오늘날의 관점주의와 시네마를 예견한 곳이 여기다. 모나드로서의 주체가 시점으로 정의되면 하나의 영화, 시퀀스, 쇼트 혹은 순간이 일종의 모나드로, 특정한 장소에서의 시점으로 이해될 수 있다는

---

14 '생의 약동'에 대해서는 Gilles Deleuze, *Bergsonism* (New York: Zone Books, 1988), 91-113 참조

것은 자명하다. 이런 이해방식의 핵심은 시점이 주체를 표현하기보다는 선행한다는 것이다. 이때 주체는 "시점에 오는 것…또는 차라리 시점 안에 남는 것"(19)으로 정의된다. 들뢰즈에 의하면 이 주체는 이제 초주체(superject)로서 이는 한 주체의 변이라기보다는 주체를 생기게 하는 변이에 대한 시점이다. 다시 말해 주체는 변이의 외부성이 그 속에 접히거나 쌓이는 것 즉 특정한 관점이다. 이처럼 하나의 시점 속에 싸임이 외부 주름들의 포함을 통해 하나의 영혼을 생성하는 것이다. 이것이 바로 라이프니츠의 모나드이다. 그것은 특정한 외부 지대를 감싸고 닫아버린다는 점에서 자신에 의해 봉해져 있지만 이 외부에 대한 개방이 없으면 결코 구성될 수 없을 것이다. 어쩌면 그것은 뒤얽힘의 과정으로 이해하는 것이 최선일 것이다. 그것은 다양한 외부의 변이들을 그 변이들과 분리될 수 없는 하나의 통일체 또는 특이성의 지점에 포함함으로써 뒤얽히게 만든다.

이것은 다른 모든 것들을 포함하는 단일한 시점, 보편정신이나 신의 시점이 될 수도 있는 모나드들의 모나드가 있는가 하는 질문을 제기한다. 무한성에 대한 시점으로서의 각 모나드는 특정한 장소에서 지각된 세계 전체를 담을 수도 있기 때문에 이런 질문이 제기된다. 그러나 세계-정신 또는 보편적 시각이란 개념은 비록 각 모나드가 동일한 세계 안에 있다고 해도 그것은 이 세계를 특정한 관점에서 보며 따라서 특정한 지대는 명료하게 보지만 나머지는 갈수록 희미하게 보기 때문에 수용할 수 없다. 따라서 각 모나드는 절대적으로 특이하며 어떤 통합적 시점에 의해서도 포함되지 않는다. 여기서 시점들은 불공가능하며(incompossible), 따라서 상위의 통일체 안에 통합될 수 없다는 라이프니츠의 생각이 나온다. 각 모나드는 다른 모나드들과 같은 세계이지만 동시에 절대적으로 특이한 불공가능한 세계 구성이라는 특수한 세계를 포함한다. 다른 말로 주체로 간주되는 모나드들과 세계의 관계는 현실화의 관계이다. "주체들은 모두 그것들이 현실화하는 잠재성에 대해서처럼 이 세계와 관계를 맺는다"(26). 각 모나드가 깃들은 잠재 세계는 동일하지만 각 현실화는 전적으로 다르며 그 잠재적 환경과 관련하여 특정한 모나드가 수행하는 주름들 안에서만 주어진다. 들뢰즈가 정확하게 이 지점에서 이 라이프니츠의 생각과 하이데거의 그것을 대조한다는 점을 유념할 필요가 있다. 라이프니츠 모나드들의 관계는 세계-내-존재라기보다는 세계에-대한-존재의 그것으로서 "세계에 각 모나드 속에서 반복하여 시작할 수 있는 가능성을 제공하기"(26) 때문이다. 세계와 주체의 관계는 주름의 관계이며, 이 관계가 바로크 회화와 건축에서 표현되고 있는 셈인데, 이제 이것은 모나드적인 '영혼 속의 주름들'의 물질 속에서의 반복으로 간주될 수 있을 것이다.

모나드라는 것을 바로크 건축과 연관시킨다 할 때 모나드가 무엇이나 들고나지만 창문은 없다고 주장하는 것은 어떤 의미인가? 바로크 주택의 경우 이것은 위층 방의 내부 공간과 외부의 분리에 의해, 완전히 둘러싸인 창문이 없는 공간에 의해 이루어진다. 들뢰즈에 따르면 건축의 이상적인 모습은 검은 대리석으로 된 방일 것이다. 여기서 "빛은 너무나 잘 휘어져 있어서 외부의 어떤 것도 그것들을 통해 보이지 않으면서도 순수 내부의 장식을 비추거나 채색하는 구멍들을 통하여 들어온다"(28). 뒤로 물러난 이 내부들은 바로크의 거울에 대한 애착, 입체화법 효과, 그리고 의미심장하게도 그냥 두면 닫혀 있는 내부 공간 안의 광선들을 구부리고 뒤집어 작용하는 카메라 옵스큐라 등에서 찾아볼 수 있다. 이 내부와 조응하는 것이 구멍투성이면서도 내부 방으로 어떤 접근도 허용하지 않는 건물 정면 또는 가짜 정면이다. 바로크 건축을 특징짓고 그것을 라이프니츠의 모나드적 주체성으로 만드는 것이 정면과 내부의 분리이다. 이 상황에서 내부와 외부는 새로운 방식으로, 특히 두 개 층으로의 분할에 의해 연결된다. 1층은 따라서 외부의 확장일 뿐이지만 2층은 닫혀버린 모나드적 내부인 것이다.

이런 구성은 엘 그레코나 틴토레토의 바로크 회화뿐만 아니라(30), 말라르메의 완전 책 발상과 같은 오늘날 미학적 기획에서도 볼 수 있다(31). 세계 전체를 포함하지만 그 세계와 차단된 모나드로서의 책은 바로크적 생각이고 들뢰즈에 따르면 라이프니츠 자신의 글쓰기에 적용될 수 있는 생각이다. 라이프니츠와 말라르메 두 사람은 단편들로 작업을 하면서도 총체적 책에 대한 꿈을 꾸었다. 그런데 모나드는 바로 이 단편들의 함께 접음, 가시적인 것과 읽을 수 있는 것, 외부와 내부의 함께 접음이다. 푸코와 관련해서 본 대로 이들 두 형태는 절대 완전히 융합될 수 없지만 그럼에도 불구하고 모나드적 주체화에 의해서, 오늘날 시네마에서 소리와 이미지간의 지점이 정해질 수 없는 연결을 통해서나 이 경우에는 바로크와 네오-바로크 글쓰기의 표상과 알레고리를 통해서 그것들이 다시 연결될 수 있다.

　오늘의 이들 연결은 예술사에서 특히 문제가 많은 바로크라는 개념 자체에 문제를 제기한다. 바로크로 간주되는 많은 것의 제외를 통해서만 작용하는, 바로크를 아주 한정된 지점들과 시간대 및 건축에 제한하려는 시도들이 있었다. 따지고 보면 많은 문화 전통에서는 바로크적 경향들이 있고, 이런 경향들이 관습적인 17세기 시대와 꼭 일치하는 것은 아니다. 바로크가 존재했다는 것을 부정하는 다른 평자들도 있다. 좀 더 생산적인 바로크 논의는 네히트의 '대립물들의 일치', 크리스틴 부시-글룩스먼의 '보기와 응시의 변증법'과 같은 개념의 형태를 띠어왔지만, 들뢰즈에게 이런 설명은 바로크를 충분히 정의하는 데 필요한 정밀성이 없다. 좀 더 흥미로운 시도는 세계에 대한 단편의 자율성으로 이해되는 알레고리의 견지에서 바로크를 보는 발터 벤야민의 정의이다(125). 이 생각은 분명 들뢰즈에게 영향을 주었으며, 바로 그런 단편들로 작용하고 단일한 동질적 세계라는 생각은 모두 뒤흔들어버리는 표상들과 알레고리들에 대한 바로크의 선호로 확실히 드러난다. 그러나 그것은 이들 단편들과 다른 단편들의 관계, 단편들이 나타나는 배치들을 설명하지 않는다는 점에서 바로크를 충분히 설명하지는 못한다.

　요약하면 처음에는 푸코와 관련하여, 이후 바로크 사상과 미학과 관련하여 들뢰즈가 제출하는 주름 개념은 오늘의 실천들과 사유와 관련이 깊은 복잡한 주체화 개념을 제공한다. 그런 것으로서 그것은 주체에 대한 설명이 아니라 주체성의 탄생 또는 어떻게 하나의 내부가 특정한 외부의 접힘으로서 특정한 지속을 지니며 존재하게 되는가를 생각하는 방식이다. 이런 식으로 들뢰즈의 책『주름』은 푸코의『성의 역사』기획의 예기치 않은 속편으로, 섹슈얼리티나 정체성에 대한 어떤 관습적인 생각과도 멀리 떨어져 있지만 푸코의 자아의 실천들이라는 개념과 깊은 관계가 있는—지금은 이들 실천이 집중적으로 미학적 경험의 영역에서 일어나고 있다는 것만 제외하고—것으로 읽을 수 있다. 그것은 여전히 존재의 미학에 속하지만 이제는 자아-통제의 기획으로서보다는 세계에 거처하고 그것을 실현하는 방식으로 이해된다.

이런 주름 개념이 오늘날 미학적 실천들, 특히 시네마를 다루는 데 어떤 기여를 할 수 있느냐는 질문이 남아 있다.『주름』과 근대성간의 복합적인 공명 관계들을 모두 살펴보기보다는 들뢰즈의 주름 개념과 시네마의 관계에 있어서 두 가지 연관된 점에 초점을 맞추기로 한다. 이 두 논점은 들뢰즈가 생각하는 바로크와 오늘의 미학적 실천 일반의 관계와, 주름의 개념과 연결하면 생산적으로 이해할 수 있는 장치로서의 시네마 작용들 간의 관계이다.

_바로크와 현대 미학

물론 들뢰즈가 바로크와 현대 미학의 직접적 관련을 상정한 최초의 이론가는 아니다. 발터 벤야민은 특히 그의『독일 비극의 기원』[15]과 샤를 보들레르에 대한 연구[16]에서 근대 미학의 가장 급진적 잠재력은 바로크와 강하게 연결되어 있다고 봤다. 크리스틴 부시-글룩스먼이 지적한 것처럼,[17] 이것은 대체로 낭만주의적 알레고리 이해

---

15 Walter Benjamin, *The Origin of German Tragic Drama*, tr. John Osborne (London: NLB, 1977).
16 Walter Benjamin, *Charles Baudelaire: A Lyric Poet in the Era of High Capitalism* (London: NLB, 1973).
17 Christine Buci-Glucksman, *Baroque Reason: The Aesthetics of Modernity*, tr. Patrick Camiller (London: Sage Publications, 1994).

의 전도를 통해 이루어진다. 벤야민은 바로크 알레고리를 부재한 전체를 부분이 재현할 수 있는 상징에 비해 취약한 관습적 기호로 보지 않고 그것을 부분이 재현의 질서로부터 떨어져 나와 알레고리 형상이 의미와 분리된 일종의 간접 언어로 간주했다. "이미지, 선, 그래픽 아트, 심지어 언어의 분명한 분열을 통해 그것은 현실을 해체하고 알아보기 어려운 글자, 불가해한 사물을 통해 시간을 재현한다"(Buci-Glucksman 70). 다른 말로 알레고리는 두드러지게 근대적인 단편 지향적 개념화를 선호하며 총체성으로서의 세계라는 생각을 해체하는 셈이다. 부시-글룩스먼이 지적하듯 알레고리는 전체보다는 단편, 이성보다는 감정에 특권을 부여함으로써 "20세기 아방가르드의 충격, 몽타주, 거리두기의 작용을 예기한다"(70). 이것이 바로 벤야민이 보들레르의 작품에 잘 나타난다고 본 것이다. 그의 시는 근대성의 충격이 바로크 알레고리 미학을 근대에 다시 창조하여 자신을 드러내는 단편들 속에 하나의 세계가 있음을 보여준다.

바로크 알레고리의 근대성에 대한 벤야민의 설명과 들뢰즈의 주름 개념 사이에는 아주 강한 관련성이 있다. 그러나 벤야민에게 알레고리가 순수하게 개념을 파괴하고 이성보다 감정을 특권화한다면 들뢰즈에게 그것은 미학적 실천을 규정하고 사유하는 새로운 방식이다. 이것은 현대 미학적 실천들에서 반복되는 것이 바로크의 어떤 점인지에 대한, 즉 주체화와 그것의 세계에 대한 관계 양식으로서의 주름에 대한 좀 더 풍부한 설명을 가능하게 해주기 때문에 중요한 차이이다.

들뢰즈에게 모나드라는 바로크 모델은 하나의 총체성으로서보다는 무한한 잠재력으로 주어진 세계와의 관계 속에서 주체성을 과정으로 사유하는 방식이라는 점에서 현대의 미학적 실천들과 고도로 공명을 이룬다. 나아가, 예술작품은 다기한 계열들을 알레고리 형상들 속에 접는 것이라는 생각은 현대 시각예술의 경향들만이 아니라 문학과 음악도 특징짓고 있다. 들뢰즈는 음렬음악에서나 조이스, 보르헤스, 곰브로비치(TF 81)의 소설들에서 다기한 계열들을 주름이라는 이 바로크 개념이 오늘날 미학의 가장 혁명적인 일부 사례들에 스며들어 있는 예로서 언급한다. 그렇기는 하지만 이 근대적 실험과 바로크가 동일한 것은 아니다. 아무래도 라이프니츠의 철학을 포함하여 바로크 체계들은 내재적인 것으로 이해되고 있다고는 해도 신이라는 개념에 의존하는 경향이 있기 때문이다.

들뢰즈에게 바로크 미학과 네오-바로크적 현대세계 경험의 차이는 불공가능 세계들에 대한 라이프니츠의 이해와 사건에 대한 화이트헤드의 현대적 이해의 차이에서도 볼 수 있다. 불공가능성 개념은 철학에 대한 라이프니츠의 가장 독창적 기여의 하나이고, 대니얼 스미스가 지적하듯이 "라이프니츠는 여기서 전적으로 새로운 불공가능성의 논리적 관계, 불가능성이나 모순으로 환원될 수 없는 관계를 만들어낸다. 현존하는 사물들의 차원에서는 하나의 사물이 존재하려면 그것이 가능하다고 말하는 것으로는 충분하지 않다. 그것이 무언과 공가능한지 알 필요도 있는 것이다."[18] 화이트헤드의 사건들 또는 파악들과 라이프니츠의 모나드 사이에는 유사성이 있기는 하지만 모나드들 간의 분화가 불공가능한 세계들에서 일어나는 것이라는 라이프니츠의 설명은 모든 변이들과 분화들이 표현 단위들 안에 포획될 수 없는 혼성 세계를 위해 포기된다. 들뢰즈의 말로 "동일한 카오스적 세계에서 다기한 계열들은 분기하는 길들을 끊임없이 따라간다. 그것은 카오스모스이다"(TF 81). 세계로부터 카오스모스로의 이 변화는 주체화 과정—모나드적이기를 그치고 불협화음적이거나 노마드적이 되는—에 큰 영향을 미칠 수밖에 없다. 이는 카오스모스 전체를 견제하거나 통합시키기가, 또는 그것에 대한 정해진 입장이나 안정적인 관점—모나드적 주체의 동요로 이어지는 세계의 죽음—을 골라내는 것이 불가능하기 때문이다. 들뢰즈에게 아르 브뤼트와 무조 혹은 음렬 음악에서 표현되는 이 차이는 바로크 모나드주의에서 오늘날 노마드주의로의 전환으로 요약될 수 있다.

18 Daniel W. Smith, "On the Nature of Concepts: Deleuze, Leibniz and the Calculus" (Sydney: ASCP, 1999). 미발표 학회제출 논문.

세계가 다기한 계열들로 구성되어 있는 만큼…모나드는 이제 투영에 의해 바뀔 수 있는 닫힌 원 속에 가두듯이 세계 전체를 가둘 수가 없다. 그것은 이제 중심으로부터 점점 더 멀리 움직이며 확장되는 하나의 궤도나 나선 위에서 열린다. …쉬톡하우젠의 음악적 거처나 장 뒤뷔페의 조형적 거처는 안과 밖, 공적인 것과 사적인 것의 차이들이 살아남게 하지 않는다. 그것들은 변이와 궤도를 동일시하고 모나드론을 노마드론으로 추월한다.(137)

그러나 이것은 바로크의 주름 개념의 거부라기보다는 그 개념을 근대성과의 관계 속에서 재가공하는 것이고, 주체와 세계 간에 수립된 통일적 관계의 해체일 뿐이다. 들뢰즈가 푸코의 작업에 있다고 본 주체화 모델에 부응하는 것이 주체성을 혼돈스런 외부를 일시적으로 접어놓은 것으로 이해하는 이런 노마드적 생각이다. 그러나 모나드와 알레고리는 이 주체화가 작용하는 방식에 대한 중요한 모델을 계속 제공하며, 오늘날 미학과 주체화는 아직도 주름의 견지에서 규정될 수 있다. 주름과 시네마의 상관성은 바로크 미학과의 이런 연관성과 차이의 측면에서 이해되어야 한다.

_주름, 시네마 장치, 관객

이 시점에서 주름과 시네마의 관계라는 문제로 돌아가는 것이 필요하다. 주름이라는 개념은 여러 점에서 하나의 장치로서의 시네마와 시네마의 주체성에 대한 관계와 특히 관련이 있는 것으로 보인다. 가장 명백한 점은 모나드 개념이 특정한 시점으로 정의된다는 것이다. 들뢰즈가 지적하듯이 이것은 매우 현대적인 생각이며 고전적인 시점과 같은 개념이 아니다. 고전적 이해에서 시점은 정적인 주체에 속하며 그것이 보는 것은 이미지 뒤에 놓인 세계에 대한 창문이 되는 하나의 표상이다. 반대로 모나드적 시점은 어떤 가상 세계의 특정한 구현 형태, 세계를 주체를 만들어내는 특정한 방식으로 보는 것이다. 이런 식으로 그것은 좀 더 역동적이고 은유적인 방식이기는 하지만 영화 연구에서의 관람 위치라는 생각과 연결되어 있다.19) 시점에 대한 모나드적 이해는 시점과 주체성의 관계를 뒤집는 것만이 아니라 주체성에 대한 좀 더 엄밀하고 좀 더 추상적인 생각을 만들어낸다. 시네마에서 모나드 개념은 영화 관객, 영화 자체 또는 영화의 어떤 구성적 부분에 대해서도 적용될 수 있다. 단 하나의 쇼트도 특정한 시점과 그 결과 하나의 주체를 구성하며 시네마의 연속 쇼트 조합을 통한 다중적 변화들을 포함하는 능력이 세계에 대한 어떤 구체적 구현을 가능케 한다. 모나드가 도시의 특정 부분은 명료하게, 다른 지역은 좀 더 희미하게 보는 것이라는 들뢰즈의 설명은 시네마의 빛과 프레이밍 변화가 명암법 및 곡선 공간에 대한 바로크의 강조와 공명하는 것과 마찬가지로 시계심도에 대한 시네마적 경험을 말해주는 것 같다. 하지만 이 모든 것은 계속 쇼트의 범위 안에 놓여 있어야 한다.

편집을 통한 쇼트들의 조합은 주름과의 또 다른 관계를 보여준다. 커팅을 주름으로 이해할 수 있는 것이 그것이다. 우리가 동일한 사건에 대해 두 개의 다른 관점을 가질 때 어떤 일이 일어나는가? 우리는 부차적으로만 우리가 보는 것이 시네마 인물들의 시점의 재현이라고 말할 수 있다. 우리가 일차로 지각하는 것은 둘 또는 그 이상의 변하는 시야들이 하나의 좀 더 복잡한 시점으로 접혀드는 것이다. 이런 관점에서 보면 모나드적인 것은 개별적 쇼트가 아니라 시야들을 하나의 복잡하지만 통합적인 체계로 접는 일을 하는 전반적 시퀀스 또는 영화이다. 이것이 투영되고 있는 영화 유형에 따라서 하나의 통일체라기보다는 모나드들의 집합 또는 노마드적 복합체라고 주장할 수도 있을 것이다. 들뢰즈가 모나드를 만들어내는 운동-이미지라는 측면에서 분석한 것은 어쩌면 시네마의 유형뿐인지 모르지만 요지는 연속 쇼트들 간의 관계가 더 진부한 커팅이라는 개념보다는 생산적인 주름 접기 작용으로 이해될 수 있다는 것이다.

19 이런 접근의 사례를 보려면 Linda Williams, ed., *Viewing Positions: Ways of Seeing Film* (New Brunswick, NJ: Rutgers University Press), 1995 참조

더 나아가 이것은 하나의 쇼트 내의 운동이라는 새로운 이해도 허용한다. 시퀀스 쇼트가 동일한 쇼트 내의 커팅으로 이해된 것처럼 그것은 시점의 이동이 그 안에서 외부 재료를 접었다 풀었다 하는 좀 더 연속적인 접음 과정으로 이해될 수도 있다. 주름 개념과 공명하는 것은 쇼트들 간의 연속보다는 하나의 쇼트 내부에서 생기는 이 변화이다. 그 변화는 비록 이동 가능하고 역동적이 되었어도 주름 접기 과정으로서의 주체화와 특정한 시점의 통일성의 결합을 허용하기 때문이다.

끝으로 주름을 계속되는 한 흐름의 일시적 안정화 또는 현실화로 보는 생각에 나타난 모나드의 시간성도 들뢰즈가 보여준 것처럼 무엇보다 시간 예술인 시네마에 크게 적용될 수 있다. 들뢰즈는 자기의 시네마 책들에서 이 점에 관해 명시적으로 라이프니츠적인 틀을 사용하지는 않지만 시간의 직접적 제시라는 시네마 개념은 세계에 대한 라이프니츠적 또는 바로크적 이해와 명백한 관계가 있다. 이는 특히 들뢰즈가 명시적으로 오늘날 시네마의 직접적인 시간 제시와 물질적 세계에 완전히 내재하지만 물질의 변화와는 구분되는 정신적 차원의 전개와 연관시키기 때문에 그러하다. 들뢰즈에게는 바로크 주택처럼 시네마도 두 개의 층으로 이루어져 있는데, 첫 번째 것은 운동중인 물질의 변화들로 이루어지고 두 번째 것은 이들 운동들로부터 들뢰즈가 순수한 시각적 음향적 상황이라 부르는 정신적 운동을 추출해낸다. 실재와 상상, 과거의 현재, 실질적인 것과 현동적인 것 간의 구분을 뒤엎는 이들 알레고리 이미지들의 배치는 들뢰즈가 투명한 기호 체제라고 하는 비유기적인 정동의 결정체가 된다.[20] 바로크의 주름 미학이 재현보다는 구현 세계에 대한 그것의 관계, 입체화법 효과 및 카메라 옵스큐라 활용을 통한 실재와 상상의 구분불가능성과 함께 시네마적 기호들의 이런 배치를 예기한다는 것은 분명하다. 나아가서 시간적인 것과 실질적인 것을 외부의, 지속 자체 이외는 아무 것도 아닌 한 내부로의 결정화로서의 정신적인

20 Gilles Deleuze, *Cinema 2*, 68-97.

것과 연결하는 것은 주체화와 정신적인 것 양자에 대한 고도로 바로크적인 접근이다.

　이런 점에서 『시간-이미지』에서 들뢰즈가 라이프니츠를 첫 번째는 분명한 정신적 의미를 지닌 오주 야수지로 시네마의 정물들과 관련하여, 두 번째는 투명 서사가 지닌 '허위적인 것의 힘'이라는 개념과 관련하여 두 번 언급한 것을 눈여겨볼 필요가 있다(125-55). 두 번째 언급은 오늘날 시네마, 보르헤스의 글쓰기, 그리고 비-유클리드적 기하학을 서로 연관시켜 주름을 예기한다는 점에서 흥미롭다. 이 맥락에서 들뢰즈는 모나드로 불공가능한 세계들을 설명하는 라이프니츠의 접근이 시간이 진리 개념에 대해 제기하는 위기에 대한 가장 창의적이고 가장 이상한 해결책이라고 본다. 불공가능성 개념은 특정한 사건이 일어나거나 일어나지 않는 상이한 세계들을 상정함으로써 진리 개념을 구하려는 시도이다. 한 세계에서는 전쟁이 벌어지는데 다른 세계에서는 벌어지지 않아서 결정 불가능한 시간적 대안들이 생기는 일이 해결되는 것이다. 사건이 일어나느냐 일어나지 않느냐에 따라서 당신이 어느 불공가능한 세계에 있느냐만 알면 된다. 그러나 현대 미학에서 결정 불가능한 선택들 또는 다기한 계열들은 하나의 동일한 세계에 속하여 사건은 동일한 세계에서 일어나고 일어나지 않는다. 이것의 좋은 예는 결정 불가능한 이들 선택들이 그 안에서 불공가능하지만 공존하는 현재들의 미로가 되고 결정 불가능한 선택들—이 중 어느 것도 사실일 수도 아닐 수도 있는—로서의 상이한 과거들을 만들어내는 보르헤스의 소설 『끝없이 두 갈래로 갈라지는 길들이 있는 정원』[21]이다. 들뢰즈의 말로 이 시간적 결정불가능성은 "진실의 형태를 거짓의 힘으로 대체하며 진실의 위기를 해결하지만 라이프니츠와는 달리 거짓과 그것의 예술적, 창조적 힘을 위해 그렇게 한다"(Deleuze, *Cinema 2*, 131). 어쩌면 들뢰즈는 이미 주름의 개념을 개발했더라면 그것이 라이프니츠적 또는 바로크적 비-공가능성과 그것의 현대적 변형의 차이를 상이하지만 관련된 주체화 양

21　Jorge Luis Borges, *Labyrinths*, tr. Donald A. Yates (Harmondsworth: Penguin, 1970).

식들로 또는 상이한 주체성들을 만드는 상이한 주름들로 이해하게 할 것인 만큼 이 대립을 그렇게 강조할 필요가 없었을는지 모른다. 여기서 변형은 바로크의 모나드적 주체에서 근대 또는 차라리 근대주의적 노마드 주체로의 변형이다.

결국 주체화에 대한 푸코의 재개념화에서 라이프니츠와 바로크에 대한 들뢰즈의 분석에 이르기까지 주름 개념은 과거의 이해보다는 현재의 역사를 위한, 혹은 다른 말로 특정한 실천들을 통해 자신의 중첩된 과거들을 접고 펼치는 사건으로서의 근대성 파악을 위한 도구이다. 그런 것으로서 주름은 시네마와 다른 근대적 미학적 실천들과 주체화를 다시 사유하는 데 생산적인 개념일 뿐만 아니라 이제는 경직된 포스트모더니티 담론 외부에서 근대성 자체의 지도 다시 만들기를 위한 근거를 제공한다. 우리가 어떤 시대에 처해 있느냐라는 글로벌한 질문을 계속 묻기보다는 그것은 우리가 하고 있는 실천들, 그것들이 실질적 힘들을 어떻게 구현하고 특정한 주체화 양식들을 구성하며 특이한 시점들을 생성하는지에 대한 좀 더 구체적인 질문들을 제시한다. 주름 개념은 따라서 바로크의 근대성만이 아니라 근대성의 바로크적 또는 네오-바로크적 경향들을 강조한다. 들뢰즈가 말하듯 근대성의 시대에 "우리는 새로운 접는 방식들을 발견하고 있다. …하지만 접고 펼치고 다시 접는 것이 중요하기 때문에 우리는 모두 라이프니츠적이다"(TF 137).

영어번역: 강내희

Michael Goddard, "The Fold, Cinema and Neo-Baroque Modernity"

편입된 대만:

주권경찰의 태평양 작전지역 생체정치에 관한 개관

존 솔로몬

통상적 관점에서 보자면 대만 즉 중화민국은 다소의 어려움을 감내하며 여러 장애에 맞선 모험의 길을 따라 그냥 나아가고 있는지도 모른다. 그 길은 근대 국민국가 형성으로 귀결되며 인민 주권을 위한 투쟁 속에서 또는 ('근대 세계에서 대만' 문제를 다루는 일련의 연구들에 속하는 영어로 발표된 최근의 한 연구가 태평스레 제안하듯이) '국민 정체성과 민주화'를 위한 투쟁 속에서 영토를 언어, 인민, 그리고 시장과 연계하는 과정을 되풀이한다.[1] 이 글에서 우리의 목표는 아주 현실적인 이 투쟁의 의미를 무시하는 것이 아니라 그것이 의미를 얻게 되는 구도에 대해 문제를 제기하는 것이다.

(19세기적인 이상에 바탕을 두고 국민국가를 건설하는) 역사적 반복 서사에 기대지 않는 대만의 현재 상황에 대한 적절한 이해를 위해서는, 대만에서의 권력 파생만이 아니라 (지구 전체는 아닐지라도) 태평양 지역의 주권 관계 속에서 대만의 위치를

---

1 Alan M. Wachman, *Taiwan: National Identity and Democratization* (New York: M.E. Sharpe, 1994).

검토하는 것이 필요하다. 오늘날 세계의 복잡성을 전제한다면, 우리는 더 이상 "현 단계에는 주권 국민국가 체계가 여전히 역사의 주류를 이루고 있다"고 하는 의문스러운 통념이나 "(현재의) 조건에서는 국민적 정치체가 정치제도의 독특한 맥락을 이룬다"는 통념에 호소할 수가 없다.[2] 이렇게 한다면 우리는 통상적 국가주권, 심지어 인민주권의 모델에 의해서는 해석이 되지 않는 새로운 정치적 경제적 관계를 은폐하고 말 것이다. 따라서 대만에서 주권적 권력의 예외적 지위를 드러내어, 그것을 미국의 제국적 주권에 대비해서 살펴보고, 주권의 지구적 위기가 지닌 생체정치적 측면들을 들춰내는 것이 필요하다.

대만과 미국의 관계는 주로 사법적, 경제적, 안보적 사안들에 의해 규정되어 있기 때문에 그에 대한 비판을 제출하려는 사람들에게는 그것이 단순한 신식민지 비판으로 오해받지 않도록 일정한 주의가 필요하다. 물론 이 관계에는 중요한, 어쩌면 결정적인 측면들이 있다. 지금 반도체 생산으로는 세계 최대 지역의 하나인 대만의 주요 생산부문을 가공할 미국 군산복합체에 통합시키는 것, 또는 다시금—이 점을 고려해야 한다—아프리카와 중미에서 펼쳐지는 개발계획들에서 국가와 엔지오(NGO)를 짝짓는 새로운 외교적 주도권에 통합시키는 것이 그것이다. 나로서는 이 글이 내가 절대 필요하다고 여기지만 제공할 수는 없는 것, 즉 태평양 지역 폭력, 국경, 기술, 생산 간의 관계들에 대한 결정적이고 통찰력 있는 설명을 단순히 대체할 수는 없다는 점을 독자들에게 알려야 해서 마음이 무거울 뿐이다. 하지만 대만 즉 중화민국은 하도 예외적인 장소인지라 오늘의 세계에서 주권, 법률, 기술 사이의 복잡한 관계를 이해하게 해주는 훌륭한 결절점을 제공함에 틀림없다.

따라서 이 글은 다음의 본질적 질문으로 시작한다. 우리가 국민 주체성을 더 이상 주권의 통상적 형태로 받아들이지 않고 대신 오늘날 주권의 실제 변화에 눈길을 돌

---

2 Jenn-Hwang Wang, *Shei tongzhi Taiwan? [Who Rules Taiwan?]* (Taipei: Juliu, 1996), 328.

린다면, 대만의 독립(또는 중국의 주권)에 관한 관점은 어떻게 변할 것인가? 이 질문에 대한 우리의 답은 간단히 말하면 우리가 이 원칙을 거부하면 대만의 지위를 지구적 과정이란 측면에서 볼 수 있게 된다는 것이다. 이 과정에서는 현재 미국의 무력지배가 전형적 형태로 보여주고 있는 주권의 예외적 상황이 영구적 긴급사태가 되고 모든 곳에서 주권과 국민 주체의 형성에 영향을 미치는 지구적 규범이 된다.

_주권의 논리와 제국주의적 확장―영구적 예외의 지위

대만은 예외적 공간에 존재한다. '예외적'이라고 말할 때 우리는 그저 '다르다', '최상이다'를 뜻하지 않는다. 우리는 예외의 지위 대신에 주권의 핵심에 놓여 있는 포함된 배제에 관해 말하고 있다. 주권과 관련한 대만의 특별한 지위를 검토하기 전에 이 글의 작업가설을 설명하는 방식으로 주권 개념의 얼개를 짜보자.

예외의 개념에 바탕을 둔 주권의 이해는 나치체제의 많은 이론적 기초를 제공한 20세기 독일의 주요 법 이론가인 칼 슈미트의 작업과 연결될 수 있다. 슈미트는 겉으로는 바이마르공화국 지지를 위해 일한 것 같지만 물심양면으로 나치의 대의에 적극적 지지를 보냈다. 이 글에서 우리의 관심은 슈미트도 아니고 그의 작업을 둘러싼 논란도 아니다. 그보다 우리는 슈미트의 주권 이해를 놓고 조르지오 아감벤이 『호모 사케르』(Homo Sacer, 1995)에서 개진한 비판을 따라간다.

슈미트의 주권 논의가 지닌 새로운 힘은 주로 예외와 결정을 그 내적 구조의 본질적 요소로 본다는 데에 있다. 고전 사상은 주권을 언제나 결정권의 견지에서, 특히 내적으로는 주체의 죽음을 결정하는 권력의 견지에서, 그리고 외적으로는 전쟁을 선언하는 권력의 견지에서 해석해 왔다. 반면에 슈미트는 의사결정자의 지위 자체가 사회관계 조절의 열쇠이며, 따라서 주된 문제로 부각되어야 함을 인정함으로써 이 생각을 더 밀고 나간다. 슈미트의 눈에 정치적인 것을 규정하는 사회관계는 친구와

적 사이의 관계다. 잠재적으로 폭력적인 이 관계가 본질적으로 폐쇄된 주권 국가의 총체성을 이루려면 또 다른 지위가 있어서 거기서부터 이 관계가 단순히 외국 등 외부에 있는 지위와 구분되는 식으로 이해될 수 있어야 한다. 따라서 주권자는 이 관계 외부에 있는 지위이다. 하지만 절대주의 말기의 혁명적 상황에 관한 자유주의 이론 작업과는 달리 슈미트는 이 지위에 추상적 합리성을 부여하지 않는다. 슈미트에게 주권자의 지위는 정치적 배치와 완전히 뒤엉켜 있으나, 또한 후자에게 판결을 내릴 수 있는 유일한 지위이다. 자유주의 사상은 합리적으로 형식을 갖춘 법칙들(법의 지배)을 놓고 국가권력에 정당성의 기반을 제공하는 초월적 지위를 상정하는 반면, 슈미트는 형식이 없는 결정주의적 지위의 우발적인 유동성에서 그것의 기초를 찾으려고 한다.

조르지오 아감벤이 보기에 슈미트의 첫 실수는 주권자의 지위와 정치적인 것 자체의 형성과 분리하는 방식에서 나타난다. 물론 주권자는 정의상 다른 모든 사람들보다 우월한 지위를 가져야 하며, 따라서 비-관계의 지위에 있어야 한다. 하지만 슈미트는 주권자에게 본질적으로 존재론적이라 할 수 있는 결정주의적 성격을 부여함으로써 관계의 가능성을 피할 수 있었을 뿐이다.[3] 슈미트가 친구와 적 사이의 구분을 정치권력이 배치되는 본질적 계기로 본다면 아감벤은 배제된 자의 비-관계가 주권적 권력을 이해하기 위한 구성적 모태라고 여긴다. 특수하고 구체적인 어떤 정치적 상황에서도 이 배제된 지위는 당연히 이론적으로는 재현될 수 있겠지만 '무의미할' 것이다. 즉 실제로 힘이 없는 의미란 말이다. 따라서 주권자의 지위 자체는 주권자의 단순한, 일방적인 것만 같은 배제에 의한 무엇인가의 포함에 입각하여 그 자체가 구성되는 관계들의 열쇠─효과─일 뿐이다. 이것은 주권 일반이 지닌 정당화의 허구이며 지

---

3 비슷한 문제가 '기초적 존재론'에 관한 마틴 하이데거의 시도에서 나타난다. Jean-Luc Nancy, "The decision of existence," in *Birth to presence*, tr. Brian Holmes (Stanford: Stanford University, 1993), 82-109 참조.

식 주체들을 창조하며 되풀이되는데, 이에 대해서는 결론에서 다시 살펴보기로 한다. 주권은 오직 관계로서만 존재한다(주권국가들은 언제나 복수의 조합 속에서만 나타난다)고 알고 있음에도 불구하고 우리로 하여금 오직 하나의 주권적 총체성과 관계를 맺으며 온갖 종류의 사회활동을 하도록 하는 것이 바로 이 허구이다. 하지만 아감벤은, 놀라울 정도로 뉘앙스가 풍부한 텍스트 및 역사 독해를 통해 주권적 권력의 본질은 어떤 것을 배제함으로써 그것을 포함하는 제외임을 보여준다. 따라서 주권적 지위는 집단적 삶에 필수적인 일련의 구분들을 지속하는 지위이다. 곧 "주권은 폭력과 권리, 자연과 언어 사이의 불확정한 문턱이 분명히 드러나지 않도록 하는 파수꾼이다"[4] 라고 아감벤은 말한다.

아감벤이 슈미트와 근본적으로 다른 두 번째 점은 배제를 정치적인 것의 구성적 모태로 인정하는 데에 있다. '파수꾼'의 견지에서 주권자의 지위를 설정한 아감벤은 주권자의 지위를 경찰의 폭력 행사 능력과 연결할 수 있게 된다. 사실 근대 주권의 역사는 20세기의 대량학살은 집행명령이 없이 이루어지는 경찰 작전으로 나타날 정도로 주권자가 점차 경찰의 모습이 되었음을 보여준다고 아감벤은 주장한다.

이런 관점은 (변증법은 말할 것도 없고) 해체론의 이해와는 근본적으로 다른 이해 가능성을 낳는다고 할 수 있다. 해체론자는 주권의 논리가 친구 대 적의 구분보다는 배제되는 자에 기반을 둔 정치적인 것의 규정에 기댄다는 이유 때문에, 주권의 역사 중심에서 작용하는 존재론적 보족성의 운동을 그려낼 수 있다고 주장할 것이다. 논리적으로 말하면 우리는 주권의 주체를 친구와 적의 대립에서 친구 쪽으로 생각하는 것이 아니라 둘의 혼합체로 생각할 것이다. 친구와 적은 다른 어떤 결정도 내리지 않고 스스로 자신의 기반을 다지려는 주권의 두 얼굴일 뿐이다. 이 기반 다지기는 창시하는 어떤 예외—주권자에게 '주어지고' 배제될 운명의 삶에서 생겨난 지위—

---

4   Giorgio Agamben, *Means Without Ends: Notes on Politics*, tr. Vincenzo Binetti and Cesare Casarino (Minneapolis: University of Minneapolis, 2000), 112-13.

에 의해서만 이루어질 수 있다. 이 지위는 늘 불안정하여 어떤 보족물이 필요하다. 해체적 독해는 이러하여 무엇이든 그 자체는 자신의 구성에 불충분함을 드러내고 그리하여 본질적으로 불안정한 제3항이란 보족물을 통해 두 항들(동일성과 차이) 사이에 차이가 조직되고 동일성이 계속 유예됨을 드러낸다는 것을 보여준다. 이들 항들의 관계는 한계-가능성으로 이해된다.

해체론적 빈틈에 직면한 아감벤은 한계-가능성의 개념을 뒤로 미루고 곧장 비-관계의 견지에서 존재론과 정치학을 재정의하려고 한다. 그의 작업 동기는 '모든 관계의 형상을 넘어서, 심지어 주권적 금지라는 한계 관계까지도 넘어서 존재론과 정치학을 (생각하는 것)'이다.[5] 말할 필요도 없이, 관계와 재현의 가정은 계약이론과 결정주의 이론 모두에 공통적이며, 이런 의미에서 아감벤의 작업은 급진적으로 변형된 정치철학의 장으로 나아간다.

주권을 넘어선 사유를 위한 비관계의 가능성을 추구하려면 우리는 아감벤을 떠나야 할 뿐만 아니라,[6] 대만의 주권문제라는 우리의 중심 관심사도 완전히 미뤄둬야만 할 것이다. 사실 존재론과 정치철학의 복잡한 문제가 즉석에서 해결될 수 있다고 여기는 것은 안이한 생각이다. 우리는 모든 관련 사안의 설명보다는 '영구적 예외'의 의미를 찾기 위한 **맥락화**를 제공하고 싶었을 뿐이다. 이제 대만에 관한 우리의 이해와 분명 관련이 있는 이 지식의 역사적 함의를 향해 강조점을 옮겨보자.

아감벤은 20세기의 역사는 계속 주권의 본질을 드러내는 과정이었다고 주장한다. 아감벤이 보기에, 20세기 말 곳곳에서 나타난 주권의 '붕괴'는 우리가 '알게 되리라 여겨지지 않았던 것, 모든 사람에게 당연하게 여겨지던 것, 다시 말해 **예외 상태가**

---

5 Giorgio Agamben, *Homo Sacer: Sovereign Power and Bare Life*, tr. Daniel Heller-Roazen (Stanford: Stanford University, 1998), 47.
6 우리는 프랑수아 라뤼엘르의 작업에 관심을 돌리고 싶다. François Laruelle, *Théorie des étrangers* (Paris: Kimé, 1995)와 François Laruelle, *Ethique de l'etranger: du crime contre l'humanité* (Paris: Kimé, 2000) 참조

법칙이라는 사실'7)을 보여주었다. 주권적 권력에 의해 시작된 예외의 상태는 그것이 구성능력을 지닌다는 뜻에서 영구적이다. 하지만 그 구성의 이런 본질적 특징을 감추는 것도 주권의 본성이다.

이러한 영구적 예외상태가 왜 그토록 오랫동안 '정치적 주권'으로 인정되었는가—그리고 인정되고 있는가—에 대해 생각해 보자. 물론 미셸 푸코는 '자아의 기술'을 통해 권력의 전개를 은폐하는 '이데올로기'의 견지에서 주권을 생각하도록 우리에게 충고한 바 있다. 어쩌면 이제 우리는 푸코적인 몸짓을 그와는 정반대이지만 보완적인 방향으로—자아를 떠나서 국가 주권으로 대표되는 집합적 주체의 기술을 향해 움직이며—따를 수 있는 역사적 국면에 결국 이른 것인지도 모른다. 여기서는 그 철학자의 담론에 깃들은 유럽 중심적 상상력에서 벗어나 근대 주권 확립에 사용된, 부정되면서도 창시적 역할을 하는 보족물로 돌아갈 필요가 있다. 그것은 유럽 국제법의 규범 밖에서 폭력 정복의 대상이었고 열린 공간으로 여겨졌으며, '주권'을 가지지 않았던 비서구라 불린 영토적 공간의 창출이다.

여기서 우리는 주권에 관한 존재론적 비판에서 역사적 비판으로 자리를 옮긴다. 역사적 비판은 여기서 우리가 제안하려는 도식적 개요보다 더 정교한 논의를 할 가치가 있다. 하지만 도식적 설명도 유럽의 팽창사와 직접 관련된 주권의 위기가 왜 지구의 시대에 새로운 단계로 접어들게 되었는지 생각하는 데 도움이 된다는 점에서 유용할 수 있다.

근대 주권을 유럽의 팽창과 연결하지 않고 말할 수 있는 방법은 없다. (공식적으로는 베스트팔렌조약으로까지 거슬러 올라가는) 유럽에서 국가간체계의 등장은 서구/비서구의 이항 대립, 새로운 주체성의 창출을 초래한 새로운 양식의 전유/탈영토화와 동시에 일어났다. 주권 국민국가의 주체성이 국경, 국어, 그리고 국가통화 등 본질적

---

7 Giorgio Agamben, *Means Without*, 112-13.

으로 비민주적인 제도들로 특징지어지는 이항 체계라는 것으로 구성되는 것과 똑같이, 유럽 자체에서 시작된 '민족들의 통일'이라는 주체적 정체성은 정확히 서구/비서구 대립의 상정에 의해서만 구성된다. 이런 민족 연맹이 지구 전역에서 아주 불균등하게 확대될 수 있고 또 실제 그렇게 되었다고는 해도 실제로 구성되는 것은 '서구'라는 주체적 정체성일 뿐이다. 다른 사람들이 지적했듯이, 이 정체성은 지리적 지역이나 문화적 통일체가 아니라 담론 속에 등장하는 주체이다.[8] 총체화하며 우월적인 이런 주체 위치의 확립과 함께, 세계의 나머지 부분은 서구와의 관계에서 그 정체성이 규정되어야 하는 다양한 '타자들'이 되었다. 대부분의 '비서구'는 1차 대전 이후에나 정치적 주권을 갖기 시작했을 뿐이며, 탈(de)식민화의 전체 과정 자체는 2차 대전 이후에야 겨우 완전히 비가역적이게 되었다. 따라서 주권이 지구 전역을 포괄하는 민족들의 국제 연맹으로 확대한 것이 아주 최근의 현상이라고 하는 것은 과장이 아니다. 주권과 서구/비서구 이분법 사이의 관계를 따질 필요가 있게 된 것도 최근의 일이다. 일견 분명한 오늘의 지구적 주권 위기는 얼마만큼이나 서구의 '외부'가 더 이상 제국주의 정복이 일어난 지난 수세기 동안에 그랬던 것처럼 식별할 수 없다는 사실에서 비롯되는 것일까?

외부의 보족물을 더 이상 손에 넣을 수 없게 되면서, 영구한 예외라는 주권의 본질이 유럽 중심적 관점에서 보더라도 명백해진다. 하지만 (유럽의 '타자'로 구성되는 것이 아니라 등가의 비-관계 속에 있다는 뜻에서) '유럽 외적'이라 할 수 있는 역사적 관점에서 보면 주권의 본질은 '비서구' 나라들(즉 '서구'의 '타자들'로 형성된 민족 주체들)이 수 세기에 걸친 야만적 식민주의를 위해 존속해온 영구적 비상상태 속에 계속 놓여 있을 수 있었던 셈이다.

---

8 Naoki Sakai, "Modernity and Its Critique: The Problem of Universalism and Particularism," in *Translation and Subjectivity: On 'Japan' and Cultural Nationalism* (Minneapolis: Minneapolis University, 1997), 153-76 참조

_동아시아 영구적 주권 위기의 그라운드제로 대만

대만에 관한 대안적 관점을 향한 첫걸음은 '주권'의 민족주의적 전유가 우리에게 떠넘긴 결정을 거부하는 것이다. 우리가 '주권'은 국민국가의 독립적, 자율적 기반을 가리킨다는 생각에 익숙해진 것은 오랜 유럽의—그리고 지금은 불가역적으로 지구화된—역사, 즉 국가는 독립적이며, 왕권의 정당성은 그 기초가 인민 주권에 있다는 생각에 관해 장 보댕이 획기적 발상을 내놓은 절대주의 시대로까지 그 뿌리가 거슬러 올라가는 역사의 산물이다. 오늘날의 이론가들은 또 다른 한 세계—그 복잡성이 국가 주권의 한계를 벗어나는—의 현실에 대응하여 주권 자체의 형태를 둘러싼 문제들의 모든 배치에 관해, 특히 세계체계로서 주권의 역사적 구성과 주체성의 견지에서 주권의 철학적 구성에 관해 질문을 던지고 있다.[9]

정치철학에서 문제의 틀을 잡는 것은 해결을 이끌어내는 방식과 무관하지 않다. 바텔슨은 주권 개념이 틀 잡기가 중요함을 드러낸다고 보여주며, 주권을 정치과학과 그 역사에 본원적이라기보다는 우발적으로 만들어지는 개념으로 다룰 것을 제안한다.[10] 하지만 주권은 특정한 규범적 구도 바깥에서는 그것이 배제하는 것과 관련해서만 이해될 수 있다는 점이 분명해지고 있다. 대만의 주권에 관한 (중국의 설명을 뺀) 현재의 모든 설명에서, 이렇게 배제되었지만 포함되는 타자는 의심할 바 없이 중

---

9 유럽의 식민지 확장 견지에서 주권의 역사적 구성을 설명하는 것으로는 Jean François Kervégan, "Carl Schmitt and 'World Unity'," in Chantal Mouffe, ed., *The Challenge of Carl Schmitt* (New York: Verso, 1999), 54-74; Hideaki Tazaki, "*Konjitu no Sei-Seiji no naka no Niche*" (Nietzsche in Contemporary Bio-politics) in *Sisô* No. 919, Dec. 2000 (Tokyo: Iwanami), 164-74; 주체성에 의한 주권의 철학적 전유에 관한 설명으로는 Jean-Luc Nancy, "The Inoperative Community," tr. Peter Connor, in Jean-Luc Nancy, *The Inoperative Community*, ed. Peter Connor (Minneapolis: University of Minneapolis, 1991), 1-42; 주권과 '비-주권 정치' 또는 '주체성 없는 주권' 사유의 중요성에 대한 설명으로는 Jean-Luc Nancy, "Ex nihilo summun (De la souveraineté)," in Jean-Luc Nancy, *La création du monde ou la mondialisation* (Paris: Galiée, 2002), 145-72 참조.

10 Jens Bartelson, *A Genealogy of Sovereignty* (Cambridge: Cambridge University, 1995).

화인민공화국으로 알려져 있다.[11] 하지만 중국의 주권이란 관점에서 이런 지위를 미국과 일본의 지위와 비교하는 것이 의미를 갖는다. 두 나라는 조약, 선언, 군대 배치 등을 통해 20세기 내내 대만의 국제적 위상 결정에 핵심적 구실을 해왔기 때문이다. 우리가 대만을 어떻게 보는가는 우리가 어떤 주권, 누구의 주권을 강조하는가에 따라 크게 달라진다.

'대만'[12]의 근대사가 지속적인 주권 위기—사실 아시아에 공통적이며 근대 유럽(및 일본) 제국주의 역사와 관계있을 수밖에 없는 위기—를 보여주는 또 다른 지점이 있다. 이 위기는 주권의 강제적 규범의 야만주의에 장기간 종속되어 자신들의 정치적 여망이 국민 주권의 지평 안에 완전히 갇혀버린 사람들의 위기이다.

명 왕조 때에 한족이 처음 이주해 오면서 원주민의 침식이 시작된 이래, 네덜란드, 포르투갈, 스페인, 일본으로 이어진 400년의 식민지 배턴 넘기기가 이루어졌다. 이 배턴 넘기기는 해적 왕이 된 명 왕조 반란자들과 청 제국의 무관심에 의해 중단되기도 했으나 대내외 국가 부정성의 '완벽한' 상위 종합으로 귀결되었다. 즉 파시스트 국가(국민당)의 용병 떨거지들이 태평양전쟁 말기 자신의 전략적 과제에 몰두한 미국 정부에 의해 괴뢰 주권으로 바뀌었다. 미국의 목표는 (범아시아주의를 끝내며) 일본 주권을 포섭하고 태평양 지역(사실상 지구 전역)에서 사법-경찰 체계, 즉 공산주의를 추구한다는 이유로 중국을 범죄시하고 (범아시아주의에 대한 공산주의적 대안을 끝내고) (노암 촘스키가 '무법자 초강대국'[13]이라고 부르게 될) 미국에 예외적 지위를

---

11 대만 주권의 결정에 관한 미국의 관여 문제를 다루는 중국 글을 모은 것으로는 Xiaobo, Wang, ed., *Meiguo dui Tai zhengce jimi dang'an (Secret files on America's Taiwan Policy)* (Taipei: Haixia pinglun zazhishe, 1992) 참조

12 우리는 영토의 조건에 영토에 바탕을 둔 역사적 통일성으로서 '대만'을 제시할 의미론적 회상의 과정에 대해서는 유보하면서 '대만'이라는 고유명사를 사용한다. 우리는 '대만'이 역사의 어느 시점에 담론 대상이 되는지, 나아가 어느 시점에 '대만'이 주체 형성의 지점이 되는지 알고 싶다. Naoki Sakai의 *Voices from the Past* (Ithaca: Cornell University, 1994) 참조 이 책은 일본의 주체적 형성에 관한 혁명적 테제('일본'은 18세기까지 단일한 담론 주체로 등장하지 않았다)를 펼친다. 분명 대만은 식민지 역사 대부분에 걸쳐 이질적 공동체들의 극도로 분산된 조합이었다.

제공하는 체계를 확립하는 것이었다.

하지만 공산주의 훨씬 이전에도 청 제국과 뒤이은 불안정한 공화국(1911)의 폐허 속에서 주권은 유럽과 일본의 식민지 팽창의 영향을 받으며 발전하고 있었다. 그것은 상당한 시간 동안 어떤 예외상태로 발전하고 있었다. 여기서 중국의 주권은 청 제국으로부터 직접 물려받은 것이 아니라 식민지 열강의 외부성 속에서 형성되었다는 점을 보여주기 위해 진행되고 있는 기획에 대해 다시 한 번 언급할 필요가 있다. 청 제국이 아니라 초영토성이 근대 중국의 주권 문제를 이해할 때 우리 관심의 주변이 아닌 중심에 놓여야 한다. 이런 까닭에 '반봉건, 반식민' 지위를 인정하는 전형적인 역사적 시기구분은 개념적 범주들의 위기로 간주되어야 하며 완전히 새롭게 이루어져야 한다. 대신에 우리는 중국의 주권은 초영토성의 규약을 통해 예외의 지위 속에서 유지되었으며, 이 예외는 ('시민들의 권리 보호'가 아니라) 자신의 영토와 인구를 단속하는 국가에 의해 관리되었다고 주장한다.

대만은 일본이 청 제국으로부터 손에 넣은 식민지로서 국민당이 미국의 수송을 받고 대만으로 쏟아져 들어온 1945년까지는 근대 주권에 대한 중국의 경험을 크게 피했던 편이다. 의미심장하게도 국민당 총통의 첫 번째 법은 이전의 식민지 법을 정당화함과 동시에 주권 문제를 다루는 것이었다. 진정으로 중국적인 근대 주권 경험인 영구적 예외의 이 재도입에 이어서 한국전쟁으로 시작되는 긴 시기가 있는데, 이때 경찰-판사로 군림한 미국 정부는 대만의 국제적 지위는 '미해결'이라고 선언했으며, 대만 자체는 세계에서 가장 오랜 기간 동안 계엄령으로 통치되었다. 다시 한 번 우리는 영구적 예외의 지위라는 근대 중국의 주권 경험으로 바로 되돌아가 영구화된 예외를 다루고 있다.

세계 최장의 계엄령 통치(1949-1987)로 유지된 대만 사회의 총체적 동원은 크게

---

13 Noam Chomsky, *The New Military Humanism: Lessons from Kosovo* (Monroe: Common Courage, 1999).

다섯 가지 핵심 요소들에 기반을 두고 있었다. 국가 이익과 당 자산의 동일시, 한편에서는 남성의 총체적인 동원을 요구하고 다른 한편에서는 창녀 아니면 어머니의 범주를 통해 여성의 사회적 활동 금지를 초래한 식민지적 여성 분배를 영속화한 성별 분업, 산악오지와 바다와 공해와 영공에 대한 접근 통제에 의한 국가 공간의 규제, 소수 인구의 특권을 제도화하기 위한 핑계로 써먹은 '국어' 교육, 원주민(전 인구의 5%)을 접근이 제한된 먼 곳에 살게 하면서 '대만인'과 '대륙인'(전 인구의 약 15%에 이르는 대륙 중국에서 건너온 사람들)을 구분한 민족증명카드 제도와 '시민'을 단순히 인구로 다룬 것이 그것이다.

계엄령에 의한 통치와 함께 2차 대전 이래 미국의 일방적 권력 행사[14]는 태평양 전역에서 그리고 특히 대만(과 중국)에서 주권을 실제로 영구적인 예외 상태에 머물게 했다. 이 명제는 반복할 가치가 있다. 일본의 2차 대전 패전 이후 미국은 서태평양 지역 전체를 자신만이 유일한 주권 국가—사실상의 주권적 입법자요 집행자, 태평양의 판관-경찰—가 되는 작전 지역으로 간주한다. 이 역사는 부인되고 있는 만큼이나 기록이 잘 되어 있다. 그것의 정당화는 간단하다. 적을 범죄자로 만들고 지역민들을 주권 정치의 틀을 통해서는 제대로 이해할 수가 없지만 그들의 정치적 여망을 주권에 대한 욕망 속에 꼼짝 못하게 가둬버리는 권력 형태 및 생산 관계에 종속된 인구로 만들어버리는 것이다.

태평양에서 주권에 대한 미국의 일방적 접근을 보여주는 한 가지 적절한 예를 들어보겠다. 전시 협정에 의하면 일본과 전쟁을 벌인 열강들은 모두 평화조약의 작성에 참여해야 했다. 하지만 1947년의 냉전 시작, 1949년의 중국혁명, 1950년의 한국전쟁이 미국의 안보관과 일본 점령 방식을 실제 일방적인 사안으로 바꾸어 놓았다. 특히 한국에서 전쟁이 발발하자 대만은 이제 미국 봉쇄정책의 방위경계선 안에

---

14 대만해협 양쪽을 방문하는 미국 정부 대표단의 일원으로서 자신의 가장 최근의 대만 방문(2001)에서 케네스 리버탈 박사는 미국의 '일방적' 행동을 끝낼 것을 권했다.

포함된다. 1947년에 시작된 일본과의 평화조약을 위한 조치들도 비슷한 길을 걸었다. 태평양전쟁 내내 일본 육군의 대부분을 견제했던 중국과 러시아는 조약의 작성에서 배제되었다. 1951년 샌프란시스코에서 체결된 최종조약은 미국의 작품이다. 중국은 조약 회의에 참석하지 않았다. 이런 상황과 대비해보면 동아시아 민족주의 국가와 그것의 미국 측 경쟁국/동맹국이 누린 처벌 면제 혹은 예외 지위는 너무나 명백하다. 편파적이지 않은—'편파적이지 않다'는 것은 최소한 우리는 적을 범죄시하지 않는다는 것, 나아가 우리는 우리의 적이 우리가 단순히 내쫓아버리는 사람들만큼 많이 우리의 정치를 구성하지는 않음을 인정한다는 뜻이다—관찰자에겐 주권과 국제 의전에 대한 명백하고 악랄한 모욕으로 비쳤을 사안에 직면했으니 내가 상식이라고 믿고 있는 것을 말하겠다. 2차 대전 말부터 배치된 군사무기체계를 놓고 보면, 대만의 통제가 일본으로 가고 오는 선박 항로를 막는 유력한 힘을 제3의 권력에 주리라는 것은 자명하다. '불침항공모함 대만'은 중국만이 아니라 일본을 향한 것이기도 하다. 대만이 중국의 주권 아래 들어가면 미국-일본의 생산이 가동하는 전략 균형 전체는 심각하게 아니 치명적으로 위협받지 않겠는가? 대만이 중국의 통제 아래 있으면 아마 일본은 미일안보체제보다는 중일동맹의 전망을 훨씬 더 심각하게 고려해야 할 것이다. 이리하여 서태평양에서 미국의 전체 전략은 중국과 일본 간의 힘의 균형 유지를 조건으로 삼아야 한다. 이 '조건'의 이름 하나가 대만이다. 대만은 전후 미국의 태평양 지역 보호령에서 냉전이 퍼져가자 미국이 점령된 일본과의 공모 속에 조정한 주권이 '미해결'된 곳이라고 일방적으로 선포된 지역이다. 다른 이름들도 있다. 당연히 한국이 떠오른다. 하지만 특정한 예를 넘어서, 비록 1980년대의 경제성장으로 등장한 한국, 홍콩, 싱가포르, 대만의 네 마리 호랑이가 '나라'라고 불리기는 해도 냉전 논리 속에서는 이들이 '전선국가', 즉 전체 인구가 자본의 요구에 (볼모로) 종속된 국민 없는 국가로 불릴 수 있었다는 점을 깨닫는 것이 중요하다.

_대만관계법: 대만의 미국 지구제국으로의 통합

1987년에 계엄령 통치가 끝나고, 1996년에 대만의 지도자를 뽑기 위한 첫 번째 국민투표가 실시되자, 주권 담론은 이 고통스러운 역사의 유산을 지워 없애기 시작하는 듯했다. 지구적 생산과 제휴한 지역 자본의 이익을 뒤에 숨기고 있는 표면상 민주적인 새로운 인민주권 형태와 계엄령 아래에 있던 이전의 주권적 권력 형태간의 관계는 신자유주의 국가—매체에 의한 미국의 표상과 환유적으로 등가인 일종의 허구적 재현—를 민주주의 발전의 궁극적 방향으로 상정하는 모호하고 진보적인 목적론에 의해 늘 포섭된다. 이 목적론적 믿음 때문에 우리는 민주주의 개혁이 단순히 탐욕적인 사적 이익(공적 이성으로의 회귀와 이성을 성문화하는 제도 강화에 의해 교정이 가능한)을 위한 핑계로서가 아니라 군법 기간 확립된 주권적 권력의 생체정치를 오늘날 전례 없는 지구화 국면의 새로운 생산력과 비물질 노동에 섞는 새로운 주체 위치의 이데올로기적 호명으로서 실제로 복무한 방식을 분석하지 못하게 된다.

민주화가 형식적 시민권 행사를 회복시켰다고는 하나 과거 시민권을 인구문제로 축소시킨 본질적 요소들은 그대로 남아 있다. 가부장적 특권에 유리한 성별분업과 법률은 계속되며, 언어정치도 예외의 상태에 머물러 있고, 시민권 법과 원주민 통제 체계도 여전히 작동한다. 종족은 (원주민을 빼고) 더 이상 주민카드에 표시되지 않지만, 그럼에도 불구하고 정부의 문서 파일에는 그대로 있다.

한편 민주화는 당-국가를 자본과 동일시하던 이전의 방식을 근본적으로 개선하진 못했다. 왕(Wang, 1996)이 보여주듯이, 민주개혁은 국가로부터 사적 이익체로 옮겨간 자본의 운동을 반영하기 위해 당-국가의 구성을 바꾸었다. 다른 말로 해서 이전의 당-국가는 국가권력을 독점한 소수의 망명 인구가 아니라 민간과 당의 목적을 위해 국가권력을 전유하는, 지역의 사적 이해관계를 지닌 인종적으로 뒤섞인 소수 인구에 기반을 두고 자본과 새로운 동맹을 맺었을 뿐이다(또는 우리는 자본이 당-국가를 재정의하는 새로운 동맹을 맺었다고 말해야 한다).15) '사적 이익+당-국가'라고 부를 수 있는 이러한 반민주적 움직임은 점차 지구경제로 대만을 통합시킨 또 다른 움직임과 함께 나타났다. 사실 민주개혁의 일부 핵심 국면에서 미국은 '새로운 대만 달러의 국제화'를 요구하여 대만의 통화정책에 결정적 경제적 압력을 행사했고, 국내 정치개혁 발전에 중대한 영향을 미치는 압력을 가했다.16) 우리의 테제는 군법의 종식 이래로 민주주의 개혁을 추진해온, 아니 명령해온 사적 이익 및 지구적 헤게모니 권력이 과거 군법에 의해 제도화된 영구적 예외의 지위와 유력한 연계를 계속 맺고 있으며, 근본적으로 바뀐 인구, 통치, 생체정치의 영역에서 주권적 권력을 유지하고 있다는 것이다.

2000년에 거의 우연히 선출된 첫 번째 비국민당 수장인 첸수이볜 대통령이 마주친 어려움이 민주화에 대한 사적 이익+당-국가의 뿌리 깊은 저항과 정치적 범주의 경제적 범주로의 지속적 붕괴를 보여주는 좋은 예이다. 하지만 중요성은 마찬가지이나 이해는 분명 훨씬 덜 되고 있는 것이 미국 주도 지구제국 안으로의 대만 통합이라는 문제이다.

현재 대만과 미국의 관계를 지배하는 대만관계법(1979)은 중화인민공화국과 완전한 외교관계를 수립하려던 지미 카터 대통령의 결정에 따른 미국의 행정부와 입법부 사이의 격렬한 정치적 로비 및 협상의 산물이었다. 이 법은 통과되기도 전에 미국, 중화인민공화국, 중화민국에서 떠들썩한 논쟁을 불러일으켰다. 기이하게도 이 논쟁에 참여한 사람들의 관심을 끈 것은 원칙과 이익 문제였다(단순히 '원금'과 이자가 아니라면 말이다. 하지만 이 투자에 관한 기록은 이 글의 범위를 벗어난다). 대만관계법의 의미를 진지하게 고려하는 논자는 찾아볼 수가 없다. 모든 논자들에게 이 법은 미국이 현실정치를 고려하여 이제 외교관계를 끊은 최전방 반공국가를 사실상 승인하도록 하는 길을 열어주는 단순히 편리한 수단일 뿐인 듯하다. 사실 현실정치는 대

---

15 Jenn-Hwan Wang, *Shei Tonzhi Taiwan? (Who Rules Taiwan?)* (Taipei: Juliu, 1996) 참조.
16 Ibid., 119-33.

만 사람들을 희생자로, 비공식적 외교관계를 인도주의적인 원조나 봉사로 비치도록 한다. 이러한 담론구조(선포되지 않은 국가 긴급사태)는 물론 사전에 궁극적인 군사 개입의 기반을 마련하고 있다. 사실 안보는 대만관계법의 주요 관심사로서, 이 법은 '서태평양에서 평화와 안보와 안정을 유지할 수 있도록' 하기 위해 다양한 관계를 '공식화'한다.

대만관계법에서 특히 주목할 것은 그것이 대만(중화민국) 정부를 외교관계에서 배제하지만, 외교관계 단절 이전에 '대만'과 맺은 모든 협정의 유효성을 인정한다는 것이다. 국가문제를 우회하여 대만관계법의 대상은 '대만' 또는 '대만에 살고 있는 사람들'이 되었다. 의미심장하게도 여기서 '에'라는 조사는 그것에 선행하는 표현, 즉 '미합중국의 사람들'과 확연히 대비된다. 이 섬에 관한 미국무부의 내부 보고서는 때로 '대만들'이란 말을 쓴다고 하는데, 이는 위기관리 및 경찰권력 분야에서 생체권력의 새로운 주권 구성의 핵심에 자리 잡고 있는 인구와 영토 사이의 혼동을 전례 없이 명확하게 반영하는 신조어라 하겠다. 의미심장하게도 대만관계법은 이 섬에 살고 있는 인구의 60%를 차지하는 대만 민족을 인정하지 않으며, 고전적인 소유 및 재산을 조건으로 한 정체성도 인정하지 않는다. 그러나 이 법은 그 섬에서 이루어지는 '삶'을 인정한다. 이런 최소한의 인정은 국민국가의 쇠퇴를 인권의 종언과 연결시키는 아렌트의 공식을 다시 한 번 일깨워준다.

이 공식의 생체정치적 함의를 고려하기 전에 대만관계법의 국가 정체성 관리는 미국 내부에서 지방정부로 하여금 다른 외국 정부들과 독립적 외교관계를 맺을 수는 없게 하지만 모든 종류의 상업적 문화적 대변적 연계를 맺게 해주고 있는 연방정부-지방정부간 관계를 상기시킨다는 점을 지적하자. 오늘날 그것의 외교적 고립을 전제하면, 미국 연방정부에 대한 대만의 지위는 지방정부의 그것과 아주 비슷하다. 미국 연방 구성으로의 대만의 포섭은 이민과 국적법의 목적으로는 대만이 사실상 독립국가로서 대우받을 것임을 명기한 4절 6조에서 다시 확인된다. 다시 말해 대만 당국이 발급한 서류('여권')는 미국 정부기관에 의해 사실상의 국가 서류로 공인될 수 있는 것이다. 우리는 따라서 이들 서류를 '여행서류'로 받아들이고 싶을지 모르지만 메이-친 시아오의 최근 경험은 대만이 전적으로 다른 범주에 속함을 예증하고 있다.

시아오 사건은 2000년 가을에 알려졌다. 첸수이벤의 소수 (비국민당) 정부 고문으로 일하던 시아오는 중화민국의 시민권이 없다는 이유로 불법 외국인 노동 혐의로 법적 조치의 위협을 받았다. 그녀는 혼혈 대만인(귀화 미국인)과 유럽계 미국인 부부의 딸로 태어난 미국 시민으로서 X계열(해외) 중화민국 여권을 소지하고 있었다. 공개 진술에서 시아오는 미국의 대만사무실(AIT, 대만관계법에 따라 대만에 설립된 예외적 '비공식적' 미국 대사관)에 자신이 미국 시민권을 포기할 경우 X계열 여권을 이용하여 미국에 들어갈 수 있는지 조언을 청하자 AIT의 관리들로부터 다른 나라의 영주권 지위와/나 시민권을 확인해주는 서류가 없는 X계열 여권 소지자에게는 미국 사증을 발급해 줄 수 없다는 통보를 받았다고 말했다. AIT는 X계열 여권을 진짜 국가 여권이 아닌 '여행서류'로 취급할 수밖에 없었던 것이다. 시아오는 그런 여권을 소지하여 미국 정부에 의해 무국적자로 취급되었다.[17]

시아오의 여권에 관한 이런 해석은 중화민국 여권의 지위 일반에 관해 몇 가지 질문을 제기한다. 어떻게 미국은 정규 (비-X계열) 중화민국 여권을 '여행서류'와는 다른 것(즉 국가여권)으로 볼 수 있는가? 미국이 승인하지 않는 국가가 발행한 것이기 때문? 중화민국 여권의 소지자는 미국법과 외교관계 단절 이전의 미국-중화민국 관계 규정에 따라 권리를 누리고 의무를 행한다. 그러나 그 서류 자체는 미국이 승인하는 어떤 국가에도 속하지 않는다. 이런 맥락에서 어째서 X계열 여권이 시아오로 하여금 처음부터 중화민국이란 국가를 전혀 인정하지 않는 어떤 정부에 의해 자신의 동포들보다 더 '무국적자'처럼 여겨지게 했는지 이해하기란 결코 쉽지 않다. 여기서

17 *Taiwan Ribao* (Taipei), 2000. 12. 1, 5 참조.

외견상의 모순만 봐서는 안 될 것이다. 지배의 정상성에 대한 우리의 믿음을 재확인함으로써 예외상태를 얼버무리기보다는 그 예외를 충분히 설명하는 새로운 개념적 범주를 찾아야만 한다. 따라서 우리는 중화민국 여권—분명 '여행서류'는 아니나 미국이 승인하지 않은 어떤 나라에 속하는—은 일단 미국 정부에게 귀화의 규율 안에 들어오는, 정부는 있으나 국가는 없는 외국 인구—즉 충분히 생체정치적인 노동력—를 위한 **신분증명**서라고 주장한다. 여기서 인종주의 조짐은 근본적으로 바뀐다—즉 멋지게 '귀화'란 개념에 의해 변환된다. 사실 이 '신분증명서'가 가리키는 것은 고전적 의미의 종족이 아니라—왜냐하면 그것은 국적의 기초로 추정되니까—단순히 자격 없는 인간 생명체로 파악된 사람들이다. 이런 의미에서 우리는 계엄령의 종족 확인 코드와 대만관계법 사이의 중대한 담론적 연속성이 있음을 알 수 있다. 대만관계법은 대만을 주권 위기의 복판에 묶어두면서 선포되지 않은 긴급사태라는 예외적 상태 속에 잡아놓는 예외적 조치로 파악되어야 한다.

대만관계법의 이 두 측면에서 우리는 대만관계법이 본질적으로 국민을 생명으로, 시민권을 인구로, 그리고 주권을 통치로 대체하는 미국의 국내법 절차에 따라 대만 출신 개인들을 취급하는 것을 효과적으로 합법화함을 알 수 있다. 미국에 머물면서 대만의 여행 서류를 가지고 있는 어떤 개인의 생명이 미국 정부기관이나 백인 우월주의 민병대와 같은 비정부 자경단의 위협을 받을 경우 그 개인은 미국 시민이 해외에서 일반적으로 받는 것과 같은 주권국가 개인에게 제공되는 도움을 받으리라고 기대할 수 없을 것이다. 대만관계법에서 대만은 비민주적 안보지대이며, 시민권 없는 종족적 인구가 수단만 있으면 그 안에서 미국 영주권을 얻으려 하는 곳이다. 하지만 진짜 수치는 대만과의 관계가 미국 국내법 규약 아래 조정된다는 것이다. 우리의 분석 결과는 본질적으로 마이클 하트와 토니 네그리의 주장과 같다. 그들은 "내재적 주권 개념[즉 영토적 국민-국가에 대립한 지구제국의 그것]은 포함적이지 배제적이지 않다. 다른 말로, 이 새로운 주권은 확장할 때 자신이 만나는 다른 강국들을 합병하거나 파괴하지 않고 거꾸로 자신을 그들에게 열어주며 그들을 네트워크에 포함한다…
그것의 공간은 언제나 열려있다"고 말한다.18)

대만관계법에 제시되는 '대만 거주 사람들'에 대한 인정은 고전적인 생체정치 범
주를 확립한다. 아렌트, 그 다음에 아감벤이 무국적자, 난민, 수용소 관찰을 통해 보
여주는 살아있는 인구는 새로운 정치적 범주, '생명' 자체의 범주, 모든 확정된 정체
성이 제거된 생명의 출현을 드러내 보이는 경향이 있다. 생명 자체로의 이 환원을
통해 우리는 보통선거(1996)로 선출된 첫 번째 대통령인 리등휘가 왜 대만에서의 삶
에도 공동체가 가능하다며 '새로운 대만인' 정체성 개념을 들먹였는지 이해할 수 있
게 된다. 대만이 '생명공동체'라는 리의 공식은 그가 생각하듯 앞으로 구성되어야 할
어떤 것은 아니지만 사실 대만의 현재 위치를 정치적으로 정확하게 짚어낸 것이다.
리가 내린 판단의 정확성은 주권의 맥락적 설명에 똑같이 비판적인 사유가 적용될
것을 요구한다.

우리는 왜 자신들의 이해관계는 아니더라도 생명이 직접 연루된 '대만에 사는 사
람들'이 대만관계법의 이런 의미에 저항하지 않았는지 물어야 할 것이다. 침묵은 특
히 비억압적 맥락에서는 지식과 행동 구성을 구조화하는 특정한 욕망의 징후가 되는
경우가 종종 있다. 무슨 말인고 하니, 혹자는 미국 중심 제국의 입헌 권력에로 통합되
고 싶은 동시에 주권을 가지고자 하는 모순적일지라도 이중적인 욕망을 가질 수 있
는 것이다. 이 욕망이 영토의 불안전성에서 태어난다는 것은 놀랄 일이 아니다. 덧붙
여 대만관계법 자체가 대만에서 법치가 아직 계엄령에 의해 유보되고 있던 때에 통
과되었다는 점을 유념할 필요가 있다. 이런 상황에서 '국내법'의 의미가 부차적 의미
를 지닌다는 것은 이해할 만한 일이다. 끝으로 내친 김에 대만에서는 계엄령 통치
전 기간 내내 ('공비'라는 딱지가 붙은) 본토 중국을 범죄시하는 고도로 제도화된 담

---

18 Michael Hardt and Antonio Negri, *Empire* (Cambridge: Harvard University, 2000), 166-67.

론이 사회 전체에 널리 퍼졌다는 점을 언급하고 싶다. 명목상 중화민국의 관할권 아래 놓여 있지만 중국 본토는 정례적으로 사법 문서에서 죄인 취급을 받는다. 책이나 선전물만이 아니라 본토에서 들어오는 생산물은 모두 규제 대상이다. 그러나 괴상하게도 (홍콩이나 제3의 영토를 통하지 않고는 공식적으로 존재하지 않으면서도 법적으로는 성문화된) 본토와의 상업적 관계는 '수입'으로 간주된다.[19] 물론 이런 용법 자체는 태평천국의 난에서 공산주의 혁명에 이르는 근대 중국사를 이루는 중앙 권력에 대한 수많은 도전들을 통해 역사적으로 구성된 것이다. 다시 주권의 언어는 중국에서 정치운동의 욕망 이외에는—이것은 결코 작은 특징이 아니다—어떤 것도 충분히 서술할 수가 없다. 어떤 경우든 중화민국에서 법률의 의미는 민족주의적 국가가 진정한 주권 권력이 아니라 생산적 규율을 유지하는 경찰력일 뿐인 주권과 전복의 국제정치 속에 깊이 뒤엉켜 있다.

대만의 주권에 관한 펭 밍-민의 중요한 설명인 『대만의 법적 지위』(1976)는 대만에서의 주권 위기에 관한 광범위한 역사적 논의를 제공한다. 이 책은 대만의 주권을 옹호하면서 다른 주권 권력 즉 중화인민공화국의 주장을 반박하기 위한 자료와 기록들을 늘어놓는다. 이 책은 다른 주권 권력(예컨대 일본이나 미국)도 주장들을 내놓을 가능성을 고려하지 않으며, 주권의 역사적 실천과 개념은 변해왔고 계속 변하고 있다는 점도 고려하지 않는다.

이 책이 도쿄대학교 법학부의 인정을 받으려던 한 탁월한 대만 학생의 작품이란 것은 분명 우연이 아니다. 물론 1960년대 초부터 일본은 대만의 사상가들이 독립운동의 이론적 기반을 마련하는 데 적합한 곳이었다. 1960년대 초의 일본을 생각하면 우리는 미국과의 전략적 동맹을 둘러싼 정치적 지적 투쟁을 생각해야 할 것이다. 하지만 1970년대에 이르면 미일동맹은 분명 안정되었고, 그에 대한 저항은 불신 대상

---

19 *Guojia zongdongyuan faling zhuanji* (Taipei: Ministry of Defense, 1978), 161-63 참조.

인 급진적 테러리즘 영역으로 내몰렸다. 이런 환경에서 도쿄대학교 법학부처럼 정부와 긴밀하게 연계된 제도적 지점들 내부에 대만 독립 담론의 요소들을 생산하는 것은 미일 안보조약 일반의 전략적 관심, 즉 미국과 동등한 중국 주권(일본 주권은 아니라 하더라도)의 등장으로부터 쉽게 분리될 수 없다고 확신할 수 있다.

우리의 연구는 대만의 주권이 미국, 중국, 또는 다른 나라의 주권 경찰에 개방된 작전무대 안에 거의 내국적 조건으로 포섭된 그 무엇으로 보일 필요가 있음을 보여준다. 대만의 경우 '무대'와 '행동'(act)이라는 용어는 액면 그대로 엄격하게 받아들여져야 한다.[20] 그래야만 우리는 (할리우드 영화와 같은) 다양한 시각적 재현 및 선전 제품들을 소위 '문화 제국주의'라고 하는 혼란스러운 범주로부터 제거하여 그것들을 폭력과 보급의 견지에서 이론화할 수 있다. 이런 계보학적 관점은 식민주의에서 냉전으로 이행하는 기간에 주권과 주체적 기술들 사이의 핵심적 접합을 보지 못하게 하는 문화주의적 가정들을 없애주는 장점이 있다.

'작전무대'는 병참, 통신, 시각적 재현, 그리고 여러 차원의 규율된 폭력을 집중시키는 능력 등을 포괄한다. 폴 비릴리오가 설득력 있게 주장하듯이,[21] 20세기 역사는 이미지 재생기술의 진보와 군사무기체계를 구분하는 것이 궁극적으로 불가능함을 보여준다. '작전무대'라는 용어는 원래 20세기의 지구적 갈등 기간에 전략적 전쟁을 위한 개념으로 만들어졌다. 어쩌면 우리는 오늘 그것을 영토적 주권이 불안만을 낳고 있는 시대의 권력 공간 및 속도를 대충 서술하기보다는 생생하게 표현하는 데 사용할 수 있을 것이다. 이 시대 주권 권력의 위상을 생생하게 표현하기 위해 이 용어를 사용하면서 우리는 어떻게 '작전 능력'(operativity)이 근대 주권의 상황을 이해하는 데 필수적 표상이 되었는지 보여주는 장-뤽 낭시의 중요한 저술을 떠올리고 싶다. 낭시의 저술에서 '작전 능력'은 공통 핵심의 생산과 유지를 통해 (민족 주체와 같은) 주체

---

20 여기서 '무대'는 '작전 무대'의 '무대'를, '행동'은 '작전'을 가리킨다.-역주
21 Paul Virilio, *War and Cinema: the Logistics of Perception*, tr. Patrick Camiller (London: Verso, 1989).

의 구성을 가리킨다.22) 우리는 근대 주권 권력이 연 공간과 그것이 작동하는 공간을 가리키기 위해 '작전무대'라는 용어를 사용한다.

_대만의 독립

'대만관계법'이라는 이름 자체는 우리에게 중요한 실마리, 곧 대만의 곤경을 생각하는 사람들이 굳이 무시해온 실마리 하나를 제공한다. 정말로 수행적인 저 '법'(Act)이란 이름이 바로 시사하듯,23) 대만을 생각하려면 주권을 자율이 아니라 관계의 견지에서 생각할 필요가 있다. 사실 우리는 탈맑스주의와 탈식민주의의 새로운 사고의 많은 부분을 자기 충족적 주체와 주권의 정치에 대한 사유에서 관계의 존재론에 대한 사유, 프롤레타리아트를 주체가 아닌 것으로 보는 사유, 주권자를 영구적 예외에 기반을 둔 존재로 보는 사유로의 전환으로 규정할 수 있을 것이다. 하지만 하트와 네그리가 요약하듯이, 근대 민족 공동체 개념들은 "주권의 **관계**를 (종종 그것을 자연화하여) **사물**로 만들어 사회적 적대의 잔여를 모두 제거해버린다."24)

『대만의 법적 지위』의 저자들은 주권의 비정상적 의미를 의식하고 있다. 대만은 한 번도 안정적 주권 권력으로 구성된 적이 없기 때문에, 그들은 전적으로 국제적인 구도, 즉 주권 국가들의 국제 공동체가 갖는 정상성에만 기반을 둔 구도는 대만의 역사를 충분히 설명할 수 없음을 인정할 수밖에 없다.25) 하지만 대만인의 독립을 앗아간 바로 정상성 구성에 도전할 대만 독립을 얻기 위해 이 근거를 활용하려는 시도는 없다. '국제법 안에서 대만의 위치'라는 중국어 제목이 말해주듯이, 이 책은 무엇보다 주권

---

22 Jean-Luc Nancy, *The Inoperative Community*.
23 역주: '법'을 나타내는 영어의 'Act'는 위에서 작전무대와 관련하여 언급한 '행동'으로 이해할 수도 있다.
24 Nancy, op. cit., 95.
25 Peng Ming-min(Peng, Mingmin) and Ng, Yuzin Chiautong(Huang, Zhaotang), *Taiwan zai guojifa shang de diwei*, tr. Cai, Qiuxiong (Taipei: Yushan, 1995), 225.

권력의 지역적 구성의 경계를 초국가적 권리에 관한 사법적 담론 안에 고정시키려는 시도이다. 그런 담론은 역사적 차이를 억압한다. 우리는 국제법이 지닌 '규범 및 효능의 잉여'[26]에 대한 어려운 해석에 대해 질문을 던지지 않듯이 왜 주권이 중국 역사와 동아시아 일반을 둘러싼 그토록 강박적인 문제가 되었는지 결코 묻지 않는다.

이들 근본적으로 변혁적인 질문들을 대신하는 것이 문화적 차이와 지형의 구도 속에서 벌어지는 끝없는 논쟁이다. 중국인은 주권 개념을 가지고 있었는가? 그리고/혹은 '유럽'의 개념/실천과의 차이는 무엇인가? 존 페어뱅크가 대표한 미국의 초기 중국학 학자들이 주권은 '서구의 충격'으로 중국에 들어온 낯선 개념이었다고 주장한다면 제임스 헤비아의 획기적인 연구에 의해 영향을 받은 후세대 학자들은 중국이 주권을 알고 있긴 했으나 차이가 있었다고 주장한다. 중국이 같은지 다른지 알고자 하는 것은 대규모 제도적 지식생산의 동기가 되는 욕망 문제를 절대 따져보지 않는 문화주의의 아집이다. 우리가 주권-(의)-욕망에 의해 제기되는 동일성과 차이의 문제에 대한 답을 제출해야 한다고 느끼는 것은 분명 역사 속에 있는 특정한 종류의 권력 때문이다. 하지만 주권의 욕망이 펼치는 역사를 실패의 역사로 볼 때, 우리는 주권 자체의 규범적 욕망 재생산을 피하려면 바로 이런 답변에 질문을 제기해야 한다고 생각한다.

『대만의 법적 지위』가 대만을 둘러싼 다양한 식민 열강들이 벌인 탐욕스럽고 비윤리적인 책략들을 얼마나 명시적으로 열거하고 있는지 고려하면, 저자들이 지식의 정치학과 주권의 정치적 구성에 도전하기 위해 역사적 지식을 펼치지 않는다는 것이 주목된다. 애초에 저자들로 하여금 대만을 둘러싼 역사적 문제의 정치적 성격을 국제 이성의 법정에 제출하도록 몰아간 것은 그렇다면 무엇이란 말인가? 대만 독립을 지향하는 펑 밍-민과 같은 사상가들이 믿는 것처럼 대만의 역사로부터 끌어낼 교훈이

26 Ibid., 180.

있다면, 어떤 주권도 대만 자체를 권력의 중심, 핵심 지역으로 여기지 않는다는 점이 분명하다. 오히려 여러 다른 이유와 역사를 들어서, 그러나 자본-제국주의의 지구적 확장으로 야기된 격렬한 국제경쟁시대('근대성')에 주권의 사실상의 구도를 구성하는 전략적 책략의 일환으로 섬 밖의 주권들이 대만에 대한 권리를 주장한다. 대만 독립을 주장하는 기본 입장은 따라서 대만 영토에 핵심을 둔 주권 주장에서 외세 종속의 고통스런 역사에 대한 해결책을 찾으려 한다. 시끄러운 대만 독립 반대자들이 의견의 불일치를 보이고 있어도 대만 역사의 최종 해결책으로서 영토적 주권에 호소하기는 마찬가지다.

주권 구성의 변화는 오늘의 '대만' 옹호자들이 내거는 가장 흔한 주제이다. 그들은 상상력도 없이 중국 정부가 주장하는 종족-영토적 주권은 시대착오적이라고 주장한다. 말할 필요도 없이, 이런 입장을 언명하려면 역사에 대한 일정한 부인이 필요하다. 19세기 유럽-일본 제국주의의 청 제국 침략의 역사를 알고 있는 사람이라면 성급한 중국 주권은 열강들(유럽과 일본)의 진보적이며 합리적으로 입법된 주권(사실 유일한 실제 주권)과 비교하면 언제나 이미 시대착오적이라고 말하는 낯익은 모티프를 알아볼 수 있을 것이다. 중국의 후속 세대가 많은 희생을 감수하며 대응해야 하는 반면, 오늘날 주권은 하트와 네그리가 비물질적 노동이라고 부르는 새로운 종류의 주체 형성 기술로 재구성되고 있다. 그리고 물질적 노동에서도 그렇듯이, 낡은 생산수단은 더욱 커다란 도덕적 치욕을 초래한다.

대만관계법과 계엄령 간의 숨은 연속성에 관한 우리의 분석은 대만의 주권 문제 해결이 계엄령에서 대만관계법으로 옮아가며 대만이 처한 영구적 예외 상태 때문에 대만 사회에 영향을 준 지속적 폭력을 끝낼 수 있을 것임을 시사한다. 정말로 이 분석은 논박될 수 없으며, 우리는 이 수준에서는 중국-대만 관계의 현상 유지가 대만의 민주 발전에 가장 큰 장애라는 데 동의하지 않을 수 없다.

하지만 우리는 주권이 정식화된다고 해서 대만이 계엄령 이래의 영구적 예외 상태에서 벗어나게 될 것인지 묻지 않을 수 없다. 물론 이 질문 제기는 대만의 주권 문제는 중국에서의 주권 권력의 문제적 지위와 생체정치의 등장을 포함한 세계적 차원의 주권 위기와 연계되어야 함을 뜻한다. (예컨대 독립국가나 중국의 한 성으로의) 대만 주권 해결이 현재 상황에 비해 상대적 안정성을 준다고 해도 20세기 이래 주권이 빠져든 곤경을 해결하진 못할 것이다.

주권의 규범 잉여의 찌꺼기가 모두 쓸려간 뒤에 남게 되는 근대 대만 역사에 관한 한 가지 확고한 이야기는 계속되는 주권 위기가 수백 년 동안 (민족적 여망의 가능성을 완전히 부정당한 학살당한 원주민들을 포함한) 대만 사람들에 강요된 고통에 관한 것일 게다. 진정한 대만 독립은 (다른) 중국 사람들과 함께 대만 사람들이 이런 역사와 이런 강제로부터 궁극적으로 해방될 때에만 이루어질 것이다.

대만의 독립은 따라서 단순히 서구의 '타자'도 아니며 주권의 민족주의적 전유에서 전형적으로 나타나는 자율적 민족적 주체성에 관한 서구 자신이 지닌 최악의 환상의 거울 이미지도 아닌 아시아의 창안과 함께 가능하다. 이 창안은—이 점은 명확히 할 필요가 있다—수백 년의 주권 위기로 야만인처럼 된 대만 사람들과 같은 비서구인들에 의한 국민 주권의 건설을 교체하거나 대체하지 않고 그 뒤를 점진적인 방식으로 따르지도 않는다. 하지만 대만 사람들이 치명적인 주권의 규범에 접근할 수 없으면서도 그것의 강제에 종속되고 그것의 강화를 위해 적극 노력해야 한다는 사실은 (중국인, 대만인, 미국인, 일본인 등이) 대만을 둘러싼 똑같이 실질적이고 지구적인 주권 위기—정상적 국민 주권의 구성으로 결코 해결할 수 없는 위기—를 무시하기 위한 핑계로 계속 써먹어서는 아니 될 상황이다.

_주권과 그 타자들을 넘어서

분명히 냉전 종식 이후에 주권의 지위에서 나타난 가장 큰 변화는 비정치적 영역으로서 인권과 인도주의적 개입의 등장이다. 펭과 후앙 같은 필자들이 제공할 수 있는 최선의 전망은 국제적 인권에 호소하는 것으로, 이들은 대만 독립에 관한 자신들의 논의를 이런 호소로 끝내고 있다.

우리는 대만 지위의 배후와 중심에 인권과 주권의 관계에 관한 질문이 자리잡고 있다는 것을 안다. 우리는 인권 개념이 주권의 논리에 통합되어 있으며 따라서 그 효과를 무효화하거나 완화하려 할 때 단순히 의존할 수 없음을 보여주는 아렌트, 발리바르, 아감벤이 개진한 설득력 있는 논지를 따라갈 수 있다.[27] 다음은 아감벤의 예리한 관찰이다. "특정 지점에서 시작하는 결정적인 정치적 사건은 모두 양면적이었던 듯하다. 중앙권력과 싸워서 쟁취한 공간들, 자유들, 권리들은 언제나 동시에 개인들의 삶을 국가 질서 안에 은연중에 더 많이 등록시키며 그들이 해방되고 싶어 한 바로 그 주권 권력을 위해 새롭고 더 무서운 토대를 제공한다."[28] 다시 대만관계법을 훑어보는 것이 사태 파악에 도움이 된다. 그 법안이 보여주듯이, 대만에서 인권은 군사적 개입 수사와 궁극적으로 구분되지 않는다.[29] 아감벤을 읽고 나면, 우리는 대만 독립에 관한 기본 저서가 인권 문제를 아무런 거리낌도 없이 국민 주권 담론에 연결시키는 데 놀라지 않을 뿐더러 양자의 등식을 무비판적으로 받아들일 수도 없게 된다. 우리의 과제는 (20세기 역사가 전례 없는 생체정치적 폭력을 향해 밀어붙였던) 이 19세기 공식들을 넘어서서 생체정치와 다가올 공동체를 이론화하는 새로운 길들

---

27 Hannah Arendt, "The Decline of the Nation-State and the End of the Rights of Man," in *The Origins of Totalitarianism* (New York: Harcour Brace, 1979), 267-304; Etienne Balibar, "'Rights of Man' and 'Rights of the Citizen': The Modern Dialectic of Equality and Freedom," in *Masses, Classes, Ideas* (New York: Routledge, 1994), 39-59; Giorgio Agamben, *Homo Sacer: Sovereign Power and Bare Life*, tr. Daniel Heller-Roazen (Stanford: Stanford University, 1998); 그리고 Giorgio Agamben, *Means Without Ends: Notes on Politics*, tr. Vincenzo Binetti and Cesare Casarino (Minneapolis: University of Minnesota, 2000) 참조.

28 Agamben, *Homo Sacer*, 121.

29 물론 미국은 중화민국과 더 이상 상호방위조약을 맺고 있지 않지만 대만관계법은 '안보이익'의 견지에서 정의된다. 이 협정이 없는 상황에서 대만의 안보를 미군의 군사 작전무대 안으로 끌어들이는 주된 문서는 분명 미일안보조약일 것이다. 최근의 수정에서 이 조약은 대만해협을 포함해서 '일본'과 '그 주변'에 대한 군사행동을 막는 일에 일본 자위대가 미국을 지원할 것을 명기하는 구절을 포함시켰다.

을 찾아내는 것이다.

이 미래 창안의 어려움은 주권 넘어서기란 또한 반드시 그것의 타자들을 넘어서는 것이라는 깨달음에 의해 더 복잡해짐이 분명하다. 불가피하게 이것은 '시민사회'와 그 지구화된 변형 구성에 도전을 가져올 것이다. 자유주의 사고에서 시민사회는 언제나 주권 권력의 과도함에 대한 저항의 합법적 담지자로 상정되었다. 하지만 우리의 관점은 이런 공식은 유례없는 변화에 직면하여 부적절함을 보여준다.

현 국면에서 주권의 진정한 담지자는 갈수록 벌거벗은 노골적인 생존으로 내몰리는 '삶'과 연결된다. 이렇게 박탈당한 삶은 이제 거의 전적으로, 계속 확장되고 개량되는 윤리-기술-논리적인 권리 담론을 통해서, 그리고 개인적 신체에 대한 새로운, 강제하는 정의들로 끊임없이 벼려지는 총체적 소유를 통해서만 이해된다.[30] 따라서 우리는 몸을 주권 권력과 관련해서 생각하고 비주권 정치와 조화를 이루는 몸의 이해를 위한 길을 마련해야만 한다.

이 글에서 우리는 주권 권력으로 열린 작전무대의 두 주요 표상, 즉 주권 경찰과 국외자(배제된 자, 또한 어쩌면 비주권적인 다중 공동체)에 초점을 맞추었다. 결론으로 우리는 이 둘에 바로 뒤이어 나타나는, 그리고 사실 우리 이야기 내내 전제되어 있던 '지식을 지닌 몸'이라는 세 번째 표상을 끌어들이고 싶다.

인간과학에서 지식이 근대기의 국민 주권과 언어와 깊이 연루되어 있었다는 것은 널리 알려진 사실이다. 대만에서의 주권 위기를 살피며 우리가 보기 시작하는 것은 주권 일반이 민족과 언어 차이를 가로지르는 총체적 담론으로 작동하는 방식이다.

---

30 에티엔 발리바르는 다음과 같이 지적한다. "지구 전체에서 신 또는 주권자의 '고귀한 영역'과 같은 낡은 신학적 또는 신학-정치적 통념들이 의미를 모두 잃은 뒤로 무엇보다 문제가 된 것은 (그리고 오늘날 새롭게 펼쳐지고 있는 것은) 특히 인간의 몸, 그 서비스와 능력의 이용이 상품순환 속으로 들어갈 때 이러한 총체적 소유의 원리를 인간 자신에게 적용하도록 확장할 가능성이었다. 그러나 총체적 소유의 원리가 본래적 한계를 가지고 있는가, 즉 본래 전유될 수 없는, 더 정확하게 말해서 전유될 수는 있어도 총체적으로 소유될 수 없는 '대상들'은 없는가 하는 질문은 결코 다시 제출되지 않았다." Balibar, "What is a politics of the rights of man?" in *Masses, Classes, Ideas*, 220.

주권의 규범은 대만 역사에 관한 모든 설명들—언어, 인종, 정치적 입장을 불문한—에 대한 자동 논거일 뿐만 아니라 유일한 논거이다. 전체 태평양 전역(戰域)은 아닐지라도 대만에 관심을 가진 필자들이 모두 국제관계의 규범적 구도와 인도주의를 생각해야 하는 긴박성—이것은 본질적으로 군사적 투자와 개입의 담론 장치와 연결되어 있다—을 간단하게 받아들이게 만드는 철저한 획일성은 그 자체로 공적 지식을 가능케 하는 사회제도와 지식 주체의 위치를 다시 생각할 필요가 있다는 징표이다.

적어도 우리는 표면상 종족화된 신체와 그에 관한 지식 생산자들 간의 가공스런 수렴을 이해하기 시작할 필요가 있다. 주권 경찰에 열려진 작전무대에서 작동하는 지식을 지닌 몸을 이해하는 데 사카이 나오키가 '번역의 주체적 기술'이라고 부른 것보다 더 적절한 것은 없다. 이 용어는 대형상화(對形象化, co-figuration) 과정을 통한 민족언어와 민족문화의 창출을 가리킨다. 민족언어, 따라서 민족 정체성은 배제에 의해서만 비민족인 것을 끌어안는 과정에서 외적 '타자'의 추정적 통일성과의 상호관계 속에서 만들어진다. 이 배제는 어떤 한계나 불가능성의 증거가 아니라 법적-윤리적 주권 기술의 제국이 얼마나 설득력이 있고 광범위해졌는지 보여주는 지표이다.

이런 관점은 우리에게 정치에서나 개념적 이해에서 (일견 '차이'를 선호하며) 주권을 쉽사리 포기할 것을 요청하지 않는다. 오히려 그것은 생체정치와 지구화의 문제들을 설명하는 새로운 범주들(예컨대 '열린 총체성', 동일자와 타자를 넘어서는 비관계적 등가에 관한 생각, 그리고/혹은 비-주권적 정치에 관한 제안)을 만들 수 있는 사고와 실천으로 주권(그리고 이것을 넘어서 자본)의 총체화하는 요구와 맞설 것을 요청한다.

영어번역: 홍성태

Jon D. Solomon, "Taiwan Incorporated: A Survey of Biopolitics in the Sovereign Police's Pacific Theater of Operations"

제례 문제들*

케네스 딘, 토마스 라마르

중국 남동부의 수천 마을은 거의 모든 마을이 고장의 수호신, 지신을 모시는 사원이나 사당을 두고 있다. 많은 마을이 지신 사당 이외에 (마을 안이나 인근 산에) 불교 사원과 지역 혹은 전국 단위의 신을 모시는 사원, 그리고 때로 도교 정자(belvedere)를 두곤 한다. 재가 불자 또는 '종파적' 종교 집단들이 마을에 사원을 두는 경우도 많다. 기독교 교회가 있는 마을의 비율은 훨씬 낮은 편이다. 대부분의 비-도시 지역에는 소수의 도교 및 다른 제례 전문가들이 다양한 지역 영매들처럼 가정을 떠나서 일을 한다. 몇몇 지역에서는 자발적 종교 집단들이 발생하여 또 다른 제례의식 전통을 만들어내는 경우도 더러 있다.

제례 전문가들은 고장 신들의 기념일이나 개인 및 가족의 삶에서 중요한 행사가 있을 때마다 의례를 집행한다. 도교 사제들 또는 제사상들이 특히 중요하다. 활발한 사원 대부분—중국 남동부에 많은 수가 활발하게 활동 중이다—에는 제례활동과

---

* 이 글은 브라이언 마수미(Brian Massumi)와 함께 한 제례의식의 철학에 관한 광범위한 협동 프로젝트의 일부분이다. 다양한 구상 단계에서 프로젝트에 함께 해준 마수미에게 감사한다. 또한 지속적인 도움을 준 캐나다 사회과학 및 인문학 진흥원(SSHRC)에도 고마움을 전한다.

관련하여 마을의 제례를 조직하고, 기금을 모아서 분배하고, 사원 앞에서 (가극, 인형극, 꼭두각시놀이, 영화 등) 다양한 연예활동을 주관하는 사원위원회가 있다. 간단히 말해 이들 서로 다른 마을들이 사원과 그 제례활동을 중심으로 조직되고 있는 오늘날 중국 남동부에서 민속 종교가 펼쳐지는 현장은 특히 다양하고 복잡하다.[1]

이 현장의 개관이나 성격 규정을 시도하자면, C. K. 양처럼 중국의 민속 종교는 '제도적'이라기보다는 '분산된' 현상이라고 결론짓는 것이 논리적일 듯싶다.[2] 그러나 이 현장이 일차적으로나 단순히 제도의 장이 아니라는 것이 그것이 단순히 분산해 있다, 즉 어떤 식으로도 체계적이거나 일관되지 않다는 의미는 아니다. 민속 종교와 제례활동 현장은 제도들 간의 틈을 없애는 접착제라고 설명될 수도 없다. 예를 들어 그것을 집단적 주체성으로 명명하는 것은 일종의 접착제, 궁극적으로 설명 불가능한 종류의 접착제만 환기시킬 뿐 제례가 어떻게 작용하는지의 문제는 회피한다. 차라리 우리는 어떻게 이 '현장'이 일면 체계적이면서도 변화될 수 있는 관계들을 제시하는지 생각해볼 필요가 있다. 이것은 '분산된' 또 다른 방식을 생각하는 것이며, 관계들의 복잡성이 어떻게 많은 불확정성과 예측불가능성을 수반하는지를 살피는 일이다. 나아가서 이것은 어떻게 형식(이를테면 제례행사의 형식)이 시간이 지나 지속하면서도 변할 수 있는지에 대해 생각해 보는 것이다. 여기서 우리의 기본 질문이 나온다. 제례활동의 반복은 어떤 차이를 만들어 내는가?

이러한 사고방식은 근대성, 근대적인 것과 관련된 방식과는 아주 다를 가능성이 있다. 근대성의 사유는 균열을, 즉 옛 것과 새 것, 전통적인 것과 근대적인 것 사이의 중단을 강조한다. 우리는 근대성과는 다른 방식을 사유하고 싶고, 그런 단절과 대립을 넘어서고 싶다. 그러나 근대성은 서구와 중국에 있는 중국의 민간전승 종교에 대한 수많은 실제 지식을 조직하는 원리이기 때문에 비판적 주목을 요한다(비굴하게

---

1 Kenneth Dean, "Local Religion in Contemporary Southeast China," *China Quarterly*, No. 174 (June, 2003).
2 Ch'ing-k'un Yang, *Religion in Chinese Society* (Berkeley: University of California Press, 1961).

<형상 1> 1999년 10월 푸젠성(Fujian 福建省) 셴유(Xianyou)의 린산(Linshan) 사원에서 제례를 집행하는 도교 도사들

구걸하기까지 한다). (제례 습속의 역사뿐만 아니라) 남동부 중국의 제례활동이 지닌 동시대성을 무시하고 제례활동을 전통적이고 고풍스럽거나 전-근대적인 양식의 유물 혹은 잔존물로 만들기 위한 근대성 논리의 관습이 특히 문제가 있다. 물론 혹자는 그것을 '유령화하여' 즉 현재에 출몰하여 현재를 괴롭히는 어떤 과거의 기괴한 유물을 봄으로써 근대성의 틀을 상당히 복잡하게 만들 수도 있을 것이다. 그러나 근대성을 유령화하는 것은 이 민속종교 현장에 대한 더 복잡한 이해로 나아가는 첫 번째 (그리고 어쩌면 불충분한) 단계에 불과하다. 근대의 틀에 아무리 많은 시간적 누수 혹은 유령적 삐걱거림을 전가한다고 해도 이 복잡한 현장은 근대성의 틀과 조화를 이루지 못한다. 이것은 주로 중국 남동부의 오늘날 제례활동이 지닌 편재성과 생산성

이 근대적 현재가 과거 유물로서의 제례활동들을 대체하고 서술하고, 포함하게 만드는 깔끔한 시간의 틀을 이들 제례활동들로 하여금 넘어서게 하기 때문이다.

그럼에도 불구하고 근대성이 어떻게 중국 남동부 지역의 민속종교에 관한 담론을 계속 지배하고 있는가는 중요한 문제이다. 그렇다고 모든 분석이 언제나 이미 근대성 논리에 빠져있어야 한다는 것은 아니다. 우리는 제례의식을 근대성과 연관하여 논의하는 것이 중요하다고 (그리고 어쩌면 필연적이라고) 느끼지만, 근대성이란 것이 끊임없는 해체 노력—실패할 수밖에 없는, 또는 차라리 근대성을 깊이를 알 수 없는 무한 퇴행 운동 속에 몰아넣어야만 성공할 수 있는 노력—을 요구하는 피할 수 없는 근원적 총체성이라고 보지는 않는다. 그렇다고 거꾸로 제례를 그에 수반하는 근대적 담론으로부터 해방시키는 것이 우리의 목표도 아니다. 오히려 우리는 제례 수행의 논리와 이 논리가 다른 '비−근대적' 시간성들의 사유에 대해 지닌 함의를 최대한 진지하게 다루고 싶다. 이는 분명 우리 자신을 무엇인가에 연루시키는 것일 게다.

_인식론적 틀과 대안적 근대성들

근대적인 것과 관련된 많은 문제들 가운데, 자연과 문화를 분리해서 보는 해석이 제례와 근대성의 관계를 이해하는 데 깊은 영향을 미쳐왔다. 여기서 브루노 라투어의 작업이 근대적인 것이 어떻게 인식론적 수단에 의해 그런 자연/문화 구분을 야기하는지 설명해준다는 점에서 관심을 끈다.[3] 그는 근대적이라는 것은 그 자체의 작용과 자연의 작용을 구분하는 탐구 형태를 받아들인 문화 속에 사는 것이라고 말한다. 근대적이라는 것은 그런 분리의 수용과 조장에 의해 특징지어지는 문화 속에 사는 것이다. 과학적 합리주의는 자연 세계에서 문화적 의미를 제거한다. 자연은 비자의적인

---

3 Bruno Latour, *We Have Never Been Modern*, tr. C. Porter (Cambridge, Mass.: Harvard University Press, 1993).

것, 인간의 개입에 영향을 받지 않는다고 여겨지는 불변의 법칙에 따라 결정되는 영역이 되어 문화와 분리하게 된다. 자연의 비자의적 법칙들은 과학적 방법에 의해 언어적 차이의 변화무쌍함, 역사적 흐름의 무목적성, 신념의 통약불가능성으로부터 보호를 받는다. 그 법칙들의 특정한 공식화나 그것들의 실제 결과와 관련된 가정은 모두 논쟁의 여지가 있다. 하지만 자연의 불변성은 그대로이다. 그리고 이 불변성은 해결을 위해 동원될 수도 있다. 자연이 비자의적인 것이 되어 문화와 분리되면, 문화의 조정자가 되는 것이다. 예컨대 서구의 주권 이론들은 민중 권리와 인간적 힘의 근거가 무엇인지 헷갈리게 되자 사회에 선행하는 인간들 간의 자연적 계약과 평등 상태, 즉 비자의적 자연을 설정하였다. 자연은 이처럼 근대적인 것을 가능케 하는 문화적 협약의 한 지평으로 작동하는데, 주권은 그중 하나일 뿐이다. 라투어의 요점은 근대 인식론적인 자연 대 문화의 분리는 본래 기술주의적이라는 것이다.

라투어의 설명에서는 계몽주의 이성이 한 문화—과학, 종교, 정치—내에서 인식론적으로 변별적인 영역들의 생산을 요구하는데, 이 영역들은 또한 재현의 양식들이기도 하다. '종교'라는 개념 자체는 그렇다면 근대적 전환의 징표이다. 만약 한 문화가 그 일부 작용들을 그 범주로 통합할 수 있다면, 그것은 이미 그 전환을 이룬 셈이다. 만약 그 범주가 외부로부터 한 문화에 적용된다면, 그 문화는 이미 발전(또는 소멸)으로 향하고 있는 셈이다. 근대적인 것에 대한 라투어의 도전은 공간의 생산, 공간화로서의 근대성 비판에 대한 일종의 뒤틀음—하지만 인식론적 분리들, 영역들을 강조하는—으로 이해될 수 있다. 근대의 관점에서 보면 문화들은 따라서 기술주의적인 자연 중재의 수용 여부에 따라 분리되어 나간다. 어떤 문화는 인식론적으로 부정확하다는 방식들을 주장하며 다른 영역들을 가능성의 지평으로 삼을 것인데, 이것들은 초자연적이라고, 즉 어떤 과학적 정의에 의해서든 자연적이지도 않으며 알맞게 문화적이지도 않다고 여겨질 것이다. 문화적으로 이들 다른 영역들은 근대적 정의에 의하면 믿음에 의해서만 접근이 가능하며 신앙이란 객관적으로 교섭이 불가능하기 때문에 불쾌한 것이 된다. 다시 말해 근대적인 것은 이미 작동하고 있는 가능성의 지평들을 종교로 넘길 것을 요구하는 것이다. 하나의 문화가 근대화될 수 있으려면 믿음을 일괄 처리해야만, 차이들을 다루는 메커니즘들을 종교로부터 격리시켜야만 한다. 한 문화가 자신의 종교를 버릴 필요는 없다. 요구인즉슨 종교가 분리된 하나의 영역으로 제한되어서 믿음은 제쳐놓고 기술주의적 바탕 위에서 중재가 진행될 수 있게 하라는 것이다.

근대에 대한 라투어의 비판은 공간 생산으로서의 근대화 비판이지만 인식론의 차원에서 이루어진다. 과학적 지식과 실천은 자연의 비자의성을 확립하기 위하여 종교를 격리시켜야 하는데, 이 비자의성은 그것대로 주권과 정치적 대의에 대한 하나의 상상력에 근거가 된다. 근대의 기술 네트워크는 쿼크의 수준에서 지구와 우주의 수준에 이르기까지 이들 분리를 강화하고, 확장하고, 정교화한다. 그러나 라투어는 복수의 뒤틀림을 도입한다. 근대(근대화)는 이들 영역의 혼합을 종결시켰다는 주장에도 불구하고 자신이 분리시킨 것들을 모두—이번에는 더 큰 규모로—재결합했을 뿐이라는 것이다. 그의 주장에 따라 우리가 한 번도 근대적이었던(근대화된) 적이 없었다면 이는 근대화가 다른 모든 비근대적 문화들과 똑같은 조합만을 만들어온 때문이다. 주요한 차이는 근대는 그 혼합을 비가시적으로 만들려고 한다는 점이다.

(나중에 보겠지만) 라투어의 모델은 문제가 있기는 해도 제례가 인식론적으로 근대적인 것과의 관계 속에서 만들어지는 방식에 주의를 환기시키는 장점이 있다. 예컨대 2000년 가을 우리는 모두 서구 나라들(영국, 미국, 캐나다, 오스트레일리아, 프랑스)과 중국(일부는 현지, 일부는 저 멀리 상하이, 타이완 등)에서 온 한 스물 남짓한 민족지학자들, 중국학 학자들과 함께 초청을 받아 중국 남동부 푸젠성(Fujian, 福建省)의 셴유(Xianyou) 연안 작은 마을 린산(Linshan)에 있는 한 사원에서 열린 제례 축제에 참가한 적이 있다. 일행 중 켄 딘은 이 마을에서 수년 동안 사원지도자들 및 제사장들과 밀접한 관계를 맺으며 이 마을에서 벌어지는 제례활동을 연구하고 거기

에 참여해온 터였다. 그는 축제 주최자의 한 사람이기도 했다. 초청을 받은 '관찰자' 집단 안에는 제례활동을 바라보는 많은 다른 방식들이 있었다. 서구의 기관들에서 온 민족지학자들(이들은 대부분 인류학보다는 지역연구에서 훈련을 받았기 때문에 민족지학자라기보다는 중국학 학자들이라 해야 더 어울릴 것이다)은 진정으로 제례적인 것과 그렇지 않은 것을 어떻게 구분하느냐에 대해 엄청난 감각을 보여줬다. 그들의 식견은 그들로 하여금 다른 모든 것은 제쳐둔 채 제사장들의 활동에만 관심을 집중케 했다.

린샨 사원은 두 종류의 제례 전문가들을 고용해왔는데, 하나는 도교 경전 도사들이고, 다른 하나는 삼교합일(Three-in-One, 三敎合一)[4] 경전의 도사들이다.[5] 이들은 사원 앞에서 두 개의 앙상블을 이루며, 서로 옆에서 때로는 여러 개의 이동식 목재 제단 주위에서 다양한 방식의 엄숙한 모습으로 뛰어오르거나 달리고, 때로는 모래땅에다 우주의 형상들을 만들어내면서 무도(舞蹈)를 행한다. 이런 행위는 사원에 거하는 신들을 불러내기 위해 고안된 긴 일련의 제례 공연 및 신들림의 첫 번째 단계를 이룬다. 이때 그 마을과 이웃이 마련한 제물을 같이하도록(그래서 축복을 내리거나 어떻게든 강림했음을 나타내도록) 신들에 대한 초혼이 이루어진다. (축제 과정에 사원과 결연 관계를 맺고 있는 마을들에서 조리하고 장식한 믿기 어려울 정도의 음식들이 실려 와서 사원 맞은편에 세운 천막에 진열된다.) 중국학-민족지학 학자들은 제사장들의 활동에만 주목하면서 많은 필기를 하고 사진을 찍고, 이 특정한 의식 절차를 중국의 다른 지역에서 관찰한 것들과 비교했다.

근대적인 것에 대한 라투어의 설명은 그러한 관찰이 중립적인 실천으로 통할 수

---

4 중국의 종교, 유교·불교·도교의 세 가지가 모두 역경에 근원을 두고 있다는 의미.-역주
5 푸첸성 지방에서의 도교 제례의식 전통에 대해서는 K. Dean, *Taoist Ritual and Popular Cults of Southeast China* (Princeton: Princeton University Press, 1993)를 보라. 삼교합일의 활동에 대해서는 K. Dean, *Lord of the Three in One: The spread of a cult in Southeast China* (Princeton: Princeton University Press, 1997)를 보라.

<형상 2> 린샨 사원 앞의 삼교합일 도사들(왼쪽)과 도교 도사들(오른쪽)

있는지 질문하게 만든다. 관찰은 인식론적 분리를 설정하고 예증한다. 경험주의적 중립 자세 취하기는 중국학 학자들을 그들이 관찰한 것과 명확하게 분리시킨다. 그러나 그들은 관찰하는 것으로 관찰된다. 그 관찰은 상호적이지만 대등한 것은 아니다. 민족지학자가 자신이 관찰되고 있음을 아는 것이 그의 활동 성격, 또는 그가 자신을 누구라고 느끼는지를 바꾸지는 않기 때문이다. 카메라, 녹음기, 노트북 등의 형태로 그가 갖고 다니는 물건들은 경험적 타당성의 무게이다. 그러나 제례활동의 다양한 참가자들에게는 무슨 일이 일어나는가? 그런 유력한 증인에 의해 외부로부터 관찰된다는 것은 자신이 제한됨을 보는 것일 수도 있다. 외부로부터의 관찰에서와 같이 민족지학자의 '중립적' 존재는 관찰된 활동들의 문화적 한계를 극화하며 이 극화를 통해 그것을 예증한다. 활동의 성격은 즉시 변한다. 민족지학 관찰자와 공유되지 못한 활동은 모두 분리의 또 다른 확증이 된다. 이 분리는 중국학 전문 관찰자가 제례를

진정한 모델을 제공하는 전통적이며 때로는 고풍스런 과거와 관련하여 위치시킨다는 점에서 시간적 차원을 갖기도 한다. 제례활동들은 그 진정성에 따라 측정된다. 이리하여 민족지학자는 근대화 여부를 결정짓는 분계선의 개인적 사자(使者)가 된다. 이 분계선에서 그는 자기가 관찰하는 문화를 보호하려 할 것이다. 관찰된 활동의 성격에서 일어나는 변화는 이제 그것이 어떤 잔존물, 유물, 즉 민족지학자로 의인화되는 더 큰 현재와 약속된 미래로부터 분리된 어떤 과거의 부속물이 된다는 것이다.

이것은 그런 대로 유용한 비판이다. 그것은 중립성이 제례활동을 종교나 종교 문화라는 식으로 과학과 정치와는 구분되는 어떤 것으로 치부함으로써 자연과 문화의 분리를 도입하여 확증하려는 현대적 인식론일 뿐이라는 점에 관심을 환기시킨다. 그런 중립성은 (반복하자면) 본래 기술주의적 인식론이다. 덧붙여 오늘날 푸젠성 제례행사의 예에서 중국학-민족지학 학자들은 특히 제례행사의 과거성(따라서 진정성의 기준이 되는)을 계속해서 확립하려고 고집하는 듯하다. 그들은 반복을 동일한 것, 유사성으로 보는 데 특히 관심이 많다. 그들은 근대화의 시간 분계선 위에서만 제례활동이 다른 인식의 영역으로 흘러나가는 것을 막을 수 있다.

이것은 중국 경제 특구의 하나이며, 세계에서 가장 빠르게 성장하는 지역으로 통하기도 하는 오늘의 푸젠성에서는 특히 어려운 일이다. 이곳의 변모는 놀라울 뿐이다. 샤먼(Xiamen, 廈門)의 항구 도시 하늘을 찌르는 철근-콘크리트 아파트 빌딩들과 호텔들은 그 자체로 인상적인 공학의 위업이며 마을, 도시, 언덕, 만(灣), 들판을 가로지르는 6차선으로 이루어진 새로운 연안 고속도로를 따라 지방으로 뻗어나가고 있다. 점차 도시에서 지방으로 가면서 건설의 크기와 규모가 줄어들지만, 아무 것도 손을 대지 않은 것이 없을 정도로 건축과 재건축의 범위가 넓고, 도시와 시골 형태의 구분을 없앤다. 그런 형태들이 서로 완전히 달랐던 적이 있었다면 말이다. 그 범위는 단순히 객관적으로 열거되고 기록될 수 없는 사회적 역사적인 전환들이 일어났다는 명백한 증거이다.

놀라운 일은 아니지만, 그와 같은 변화는 모여든 중국학 학자들로부터 매우 격한 반응을 이끌어냈다. 태풍이 지나간 이후의 열파 속에서 냉방 장치가 된 호텔 방들을 구할 수 있었던 데 대해 우리 모두가 감사해했다는 점은 지적해야 하겠지만, 샤먼에서 푸젠성까지의 여행, 그리고 그 지역 주변의 관광 동안에는 끊임없는 반대 표명이 뒤따랐다. 푸젠성과 같은 경제적으로 부유한 지역이나 오늘의 베이징에서 너무나 분명하게 드러나는 맹렬한 도시 재건축의 재앙에 가까운 추악함에 대해 쏟아진 비난이 있다. 거친 발전에 대한 반대는 주로 미학적 불안의 형태—지방 고유의 모습과 관습의 맹목적 파괴, 특히 욕실 타일로 뒤덮인 철근-콘크리트 고층건물을 짓느라 아름다운 옛 건물들을 버리는 것에 대한 분노—를 취했다. 그리고 푸젠성의 엄청난 변화에 대한 이와 같은 분노는 자본주의적 재건 하의 '중국' 전역으로 확장되는 경우가 많았다. 불안은 지방의 관습들, 역사, 땅과의 '아름다운' 연속성과 연고를 대변하는 전통, 과거의 상실감을 중심으로 그 모습을 드러냈다.

변화에 직면한 중국학 학자들의 즉각적 반응은 제례활동과 다른 영역들 사이의 인식론적 분리를 설정하고, 과거와 현재의 표면적인 중립적 분리에 의거해 그 분리를 지속시키는 것이었다. 제례는 현대적이지 않은 것으로 구분되었다. 이리하여 중국학 학자들은 제례에서 드러나는 어떤 진정한 불변의 과거에 의지하게 되고 제례와 역사의 두 전선에서 일어나는 변동의 문제를 회피한다. 다시 말해서, 그들은 제례의식을 보호가 필요한 과거로 만들고자 근대화의 논리를 채택한다. 물론 이러한 태도의 아이러니는 결국 근대화의 편을 든다는 것이다. 제례활동은 역사적으로 한물간 것으로 그러므로 위협받는 것으로 보여야만 중요하다고 간주될 뿐이기 때문이다.

그러나 중국 남동부의 제례활동들은 근대화에 대립되는 진정한 과거가 있다고 보는 중국학의 이런 로맨스에 중대한 경험론적 이의를 제기한다. 제례활동과 근대화 혹은 세계화 세력 사이에 고정된 공간적·시간적 분리가 존재한다고 보는 것은 정말 불가능하기 때문이다. 기본적으로 제례의식이 정말 너무 많다. 켄 딘이 지난 십 년간 현지 조사를 수행한 푸젠성 연안의 푸셴(Puxian) 지방에서는 제례활동들과 사원 조직이 일상생활의 일부를 이루고 있다. 지난 6년 이상 딘과 정전만(Zheng Zhenman)이 수행한 600개 이상 마을에서의 혈통, 사교, 제례활동에 관한 조사는 인구가 6,000명 이상의 마을도 일부 있었지만 평균적으로 1,200명 정도임을 보여주고 있다. 이들 600개 마을에는 100개의 다른 성(姓)이 있는 것이 조사되었다. 평균적인 마을은 성이 3.4개였고, 어떤 마을들은 14개, 또 어떤 마을들은 하나만 있었다. 그 조사는 또한 600개 마을에서 마을 당 2.7개인 1,639개의 사원을 찾아냈다(일부 마을은 사원이 18개나 되었지만, 36%는 하나만 있었다). 1,639개 사원은 6,960개의 신상을 집에 모셨고, 거기에는 1,200이 넘는 서로 다른 신격이 포함되었다. 사원들은 평균 4.3명의 신을 모시고 있었지만, 일부는 31명이나 되기도 했다. 이러한 수치가 모든 것을 잠식하며 들어오는 근대성을 보고 달아나는 전통 관습의 이미지를 보여주지는 않는다.6)

매년 음력 1월 각 마을은 통상 사원의 도교 제례의식, 그리고 사원 앞이나 부근의 공터에 세운 무대에서 행하는 가극 공연과 함께 자체적인 신들의 행진을 개최한다. 각 마을은 그런 다음 같은 제례의식 동맹에 속한 다른 마을들로 가는 더 큰 행진에 참여한다. (일반적으로 관개시설 네트워크에 근거하여 123개의 제례의식 동맹이 600개 마을을 연결한다.) 소수 제례의식 동맹은 연합들을 이루어 더 큰 행렬을 형성하며, 이는 100개 마을 이상을 포함하며 일주일까지 지속되기도 한다. 지역의 사원 동맹 네트워크는 아주 촘촘하다. 예를 들어 가극의 경우 마을 사람이 1년에 250일을 공연에 참석할 수도 있다. 게다가 사원들 사이에 형성된 위계 관계들은 사원 동맹이 지역 통할의 비공식 두 번째 층으로 기능하도록 해오고 있다. 위계질서를 가진 네트워크가 점차 지역의 많은 행정 업무를 맡게 된 것이다. 사원 동맹과 제례활동의 성공은 문화

6 Kenneth Dean, "Lineage and Territorial Cults: Transformations and interactions on the irri- gated Putian plains," in *Belief, Ritual, and Society: Papers from the Third International Sinology Conference, Anthropology Division* (Taipei, Academia Sinica, 2003).

혁명 기간 바로 이들 사원과 그 동맹의 파괴된 점을 비춰볼 때 놀라운 것이다. 지난 20년 동안, 아주 많은 사원들이 재건되고 마을의 제례의식들이 재개되었다. 사실 문화혁명을 전통적인 것과 근대적인 것 사이의 시간적 단절(이것이 그 지령 가운데 하나였다)을 보여주는 한 계기로 삼는다고 하더라도 제례 관습과 사원 동맹들은 전적으로 전통적이지도 전적으로 근대적이지도 않은 불안정한 지위를 차지한다.

이것은 근대의 인식론적 분리와 함께 라투르의 문제를 다시 보게 만든다. 민족지학 혹은 인류학 비판으로서 라투르의 설명이 서구와 나머지 세계의 원초적 만남―서구 민족지학자 혹은 중국학 학자와 크게 다르지는 않은―을 설정하여 반복하는 경향이 있다는 것은 이제 아마 분명해졌을 것이다. 라투어의 설명에서 분리를 도입하는 것은 항상 서구의 관찰자이다. 분리 이전에 선행하는 어떤 분리되지 않은 온전한 것이 있었다는 식이다. 우리는 라투어의 설명이 잠재적으로 개척한 것으로 보이는 불가분성 또는 전체와 같은 개념들의 가능성, 아니 그 필요성을 거부하고 싶지는 않다. 그러나 우리는 라투어의 이야기는 서구의 분리가 먼저 확립된 다음에 퍼져나갔다는 확산 모델의 경향이 있음을 지적하고 싶다. 그러나 유럽 내부에서 일어난다는 그런 분리는 유럽에만 고유한 것은 아닌 듯하다. 분리는 내부도 외부도 아닌 만남의 지점에서 일어나는지도 모른다. 라투어는 근대성이 서구에만 고유하고 나머지 세계에는 외부적이라는 생각을 가진 탓에, 고의는 아니더라도 낡은 인류학과 사회학의 입장을 취하는 듯하다. 언제나 원초적 만남이 있다―이것이 특정한 한 인류학적 사고를 지켜온 생각이다. 예를 들어 린샨 사원의 제례에 참가한 많은 중국학 학자들은 그 특정한 의식을 처음 관찰한 때문인지 발견의 모드로 그 신기로움을 담고자 했다. 그것이 원초적 만남인 것처럼 말이다. 의미심장하게 그리고 거의 불가피하게, 린샨 사원의 제례의식이 진정한 것인지에 대한 질문이 제기되었다. 그 의식이 다른 곳에서 이루어진 패턴과 달랐기 때문이다. 사실 일부 중국학 학자들은 모두가 조작되고 연극일 뿐이라고까지 말했다! 다시 말해서 진정한 과거가 출현하지 않으니까 발견이 실

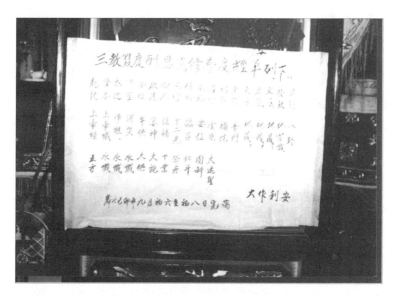

<형상 3> 삼교합일(유교, 불교, 도교) 경전과 의식 프로그램

망으로 바뀌었다. 원초적 만남이 성사되지 않았으니까. 무엇인가가 이미 고유의 관습을 바꾸었고 망쳐버린 것이다. '진정성이 없는' 제례의식이 그래도 효력이 있을 것인가의 문제는 중요하지 않았고 생각할 수도 없었다.

린샨 사원에서 열린 제례 축제의 예에서 원초적 만남이란 시나리오를 재연하는 것을 피하려면 어떻게 제례의식이 역사적으로 담론적으로 푸젠성에서 구성되었는가에 대한 더 나은 이해가 필요할 것이다. 이 점이 중요한 것은 근대(근대화)의 성공은 근대화와 양립 가능한 기존의 분리들을 찾아내고 거기에 거주하고 그것들을 강화하는 능력에서 부분적으로 나온다는 점 때문이다. 그것이 근대화의 기본 원칙이다. 근대적이 아니라고 간주되는 모든 것과의 단절을 위해 근대적인 것과 가장 잘 조화를 이루는 전통적, 역사적 유형들을 선별하는 것 말이다. 근대는 선택적이다. 제례에 관한 유교적 관념들이 근대적인 것이 터전으로 삼을 수 있는 대립물들, 도교적인 대립물을 제공할 수도 있다. 중국학 학자는 제례의식을 변별적인 인식론적 영역으로 만든 것은 자신이나 근대의 서구가 아니라고 주장할 수도 있다. 신-유교주의와 같은 기존 전통들이 그의 일을 해왔다고 말이다. 그래서 그는 근대적인 것을 자연화할 권리가 있다.

바로 여기가 담론체제들 간의 연속성과 불연속성의 지점들을 찾아내는 데 제례의식 담론의 고고학이 중요해지는 지점이다. 그런 고고학적 작업은 이 글의 범위를 넘어서지만, 중국사상사에서 제례 또는 의식과 국가의 관계가 핵심적 중요성을 지닌다는 것만은 말해두고 싶다. 더구나 종교와 국가의 분리라는 근대의 역사는 많은 복잡한 변화를 겪고, (문화혁명에서처럼) 온갖 종류의 반전을 거친다. 그래도 서구의 중국학 학자가 제례 관습에 대한 자신의 관찰을 종교와 과학의 인식론적 분리에 근거할수는 있겠지만, 우리는 이것을 원초적 만남이나 발견으로 파악해서는 안 된다. 사실이것은 더 오래되고 기록도 잘 되어 있고 반박도 많이 받은 민족지학과 인류학의 속임수 가운데 하나이다. 애초에 뭔가 진정한 것이 있었음을 확인하기 위하여 발견의모드로 행동하는 것, 그리고 실제로 아무 것도 바뀌지 않았음을 확증하기 위해 되돌아가는 것, 이것이 계속되는 (재)발견과 객관적 객관성의 가능성을 보장한다.

린샨 사원 제례 축제에 우리가 참가했던 맥락에서 보면 사원 지도자들이 민족지학자의 중립성에 이의를 제기한 우리의 활동에 채찍질을 가한 셈이다. 그들은 제례의식을 종교로 보는 문제점에 대한 예리한 의식을 드러냈다. 그렇게 안 할 수도 없었다. 최근의 법륜공 탄압은 누구라도 자신의 활동이 종교로 취급되면 비참해짐을 분명히보여주었다. 중국 근대화의 가장 중요한 국면의 하나는 공산주의 국가의 그것으로서이는 과학 및 정치와 종교의 근대적 분리에 대한 그 나름의 판본들을 가지고 있다. 문화혁명 시기에 푸젠성 지역의 사원들은 대부분 파괴되었다. 그 후에 사원들이 재건되었으며, 마을 제례의식도 재개되었다. 점차 타이완과 해외 후손들의 돈이 지역에흘러 들어가 사원 명부 및 족보, 또 이와 관련된 더 광범위한 구체적 제례 관습들이재정립되었다. 부활하긴 했지만 이들 제례활동의 지위가 불분명한 것은 두말할 필요가 없다. 불분명한 것은 생산적이기도 하고 어쩌면 필수적이다. 우리는 문화혁명을 종교적 전통과의 완전한 단절로 여겨야 하는가? 그것들은 이제 진정한 종교가 아닌 것인가? 아니면 그것들은 언제나 진정 종교가 아닌 것인데 종교라고 잘못 간주된 것일 뿐인가? 이들 새로운 의식들은 이전에 박멸 명단에 오른 것들과 어느 정도로 연속적이고 불연속적인가?

이들 질문과 해석은 직접적인 정치적 영향이 있기 때문에, 사원 지도자들은 눈치 빠르게 다양한 방식으로 제례활동의 틀을 만들어낸다. 기본적으로 그들은 관찰자들을 관찰하는 법을 알고 있다. 사원을 덮고 있는 기치들은 공산당 기념일과 홍콩 반환을 위한 축전을 치름을 보여준다. 사원의 기념일 축제 날짜는 국가의 그것과는 완전히 다른 시간성에 근거한 점술 도구들로 만들어져 있지만 말이다. 게다가 축제는 전통극 공연(꼭두각시극과 가극)과 함께 다양한 정치인들의 연설도 포함하고 있었다. 그 밖의 다른 방식으로도 정치와 제례, 미학과 경제 영역 사이의 경계는 유동적이었다. 이런 상황에서 제례의식을 종교적이고 따라서 다른 관계들과는 구별되게끔 만들려고 고집하는 것이 무슨 의미이겠는가?

서구와 중국의 관찰자들은 그것들을 충분히 관찰하고 기록했다. 축제의 비디오 녹화는 제사장들을 에워싸고, 무수한 사진을 찍고, 필기를 하는 서구 중국학 학자들의 모습을 보여준다. 이런 비디오는 주로 판촉 목적으로, 타이완 및 해외의 후원자나 관광객을 유인하고 감동시키기 위해 이용된다. 서구 민족지학자들은 사원 활동에 진정성과 중요성의 외양을 제공하기 때문에 특히 유용하다. 원초적 만남이란 그런 것이다. 요약하자면, 근대적 시각(민족지학자들과 근대 국가 양자 모두의 시각)이 제례행사의 틀을 짓고 그 행사에 영향을 미치는 인식론적 분리와 영역을 도입한다는 점을 부정할 수는 없다. 그러나 사원 지도자들은 그런 시각을 빗나가게 하고 굴절시키는 데 능한 듯 보인다.

한편으로 이것은 공산주의 국가와 자본의 지구적 운동이 제례의식에서 교차하도록 해준다. 그것은 제례행사가 늘 포획될 위험, 국가 장치와 세계 자본 사이에 잡혀버릴 위험에 처한 듯 보이는 교차로이다. 국가와 자본의 제례 공동 포획은 제례행사를 종국적으로 유산, 지방색 또는 전통과 같은 어떤 것으로 만들려든다. 이 과정은 오늘 중국 여러 지역에서 진행되고 있다. 그 결과는 두 가지 근대성과의 단절, 그것들의 재각인을 일으키는 대안적 근대성, 자본주의와 공산주의의 만남이 될 것이다. 이 단절/재각인은 두 근대성의 만남에 효과적으로 근대적인 역사적 차원을 제공하며, 양자와의 연속과 불연속을 제공한다. 이 관점에서는 중국 남동부가 문화유산 관광단과 학자 전문가들을 끌어들이는, 신중하게 재구축되고, 믿지 못할 정도로 번영하고, 급속하게 성장하는 사원 단지 위를 펄럭이며 홍콩 반환과 국가 기념일을 말해주는 저 기치들과 함께 새로운 중국—즉 기존의 총체화 패턴을 변화시키고 재각인하는 대안적 근대성—의 모델로 간주되곤 한다는 것이 전혀 놀랍지 않다.

다른 한편 사원 지도자들은 다양한 틀들을 인정하고 재각인함으로써 제례와 관련된 세력들을 봉쇄하려고 하는 시도를 성공적으로 깨뜨려 왔다고 할 수도 있을 것이다. 다시 말해 그들은 제례활동들이 그 효과를 만들어내도록 대안적 근대성과 같은 어떤 것을 이용하여 움직이고 있다. 이 경우 대안적 근대성은 정교한 책략일 뿐이다. 사원 지도자들은 제례활동을 전통으로 복원하거나 보존하려는 것이 아니라—다른 어떤 것, 근대적인 것과 비교할 수 없는 어떤 것을 만들어내기 위하여—제례의식 세력에게 행동할 수 있는 시간과 공간을 제공하고 있는 것이다. 그들은 제례행사가 대안적 근대성과는 다른 세계, 불공가능한(incompossible) 세계를 만들어 내려고 함을 알고 있다.

대안적 근대성들은 어떤 기본적 총체성(근대성)의 치환을 수반한다. 이 치환은 근대성의 기원들을 끝없는 회귀의 현기증 나는 소용돌이 속으로 내던지는데, 이는 최초의 근대성이 언제나 이미 대안적 근대성이 아니었다고 말하기가 불가능하기 때문이다. 그렇지 않다면 그것이 어떻게 치환될 수 있었겠는가?

불공가능한 세계들은 차라리 공상과학소설의 평행적 우주들과 같다. 예를 들어 문

<형상 4> 삼교합일 제사장들이 기념사를 읽는다. 뒤 기치들은 중화인민공화국의 50주년
　　　　　기념일과 홍콩의 반환을 말해주고 있다.

화혁명이 일어나지 않은 평행적 우주를 생각해낼 수 있다. 그러나 평행적 우주는 시
간적 다양성에 대한 언급에도 불구하고 어떤 진실 개념을 유지하려는 경향이 있다.
그것은 자신이 어떤 우주—문화혁명이 일어난 우주, 아니면 일어나지 않은 우주?—에
속해 있는지를 아는 문제일 뿐이다. 그래서 라이프니츠의 경우 (고다르가 이 책에 실
은 글에서 설명하고 있듯이) 다른 모든 관점들을 포함하는 하나의 관점 즉 신이 있다.
그러나 문화혁명이 일어나기도 하고 일어나지 않기도 한 세계에 대해서는 어떻게 이
해해야 하는가? 이것은 다수의 평행 우주들이 공존하여 단일한 관점을 복잡하게 만
드는 세계들이라는 불공가능한 세계에 대한 들뢰즈의 이해에 가깝다.

　이것은 오늘날 푸젠성 지역에서 일어나는 제례활동에 대한 또 다른 사유의 길을
연다. 그 활동들은 문화혁명이 일어나기도 하고 일어나지 않기도 한 세계, 맑스주의,

공산주의, 그리고 자본주의가 모두 일어나기도 하고 일어나지 않기도 한 세계를 만들어 낸다. 제례 관습이 이 모든 것 이전에 나온 잔존물 혹은 유물이라는 것은 아니다. 단순히 제례 관습이 그것의 과거와 연속적이면서도 불연속적이라는 것이 아니다. 예컨대 문화혁명과의 근본적 단절에도 불구하고, 전통적인 행사들은 새로워진 것처럼 보인다. 문화혁명과 같은 사건들은 제례 관습들로 하여금 대안적 근대성의 구축을 위한—근대성의 생산적 실패를 위한—장소로 기능하도록 해준다. 제례활동이 근대적 총체성의 강요를 뒤엎는 고풍스런 은밀한 세력으로 해석될 수 있다는 것은 의심의 여지가 없지만, 우리는 제례의식에는 또 다른 차원, 또 다른 시간적 차원—세계들과 다른 세계들의 겹침을 허용하는 회선(looping, 回旋)과 선회(spiraling, 旋回)—이 있다고 생각한다. 이 시간성은 단순히 순환적이지 않고, 계속 동일한 출발지점으로 되돌아간다. 그것의 회선과 선회는 함께 접기, 우화화(fabulation), 또는 '창조적 내선'(內旋, involution)을 가능하게 한다. 푸젠성의 제례의식에서 역사적 연속성과 불연속성의 유희는 단절과 재각인의 그것(대안적 근대성)일 뿐만 아니라 주름, 고리, 소용돌이의 그것(우화화와 불공가능한 세계들)이기도 하다.

간단히 말해 서구의 중국학을 근대화 이론과 냉전 정치에 계속 가두고 있는 전통과 근대성 간의 진부한 대립 대신에, 우리는 (대안적) 근대성들과 다른 (불공가능한) 세계들의 관계에 대해 생각할 것을 제안한다. 푸젠성의 제례활동에서 대안적 근대성의 형성 가능성을 본다는 것은 근대화나 세계화가 지닌 발전 논리의 중단과 변경을 보는 것이다. 분명 경제 특구로서 푸젠성은 어떤 새로운 단계의 사회경제적 발전으로의 변화 시점에 있는 것처럼, 국가 자본주의와 세계 자본주의 사이에서 동요하고 있다. 혹자는 이것을 변증법적으로 국가 및 세계 자본주의간의 일종의 통합을 만들어낼 어떤 새로운 단계의 출현으로 볼 수도 있을 것이다. 대안적 근대성 시각은 우리에게 어떤 발전이 일어나든 확립되고 예언 가능한 궤도 위에서 단선적인 유형으로 진행하지는 않을 것임을 상기시켜 준다. 대안적 근대성들은 발전적이든 변증법적이든 목적론적 운동을 용인하지 않을 것이다. 지역 조건들—제례활동과 사원 조직—은 목적론적 발전이 일어나게 될 활성 없는 기반이 아니다. 지역의 물질적 조건들은 말하자면 끊임없이 어떤 발전이든 옆길로 새게 할 것이다. 사실 대안적 근대성의 시각에서 직선적 발전은 언제나 이미 탈선된 셈이다. 그것은 기원에서부터 궤도를 벗어나 있는 것이다.

다른 한편, 불공가능한 세계의 발생이라는 견지에서 제례활동을 보는 것은 지역적 조건들이 수렴-내-이탈의 역할을 할 수밖에 없지 않은지 묻는 것이 된다. 지역 조건들의 이야기 만드는 힘들이 너무 약화되거나 손상되어 우리는 그것들이 근대성을 탈선시킬 뿐 다른 세계들은 만들지 못하리라 상상할 수 있을 뿐일까?

오늘의 제례활동을 이런 방식으로 보는 것은 급속한 전후 재건기에 프랑스 서남부 피레네 지방의 시골 생활 변화를 추적한 또 다른 제례의식 사상가, 앙리 르페브르를 생각하게 한다.[7] 그는 마을 '축제'가 여가로 변형된 것에 초점을 맞추면서 근대화(관리 자본주의와 소비사회)가 어떻게 일상생활의 리듬과 공간을 바꾸는지 살펴봤다. 한편으로 그는 축제 활동 시공간의 소멸을 유감으로 여기고 옛 것과 새 것 사이에 극복할 수 없는 단절이 있다고 상정했다. 다른 한편 그는 여가 활동에서 위축되고 손상되고 심지어 부정된 형태이기는 하지만 축제가 지속하고 있음도 보았다. 그리고 그는 축제가 자본주의적 여가의 일상 안에서 타자로서 자본주의에 대한 내재적 비판을 제공하고 새로운 세계를 열지도 모른다는 일말의 희망을 내비쳤다. 다시 말해 그는 축제를 변증법적으로 봄과 동시에 비-변증법적으로도 본 것이다. 축제와 일상생활에는 무엇인가가 비-변증법적으로 작동했기 때문에, 축제는 '전인'의 도래와 역사의 종언—변증법적 운동의 변증법적 종언—을 약속한 셈이다.

---

7 르페브르의 많은 저작 가운데 이와 관련된 작업으로서 우리의 설명에 가장 중요한 것은 "The Everyday and Everydayness," *Yale French Studies* 73(1987): 7-11 이외에도 *Everyday Life in the Modern World*(1968), *Critique of Everyday Life and The Production of Space*(1974) 등이 있다.

이런 축제 개념은 두 개의 시간적 실체가 공존하지만 양자의 차이가 변증법적으로 지양되거나 극복될 수 없는 발터 벤야민의 변증법적 이미지와 모순되지 않는다. 벤야민 역시 변증법적 운동을 더 이상 용인하지 않는 일견 변증법적인 한 순간에서의 (특히 서술로서의) 역사의 종언이라는 문제와 직면했다. 일상을 사고하는 것이 이런 의미의 변증법적 운동의 와해에 중요하다. 일상은 구획되지는 않았으나 그래도 체계적인—통상적 의미의 체계는 아니지만—하나의 전체 또는 모두를 의미하기 때문이다. 르페브르가 제시하듯이 여가조차도 하나의 부분 혹은 영역 혹은 분리된 활동인 것만은 아니다. 그것은 모든 것과 관련되어 있다. 따라서 일상생활의 정치적 약속은 그것이 일상생활을 바꾸지 않는 협의의 정치적 혁명(르페브르에게는 소비에트혁명)이라기보다는 일상을 바탕으로 하여 인간의 창조적 잠재력을 해방시킬 수 있으리라는 것이다. 그래도 르페브르는 축제가 변증법적 운동을 끝내고 새로운 세계를 창조할 가능성에 대해 매우 비관적이었다. 그는 말하자면 제례의 변증법적 포획 가능성에 집중했던 것이다.

그가 푸젠성의 축제에 참석하여 그것을 살펴본 적이 한 번도 없었던 것은 유감이다. 왜냐하면 푸젠성의 제례활동은 우리에게 다-변증법적(multilectical) 이미지—즉, 현재와 과거의 공존뿐만 아니라 통약불가능한 현재들과 통약불가능한 과거들의 공존—와 같은 것을 시사해 주기 때문이다. 아마도 여기서 일상생활의 변증법(축제의 여가 및 유산으로의 부정적 전환)이 그 역사적 종말을 만날 뿐만 아니라 새로운 불공가능한 세계들(우화화와 창조적 내선)을 만들기 시작하리라. 물론 다-변증법적 이미지들의 다양성은 파편들의 단순한 집합은 아니다. 오히려 다-변증법적 이미지들에 내재하는 다양한 기원들은 어느 하나의 기원으로만 귀착되지 않는 운동을 일으킨다. 그것들은 어떤 벡터, 즉 (어떤 하나의 기원과도 유사성이 존재하지 않는다는 의미에서) 기원이 없는 운동을 의미한다. 이것은 제례활동이 어떤 유형의 변증법적 운동에 의해서도 절대로 포획될 수 없다는 말은 아니다. 사원 축제는 어쩌면 자본주의적 발전의 압력을 받아 경영 자본주의 또는 포스트-포드주의 자본주의의 여가와 (문화)유산의 일상으로 변형될 것이다. 또는 어쩌면 국가 자본주의가 다른 변형들을 강요할 것이다. 우리는 알지 못한다. 그러나 우리는 제례에 관한 현행 중국학의 연구가 제례를 전통으로 규정함으로써 마치 그저 순진한 듯(무비판적이므로) 다른 누군가의 변증법적 운동을 위한 재료를 제공할 뿐이라는 것은 안다.

_창조적 내선(內旋)

지신(들)을 지닌 마을 사원이 두 개의 다른 위계와 두 개의 다른 공동체의 가운데서 있는 듯하다. 한편으로 사원 조직과 지도자들이 있는 실제 공동체가 있다. 다른 한편으로 의식 집행 조직과 제사장들이 있는 우주론적 공동체가 있다. 두 경우에서 사원의 신들은 그 중심에 위치한다. 중국 종교에서의 제례의 역할에 대한 최근의 논쟁은 한 종류의 조직이 다른 종류에 대해 갖는 중요성을 강조하는 경향이 있다. 어떤 이들은 도교 의식의 틀이 중요한 구조적 역할을 수행한다고 하면 다른 이들은 일반 신도가 제례의식에 의미를 부여한다고 주장한다. 제례의식을 강조할 경우 주장인즉슨 제례 전문가들은 상위의 우주론적 힘을 부르기 위하여 지역 신들을 넘어선다는 것이다. 일반 신도 조직을 강조할 때 전면에 오는 것은 가까운 신들(지역 신들)과의 개별적 계약 관계이다. 고려되지 않는 것은 실제(혹은 지역)와 우주론적 위계 또는 공동체의 관계이다. 더구나 논쟁의 양측은 상이한 강조에도 불구하고 세속적인 것과 제의적 혹은 우주론적인 것 간의 분리를 상정한다. 그 결과는 종교적 공동체와 실천을 (개인들로 구성된) 세속적 혹은 계약 공동체와 구별된다고 보는 것인데, 이는 철저히 근대적인 분리이다.

그러나 제례적 관점은 지역의 신들이 우주론적 힘들의 분화된 표현인 것으로 상정한다. '근대적' 분리는 없다는 것이다. 제례적 관점이 왜 약간 놀라게 하는지 쉽게 이해된다. 제례적 실천을 전근대적인 종교적 공동체로든 근대의 세속적 공동체로든—심지어 과거 및 현재의 기괴하거나 적절치 못한 접합으로든—근대적 분리의 어느 한 쪽에 편안하게 위치시키는 것이 불가능해진다. 더구나 근대적인 것의 또 다른 신성한 분리, 즉 자연과 문화의 목적론적 분리가 자연에 대한 인간의 도구적 승리의 특수 형태일 뿐인 것으로 의문시된다. (이것이 라투어가 근대적인 것을 원래 기술주의적이라 여기는 이유임을 기억하자.) 자연에 대한 이런 도구적 관점은 전해진 바에 따르면 전통 중국 문화에는 없다고 한다. 그러나 그렇다면 이 목적론적 분리가 근대 서구에서는 그렇게 분명히 존재해온 것일까? 라투어의 주장인즉슨 아니다, 서구는 언제나 자연과 문화를 혼합시키며 그 분리의 선을 횡단해왔다, 하지만 서구는 단지 더 큰 규모의 변화를 만들어내고자 자신의 에너지를 분리의 환영을 유지시키는 데 쏟아 붓는다는 것이다. 그다지 극적이지는 않지만, 스티븐 툴민은 자연은 늘 근대적 방정식의 일부였다고 주장한다.[8] 그는 '코스모폴리스' 즉 우주('자연')와 도시('국가')의 상이한 결합들에 대해 말한다. 그의 설명은 상이한 코스모폴리스적 결합들을 생각하여 잠재적으로 가치들을 다시 사고할 것을 요청하는 길로 이끈다. 어떤 우주-도시 결합들이 더 나은가? 누구의 견지에서? 어떤 조건에서? 물론 어떤 문제는 남게 된다. 누구라도 우주와 도시의 결합 견지에서 생각해야 한다면 그런 사람은 이미 어느 정도 자연적인 것과 정치적인 것 사이에 일종의 분리를 전제하기 때문이다.

우리는 정치적 조직과 우주론적인 조직 사이의 분리를 가정하기보다는 분리는 없다는 제의적 관점을 살펴보고 싶다. 그러나 분화가 있다. 지역의 신들은 우주론적 힘들의 분화된 표현들이다. 사원지도자들과 제사장들은 일련의 우주론적 관계들—우주론적 결합들—위에서 함께 (그러나 다르게) 활동하고 있다. 달리 말하자면 하나

8 Stephen Toulmin, *Cosmopolis: The Hidden Agenda of Modernity* (Chicago: University of Chicago, 1990).

의 중심이 있지만 그것은 복합적이다. 하나의 신 이상이 존재할 수 있을 뿐만 아니라, 각각의 주재 신은 다면적이어서 시간이 지나며 변화하는 상이한 특징들을 구현하고 발산한다. 사원과 제례 연합들을 허용하는 것은 신격들의 내재적 다양성이다. 각 신격은 자신의 많은 특징들 가운데 다른 사원의 신들과의 결합을 허용하는 무언가를 가지고 있다. 이 다양성은 또한 사원을 중심으로 한 상이한 조직들을 위해 교차점—예컨대 사원 지도자들과 제사장들—을 제공한다. 이 결과 한 조직이 다른 한 조직에 비해 우위 혹은 우선권을 부여받는 일은 없다. 사원의 신들 관점에서 보면 그 두 조직은 함께 나타난다. 이와 유사하게 개인과 공동체(누군가 이 용어를 사용하고자 한다면)는 서로에게서 발생하며, 더 정확하게는 함께 나타난다. 지역 신 또는 가까운 권능들과의 어떤 개인적 혹은 계약적 관계도 마찬가지로 우주론적 관계이다.

그래도 이 다양성은 비활성 다양성, 중립적 차이들의 집합체가 아니다. 신들은 실제로 불안정하기 때문이다. 혹은 더 정확하게 말해, 우리는 신들이 준안정 상태라고 본다. 물리적 체계는 최소한의 변경이 평형상태를 깨뜨리려고 할 때 준안정 상태 (또는 허위 평형상태)에 있다고 한다. 가장 좋은 예가 결정체(작용)이다. 예를 들어 과포화 용액과 과냉각 용액으로 수정과 등정형(等晶形)을 이루는 한 구조 안에 최소의 불순물을 주입하는 것으로 결정체의 씨를 만들 수 있다. 준안정 상태의 어떤 체계도 양립 불가능한 잠재성들을 품고 있다. 이 잠재성들이 이질적 차원들에 속한다면 말이다. 이것이 준안정 상태의 체계들이 탈위상(dephasing)에 의해, 즉 체계 상태의 어떤 변화에 의해서만 자신들을 영속시킬 수 있는 까닭이다.[9] 신들의 경우 준안정성은 종

9 준-안정적 상태에 대한 우리의 설명은 Simondon, *Individu et collectivité* (Paris: Presses Universitaires de France, 2000)에서 Muriel Combes가 제출한 설명을 따르고 있으며, 특히 전-개인(preindividual)과 하나 이상(more-than-one) 개념에 대한 그녀의 설명을 따르고 있다(10-12). 우리는 다음으로 탈위상(상태의 변화)의 개념을 Ian Stewart가 *Nature's Numbers: The Unreal Reality of Mathematics* (New York: Basic Books, 1995)에서 논한 균형파괴에 의거하여 확장한다.

종 이중인격, 다중인격으로 드러난다. 린샨 근처 한 마을의 사원 신은 얼마 전 강에 빠져죽은 한 여인으로부터 생겼다. 그런 신은 분명 물에 대해 모순적 태도를 보여준다. 그녀는 또 다른 홍수를 불러오지 않도록 하기 위해 달래야만 하는 분노의 신인가? 아니면 그녀는 홍수를 막아준 것 때문에 숭배해야 하는 자비의 신인가? 다른 신들도 비슷하게 상이한, 표면상 통약불가능한 자질들, 특징들을 결합한다. 요점은 신들이 다양한 특징들의 안정적 결합은 아니라는 것이다. 그 결합들은 기초부터 부서지기 쉽다. 그것들은 차이들의 지점이며, 이때 차이는 어떤 의미에서는 기본적이다. 그것들이 준안정적이라 함은 이런 의미이다. 이것을 일종의 우주론적 미분(微分)이라고 여길 수 있을 것이다. 이 결과 신을 사원의 좌대에서 이동시키는 것은 강력한 행위, 즉 잠재적으로 힘들의 전 영역을 변경시키는 행위이다. 신을 불러내는 것은 그가지닌 근본적 불균형 또는 불안정을 여는 일이다. 이제 질문은 다음과 같다. 이 우주론적 차이에 무슨 일이 일어나는가? 그것은 제례에서 어떻게 작동하는가? 제례의 목표는 궁극적으로 우주론적 차이를 억누르는 것, 결국 모든 것이 과거 그대로 되돌아가도록 하는 것인가? 준안정의 상태로 되돌아갈 수 있는가?

이제 사원 중심의 조직들이 매우 코드화된 위계적 공간을 지닌 경우가 많다는 것은 의심할 여지가 없다. 누구라도 사원조직과 제례 의식이 얼마나 심하게 '초코드화'되어 있는지 알려면 성과 계급을 기준으로 한 다양한 지대(地帶)들에 변별적 접근이 일어남을 보기만 하면 된다. 이러한 규칙과 코드들—공동체적 참여의 조직에서 제사장들의 제례의식 활동까지 포괄하는—은 우주론적 미분을 제어하려는 소급적 시도이다. 그것들은 회고적으로 사건을 표준화된 항들 간의 불변 관계로 만들어 정식화한다. 이들 규칙과 코드는 그런 다음 정초의 역할을 얻게 된다. 그것들은 출현과 변형 과정을 통제하려는 권력 구성에 관여하는 것이다. 일견 제례행사에 깃들은 규칙들과 코드들은 동일한 사회 구조들을 재생산하기 위해 변화 세력을 견제하는 것 이상의 일을 하지 않는다. 이것이 제례행사가 근본적으로 보수적이라고, 현 체제의 재생산

기제라고 여겨지곤 하는 이유이다. 대체로 제례행사는 순전한 사회적 재생산이라는 생각은 (변화를 거부하고 질식시키는) 전통적인 것과 (변화와 혁신을 끌어안는) 근대적인 것의 분리를 만들어내기 위해 환기되는 경우가 많다. 그러나 제례행사를 동일한 것의 반복이라는 견지에서만 볼 것을 주장하는 것은 제례가 변형과 변화를 일으키는 것을 무시하는 일이다. 그리고 더 일반적으로 그러한 태도는 역사를 완전히 무시한다.

다시 이것은 제례의식이 바흐친과 르페브르, 심지어 벤야민과 같이 다양한, 근대를 논한 서구 사상가들에게 중요하게 여겨지는 이유이다. 바흐친과 르페브르가 볼 때 카니발이나 축제는 현존의 위계를 뒤엎는—세상이 뒤집힌다—극적이고 일견 통제되지 않는 차이의 분출을 수반한다. 그 다음 세상은 과거에 늘 그랬던 것처럼 똑바로 서서 돌아온다. 이 과정에 무엇인가가 바뀌었는가? 차이와 반복의 관계는 무엇인가? 제례는 동일한 것의 순전한 재생산(순전한 재-총체화)이 아닌 무언가를 약속하는 반복과 차이의 관계를 제시한다. 그것은 (자본주의적 탈-총체화 방식의) 순전한 차이의 생산도 아니다. 그것의 차이는 근대 자본주의적 차이 규제와는 아무래도 반대되지만 그렇다고 규제와 완전히 반대되는 것은 아닌 방식으로 환기되고 표현된다. 제례의식은 자본의 끊임없는 탈총체화와 재총체화 운동과는 다른 방식으로 반복과 차이를 연관시킨다. 그러나 자본주의와의 차이로 제례는 자본주의에 어떤 저항을 하는 것인가? 르페브르의 경우는 약간 비관적으로 축제의 저항은 불가능함을 보여주는 경우가 많았다(그것의 저항성 형성을 위한 자신의 시도를 멈추진 않았지만). 축제적 저항은 언제나 여가활동이 되었고 따라서 관리 자본주의 및 소비문화와 공범이라는 것이다. 물론 바흐친은 종종 과도한 낙관주의라고, 영웅적으로 카니발적인 육체들을 만들어낸다고 비난받곤 한다.[10] 이런 것들이 제례의식을 근대적인 것 특히 근대 자

---

10 우리는 여기서 주로 *Rabelais and his World*, tr. Helene Iswolsky (Bloomington: Indiana University Press, 1984)에 대해 생각하고 있다.

본주의와 관련하여 사유하려는 시도에 뒤따르는 광범위한 질문들이다. 우리는 몇 가지 다른 질문을 추가할 수밖에 없다. 세계적 혹은 거시역사적 목적론은 지역적 현실태(現實態)를 위한 어떤 시공간도 남겨놓지 않는 것인가? 그것의 저항 잠재력은 탈구축적으로, 서구와의 관계에서 가장 잘 생각될 수 있는 것일까? 지역적 현실태를 적극적으로 또는 생산적으로 사유하면 어떻게 될까? 그냥 더 많은 동일성들뿐인 것일까?

이 지점에서 바흐친과 르페브르의 카니발과 축제 설명은 "제례행사는 어떻게 우주론적 아니 차라리 세계-정치적 차이를 도입하고 작동시키는가?"라는 우리의 기본적 질문에 내재한 정치적 관건들의 일부를 들추어내는 것을 도와준다고 말하자. 관건은 근대 자본주의와의 그리고 그 안에서의 차이이다.

린샨 사원의 기념 축제에서 제례행사는 도교와 삼교합일 제사장들이 사원 앞마당에서 두 가지 앙상블을 이루는 것으로 시작되었다. 행사 준비가 몇 달 동안 진행된 것은 말할 필요도 없지만 제례행사 자체는 상징체계로 잔뜩 코드화된 공간 창출을 위해 제의 전문가들이 사원 앞마당에 휴대용 제단을 세우는 일로 시작되었다. 제단들은 제례 유형에 따라 배열되며, 제사장들은 다양한 우주론적 배치로 이루어진 제단 사이와 주변에서 춤을 추며 뛰어다닌다. 이것은 사원 안에서 신들을 불러내는 전주곡―그들의 '불안정'을 어떤 힘으로 전환시켜 주는 (혹은 그들의 준안정을 탈위상시키는) 그들의 처지 변화―이다. 정성 들여 준비한 초코드화된 공간은 혼돈된 무정향의 힘의 방출을 막기 위해 고안된 것이다. 그 힘을 가동하고 인도하자는 생각이다. 자기-수양, 성스러움, 위계적 코드들을 환기시켜 주기 때문에 우주론적 힘과의 이 통제된 관계를 우리는 성(sheng, 聖)이라 부를 것이다. 제사장들의 행동이란 측면에서 성은 자기-변신―심상(心象) 기법, '비법' 낭독, 무드라 동작(손짓들의 차이를 흐리게 할 만큼 유동적으로 빠르게 움직이는 손동작), 그리고 안무―의 통제된 과정을 의미하고 이것들은 모두 단계적이고 코드화된 방식으로 하나의 신격과의 동일화로 이어진다. 그러나 사실상 성은 위계적 계단의 위로 움직이기 위해 위계적 초코드화 안에서 작동함과 동시에 기호들을 조심스럽게 탈코드화한다. 무드라 동작에서 손짓들의 '초서체' 흘려 쓰기와 같이 불분명한 지대 만들기는 더 높은 수준—신성에 도달하는 지점까지—의 코드화에 도달하는 움직임을 허용한다.

다른 극단에 우리가 영(*ling*, 靈)이라고 부르는 것이 있다. 이것은 영혼 홀림, 즉 신이나 악마에 의한 홀림에서 가장 잘 나타나는바 실신, 자아상실, 자발적이고 통제 되지 않는 신체 움직임, 신의 목소리로 말하기 등을 포함한다. 수일에 걸친 제례행사 동안 제사장들과 영매들은 사원 안과 앞에서 다양한 속도로 장소들을 바꿔가며 이들 두 극 사이로 움직일 것이다. 다시 말해 제례행사는 준안정적 신격들을 감동시켜 그 들의 근본적 불균형에 내재한 힘을 방출시켜 그 힘에 대해 서로 다르지만 연관된 두 가지 관계들—성과 영—즉 힘들의 장이라고 하는 것 속에 깃들은 상반되는 어트랙터 (polar attractors)로 생각될 수 있는 것을 만들어낸다. 성과 영은 그것들 자체가 역설 적 상태들이기 때문에 상반된 어트랙터로 기능한다. 어떤 면에서 그것들은 종교적 경험에 대한 비의적 접근법과 개방적 접근법에 내재한 역설들을 반복한다. 비의적 접근법은 이론적으로는 누구나 신과의 동일화에 필요한 집중적인 훈련을 받을 수 있 다고 주장하지만, 실제로 그런 혹독한 훈련을 할 수 있는 사람은 거의 없으며, 소수만 이 정상에 오를 수 있다. 개방적 접근법은 신이 이미 내면에 존재하기 때문에 어떤 특정한 훈련도 필요하지 않다고 주장하지만, 그 결과 신이 언제 어디서 (아니면 진정) 나타날 것인지 보장이 없다. 이것들은 인간이 하는 신과의 대화를 어떻게 측정할 것 인지에 대해 다른 감각들을 가진, 우주론적 차이의 힘에 대한 두 가지 아주 다른 접근 법이다. 린샨 사원의 제례행사에서 특이한 것은 행사 현장을 조직하는 상반된 어트랙 터들의 형태로 두 접근법을 모두 불러낸다는 것이다.

성과 영의 양극 사이에는 제례행사를 보고 거기에 참여할 수 있는 많은 가능성들이 존재한다. 계획된 행사도 있고 자발적 행사도 있다. 신들이 나타나기 시작하면, 공동체

<형상 5> 셴유(Xianyou)의 한 행렬에서 가마를 탄 영매

성원들은 제사장들이 사원 뜰에서 춤을 추고 기도문을 외우는 곳으로 모여든다. 제례 의식이 그들의 힘들을 작동시키면 사원의 신들은 열을 지어 나온다. 마을 사람들은 마을을 지나 마을 경계를 돌면서 신들을 이동시키며 훨씬 더 많은 사람들을 사원으로 끌어들인다. 신들의 이 행렬은 마을 경계를 따라가며 사원을 일종의 중심―성 위계의 반향―으로 만든다. 그러나 이 성은 사원 주변에서 다양한 활동 영역들로 분산된다 (지금 가동 상태에 들어간 중심 신격의 근본적 이심성[離心性]과 조화를 이루면서). 저녁이 되면 그리고 다음 날까지 앞마당 공간은 다양하면서 일견 무관하거나 느슨하게 연관된 활동들로 가득 찬다. 한쪽 구석에서는 음식이 조리된다. 다른 쪽에서는 헌금이 기록된다. 또 다른 곳에서는 가극이나 꼭두각시극이 공연된다. 제례 음악이 또

다른 구석에서 연주된다. 군중은 헌물(獻物)을 가지고 다니며, 연극 공연을 보거나 사원 앞에서 가끔 활발하게 이루어지는 제례의식에 참가하면서 마당을 가득 메운다. 간격을 달리하며 결연 마을의 대표들이 취주악단과 악장(樂長)과 함께, 때로는 전통 음악 합주단과 함께, 그리고 때때로 신상(神像)이나 영매들을 태운 가마를 들고 도착한다.

신들의 가마 행렬은 복수의 경계들과 하나의 중심을 보여주지만 가마의 이동은 영으로 향하는, 우리가 선호하는 참여 사례의 하나이기도 하다. 신들의 가마는 여덟 명의 성인 남성의 어깨에 얹혀서 군중으로 뛰어든다. 그것은 시계 방향으로 빠르게 돌기 시작하다가 갑자기 불가능할 것 같이 반대 방향으로 돈다. 군중의 몇 사람은 자동적 무아지경에 빠져들며 신 가마 주변에서 춤을 춘다. 그들 일부가 장대를 짊어지면 가마는 다시 군중 속으로 돌진한다. 신상(神像)이 움직이면 군중도 함께 움직이고 그중 일부가 무아지경에 빠져들며 가마 움직임을 따라간다. 신들의 자리는 어느 정도의 자율성을 가지며 그것을 움직이게 개인들을 가동시킨다. 적어도 움직임의 차원에서는 신들이 그들의 의지를 드러내는 것이다.

우리가 이미 논한 대로, 제례의식에 대한 설명에는 자발적인 것이 어떻게 계획된 것에 의해 포획되는지, 자아의 상실이 어떻게 자아의 초코드화와 위계화에 의해 포획되는지 강조하는 경향이 있다. 강조가 차이의 회유(recuperation)—이를테면 성 속에 영을 포획하는 것—에 놓이는 것이다. 또는 반대로 우리가 영이라 부르는 것과 관련해서는 그것을 단순하게 무아경에 빠진 것—제례행사가 자신의 외부로, 단순한 외부에게 개방되는 순간—으로 해석하는 경향이 있다. 어떤 쪽이든 제례행사는 차이를 동일한 것으로 바꾸는 기계가 된다. 우리는 제례의식 내부와 외부에 대한 이런 식의 상정—내부가 언제나 이기고 외부로부터 들어오는 것을 회유하여 재총체화하는—에 문제제기를 하고 싶다. 이것이 우리가 (신들의 근본적 이심성 또는 불균형에 대한 상이한 관계 양상으로서의) 성과 영 양자의 역설적 특징을 강조하고자 하는 이유이다.

성은 신 혹은 신들을 정점에 두고 내부와 외부—위계적인 동심원들—를 정교하게 펼치는 듯하다. 이때의 이미지는 무한한 상승, 린샨 사원 내부 신들의 그것처럼 정상이 하늘로 사라지는 산의 이미지이다. 그러나 정상에 근본적 불균형, 불안정성, 또는 이심성을 볼 수 있기 때문에, 성은 끝없는 횡단이나 측면 움직임의 이미지에도 적합하다. 여기서는 중심을 향해 위로 나아가는 걸음은 동시에 중심으로부터 옆으로 벗어나는 걸음이다. 이 중심은 교묘하고 이심(離心)적이기 때문이다. 성인이 제대로 길을 걷도록 하는 수많은 비의적 코드와 준칙들이 있는 것도 당연하다! 성에서 중요한 것은 아무리 많이 영토화하고 재영토화한다고 하더라도 그것은 단순히 내부와 외부의 문제는 아니라는 점이다. 그것은 무한한 표면을 지닌 유한한 영토를 만들어 낸다. 여기서 유용한 이미지는 오늘 대중문화에서 흔히 보는 것—디지털 프랙탈 (fractal) 구조로 분해되는 만다라의 위계적 판테온 또는 그 역—이다. 성은 우주론적 차원분열로 여겨질 수도 있다. 그것은 유한과 무한 사이의 관계—이 경우 지상의 공동체와 천상의 판테온의 관계—를 제어와 통제가 가능한 듯 보이게 만든다. 분명 이것이 비의적 접근법이 지근의 권력들, 국가구성체들과 편한 관계를 맺곤 하는 이유이다.

그래도 역설은 존재한다. 부분적으로 유한과 무한의 관계란 것이 실천과 경험에서 그렇게 제어가능하지 않기 때문이다. 혹은 다른 쪽에서의 문제는 성은 모든 위치이고 따라서 표면이기 때문에 결국 어떤 것도 견제할 수 없다는 사실이다. 모든 것은 내부이자 동시에 외부인 것이다. 반면에 영은 일종의 깊이이다. 그 깊이는 단순한 외부에서 오는 것이 아니며, 영은 성과 관계에서 내부의 깊이(내면성)인 것도 아니다. 어느 정도 그것은 주름에 대한 고다르의 글이 일깨우는 '외부의 내부'를 상기시킨다. 예컨대 무아지경 상태에서의 자아의 상실은 내면성보다 더 깊은 어떤 내부, (외부로 열려 있는) 무아경에 빠지기도 한 내부—신들의 행렬에 반응하여 경련을 일으키는 사지, 말하는 혀—를 포함한다. 영은 비의적 관행의 모든 물질적 감각적 장비들의 주체화로 여겨질 수도 있다. 그것은 말하자면 산 위의 상이한 지점들 간의 연결을 수반한다. 기본적으로 영은 "산으로 올라가는 계단은 모두 같아 보이니 그대는 자신이 어느 단계에 있는지 어떻게 아는가? 어떤 계단도 바로 그 계단일 수 있다"라고 말한다. 그것은 성자적 상승(sagely ascent)의 상이한 시간들과 공간들(국면들) 사이에 일어날 것 같지도 않으며 가망도 없는 마술적 연결을 일으키기 위해 성의 위계적 구분들을 가로질러 순수한 반복을 찾는다. 그것은 코드화된 대상들 상태들을 탈코드화하고 탈영토화하지만 가장 중요한 것은 영이 탈위상한다는 사실이다. 그것은 성위계들을 질서와 대칭을 초과한 준안정 상태로 다룬다. 탈위상에서 대칭은 깨짐과 동시에 유지된다.

영은 이리하여 국지화할 수 없는 힘으로서의 신의 이심성을 요구한다. 예컨대 무아경은 첫 계단과 정점을 구별할 수 없게 만든다―자동작용, 즉 안면과 사지의 경련과 주절거림과 함께 오는 신과의 무의식적 동일시. 제례의식 도구들은 놀이기구가 되고 그 역도 성립한다. 그러나 우리는 이것을 (혹자가 그렇게 하듯) 제례도구와 놀이기구를 구분하고 그 가운데 하나를 선택하는 문제로 보지는 않는다.[11] 예를 들어 종이 말은 그것의 생기 회복 잠재력에 근거하여 노리개와 신 사이를 배회한다. 사원에서 신들을 불러낼 때 제사장들은 춤을 추는 동안 딱딱한 종이 말을 흔들고 나서는 하얀 구멍에 눈을 그린다. 눈이 열린 말은 눈을 뜨고 생명을 얻게 된다. 마찬가지로 신들의 가마는 제례도구이자 노리개로서 군중에게 달려들고 개종을 일으키고, 군중을 마당으로 이끈다. 그것은 생기를 부여받고 생기를 불어넣는 것이다.

이리하여 성과 영의 관계는 어떤 면에서는 비-관계이다. 영은 늘 성의 코드화된

11 예컨대 아감벤이 이런 구분을 한다. Agamben, "In Playland: Reflections on History and Play," in *Infancy and History: Essays on the Destruction of Experience*, tr. Liz Heron (London and New York: Verso, 1993), 67-87.

<형상 6> 종이말

관계들을 뒤흔들지만 그것들이 없으면 아무런 힘이 없다. 성은 계속해서 영을 관계 속에 불러들이지만 실제로 그것 없이 어떤 것도 연관시킬 수 없다. 그들의 관계는 그렇다면 비변증법적이지만, 신들과의 관계에서 이 두 다른 양태의 공존은 새로운 어떤 것—두 양태의 결합이나 통합은 아닌 전적으로 다른 양태—의 출현을 약속한다. 이는 물론 변증법적으로 사고될 수 있으며, 새로운 양식은 근대성(또는 근대성과 같은 어떤 것 또는 대안적 현대성)이라 불릴 수 있을 것이다. 이것은 그 결과를 확정하는 일이고, 제례행사는 이제 끝나 영원히 수렴되었다고 말하는 것이다. 그러나 제례의식이 아직 비-관계를 그만둔 것은 아니다. 그리고 신들과의 관계에서 두 가지 양태—영과 성—의 공존은 관계의 두 가지 공존 양태—변형에 대한 두 가지 상이한 반응—를 계속 허용한다. 예를 들어 종이 말에는 두 가지 삶이 있다. 하나의 삶에서, 그것은 하찮은 종이 장난감이며 안구가 없는 상태이지만 의식에 따라 축복을 받고, 코드화되어 제례의식에 쓰이는 말로 격상된다. 또 다른 삶에서 그것은 눈이 열리고 살아있는 말이 되지만, 우리 아이들이 장난감에 가하는 호기심 어린 파괴 행위에 의해 멋대로 취급된다. 이들 변형은 두 가지 상이한 변형 혹은 생명 부여 방식을

포함한다. 신들의 가마 또한 번갈아 책으로 의식을 수행하고 무아지경에 빠져드는 제사장들과 영매들처럼—관중과 참가자들처럼—두 가지 삶을 갖는다. 양자의 차이는 변형의 두 양태는 서로 다르지만 구별이 되지 않는다는 것을 인정하는 한 자발적 변형과 통제된 변형의 차이로 생각될 수 있다. 그것은 분리나 구별이 아닌 차별화의 문제이다.

성과 영의 비-관계는 제례의식 행사 과정에서 마당과 사원에서 벌어지는 많은 상이한 활동 지대—봉헌, 요리, 연극 관람, 꼭두각시놀음 관람, 음악 연주 등—의 출현을 설명해준다. 위상학적으로 성과 영의 비-관계는 이들 행사가 어떤 식으로든 제례활동과 관계가 있지만 중심과 주변의 방식은 아니라는 점을 확실하게 한다. 성과 영의 상이한 정도들은 공연의 특정 교점들, 통상 제례의식의 대상물(가마, 말, 향로, 사원의 문, 심령 글[12]이나 부적 등과 같은)을 중심으로 결합된다. 미학적으로 지배하는 것은 공-감각적이거나 무형적(amodal) 경험이다. 이것은 공연의 교점들 사이에서 특히 두드러진다. 소리를 보는 것이 어려워지고 색깔을 듣기 어려워진다. 소리가 눈 사이를 치고 가시적인 것이 귀 사이(대뇌 변연계의 어디)를 때린다. 이것은 감각의 붕괴와 재통합(정동)을 유발하는 감각 과잉이다. 수많은 공존들이 식별과 모순을 불가능하게 만든다.

그러나 이것은 체계적인 것이 전혀 없다는 의미는 아니다. 제사장들의 행동이 어떤 고유한 중심을 구성하지는 않는다 하더라도 그들이 신을 불러내지 않으면 제례행사가 전개되지 않으리라는 것은 분명하다. 신들의 이동은 (사원의 안과 밖, 마을 주변, 사원의 마당 주변 등을 도는) 환상(環狀)회로를 그려내며, 일관된 조망 위치들을 지닌 행사 지점들이라는 점에서 작은 세계들이 되는 공명하는 작은 환상회로들—일부는 계획된 것이고 일부는 자발적이다—을 회전시키는 교점들을 만들어낸다. 이 점에서,

---

12 죽은 사람의 영혼에 의하여 무의식적으로 쓴 글자, 또는 초자연적인 힘의 작용으로 나타난 글자.-역주

신들의 이동은 피드백과 변형 모델에 잘 들어맞는다. 신들은 신들이 준안정 상태처럼 그 국면들에 내재하는 일종의 내재적 원인—탈위상에 의해 새로운 국면들을 만들어 내는 위치를 정할 수 없는 어떤 대칭 파괴—이다. 그러나 문제는 다시 생긴다. 이 환상회로 만들기는 어떤 차이를 만들어 내는가? 자기창조의 뉘앙스를 가진 환상회로 개념은 일종의 자기-준거성을, 그리고 조심하지 않으면 폐쇄, 또 잠재적으로 동일한 것의 회귀를 함축한다. 제례행사는 단순한 회유 또는 동화(同化)로도 여겨질 수 있는 것이다.

그러나 여기서 우리는 반복과 차이에 대한 문제를 다른 방식으로 제기할 수 있다. 향로 혹은 가마와 같은 제례용품 주변—혹은 심지어 가극 공연 주변—에서 발생하는 공연의 교점들은 제례행사에 대한 모나드적 관점과 같다. 이 점들 중 하나로부터 전체 제례행사를 바라보고 경험하는 것이 가능하기 때문이다. 사실 어떤 마을 사람들은 분명 가극을 보러 거기에 있으며, 다른 사람들은 군중에게 추파를 던지거나 음식을 먹기 위해, 또 다른 사람들은 신에게 빌기 위해 온다. 물론 각 지점은 행사의 일면들을 더 뚜렷하게, 다른 부분은 더 희미하게 본다. 각각에는 나름의 진리가 있는 셈이다. 그것들은 라이프니츠의 불공가능한 세계들을 상기시킨다. 한 교점의 참가자들에게는 일부 다른 행사들이 일어나지 않는 것처럼 보인다. 예를 들어 제례행사의 어떤 참가자들에게는 말은 눈에 띄지는 않았지만 가극은 벌어지고 있다. 들뢰즈가 지적하듯이 시간성이 진리 개념에 커다란 문제를 제기하는데 이는 모든 행사에서 시간은 불공가능한 진리들을 지닌 상이한 시간성들로 나누어지기 때문이다.[13] 이 문제에 직면한 라이프니츠는 우리가 어떤 한 세계에 있는 것인지 다른 세계에 있는 것인지 알게 해주는 전지적 관점, 신의 관점에 의지했다. 유사하게 제례행사에서도 사람들은 "나는 제사장들이 신들을 모시는 것을 보지는 못했지만 신 부르기가 일어났음을 알

---

13 Gilles Deleuze, *The Fold: Leibniz and the Baroque*, tr. Tom Conley (Minneapolis: University of Minnesota Press, 1993).

고 있으며, 따라서 나의 경험은 그러한 전체 행사와 관계가 있다"고 말하기 위하여 항상 신들에게 의지한다. 이런 식으로 제례행사의 총체적 진실이 보존되며, 공연과 관람 위치의 상이한 교점들의 형성은 신들의 지위를 훼손하지 않는다. 신이 일종의 총체적 관점을 제공하는 한, 행사의 상이한 지점들은 전적으로 자기-준거적이 되지 않는다. 그것들은 신들에게 열려 있고 서로에게 열려 있다. 실제로 제례행사는 최상 또는 총괄적 증인—혹은 천상, 혹은 신들의 판테온—과 같은 것을 함축한다. 이 신들의 시점을 어떻게 이해해야 하는가?

우리는 라이프니츠의 바로크 주름들이 비-모순의 당나라 휘장과 도교적 잔물결의 변주라고 말하고 싶지만, 이것은 바로크적인 것을 준거점으로 유지시킬 뿐일 것 같은 길고 복잡한 이야기이다. 따라서 우리는 제례행사와 라이프니츠의 신 및 진리 사이에 생겨나는 기본적이고 중대한 차이 하나를 지적하고자 한다. 위에서 푸젠성의 사원 신들에게는 관계와 변형이 두 양태로 내재한다고 했다. 성은 준안정 상태에 가까워질 정도로 지나치게 위계화된 시-공간적 구성체들을 가지고 있어서 대칭의 과잉을 의미했다. 신들을 준안정의 상태로 여길 수도 있겠으나 성은 준안정 상태 대부분을 지닌 애초의 탈위상이다. 성은 물 자체의 분자가 지닌 대칭성 대부분을 지닌, 연못에 던진 돌로 생긴 대칭적 잔물결 고리들과 같다. 신들은 내재적 원인으로 언제나 성의 무한 위계들에 내재하는바 이는 수많은 만다라에 간명하고 직접적으로 제시된 개념이다.

영은 물결들 사이로 또 그것들을 가로질러 일어나는 울림이다. 그것은 그것들의 질적 닮음(semblance)—외면적 닮음(resemblance)이 아니라—에 근거한 울림이다. 그것은 통약 불가능한 것들을 가로질러 질적 닮음들을 발견한다. 영은 이리하여 신들의 준안정성 유지의 또 다른 양태를 제시한다. 혹자는 원을 그리며 도는 물결 위의 코르크 마개를 생각할 수도 있다. 그것은 위로 아래로 주변으로 돌지만 첫 위치로 되돌아온다. 그것은 결코 앞으로나 뒤로는 움직이지 않는다. 물결은 또한 고리 혹은 일시적인 안면경련이며, 확장하는 고리들에서 나오는 시공간적 대칭의 차원이다. 영은 시간과 공간에서 대칭적으로 펼쳐지는 어떤 것을 가로지르는 닮음의 고리와 같은 것을 제시한다.

성과 영의 견지에서 우리는 제례행사의 온전함을 보호하는 총체적 조망은 결코 전적으로 초월적이지는 않다고 말해야 할 것이다. 제례의식에서의 초월성 혹은 초월적 원인에 대해 주장하고자 하는 논자들은 일반적으로 성을 불러낸다. 그러나 성에서도 신은 내재적이다. 그리고 영은 초월적 조망을 마치 내재적인 것처럼 모든 곳에서 가능하게 만든다. 제례행사는 라이프니츠의 신보다 훨씬 더 큰 정도로 내재성을 요청한다(이것은 라이프니치의 신이 나름의 내재성을 공유함을 부인하는 것은 아니다).

궁극적으로 이 내재성은 제례행사가 라이프니츠의 모나드보다 시간의 차이에 더 개방되어 있음을 의미한다. 각 교점이 다른 교점들 및 신들과의 관계에서 많은 자율성의 잠재력을 갖기 때문이다. 이것이 푸젠성 지역의 제례활동이 국가자본, 세계자본, 지역경제의 도관으로 굴절매체로 기능할 수 있는 바로 그 이유이다. 물론 위험은 지역, 국가, 혹은 세계의 구성들이 단순하고 무관심하게 어떤 것들에 맞서 어떤 것들의 시간성을 짜 맞추기 위해 제례행사의 자율성들을 써먹을 것이라는 점이다. 우리는 잘해야 대안적 근대성을 바랄 수 있다. 이것은 실질적 위험이다. 자본의 힘도 그 내재성에, 우리가 성에 전가해온 것과 같은 구성들 내부에서 작동하고 펄럭이는 물질적 확장과 유입의 경계에서 (차라리 프랙탈 표면과 같은) 무한한 유한성을 변형하는 그 능력에 있기 때문이다. 자본의 이 운동은 비-모순들의 제례 공간 안에 모순들을 유발하는 경향이 있고, 모순들은 이후에 보통 지역 또는 민족 정체성의 형태로 해결을 요구한다. 비-모순이 깨지고 모순이 일어나면, 영은 (다-변증법적 비-모순보다는) 변증법적 모순의 국면이 되고 여기서 변증법적 운동의 모순들은 그것들의 공포와 불가능성을 크게 드러낸다. 무아경 속에서의 자아 상실은 신체에 대한 영화적 충격과

<형상 7> 경제들 사이에서—린샨 사원의 제물

더 비슷해진다.

　이런 관찰의 취지가 제례의식의 내재성이 꼭 자본의 내재성에 자리를 내준다고 말하기 위함은 아니다. 역사의 진전은 없으며 우리는 예정되지 않은 결말을 미리 후회하고 싶지는 않다. 우리는 또한 제례행사를 향수에 젖어 낭만적으로 자본주의 논리에 맞세우고 싶지도 않다. 오히려 중요해 보이는 것은 아직 자본은 아니지만 여러 면에서 자본의 한 닮음으로 보이는 내재적 인과율을 생각하는 것이다. 제례행사는 단순히 자본 운동에 대한 장애이거나 그 내부의 모순은 아니니까. 그것은 전적으로 다른 종류의 운동, 즉 우리가 다-변증법적이라고, 일종의 우화화 또는 창조적 내선이라고 규정한 운동이다. 제례행사는 따라서 우리에게 자본과는 다르게 그러나 대립적이지 않게 생각할 것을 우리에게 요구하는 바, 이는 그것은 매우 다른 형태의 저항과 변형을 의미한다.

_흘러내리는 글자

이런 식으로 제례행사를 생각하는 것은 먼저 인식론에서 존재론으로의, 그 다음 (존재론에 선행하는) 존재발생(ontogenesis)으로의 강조점 이동을 요구한다. 한편으로 제례활동을 종교, 즉 과학과 정치와는 구별된다고 보는 인식론적 틀의 문제가 있다. 제례관습에 대한 중국학적 접근들은 그 지식생산의 진실성을 보장하기 위하여 인식론적 틀에 호소한다. 그것들은 전지적이고 초월적인 시각을 강화하기 위하여 신들의 판테온의 내재적 전체를 분할한다. 이들 접근법은 민족지학적이고 역사적인 주장을 하지만, 제례에 대한 사회학적 이해에 훨씬 더 가까우며, 이 이해는 근대화론 식의 전통과 근대성 구분에 의존한다. 반면에 대안적 근대성이라는 훨씬 더 복잡한 문제와 이것이 근대화이론에 제기하는 도전이 있다. 대안적 근대성이란 생각은 마치 전통의 물질성이 외부의 힘들을 지체시켜 새로운, 대안적으로 근대적인 구성으로 공간화한 것처럼 전통들의 비활성 자체 속에서 저항을 찾는다. 이 접근법은 근대화 이론에 의해 제시된 과거에 대한 지나치게 단순화된 관계에 효과적으로 이의를 제기한다. 그러나 그것은 자신도 모르게 전통들을 일반화된 부정성의 기호 아래 흔히 국가를 통해 (중국의 근대성, 인도의 근대성, 일본의 근대성 등) 통합하는 경우가 많다. 만약 국가의 형성이 자본의 진군에 대한 약간 모순적인 대응(자본이 훼손하려는 것을 안정시키지만 아이러니컬하게도 자본에 노동 단위들을 제공하여 자본의 진군을 촉진시키는)으로 보일 수가 있다면, 대안적 근대성은 시공간적 동질화에 대한 모순적 반응으로 여겨질 수도 있을 것이다.

그러나 푸젠성 지역의 제례활동 사례에서 그런 전략은 제례의식 관습과 그 '대상물들'(제례도구, 부적, 물신 등)에 역동적 역할이 있음을 부인하는 경향이 있다. 사실 대안적 근대성 전략은 물질 일반의 역동적 역할을 부인하는 경향이 있는데, 이는 물질성을 물질주의(즉 양과 양화[量化]로서의 물질성)와 같은 것으로 여기기 때문이다.

여기서 우리는 종교, 과학, 정치의 인식론적 분리라는 근대의 문제—그리고 비-자의적인 자연의 문제—로 되돌아간다.

물신에 대한 피츠의 논의는 서구 테크노크라트와 토착민의 최초 조우의 관점에서 생각하려는 라투어의 경향을 상기시킨다.[14] 피츠는 인식론적 분할의 수립에서 관건이 무엇인지 분명히 한다. 그는 특정 물건(물신)의 위력을 주장하는 사람들을 만난 네덜란드 상인들이 어떻게 그들이 원인과 결과를 잘못 이해하고 있다는 결론을 내렸는지에 대해 쓰고 있다. 이들 부족은 평범한 물건들을 가져와서 거기에 주관적 권능과 가치를 부여했다. 즉 물신화했다. 다시 말해 네덜란드 상인들은 세계와 역사를 구성하는 물신의 힘을 부인하기 위하여 물신들은 실제 다른 어떤 물건과도 다를 바 없다고 주장해야 했다. 그들은 이들 물건이 어떤 식으로든 다른 물건들과는 **물질적으로** 다르다는 사람들의 주장을 무시한 것이다. 자연, 그리고 물질 자체는 질적으로 비-자의적이어야 했고, 달리 자질이 부여되지 않은 그저 더 많은 물건들—이언 스튜어트가 대량 생산된 우주라고 한 것—을 만들어내면 되었다.[15] 물건들은 서구인들이 물신, 부적, 그리고 제례 물품들을 이해할 때 믿음을 중심적 문제로 만듦에 따라 세계 구성의 힘을 상실했다. 이것이 근대의 인식론적 분할에 중요했다. 즉 진정한 (과학적) 지식은 원인과 결과를 다루었고, 이는 물질의 불활성과 함께 자연의 비-자의성에 의존했다. 예를 들어, 네덜란드 상인들의 관점에서 볼 때, 물신이나 부적, 또는 제례도구를 지닌 문화들은 효과들의 세계에서 길을 잃은 셈이다. 그것들은 자연에 너무 가까웠고, 자연을 분석적으로(원인과 결과의 견지에서, 양적으로)가 아니라 순진하게(효과들의 견지에서, 질적으로) 이해하는 것이다.

궁극적으로 비-자의적 자연이라는 생각은 인과율에 근거한 하나의 세계, 하나의

---

14 William Pietz, "The Problem of the Fetish," *Res* 9 (1985): 5-17; 13 (1987): 23-45; 16 (1988): 105-23.

15 Ian Stewart, *Nature's Numbers: The Unreal Reality of Mathematics* (New York: BasicBooks, 1995).

<형상 8> 제례 축제를 위해 린샨 사원
바깥벽에 붙여놓은 글 쓴 종이의 하나

역사를 골라내게 된다. 다른 문화들은 이전의 역사 단계의 잔존으로 (혹은 그저 비-역사적이라) 여겨지게 되는데, 이는 역사가 자연을 과학적으로, 즉 (합리적이기는 해도) 활성이 없고 수동적인 것으로 규정할 것을 요구하기 때문이다. 물신들과 제례 물건들은 이리하여 이야기나 역사, 또는 세계를 구성하는 권능을 거부당한다. 과학과 종교 간의 근대적 인식론적 분할의 도입은 제례 물건들과 다른 물건 사이에는 물질적 차이가 있다는 생각을 못하도록 작용한다. 예컨대 이 제례 의복과 저 평범한 의복 사이에는 질적 차이가 있다고 하는 어떤 주장도 주관적인 투자, 또는 가치 투영, 또는 신앙이라고 치부된다. 근대인들에게 있어서 물건들은 모든 존재발생의 주장을 상실하게 된다는 데 피츠와 라투어는 동의하는 듯싶다. 인식론적 분할은 인간들만이 구성하거나 발명하거나 창조할 능력을 가진다고 보장하기 때문이다.

피츠나 라투어와는 크게 다른 물신에 대한 또 다른 입장, 맑스의 입장이 있다. 맑스는 궁극적으로 물신에서 허위의 존재론을 본다고 말할 수 있지만 그의 접근법은 물신의 활기—그리고 우리가 덧붙이자면 제례 물건의 생명—를 인정하기 때문에 중요하다. 물론 소박한 인식과 분석적 혹은 과학적 인식 간의 의문스런 구분을 한다고 맑스를 비판할 수는 있다.16) 그러나 그에게는 황금의 광채가 완전히 효과가 없는 것이 아니다. 더 중요한 것은, 그는 우리가 물신을 탈신비화하기를 원했지만, 그에게는 분명 이 일이 네덜란드 상인들의 경우보다 그렇게 쉽지 않다는 것이다. 맑스의 물신은 궁극적으로는 아무리 그릇된 것이라고 판명될망정 세계 구성 능력을 가지고 있기 때문이다. 결국 특정 세계의 허위성은 물신에 대한 물건의 존재론적 우위에 근거해야만 결정될 수 있는 셈이다. 이는 곧 먼저 물건(사용가치와 연관되어 있는 평범한 물건)이 있고, 그 다음 물신(교환가치와 연관된 비범한 물건)이 있다는 것이다.17) 이처럼 맑스의 설명은 다른 종류의 문제, 즉 우선권(과 따라서 시간성)의 문제를 제기한다. 물신은 먼저 평범한 사물이고 그 다음에 비범한 사물이 되는 것인가? 역사화와 철학화의 대부분은 선형적인 역사 운동의 시작을 위해 이 우선권을 가려내는 일에 의존한다. 평범함에서 비범함으로의 이동은 변증법적이기 때문에 쉽사리 복잡해진다. 비범한 물건을 단지 파생적이거나 부차적이라 보는 것이 점점 더 어려워진다.

제례 물품들—여기에는 신상(神像), 무드라, 만다라, 부적, 향로, 종이 말 등 많은 것들이 있다—의 재미있는 점은 그것들이 평범함에서 비범함으로, 대상에서 가치의 주관적 전가로(혹은 사용가치에서 교환가치로) 가는 운동의 우선성을 뒤바꾼다는 것이 아니다. 거꾸로 그와 같은 우위 정하기가 없다. 제례 물품은 평범하면서도 비범할

16 문화비평에서는 맑스에 대하여 물신숭배자의 단순한 태도에 대해 다소 빅토리아식으로 매도하고 있다는 지적이 자주 나왔다. 린다 윌리엄스(Linda Williams)는 맑스가 주물숭배 용어를 사용한 것을 구식의 설교조 욕설을 퍼부은 예로 보기까지 한다. 그녀는 *Hard Core: Power, Pleasure and the 'Frenzy of the Visible'* (Berkeley: University of California Press, 1989), 105에서 "그는 상품의 마력에 빠진 모든 사람은 물건에 인간성을 다 바친 미개인과 같은 존재라고 비난한다"고 쓰고 있다. 좀 더 유물론적인 접근법을 보려면, William Pietz, "Fetishism and Materialism: the Limits of Theory in Marx," in Emily Apter and William Pietz, eds., *Fetishism as Cultural Discourse* (Ithaca: Cornell University Press, 1991), 119-51 참조.

17 장 보드리야르는 *For a Critique of the Political Economy of the Sign* (St Louis: Telos, 1981)에서 맑스가 이용가치와 교환가치 간의 우선순위에 문제를 제기하며, 그 순위를 전도하는 쪽으로 기운다고 말한다.

수 있고, 그렇다고 인정받을 수도 있다. 다시 한 번 우리는 시대를 출범시키는 결정적 단절(나눌 수 있는 시간)이나 변증법적 운동보다는 일종의 시간적 선회 또는 동요에 도달한다. 이 동요나 선회는 막다름이나 정체를 의미하는 것 같지만 생성적이다. 그것은 두 힘들의 상호작용이기 때문이다. 당연히 제례행사 과정에서 물건들은 어떻게 놓이고 이동되는가에 따라 제례기능을 떠맡는다. 사원 안의 신상은 가마 안의 신상과 같은 방식으로 행동하지 않는다. 이것은 제례행사에 이용되는 많은 다른 물건에도 그대로 적용된다. 앞에서 우리는 제례적 행동들에 깃들은 힘을 강조하기 위해 준안정성의 유지 문제에 대해 말했다. 이 지점에서 우리는 이 준안정성 유지가 제례물품들에서의 평범한 특징과 비범한 특징의 공존을 보장한다고 덧붙여야 하겠다. 제사장이 "이것은 평범한 옷이 아니다"라고 말할 때, 그는 정말로 그 옷이 평범하지 않음을 뜻하는 것이지만 그의 주장이 같은 옷의 평범함 자체를 배제하지는 않는다. 혹자는 물건의 비범한 특징이 그것의 위치나 그것이 처한 상황에서 나온다고 할지도 모른다. 이것은 그 처한 상황이란 것이 믿음이나 주관적 가치 투영의 문제가 아니라 실제로 물질적인 차이임을 잊지 않는다면 그것을 생각하는 나쁜 방식은 아니다.

색종이에 써서 사원 바깥벽에 붙인 상이한 형태의 부적 글이 좋은 예이다. 그것들은 어떤 면에서 매우 평범하다. 사원 벽에 붙어있어서 거의 포스터나 공고문과 같고, 그날 그리고 어쩌면 그 시간의 물건으로 그저 장식이 많이 되어 있다. 예를 들어 잎을 두드러지게 하여 글자—장난스러우나 상서로움을 읽을 수 있게 해놓은—를 만드는 일련의 대나무가 그려진 노란 색종이가 있다. 다른 종이는 전통적으로 부적 글(fu)과 도형(tu)이라 여겨온 것과 더 닮은 글자를 가지고 있다. 푸른 종이에는 하얀 올챙이나 뱀처럼 보이는 것에서 글자가 만들어진다. 검은 종이는 별자리표와 도형에 가까운 글자를 보여준다. 또 다른 것들은 아래 항아리는 뒤집힌 채 겹쳐져 있는 두 개의 항아리를 연상시키는 형태로 정성 들여 재가공한 글자들을 보여준다. 서로 다른 종류의

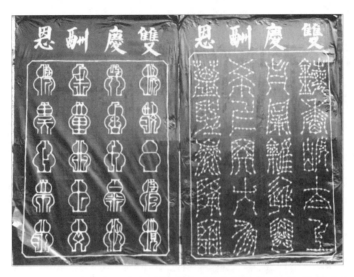

<형상 9> 제례 축제를 위해 린샨 사원 바깥벽에 붙여놓은 글 쓴 종이의 하나

고도로 양식화된 글자들에서는 경계가 읽으면 알 수 있는 글자들과 색달라서 아무나 봐서는 이해할 수 없는 평범한 글자들 사이에서 희미해진다. 두드러진 것은 이것들이 분명 어쨌거나 읽으라는 필적들이라는 것이다. 하지만 그것들을 읽으려면 어떤 각도를 취할 수 있는가? 이 도안으로 어떤 길을 더듬어 갈 수 있겠는가? 많은 각도, 많은 길들이 있다. 이것은 다양하고 기묘하게 연결되고 단절된 세계들이 공존한다는 한 표시이다.

혹자는 이제는 친숙한 영화에서의 낯선 언어 만들기와 관련지어 그런 글자들의 힘을 생각해 볼 수도 있다. 예컨대 음향 기사들은 이미 아는 언어나 언어들을 골라 그것을 비틀어 속도와 억양, 음조를 바꾸고, 때로는 그것을 거꾸로 돌린다. 들어보면, 귀에 들어오는 말이지만, 이해가 되지 않는다. 이렇게 가공된 낯선 말은 의미 이전의, 기호작용과는 무관한 언어의 힘들에 주의를 집중시킨다. 유사하게 부적의 글자들은 글을 읽으라고 하지만 평범한 방식으로는 읽히지 않는다. 그것들도 의미 이전 또는 의미 작용 없는 언어의 힘을 상기시킨다. 의미작용이 없는 글의 리듬, 간격, 패턴인 것

이다. 그러나 영화의 낯선 언어
와 부적의 글자 사이에는 중요
한 차이가 있다. 영화에서 낯선
언어 만들어내기는 기이한 것,
이국적인 것, 또는 섬뜩한 것의
경험을 주려는 의도이다. 대체
로 그것은 순전한 차이의 문제
이다. 그 과정은 기술적으로 역
전이 가능하다. 우리는 비튼 것
을 바로 잡아 애초의 언어나 언
어들로 되돌아갈 수 있다. 이것
은 간단한 번역가능성 및 대-형
상화(對-形象化) 도식이다. 그러
나 부적 글자에서 목적은 번역
가능성의 단순한 차이를 넘어서
이동하는 것이며, 그저 다른 인
종이나 종족이 이용하는 그냥

<형상 10> 제례 축제를 위해 린샨 사원 바깥벽에
붙여놓은 글 쓴 종이의 하나

다른 언어일 뿐인 한 언어를 넘

어서는 것이다. 부적 글에서 핵심은 역전이 가능하지 않은 어떤 동요이다.

일련의 과정들이 부적과 도형—요소들의 반복, 친숙하고 생소한 요소들의 혼합,
글자 또는 글자 요소들과 상서로운 모양이나 형태의 결합—을 만드는 데 이용되고,
이 모든 것은 의미작용보다는 변형 관계의 느낌을 더 드러낸다. 그리고 상세하게 기
록되어 있는 것처럼, 이들 글자를 쓰는 사람들은 어떤 유형의 제례상의 준비나 재계
(齋戒)를 거친다. 즉 그들은 신체를 변형시키는 것이다. 인상적인 것은 이 결과 나온

글자들의 필법이 서법(*shufa*)의 견지에서 보면 약해 보인다는 것이다. 그것은 말하자면 약한 변형이다. 부적 쓰기는 각 글자의 개체화를 억누르고 조화시키면서—이것은 특정한 종류의 제국 기계의 장치이다—그 글자를 개체화하기 위해 서예가 하듯이 우주론적 힘들을 나르거나 가동하지는 않는다.[18] 서예는 흘림체에 가장 가까운 형태에서도 선의 힘과 글자 요소들의 필법을 강조하고 그것들을 가지고 유희를 한다. 부적을 쓰는 사람도 확립된 모델과 패턴을 따르지만 결과로서 생긴 선과 글자들은 아무리 정교하더라도 약하게 보인다. 그러나 이 약함은 이상하고 비범한 어떤 신체의 그것이다. 그것은 서예 대가의 신체가 아니라 글쓰기의 변화가능성(무아경의영)에 압도된 사람의 신체이다. 그것은 긴장이 풀린 손의 경련이다. 오직 확립된 양식(말하자면 성)만이 이 글이 완전히 흩어지는 것을 막아준다. 각 요소에는 전체 조화를 위협하는 분명한 흔들림이 있고 전체 구도는 흔들림의 표류—곤충들 한 떼, 비스듬한 카드 한 판, 꾸불꾸불한 국수 한 그릇—를 늦추기 위해 견고한 구축물들을 불러내곤 한다.

평범한 것과 비범한 것 사이에 불공가능한 세계들을 만들어내는 것은 동요이다. 영화의 낯선 언어들은 (언제나 이미 미국적 세계의 진실과 대-형상화되는) 평행적 우주들에 대한 시도이다. 서예의 양식적 차별화는 이동성의 동심원들—세계들 속의 세계들, 끝없는 회랑들—을 만드는 경향이 있다. 동요는 이 세계 안의 불공가능한 세계들을 허용한다. 그것은 글의 물질성에 깃들은 변화의 범위를 그려낸다. 제례행사처럼 제례의 중심에서 글의 흔들림은 자신 내에 자율적 경험들(과 심지어 경제 질서들)의 공존을 허용하는 차이의 내재적 지점들을 생성하는 바 이는 다름 아니라 물질성이 그것에 작용하기 때문이다. 우리는 제례행사에 내재한 함께 접히는(co-folding) 경제들과 지구적 자본의 조우로부터 무슨 일이 일어날지 말할 수 없다. 아마도 복잡

---

18 Thomas Lamarre, *Uncovering Heian Japan: An Archaeology of Sensation and Inscription* (Durham: Duke University Press, 2001) 참조.

성이 단순한 봉쇄나 동화로 빠져들는지, 공모로 전락할는지도 모른다. 그래도 부적
글의 함께 접힘 작용이 보여주듯 우리는 그래도 제례가 "문제가 되는" 방식에 대해
생각할 필요가 있을 것이다.

영어번역: 정일상(중앙대 영문과 박사과정 수료)

Kenneth Dean and Thomas Lamarre, "Ritual Matters"

집필자 (논문게재순)

토마스 라마르는 캐나다 맥길 대학교의 교수로 있다. 그의 저술에는 *Uncovering Heian Japan: An Archaeology of Sensation and Inscription*과 *Shadows on the Screen: Tanizaki Ju'ichiro on Cinema and Oriental Aesthetics*가 있다. 그는 최근 '시네마와 아니메 사이'라는 제목으로 *Japan Forum*의 한 권을 편집했다.

해리 하루투니언은 미국 뉴욕 대학교의 동아시아학과 학과장이자 역사학 교수이다. 최근 토미코 요다와 함께 '천년의 일본'이란 제목으로 *South Atlantic Quarterly*의 특별호를 공동 편집했다.

쑨거(孫歌)는 중국 베이징 사회과학원 문학연구소의 비교문학 연구원이다. *The Position of Literature*와 *What Does Asia Mean?* 등의 저서가 있다. 현재 그녀는 일본지성사에서의 모더니티 문제에 대해 연구하고 있다.

로윙상은 홍콩 링난 대학교의 문화연구학과 조교수이다. 그는 최근 호주 시드니의 유니버시티 오브 테크놀로지에서 '협동적 식민주의: 홍콩에서 경쟁하는 중국성의 계보학'이라는 주제로 박사학위를 받았다.

홍성태는 한국 원주시 소재 상지대에서 사회학을 가르친다. 생태론과 정보이론에 관한 쟁점들을 연구하고 있다. 1997년에 울리히 벡의 『위험사회』를 번역했으며, 『사이버사회의 문화와 정치』 (2000), 『현대 한국 사회의 문화적 형성』(2006) 등을 출판했다.

강내희는 한국의 중앙대 영문학과와 문화연구학과에서 가르치고 있다. 문화이론전문지 『문화/과학』의 발행인이자 문화연대의 공동대표이며, 식민지근대성의 문제들, 한국의 지적, 문화적 운동과 관련한 쟁점들을 연구하고 있다. 그의 책으로는 『신자유주의와 문화』(2000), 『한국의 문화변동과 문화정치』(2003) 등이 있다.

에던 L. J. 나스레딘-롱고는 작곡가이며 미국 유니버시티 오브 캘리포니아-리버사이드의 종족음악학 조교수로 서구 예술 음악에 대한 종족음악학의 접근 방식, 도시 종종음악학, 인도네시아의 센트럴자바 가믈란 등에 관심이 있다. 출판물로 "Selfhood, Self-Identity, Complexion and Complication: The Contexts of a Song-Cycle by Olly Wilson" (*Journal of Black Music Research*, 1995)이 있고, 공연 작곡으로 Σ(*and sad*), *Evocations of Winter Trees*, *Lost Time* (Contemporary Chamber Players) 등이 있다.

아츠코 우에다(上田敦子)는 미국 유니버시티 오브 일리노이-샴페인-어바나에서 가르치고 있다. 그녀의 연구 관심사는 근대 일본문학, 비교문학, 번역이론, 후기구조주의, 탈식민주의 등을 포괄한다. 최근 발표 논문으로 "De-Politicization of Literature; Social Darwinism and Interiority," in *The Issue of Canonicity and Canon Formation in Japanese Literary Studies* (PAJLS 1), August 2001 등이 있다.

마이클 고다르는 호주 시드니 대학교의 예술사와 이론 학과의 박사과정 학생이다. 그는 현재 비톨트 곰브리비치의 저작과 질 들뢰즈의 미학 이론의 관계에 관한 논문을 준비 중이다. 뉴질랜드와 폴란드 영화, 후기구조주의 철학, 폴란드 모더니즘과 영화 이론에 대해 논문을 발표한 바 있다.

존 솔로몬은 대만의 탐캉 대학교 미래학과 조교수이다. 타케우치 요시미에서의 불가능성의 정치, 다자이 오사무에서의 국가 번역 제도의 실패, 중국 반체제인사 루 시아오보의 망명적 사유와 정치, 프랑스와 라뤼엘의 비-철학 등에 대한 연구를 진행하고 있다.

케네스 딘은 캐나다 맥길 대학교의 동아시아학과 리 중국학 석좌교수(Lee Professor of Chinese Studies)이다. 그의 책으로는 *First and Last Emperors: The Absolute State and the Body of the Depot* (Brian Massumi와 공저), *Taoist Ritual and Popular Cults of Southeast China*, *Lord of the Three in One: The Spread of a Cult in Southeast China* 등이 있다.

■ 각 언어판 연락처

Traces Editorial Office:
350 Rockefeller Hall, Cornell University
Ithaca, NY 14853-2502 USA
traces@cornell.edu
Fax: +1-607-255-1345

한국어판: 문화과학사
서울특별시 서대문구 연희동 421-43
transics@chol.com
Tel: 82-2-335-0461
Fax: 82-2-3141-0466

중국어판: Jiangsu Education Publishing House
31, Ma Jia Jie
Nanjing 210009, P.R.CHINA
traces@1088.com.cn
Tel: +86-25-3303497
Fax: +86-25-3303457

일본어판: 岩波書店
東京都千代田區 一ツ橋 2-5-5 岩波書店編輯部
Tel: 81-3-5210-4000
Fax: 81-3-5210-4039

영어판: Hong Kong University Press
14/F Hing Wai Centre, 7 Tin Wan Praya Road,
Aberdeen, Tin Wan, Hong Kong China
hkupress@hkucc.hku.hk
http://www.hkup.org
Tel: +852-25502703
Fax: +852-28750734